Ferdinand Otto Miksche

DAS ENDE DER GEGENWART

Ferdinand Otto Miksche

DAS ENDE DER GEGENWART

Europa ohne Blöcke

Herbig

Dank gebührt Herrn Walter Bauer für die Überprüfung des Manuskripts

Vierte Auflage

Umschlaggestaltung: Wolfgang Heinzel, Merching
Herstellung: Verlagsservice Dr. Helmut Neuberger und
Karl Schaumann GmbH, Heimstetten
Satz: Filmsatz Schröter, München
Gesetzt aus 10/12 Punkt Times auf Linotronic 300
Druck: Josef C. Huber, Dießen
Binden: R. Oldenbourg, München
Printed in Germany 1991
ISBN: 3-7766-1627-X

Inhalt

Teil I
Zwei Weltkriege und ihre Folgen

Gewidmet
Frau Edelgard Kattentidt
für ihre Mitarbeit

Zu diesem Buch

Schneller als in früheren Zeiten verschieben sich die Kulissen auf der Bühne der Weltpolitik. Wohl kaum gab es eine Epoche, in der sich geschichtliche Wandlungen gewaltigen Ausmaßes so übereilt vollzogen wie heutzutage. Der rapide technische Fortschritt verkleinerte die früher große Erde und hat in Raum und Zeit neue Maßstäbe gesetzt. Diese Entwicklung zu meistern, ist um so schwerer, da es zu viele Probleme gibt, die beim besten Willen keine befriedigende Lösung finden können. Durch Versuche, Konflikte zu schlichten, werden meist Konfliktherde geschaffen.

Trotz des sich überstürzenden technischen Fortschritts – oder gerade seinetwegen – bietet die Welt von heute keine ermutigenden Aussichten. Alles scheint im Übergang zu sein. Neue Lagen entstehen, die wiederum neue Entwicklungen in Gang setzen. Falsch wäre allerdings, an einen unaufhaltsamen Trend der Geschichte zu glauben. Ihr Lauf wird stets durch Aktion und Reaktion bestimmt, deren Wechselwirkung das Weltbild formen. Geschichte bildet eine geschlossene Kettenreaktion.

Die Art und Weise, wie man das Weltgeschehen einer Prüfung unterzieht, kann natürlich zu mannigfaltigen Schlußfolgerungen führen, je nachdem mit welchen Gewichten die einzelnen Faktoren – politische, wirtschaftliche, technische, ideologische oder militärische –, die alle zusammen das Weltgeschehen prägen, abgewogen werden. Es gehört zu den bekannten Methoden der Desinformation, belanglose Details aufzuwerten und wichtige Ereignisse herunterzuspielen. Wirklich werten läßt sich ein geschichtlicher Vorgang erst dann, wenn dieser Vergangenheit ist und die endgültigen Erfolge oder Mißerfolge einer Politik Tatsachen geworden sind – also wenn es bereits zu spät ist.

Das vorliegende Buch versucht vor allem, eine Bresche in die Mauer vorgefaßter Meinungen zu schlagen – Meinungen, die sich bereits tief eingenistet haben und die objektive Urteilsbildunng auf lange Sicht verhindern. Der angeblich von Goebbels stammende Spruch, »daß eine Lüge durch tausendfaches Wiederholen zur Wahrheit gemacht werden kann«, ist im Zeitalter der zur »Großmacht« gewordenen Massenmedien noch treffender als zu seiner Zeit. Wer sich im Labyrinth von bewußten Lügen, Halbwahrheiten, Unfug und weltfremdem Idealismus zurechtfinden will, täte gut daran, sich an geschichtlichen Erfahrungen und geopolitischen Gegebenheiten zu orientieren.

Es ist nicht leicht, die Wahrheit über die Zusammenhänge europäischer Geschichte insbesondere seit Anfang unseres Jahrhunderts unvoreingenommen zu erforschen. Vieles ist seither verschüttet worden oder wurde zum Teil gewollt unterdrückt, um den Verlauf der Ereignisse und damit die Wahrheit zu verschleiern. Zahlreiche Dokumente, die Geschichtsforscher als Nachweise benötigen, sind noch heute unter Verschluß gehalten oder häufig in einer fragwürdigen Weise ausgewählt, um ihre Auslegung mit Vorurteilen zu belasten. Entscheidend wichtige Quellen werden von den früheren Alliierten als »verschollen« oder »nicht auffindbar« erklärt.

Das hat natürlich seine guten Gründe. Selbst die Memoiren einst führender Staatsmänner sagen selbstlobend über ihre Leistungen aus und sind eindeutig zur Rechtfertigung ihrer Politik bestimmt. Zu viele Denkmäler würden von ihren Sockeln gestürzt, Straßenschilder mit Heldennamen abgerissen, wenn die Völker die Wahrheit erführen. Nicht nur die Besiegten, auch einige der Sieger gehörten auf die Bänke des Nürnberger Tribunals. Selbst an manchen Universitäten scheint die Grundlage der Lehre weitgehend die Kriegspropaganda beider Weltkriege geblieben zu sein, »an denen nur die Deutschen schuld waren«. Infolge all dieser Umstände ist die Geschichtswissenschaft in einem vorher nie gekannten Maß gehemmt.

Das betrifft in erster Linie die Besiegten, die ihre eigene Geschichte nicht mehr kennen und sie überhaupt kaum noch verstehen. Vor allem wurde durch die sogenannte »Reeducation« das deutsche Volk von den Siegern planmäßig in eine geistgestörte Geschichtslosigkeit gestoßen. Es glaubt aufrichtig, auch dort schuldig zu sein, wo es gar nicht der Fall ist. Die Entstellung der geschichtlichen Wahrheit widerspiegelt sich aber auch im Weltbild der alliierten Völker. Die tausendfach wiederholte Verdrehung von Wahrheiten bei gleichzeitiger Verheimlichung eigener »Kriegsverbrechen« bewirkte auch bei ihnen das Entstehen eines falschen Geschichtsbewußtseins, das noch heute nachwirkt und die mit nur dünner Farbe überlackierten Ressentiments immer wieder von neuem aufwühlt. Viele Fehlgriffe westlicher Politik haben den Ursprung in ihrem eigenen verzerrten Weltbild.

Ohne auf die Vergangenheit zurückzugreifen, kann man die Gegenwart kaum richtig verstehen. Ein solcher Rückblick ist unerläßlich, um der Wahrheit näher zu kommen und somit von dieser Grundlage aus zu versuchen, einen forschenden Blick in die ansonsten unabwägbare Zukunft zu werfen. Voraussetzung der richtigen Beurteilung eines geschichtlichen Ablaufes ist allerdings, den jeweiligen Zeitgeist richtig zu erfassen.

Dabei ist es durchaus nicht das Ziel dieses Werkes, alle Daten und Einzelereignisse lückenlos aufzuzählen. Wesentlich scheint es dagegen zu sein, vor allem jene Geschehnisse, die eine Weichenstellung für die geschichtliche Entwicklung bedeuten und die die meisten von uns nicht miterlebt haben, herauszustellen, um ihnen soweit wie möglich ein verständliches Weltbild zu bieten. Verzichtet wird dabei auf einen umfangreichen Literaturnachweis, durch den allzuoft nur die hohe »Wissenschaftlichkeit« eines Werkes äußerlich unter Beweis gestellt oder wichtige Tatsachen verschleiert werden sollen.

Zur wichtigen Frage der deutschen Wiedervereinigung sei folgendes bemerkt: Es ist natürlich, daß die alten Bundesländer den neuen beistehen müssen, damit sich letztere ein höheres Lebensniveau aus eigener Kraft selbst erarbeiten können. Diese bereits vorhandene Opferbereitschaft darf aber nicht zur Aufopferung der Bundesrepublik, die an mehreren Fronten engagiert ist – Zahlungen an die UdSSR, an die Dritte Welt und viele andere Verpflichtungen –, führen, wie es leider zu befürchten ist.

Paris-Versailles, 1991 *Ferdinand Otto Miksche*

Teil I

Zwei Weltkriege und ihre Folgen

»Je ne blame ni n'approuve,
je raconte.«

TALLEYRAND

1. Kapitel

Der Erste Weltkrieg

Zu Anfang des 20. Jahrhunderts stand Europa auf seinem politischen Höhepunkt und bildete das Weltzentrum. Zwei Weltkriege brachten es auf den abfallenden Hang der Geschichte. Über die Ursachen der Katastrophe, durch die im Jahre 1914 Europa in Brand gesteckt wurde, gibt es Bücher, die ganze Bibliotheken füllen. Doch nur ein Teil dieser Werke ist sachlich, während die Mehrzahl von Autoren verfaßt wurde, die entweder ihre »patriotischen« Gefühle zum Ausdruck brachten oder den Verlauf der Ereignisse bewußt zweckbestimmt interpretierten, indem sie Kriegspropaganda mit ernst zu nehmender Geschichtsforschung verwechselten. Die nicht enden wollende Debatte über die Kriegsschuld hat maßgeblich zum Schüren jener Leidenschaften beigetragen, die zwanzig Jahre später für den Ausbruch des Zweiten Weltkrieges mitverantwortlich wurden. Was auch immer die Historiker über die Entfesselung des großen Krieges zu sagen haben: 1914 bleibt die Urkatastrophe europäischer Geschichte.

Der Erste Weltkrieg wurde durch die Ermordung des österreichischen Thronfolgers in Sarajewo am 28. Juni 1914 ausgelöst. Fünf Großmächte bestimmten damals das Weltgeschehen: England, Frankreich, Rußland, Deutschland und Österreich-Ungarn. Zu diesen müssen – im zweiten Rang – noch Italien und die Türkei gerechnet werden. Die hypokritische Behauptung, daß es sich im Ersten Weltkrieg um ein Ringen »freiheitlicher Demokratien« gegen die »reaktionären Kräfte« des Deutschen Reiches und Österreich-Ungarns handelte, widerlegt die Tatsache, daß das despotisch regierte Zarenreich mit Frankreich und England eng verbunden war.

Während die Mittelmächte vor dem Krieg keine territorialen Ambitionen hegten, verfolgten die anderen eindeutig imperialistische Ziele. Durch die unerwartete Niederlage Frankreichs 1870/71 in dem von Napoleon III. erklärten Krieg aufs tiefste erschreckt, sah sich Frankreich plötzlich einem vereinten deutschen Volk gegenübergestellt. Dazu kam der feste Wille nach einer Revanche und die

Forderung, die beiden früheren Reichsteile Elsaß und Lothringen wiederzugewinnen, die Frankreich im 17. Jahrhundert an sich gerissen hatte und 1871 an das Reich zurückgegeben wurden. Beide Ziele waren aber nur durch Waffengewalt erreichbar. Übrigens war Frankreichs Politik seit Richelieus Zeiten (1585–1642) eindeutig antideutsch mit dem Ziel, die Vereinigung der deutschen Länder in einen Großstaat zu verhindern.

Entsprechend gestaltete Paris seine Außenpolitik. Im Zarenreich suchte Frankreich ein Gegengewicht zu Deutschland, woraus sich nach und nach ein Zweibund entwickelte. Als erstes Zeichen auf diesem Weg lag 1891 der Freundschaftsbesuch der französischen Flotte in Kronstadt und der russischen in Toulon. Das Zarenreich nahm im damals reichen Frankreich eine Anleihe nach der anderen auf, die hauptsächlich militärischen Zwecken dienten. Im Jahre 1912 schlossen beide Mächte einen Bündnisvertrag. England führte 1913 die allgemeine Wehrpflicht ein, Frankreich die dreijährige Militärzeit. Im Januar 1914 gewährte Paris dem Zarenreich eine Anleihe von 2,5 Milliarden damaligen Goldfranken, die eindeutig für Rüstungszwecke dienten.

Auch die Ziele russischer Vorkriegspolitik waren zweifellos offensiv. Seit alters her strebten die Zaren danach, die maritime Isolierung in der Ostsee sowie im Schwarzen Meer zu durchbrechen und den Siedlungsraum der West- und Südslawen unter ihre Herrschaft zu bringen. Dieser unleugbare Imperialismus der Russen wurde im 19. Jahrhundert durch die panslawistische Ideologie ausgelöst und geformt, ebenso wie sich nachher die Sowjetunion des Marxismus-Leninismus als Leitmotiv ihrer Außenpolitik bediente.

Schwerer, weil geschickt und streng verschleiert, läßt sich die Politik der Vorkriegszeit Englands ermitteln. Argwöhnisch verfolgten London und Paris seit der Niederlage Frankreichs 1870 den Aufstieg des Deutschen Reiches. Im Jahre 1905 wurde mit Frankreich der Vertrag der »Entente Cordiale« geschlossen, der eindeutig gegen Deutschland gerichtet war, das Englands Industrie-, Finanz- und Handelswelt in einen schwierigen Wettbewerb verstrickt hatte, auch dort, wo es vor kurzem noch monopolartig geherrscht hatte. Indessen waren, entgegen der weit verbreiteten Behauptung, nicht die Deutschen, sondern die Amerikaner die gefährlicheren Konkurrenten, jenes Land der »unbegrenzten Möglichkeiten«, das mit einem System industrieller Riesentrusts und bisher unbekannter Kapitalzusammenballung den Wettlauf gegen Englands bereits damals veraltete Industrie eröffnete.

Die Umstände, die den Krieg 1914 auslösten, waren zu vielschichtig, um die Schuld einfach dieser oder jener Macht zuschreiben zu können. In einem nur schwer aufteilbaren Maß waren für den Ausbruch des Ersten Weltkrieges alle Großmächte verantwortlich, und die deutsche Kriegschuld dürfte kaum größer gewesen sein als die der anderen. Schuld am Krieg trugen alle: die Regierungen und ihre Staatsmänner, die Generalstäbe und schließlich auch die breiten, damals kriegslüsternen Völkermassen selbst. Zur »Sicherung des Friedens«, das heißt der vermeintlichen Interessen der Nationen, wurde Europa nach und nach mit Bündnissystemen überzogen, die Minenfeldern ähnelten. Die Explosion einer Mine mußte sich zwangsläufig auf die anderen übertragen.

Die noch heute allgemein verbreitete Meinung der alleinigen Kriegsschuld der Mittelmächte ist eine Geschichtslüge. Es waren die Alliierten, vor allem die überstürzte Mobilmachung Rußlands und die Eifersucht Großbritanniens auf die erfolgreiche Entwicklung des Deutschen Reiches, die die ursprünglich lokal beschränkbare Auseinandersetzung der Donaumonarchie mit Serbien in einen Weltbrand ausgeweitet haben. Frankreich, wo die Frage Elsaß-Lothringen in den letzten Jahren an Bedeutung viel verloren hatte, und das sich eher in Afrika engagierte, wurde durch sein Bündnis mit Rußland eigentlich in den Krieg eher hineingezogen.

Der Rüstungswettlauf

Der allgemein verbreitete Glaube, daß die Mittelmächte den Alliierten militärisch überlegen waren, entspricht nicht der Sachlage. Im Jahre 1914 betrug die Friedensstärke des russischen Heeres 1200000 Mann, die des französischen 984000 Mann. Somit verfügten die miteinander verbündeten Länder Rußland und Frankreich zusammen über 2184000 Soldaten. Ihnen stellte das Deutsche Reich 761000 und Österreich-Ungarn 415000, insgesamt also 1176000 Mann gegenüber. Rechnet man die 310000 Soldaten des damals schon unzuverlässigen Italien hinzu, dann waren es immer nur noch 1486000 Mann, das heißt um 698000 Mann weniger als die vereinte

Friedensstärke Frankreichs und Rußlands. Im Kriegsfall konnten die beiden Staaten gegen die 6,4 Millionen des an zwei Fronten bedrohten Dreibundes 7,5 Millionen Mann mobilisieren, wobei man sich der Italiener weder in Wien noch in Berlin sicher war[1].

Unter den Militärausgaben der europäischen Großmächte lagen die des Deutschen Reiches von 1900 bis 1911 immer an dritter Stelle. Sie überflügelten erst im Rechnungsjahr 1911 den französischen Militäretat um 200 Millionen Mark. Im Jahre 1913 haben Frankreich, Großbritannien und Rußland für Militärzwecke zusammen 4,8 Milliarden, das Deutsche Reich und Österreich-Ungarn hingegen nur 2,8 Milliarden, das heißt um rund 2 Milliarden damalige Goldmark weniger ausgegeben.

Dasselbe gilt auch für den Flottenbau, für den die Entente-Mächte 1,8 Milliarden, die beiden Mittelmächte aber nur rund ein Drittel dieser Summe, das heißt 636 Millionen Mark aufwandten. Ohne sich hier in die viel diskutierte Geschichte von Englands Eifersucht über die deutschen Seerüstungsprogramme einzulassen: Tatsache ist, daß 1914 allein schon die britische Flotte mit 2714000 Tonnen der deutschen, die ihrerseits 1305000 Tonnen aufwies, doppelt überlegen war. Rechnet man zu der britischen Tonnage die 900000 Tonnen Frankreichs und die 697000 Tonnen Rußlands, dann ergibt sich, daß die Kriegsmarinen der Entente-Mächte eine Gesamttonnage von 4293000 hatten, während die beiden Mittelmächte 1914 nur über 1677000 Tonnen, das heißt über weniger als die Hälfte, verfügten.

Die seit langem bestehenden militärischen Abmachungen setzten sich 1914 mit automatischer Gewalt durch. Das Attentat von Sarajewo am 28. Juni desselben Jahres forderte Österreich-Ungarn zu Gegenmaßnahmen heraus. Nach vielem Hin und Her, erst einen Monat später, erklärte Wien infolge der unbefriedigenden Haltung der Belgrader Regierung zögernd den Krieg, nachdem von Rußland zur Wahrung seiner Balkaninteressen bereits am 26. Juli die Kriegsvorbereitung (eine 1913 eingeführte Vorstufe der Mobilmachung) sowohl gegen die Donaumonarchie als auch gegen das Deutsche Reich angeordnet worden war. Am 30. Juli unterschrieb der Zar den Befehl zur Gesamtmobilmachung. Deutschland, das gegenüber Österreich-Ungarn Bündnisverpflichtungen hatte, reagierte am

[1] »Der Erste Weltkrieg« von A. Wagner, Ueberreuter Verlag, Wien.

31. Juli mit der Erklärung »Zustand drohender Kriegsgefahr« und am 1. August mit der Mobilmachung. Am nächsten Tag erklärte nach vorheriger Warnung an den Zaren das Deutsche Reich Rußland und am 3. August Frankreich den Krieg, das bis dahin zwar offiziell noch keine Mobilmachung angeordnet hatte, aber mit Rücksicht auf das Bündnis mit dem Zarenreich bereits seit dem 27. Juli militärische Vorbereitungen traf. Gewiß erklärte das Deutsche Reich den Franzosen zuerst den Krieg, was aber ansonsten Paris auf Grund seines Bündnisvertrages mit dem Zarenreich jedenfalls verpflichtet gewesen wäre, zu tun.

Man glaubte in Berlin, mit der Kriegserklärung an Rußland und Frankreich nicht warten zu dürfen, weil man der Ansicht war, den Schlieffenplan, der den Aufmarsch durch Belgien zur Folge hatte und auf den sich die deutsche Strategie stützte, später nicht mehr erfolgreich ausführen zu können. Dies zusammen mit dem österreichisch-ungarischen Aufmarsch gegen Serbien erweckte allerdings in der Welt den Eindruck, als wären die Mittelmächte für den Ausbruch der Feindseligkeiten allein verantwortlich. Eine solche Beschuldigung fällt um so leichter, da es sich gar nicht mehr beweisen läßt, daß andernfalls wahrscheinlich Rußland die Feindseligkeiten eröffnet hätte. Auch die Besetzung Belgiens durch das deutsche Heer erscheint in einem anderen Licht, wenn man weiß, daß London die Anfrage Berlins, ob England sich außerhalb des Konfliktes halten würde, wenn deutsche Truppen nicht in Belgien einmarschieren, unbeantwortet ließ.

Obwohl längst zur Teilnahme an dem europäischen Krieg an der Seite Frankreichs und Rußlands entschlossen, gab man in England vor, sich nur dann zu einer neutralen Haltung verpflichtet zu fühlen, wenn sich der Krieg auf die beiden Mittelmächte und Rußland beschränke und Frankreich außerhalb des Konfliktes bleibe. Wußte man in England etwa nicht, daß ein Krieg zwischen den Mittelmächten und dem Zarenreich unvermeidlich den *casus foederis* für Frankreich auslösen würde und daß auf Grund der seit langem bestehenden Bündnisse eine Begrenzung des Krieges gar nicht möglich war? Nachdem der Schwarze Peter Wien und Berlin zugeschoben wurde, erklärte auch England nach dem deutschen Einmarsch im neutralen Belgien als traditioneller »Hüter der Freiheit kleiner Völker« Deutschland den Krieg. Übrigens verdankte England diesen Ruf hauptsächlich der »Balance-of-power«-Politik. Es hat die kleinen

Mächte, um das Entstehen einer größeren Macht auf dem Kontinent zu verhindern, stets gegen die großen ausgespielt.
Während sich die Armeen für den kommenden Krieg rüsteten, sind die Regierenden fest davon überzeugt gewesen, durch ihre Politik den Interessen ihrer Völker zu dienen. Je starrer sie sich in ihre Absichten verbissen, um so undenkbarer war ein Ausgleich. Vor allem das Zarenreich hatte erhebliche Gebietserweiterungen häufig ohne Rücksicht auf die Wünsche und Gefühle der betroffenen Bevölkerung mit der Begründung angestrebt, hierdurch künftig die Bedrohung seitens der Mittelmächte, die damals gar nicht vorhanden war, auszuschalten. Rußland, Frankreich und Großbritannien waren sich darin einig, die größtmögliche Entmachtung des Deutschen Reiches und der Donaumonarchie anzustreben, was Frankreichs Außenminister Delcassé (1852–1923), Schöpfer der Entente mit Großbritannien und dem Zarenreich, auch offen zugab.
Lief das alles auf die Ausschaltung der deutschen und österreichisch-ungarischen Machtposition im Herzen Europas hinaus, so standen dem die Kriegsziele der Mittelmächte mit der umgekehrten Absicht entgegen. Deutschland hoffte, der durch die Entente betriebenen Einkreisungspolitik ein Ende bereiten zu können. Erst im Siegesrausch nach den Anfangserfolgen 1914 in Rußland bei Tannenberg und nach dem Blitzeinmarsch in Frankreich bis vor die Tore von Paris tauchten auch in Deutschland Ende September 1914 Gedanken auf, sich im Falle eines Sieges an Gebieten zu bereichern. Bezeichnend für die Weltfremdheit der Berliner Pläneschmiede war ihre Absicht, sich Belgiens und Teilen des französischen Lothringens – der Gegend um Nancy und Belfort – zu bemächtigen und ein Reich mit fünf bis sechs Millionen Franzosen und etwa acht Millionen Polen zu schaffen.
Wichtig ist jedoch zu bemerken, daß während die Zielsetzungen der Entente-Mächte seit Jahrzehnten einen festen Bestandteil ihrer Vorkriegspolitik bildeten, in Deutschland die Idee von Gebietserweiterungen erst im Laufe des Krieges aufgekommen ist. Österreich-Ungarn hingegen versuchte, an seinen Südgrenzen endlich Ruhe zu schaffen und hatte im übrigen keine territorialen Ansprüche. Es setzte sich sogar für die Wiederherstellung eines unabhängigen Polens ein und erklärte sich bereit, an den neuen Staat eigene Gebiete abzutreten.
Die Behauptung des britischen Premierministers Lloyd George, den

Krieg habe eigentlich niemand gewollt, und es habe nirgendwo einen Staatsmann gegeben, der imstande gewesen wäre, die Krise zu überwinden, trifft zwar ins Schwarze, doch weit von seiner Mitte. Tatsache ist nämlich, daß viele Staatsmänner ihre seit Jahren angehäuften Rankünen nicht zu überwinden vermochten, und daß sie sich in ihrer Weltfremdheit überhaupt nicht bewußt waren, durch ihre Handlungen das zu zerstören, was sie eigentlich bewahren wollten. Denn die Ziele, die sie vielleicht sogar sehr pflichtbewußt verfolgten, waren sicherlich nicht die Opfer an Menschen und Sachschäden, die der Krieg verschlang, wert.

Doch nicht nur die Staatsmänner, auch die Völker selbst waren für die damals in Gang geratene tragische Entwicklung entscheidend mitverantwortlich. Eine Woge psychologisch kaum erklärbaren Massenwahns überflutete Europa. Es schien, als hätten sich die Völker, die seit Jahren in Erwartung eines »Gewitters« lebten, das nicht kommen wollte, plötzlich in einer seelischen Reaktion Luft gemacht. Bei vielen war es das Aufflammen einer Begeisterung, die in einem Krieg die Demonstration kämpferischer Tugend und den Beginn einer »besseren Weltordnung« sah. »Nach Berlin« schrien Hunderttausende auf den Straßen von Paris und Sankt Petersburg, »nach Paris« die Menge in Berlin. Lautstark forderten sie, auf die Schlachtbank geführt zu werden und fürchteten, »nicht dabei sein zu können«.

Innerhalb der ersten Kriegstage haben sich in Frankreich 1,1 Millionen, in Deutschland 1,3 Millionen, in Österreich 460000 Kriegsfreiwillige gemeldet. Selbst die als gelassen bekannten Engländer handelten nicht anders. »Nie werde ich die Massenmanifestationen vergessen«, so schrieb Lloyd George, »die sich vor Whitehall und in der Downing Street drängten, während die Regierung zwischen Krieg und Frieden zu entscheiden hatte.« Ebenso wie heute unter dem Einfluß übertriebener pazifistischer Schlagworte, handelten damals die erregten Massen nach völlig irrationalen Beweggründen, ohne den Ernst und die Tragik der Stunde zu begreifen.

Nach vierzig Jahren Frieden wollte auch diese Generation ihr Abenteuer erleben, und sie konnte es auch voll im Schlamm der Schützengräben genießen. Sie wurde dazu von einer zwar nicht dirigierten, dafür aber höchst unverantwortlichen Presse sogar ermutigt. So schrieb am 25. Juli 1914 die führende Tageszeitung Frankreichs »Le Temps«: »Man glaubt, daß in einem modernen Krieg die Verluste außerordentlich hoch wären. Ernste Forschungen beweisen jedoch das Gegenteil. Denn je perfekter die Waffen sind, um so mehr verringert sich die Zahl der Gefallenen.« *Nil novi sub sole.* Auch heutzutage ist es keine Rarität, in der Presse häufig militärische Aufsätze zu finden, die jedem logischen Denken widersprechen.

Mobilmachung und Aufmarsch

Viel schlimmer war, daß nicht nur Journalisten, sondern auch die Militärs ihren Blick für die Realität offensichtlich verloren hatten. Kein Generalstab rechnete ernsthaft damit, daß ein allgemeiner Krieg in Europa jahrelang dauern könnte. Hätten das die Staatsmänner nur geahnt, dann wären sie bei ihrem Spiel mit dem Feuer vielleicht doch vorsichtiger gewesen. Indessen waren in allen Ländern des damaligen Europa die Generalstäbe der unerschütterlichen Meinung, daß ein mit den neuen Waffen geführter Krieg allein schon aus wirtschaftlichen Gründen nur einige Monate dauern könne. Diese Auffassung, belegt durch Studien und Pläne, bearbeitet von hochqualifizierten Generalstäblern der allerhöchsten Kommandobehörden, wurde allgemein anerkannt und wirkte sich zwangsläufig auch auf die Beschlüsse der Regierungen aus. Während der Tage der Entscheidung waren die Staatsmänner einem doppelten Druck ausgesetzt: Zum einen durch die für den Krieg demonstrierenden Massen, zum anderen durch die Generalstäbe, die die unverzügliche Kriegserklärung forderten.

Ein Novum beim Ausbruch des Ersten Weltkrieges war die bis zur Perfektion entwickelte Mobilmachungsstrategie. Ebenso wie heute der selektive Einsatz von Atomwaffen erwogen wird, hatten auch damals die Militärs ihre »Doktrinen«, die für die Planungen und Handlungen maßgebend waren. Den Sieg in den Kriegen von 1866 und 1870/71 hatten die Preußen vornehmlich der schnellen Mobilmachung und dem überraschenden Aufmarsch zu verdanken. Auf Grund der damals wenn auch in kleinerem Rahmen gemachten Erfahrungen setzte sich in allen Armeen Europas die Idee durch, daß eine schnelle und reibungslose Durchführung beider Operationen – Mobilmachung und Aufmarsch – die Grundlage weiterer Erfolge bildet.

Jahrelang bastelte man an den Mobilmachungsplänen, die, laufend ergänzt, bei allen Kommandostellen und Einheiten in Panzerschränken aufbewahrt wurden. Die Umwandlung der Friedensarmeen in Feldarmeen, die Einberufung von Millionen von Reservisten, ihre Eingliederung und Aufrüstung sowie der Eisenbahnaufmarsch der Truppen erforderte die Schaffung eines komplizierten und infolgedessen höchst empfindlichen Riesenapparates, der, durch einen Knopfdruck in Gang gesetzt, wie ein gigantisches Uhrwerk funktionierte. Der reibungslose Ablauf der Mobilmachung war von dem präzisen Ineinandergreifen aller Zahnräder abhängig. Hierdurch wurde aber das Gesamtgefüge der Planungen äußerst starr. Teilmobilmachungen konnten nur als Bestandteile der allgemeinen Mobilmachung durchgeführt werden. Änderungen des Geplanten drohten das ganze System in ein Chaos zu stürzen.

Die Mobilmachungsstrategie machte die Generalstäbe zu den Gefangenen ihrer Planungen. Ohne in der Lage zu sein, ihre im voraus getroffenen Maßnahmen dem Verlauf diplomatischer Verhandlungen anzupassen, konnte es für sie nur ein Entweder-Oder geben. Für die Folgen von Veränderungen lehnten die Militärs die Verantwortung aus Angst davor ab, die Gegner könnten in ihrer Schlagbereitschaft einen Vorsprung gewinnen und sie dadurch in eine ungünstige strategische Ausgangslage drängen. So wurden klarsichtige Staatsmänner besonders in Wien und Sankt Petersburg, soweit sie mäßigend zu wirken suchten, von der Generalität überspielt.

Um zu verhindern, daß der Zar den Mobilmachungsbefehl widerrief, verschwand der russische Generalstabchef Januschkewitsch und war 23 Stunden lang nicht zu finden. Ähnliche Sorgen plagten den deutschen Generalstabchef Moltke junior, als ihn Kaiser Wilhelm II. am 31. Juli 1914, einen Tag vor Kriegsausbruch, mit der Bemerkung entsetzte, »Also wir marschieren mit der ganzen Armee einfach im Osten auf«. Übrigens konnte auch Londons Forderung, Belgiens Souveränität als Gegenleistung für Englands Neutralität zu respektieren, wegen der seit Jahren festgelegten Mobilmachungspläne und Schlieffens Aufmarschplänen nicht erfüllt werden, wobei es natürlich fraglich bleibt, ob sich die Briten auch auf die Dauer an eine solche Abmachung gehalten hätten.

Anstatt sich mit der Beschreibung des Verlaufes einzelner Feldzüge zu befassen, scheint es interessanter zu sein, eine Bilanz des Krieges zu ziehen. Das Gewitter, das 1914 mit neun Millionen Soldaten angefangen hatte, riß bis 1918 einschließlich der in Europa gelandeten 2086000 Amerikaner sowie der Türken, Serben, Rumänen, Bulgaren und Griechen nach und nach 64001000 Mann in seinen Wirbel. Entsprechend groß waren auch die Verluste. Es fielen oder erlagen ihren Wunden rund zehn Millionen Soldaten. Weitere vier Millionen kamen durch Krankheiten um, zusammen 14 Millionen Menschen. Außerdem hinterließ der Erste Weltkrieg, ohne Rußland zu rechnen, drei Millionen Invaliden. Frankreich, das Ende des 18. Jahrhunderts mit 25 Millionen Einwohnern das volkreichste Land Europas war, verlor schon während der napoleonischen Kriege 1,4 Millionen Mann und hatte im Ersten Weltkrieg samt Geburtendefizit 3,2 Millionen Ausfälle, Verluste, die es bisher nicht aufholen konnte. Seine heutige Bevölkerung von 54 Millionen besteht zu über dreißig Prozent aus fremden Einwanderern. Englands Verluste betrugen samt Geburtendefizit 1,8 Millionen. Deutschland verlor 5,3 Millionen, die Donaumonarchie 3,8 Millionen Menschen.

Auch die 615000 Juden, die damals im Reich lebten, hatten einen schweren Blutzoll entrichtet. Rund 100000 leisteten Militärdienst, von denen 12000 gefallen sind. Die Zahl der Kriegsausgezeichneten betrug 35000, der Beförderten 23000, darunter rund 2000 Offiziere. Von diesen sind 322 gefallen, das heißt 16,1 Prozent, während es bei den nichtjüdischen Offizieren 14,7 Prozent waren. Bei der deutschen Luftwaffe dienten in Kampfeinsätzen etwa 200 Juden, von denen als Jagdflieger 30 abgeschossen worden sind. Viele wurden mit dem Eisernen Kreuz ausgezeichnet, einer sogar mit dem »Pour le mérite«. Ein anderer ist mit dem goldenen Militärverdienstkreuz geehrt worden. Mit ihren Dekorationen auf der Brust wurden manche Juden zwanzig Jahre später in die Konzentrationslager gebracht.

Über die Kriegsverluste der 1,3 Millionen Juden der Donaumonarchie liegen keine verläßlichen Angaben vor. Doch auch in der k. u. k. Armee waren jüdische Offiziere keine Seltenheit und viele von ihnen wurden, wie im Deutschen Reich, für Tapferkeit im Fronteinsatz dekoriert. In anderen Bereichen als bei den Armeen leisteten Juden als gute Patrioten ebenfalls wertvolle Dienste. Der äußerst tüchtige Rüstungsminister des Deutschen Reiches, Walther Rathenau, war Jude.

Der Krieg begann, ohne daß die Militärs eine Ahnung gehabt hätten, wie er technisch, industriell und wirtschaftlich geführt werden sollte. Je länger er dauerte, um so mehr gewann die Technik an vorherrschender Bedeutung. Krieg und Wirtschaft griffen ineinander wie nie zuvor in der Geschichte. Immer mehr verlagerte sich die Entscheidung von der Front auf die Produktionskapazitäten des Heimatgebietes. Das Ringen wurde zu einem Wettlauf zwischen Volkswirtschaften und industriellen Kapazitäten der kriegführenden Mächte, wobei den Heeren an den Fronten gewissermaßen sowohl die Rolle der Zielscheibe als auch die des Verbrauchers eines ständig wachsenden Materialbedarfes zufiel. Nachdem in den ersten Monaten der Feindseligkeiten erhebliche Mengen von Waffen überraschend schnell verschlissen wurden, vervielfachte sich die Nachfrage nach militärischen Rüstungsgütern gewaltig.

Für den Ersten Weltkrieg wurden die direkten Ausgaben aller beteiligten Mächte auf 186 Milliarden Dollar (im Wert von 1920) berechnet. Von dieser Summe entfielen auf die alliierten Mächte 123 Milliarden, auf die Mittelmächte 63 Milliarden Dollar. Alle Völker, die am Ersten Weltkrieg teilnahmen, Sieger wie Besiegte, hatten schwere Nachkriegsschulden zu tragen: Frankreich 27 Milliarden, England 34 Milliarden, Deutschland 39 Milliarden, Italien 11 Milliarden Dollar, wobei für die Folgekosten, das heißt Renten, Wiederaufbau und Reparationen nahezu noch einmal derselbe Betrag ausgelegt werden mußte. Anstatt in eine Hölle, hätte man Europa mit diesen Geldern in ein Paradies verwandeln können.

Die Riesenverluste aller Art, die die Kriegführenden erlitten, standen in keinem Verhältnis zu den Vorteilen, die ihnen ein Sieg einbringen konnte. Die unerwartete Länge des Krieges zusammen mit seinem enormen Materialbedarf sowie die außerordentlich hohen Menschenverluste hatten bei allen beteiligten Mächten tiefgreifende Veränderungen ihres gesamten sozialen und wirtschaftlichen Gefüges verursacht. Aus vorher unbekannten und erst im Kriege zutage tretenden Tatsachen und Wirkungen traten weder erwartete noch gewollte Folgen ein. Die Staaten, die 1914 ins Feld zogen, hatten sich während der vier Kriegsjahre grundsätzlich gewandelt und waren nach Kriegsende nicht mehr dieselben.

Das Jahr 1916 endete für alle Beteiligten mit Enttäuschungen. Der Versuch der Deutschen, im Westen die in der Marne-Schlacht 1914 verlorene Initiative durch den Angriff auf Verdun zurückzugewinnen, war gescheitert. Die Hoffnungen der Briten auf einen durchschlagenden Erfolg an der Somme sowie eine kriegsentscheidende Wirkung des Anschlusses Rumäniens an die Entente hatten getrogen. Die Aussichten der Mittelmächte auf einen Sieg besserten sich nur unwesentlich, als Serbien 1915 besetzt, Italien 1917 bei Caporetto geschlagen wurde und die Armeen Deutschlands und Österreich-Ungarns tief in Rußland eingedrungen waren.

Keine der kriegführenden Parteien schien die andere niederringen zu können. Angesichts dieser Situation tauchte in politischen Kreisen vielfach der Gedanke an einen Frieden auf, den herbeizuführen auch der Präsident der Vereinigten Staaten, Woodrow Wilson, bemüht war. Doch vergeblich versuchte dieser bereits im Sommer 1916, England zur Teilnahme an Friedensverhandlungen zu gewinnen. Auch die deutsche Regierung drängte in Washington immer wieder auf eine Friedensaktion Wilsons. In einer Botschaft an den Senat verkündete der Präsident Amerikas seine Ansichten über einen »gerechten Frieden der Gleichberechtigung – einen Frieden ohne Sieg«.

Am 20. September 1916 hatte Wilson eine Note an alle kriegführenden Mächte gerichtet, in der er vorschlug, ihre Kriegsziele zu nennen. Die Mittelmächte antworteten schon am 26. September zustimmend mit dem Vorschlag der Einberufung einer Friedenskonferenz. Ein Jahr später versuchte der letzte Kaiser Österreich-Ungarns, Karl I., ebenfalls die Einstellung des Kriegszustandes durch Verhandlungen zu erreichen, ohne sich dabei mit seinen deutschen Verbündeten zu beraten.

Inzwischen kam es in Berlin zu Auseinandersetzungen zwischen Befürwortern eines Friedens auf der Grundlage des *status quo* und den Verfechtern eines Siegfriedens. Einflußreiche Kreise setzten sich in Deutschland dafür ein, den Krieg durch die Vermittlung Wilsons zu beenden. Denn welche Ziele konnte schon der Erste Weltkrieg nach seinem bisherigen Verlauf überhaupt noch verfolgen? Nicht zu Unrecht schrieb Staatssekretär von Kühlmann an Reichskanzler Graf Hertling: »Nach den bekannten Worten von Clausewitz ist Krieg die Fortsetzung der Politik mit anderen Mitteln und wir müssen uns fragen, ob der Krieg, wie er der Lage nach geführt wird, als taugliches Mittel zur Erreichung dieses Zweckes angesehen werden kann.«

Für alle Teilnehmer war der Krieg sinnlos geworden. Keinem gelang es, jene »Rechte« durchzusetzen, deretwegen er sich 1914 gezwungen glaubte, den Krieg erklären zu müssen. Während sich in Rußland bereits die ersten Anzeichen einer Revolution bemerkbar machten

und das Zarenreich im Blutbad des bolschewistischen Umsturzes unterging, brachte für Frankreich und England auch das Jahr 1917 keine Entscheidung. In den Materialschlachten, die die gegnerischen Seiten beiderseits führten, standen die Verluste in völligem Mißverhältnis zu dem mageren Gewinn, den sie am Ende errangen.
Die starke Erschöpfung der Truppen führte 1917 zu ernsten Meutereien in der französischen Armee[1]. Die Ermüdung der westlichen Alliierten trug maßgeblich zur Schwächung ihrer Weltmachtstellung bei, was schrittweise den späteren Verfall ihrer überseeischen Imperien auslöste. Für beide Seiten wäre ein rechtzeitig ausgehandelter Kompromißfrieden, der durchaus möglich war, sicherlich günstiger gewesen, als die Fortsetzung der töricht gewordenen Selbstzerfleischung.

Amerikas Kriegseintritt

Ungeduldig über die langen »Bemühungen« Wilsons, beschloß Kaiser Wilhelm II., selbst einen Schritt in Washington zu unternehmen. Daraufhin erfolgte am 12. Dezember 1917 das Friedensangebot der Mittelmächte. Sie versicherten, ihre Gegner nicht vernichten zu wollen. »Im Bewußtsein ihrer militärischen und politischen Kraft seien sie aber durchaus in der Lage, den ihnen von der alliierten Seite aufgezwungenen Kampf nötigenfalls bis zum Äußersten fortzusetzen. Andererseits seien sie jedoch aufrichtig bemüht, weiteres Blutvergießen zu verhindern.«
Daher schlugen die vier Mittelmächte – Deutschland, Österreich-Ungarn, Bulgarien und die Türkei – den Alliierten vor, unverzüglich in Friedensverhandlungen einzutreten und mit dem sinnlosen Kampf Schluß zu machen. Das Friedensangebot der Mittelmächte stieß auf allgemeine Ablehnung bei den Alliierten. Vorrangig wehrten sich die Entente-Mächte gegen die deutsche Behauptung der Friedensnote, auf die Alliierten die Verantwortung für den Krieg abwälzen zu wollen. Sie sahen darin nichts anderes als einen wohl berechneten

[1] Über die Schweiz erfuhr die deutsche Heeresleitung von den Meutereien in der französischen Armee, doch wagte sie die Lage nicht auszunutzen. Gemäß der Meinung Ludendorffs hätte die Vorbereitung, das heißt die Bereitstellung der Truppen und das Anlegen von Munitionsdepots für eine Großoffensive vier bis sechs Wochen gedauert.

Versuch, auf die Entwicklung des Krieges einzuwirken, um ihnen zum Schluß einen deutschen Frieden aufzunötigen.

Indessen versuchten die Engländer, die Mittelmächte durch eine Seeblockade auszuhungern und hatten dabei die stille Unterstützung der Amerikaner. Da aber ihr damaliger Präsident Woodrow Wilson für seine Wiederwahl auf die Stimmen der Deutschamerikaner und der deutschfreundlichen Iren angewiesen war, betrieb er eine arglistige Politik. Die Versenkung des amerikanischen 31550-Tonnen-Großdampfers »Lusitania« durch ein deutsches U-Boot am 7. Mai 1915 mit 1198 Passagieren, davon 136 Amerikanern, darunter der Großindustrielle Vanderbilt, war der gegebene Anlaß für die amerikanischen Massenmedien, die öffentliche Meinung in den Vereinigten Staaten gegen die Mittelmächte zu entflammen. Verschwiegen wurde allerdings, daß die »Lusitania« große Munitionsmengen für England an Bord führte, wovon der deutsche Nachrichtendienst erfahren hatte und was sich nach dem Krieg auch als richtig herausstellte.

Als die Freunde der Mittelmächte in den Vereinigten Staaten ein völliges Verbot der Waffenausfuhr jeder Art forderten, machte ihnen der Präsident im Kongreß den Vorwurf, daß sie die heimische Industrie lahmzulegen versuchten. Aus allen Rohren schießend, hetzte die amerikanische Presse gegen die Mittelmächte. »Es sei die Pflicht der demokratischen Vereinigten Staaten« – so hieß es –, »den Despotismus und den Militarismus zu bekämpfen und gleichzeitig für die Freiheit und Rechte der kleinen Völkerschaften der Donaumonarchie auf Grund des Selbstbestimmungsrechtes der Nationen einzutreten.«

In Wirklichkeit waren die Amerikaner – Regierung und Großfinanz – frühzeitig fest entschlossen, den europäischen Krieg zu einem Riesengeschäft zu benutzen. Daraus ergaben sich jedoch bald auch die berechtigten Sorgen um die Dollarmilliarden, die sie in das Kriegsgeschäft investiert und in noch größerem Umfang zu investieren gedachten. Diese wirtschaftlich-finanziellen Absichten und Sorgen waren wohl der wichtigste Grund für das Eingreifen der Vereinigten Staaten in den europäischen Krieg, wo sie politisch damals nichts zu suchen hatten. Durch Amerikas ansonsten völlig unbegründete Teilnahme am Krieg erfuhr aber das Kräfteverhältnis der beiden kriegführenden Seiten eine gewaltige Verschiebung zugunsten der Alliierten.

In Deutschland hatten jedoch die Oberste Heeresleitung und der Admiralstab schon seit langem Wilsons Doppelspiel durchschaut. Auf ihr Drängen hin beschloß man am 1. Februar 1917 im Hauptquartier, gegen das Votum des damaligen Reichskanzlers Bethmann Hollweg den uneingeschränkten U-Boot-Krieg, mit dessen Hilfe man eine siegreiche Entscheidung des Konfliktes zu erzwingen hoffte. Daraufhin sahen sich die Vereinigten Staaten veranlaßt, am 3. Februar 1917 die diplomatischen Beziehungen abzubrechen und am 6. April den Krieg an Deutschland und Österreich-Ungarn zu erklären.

Trotz des Kriegszustandes mit den Mittelmächten blieb der Präsident bemüht, ein Friedensprogramm nach seinen Grundsätzen zu entwerfen – eine große grundlegende Botschaft zur Proklamierung seiner Vorstellungen über eine »gerechte Friedensordnung«, die er am 8. Januar 1918 in 14 Punkten zusammenfaßte. Das »Programm des Weltfriedens« lautet:

1. Öffentliche Friedensverträge. Die Diplomatie soll stets frei sein und sich vor aller Öffentlichkeit abspielen.
2. Absolute Freiheit auf der See außerhalb der territorialen Gewässer sowohl im Kriege als auch im Frieden.
3. Aufhebung sämtlicher wirtschaftlicher Schranken, Festsetzung gleichmäßiger Handelsbedingungen zwischen den Nationen.
4. Angemessene Garantien, daß die nationalen Rüstungen auf den niedrigsten Grad herabgesetzt werden.
5. Unparteiliche Ordnung aller kolonialen Ansprüche.
6. Räumung des gesamten russischen Gebietes und Erledigung aller Rußland berührenden Fragen, um die beste und freieste Zusammenarbeit der übrigen Nationen der Welt zu sichern zur Erlangung einer ungehemmten und ungeschmälerten Möglichkeit zur unabhängigen Bestimmung ihrer eigenen politischen Entwicklung und nationalen Politik.
7. Wiederherstellung der ungeschmälerten Souveränität Belgiens.
8. Befreiung des französischen Gebietes, Wiederherstellung der verwüsteten Teile. Ebenso müsse aber das Frankreich durch Preußen 1871 in Sachen Elsaß-Lothringen angetane Unrecht, das den Weltfrieden nahezu fünfzig Jahre bedroht hat, beseitigt werden, um dem Frieden im Interesse aller wieder Sicherheit zu verleihen.
9. Berichtigung der Grenzen Italiens entsprechend der Nationalitätenlinien.

10. Den Völkern Österreich-Ungarns die freieste Möglichkeit autonomer Entwicklung zu gewähren.
11. Räumung Rumäniens, Serbiens, Montenegros. Wiederherstellung ehemals besetzter Gebiete. Freier und gesicherter Zugang für Serbien zum Meer. Ordnung der Verhältnisse auf dem Balkan.
12. Dem türkischen Teil des Ottomanischen Reiches soll eine gesicherte Souveränität gewährleistet werden, den anderen Nationalitäten soll eine absolute und ungestörte Möglichkeit ihrer autonomen Entwicklung verbürgt und die Dardanellen sollen dauernd als freier Durchgang für die Schiffe und den Handel aller Nationen unter internationalen Garantien geöffnet werden.
13. Errichtung eines unabhängigen polnischen Staates mit freiem Zugang zum Meer. Die politische und ökonomische Unabhängigkeit des polnischen Staates sowie dessen territoriale Integrität sollen durch einen internationalen Vertrag garantiert werden.
14. Installierung eines Völkerbundes zum Zweck der Gewährung gegenseitiger Garantien für politische Unabhängigkeit und territoriale Integrität in gleicher Weise für große und kleine Staaten.

Die durch den Krieg erschöpften und ausgehungerten Mittelmächte betrachteten die 14 Punkte Wilsons als Ausgangsbasis zu Friedensverhandlungen und kapitulierten: Österreich-Ungarn am 28. Oktober, das Deutsche Reich am 11. November 1918. Allerdings kam es anders, als sie dachten. Die Versprechung eines Kriegsendes »ohne Sieg und Besiegte« war lediglich eine längst vergessene Kriegslist. Nicht der Krieg als solcher, sondern die Folgen des Friedensvertrages von Versailles waren für die weitere Entwicklung Europas wegweisend, die noch bis heute nachwirken.

2. Kapitel

Das Friedensverbrechen

Der »Frieden« mit dem Deutschen Reich wurde im Schloß von Versailles geschlossen. Die Beratungen unter den Alliierten, das heißt in Abwesenheit der Vertreter der Mittelmächte, hatten bereits am 18. Januar 1919 begonnen. Auf Wilsons Vorschlag wurde der Franzose Clemenceau zum Präsidenten der Friedenskonferenz gewählt. Bevor man mit den Gegnern überhaupt verhandeln konnte, mußten zuerst die Streitigkeiten zwischen den beutegierigen Alliierten selbst geschlichtet werden. Dabei handelte es sich um jene Geheimverträge, die während des Krieges abgeschlossen wurden, um neue Verbündete für den Kampf gegen die Mittelmächte zu gewinnen, Abkommen, die miteinander nur schwer vereinbar waren.
Italien versprach man für seinen Kriegseintritt 1915 das österreichische Südtirol, Teile Sloweniens und die Nordküste der Adria, die aber 1917 auch Serbien als Gebiet des noch zu bildenden Jugoslawien zugesagt wurden. Ebenso sollten Italien wie auch Griechenland mit Gebieten der Türkei belohnt werden. Palästina wurde den Arabern als Entgelt für ihre Solidarität mit England versprochen, gleichzeitig aber unter dem Druck der Zionisten auch den Juden. Zwischen Frankreich und England gab es im Nahen Orient ebenfalls machtpolitische Rivalitäten zu schlichten. Alle diese bereits festgelegten Verträge, die man ohne Rücksicht auf die Meinung der betroffenen Bevölkerungen vereinbart hatte, sind den Amerikanern verheimlicht worden.
Erst als all diese und manch andere »kleine« Auseinandersetzungen zwischen den Alliierten »unter den Teppich gekehrt« aber nicht bereinigt wurden – Israel ist ein Beispiel –, ist die deutsche Friedensdelegation unter der Führung von Graf Brockdorff-Rantzau vorgeladen und ihr der Friedensvertrag ausgehändigt worden. Das Dokument umfaßte 440 Artikel, unter denen der Artikel 231 der wichtigste war. In diesem erklärt das Deutsche Reich seine Schuld als »Urheber des Krieges« – alle anderen waren nämlich unschuldig – und sich als »verantwortlich für alle Verluste und Schäden, die die alliierten

Regierungen und ihre Staatsangehörigen infolge des Krieges, der ihnen durch den Angriff Deutschlands und seiner Verbündeten aufgezwungen wurde, erlitten hatten«.

Die eindeutig erklärte Kriegsschuld war der Vorwand maßloser Forderungen. Außer Reparationsleistungen, wie die Auslieferung von Handelsschiffen, Kohlelieferungen während zehn Jahren, usw., sollte das Deutsche Reich bis zum 1. Mai 1921 die Summe von 20 Milliarden und anschließend weitere 80 Milliarden Goldmark bezahlen. Der Endbetrag, der bei den Reparationsforderungen schließlich herauskam, erhöhte sich auf die wirklichkeitsfremde Summe von 269 Milliarden Goldmark, zahlbar in dreißig Jahren, das heißt bis 1951. Doch die Rechnung der Sieger, die Kriegskosten von den Besiegten einzutreiben, ging nicht auf. Bald stellte sich nämlich heraus, daß das alte Rezept Wallensteins, Napoleons und Bismarcks, »Krieg ernährt den Krieg« im modernen Zeitalter nicht mehr anwendbar war.

Von dem total besiegten Deutschland konnten bis zum 30. Juli 1931 an Sach- und Barwerten nur 67,6 Milliarden Goldmark, was etwa 18 Prozent der direkten Kriegsausgaben der Alliierten ausmachte, erpreßt werden. Für die restlichen 82 Prozent mußten am Ende die Sieger selbst aufkommen. Auch in ihren Ländern verwandelten sich die Kriegskosten in Kriegsschulden, während die Kriegsanleihen nach und nach durch Inflation dahinschmolzen, wovon natürlich vor allem die sozial schwachen Schichten betroffen wurden, mit der Folge, daß die Sieger den Krieg finanziell ebenfalls verloren hatten.

Nicht minder schmerzlich waren für das Deutsche Reich die Gebietsverluste. Deutschland mußte 70000 Quadratkilometer mit 6,4 Millionen Einwohnern an seine Nachbarstaaten abtreten. Viele dieser Regionen wurden von starken deutschen Minderheiten bevölkert. Einige waren sogar überwiegend von Deutschen bewohnt. In dem an Frankreich abgetretenen Elsaß-Lothringen haben sich gemäß der Volkszählung von 1910 zur deutschen Muttersprache 87,3 Prozent, in dem an Polen ausgelieferten Pommern hundert Prozent, in Danzig 95,2 Prozent bekannt.

Der Versailler Vertrag regelte auch die Abrüstung des Reiches. Deutschland durfte nur ein Heer von hunderttausend langdienenden Berufsoldaten ohne schwere Artillerie und ohne Panzer unterhalten. Der Generalstab und alle Kriegsakademien mußten aufgelöst werden. Der Marine wurde der Besitz von U-Booten untersagt. Der Nord-Ostsee-Kanal wurde internationalisiert. Die Befestigungen des

Hafens Helgoland mußten zerstört werden. Luftstreitkräfte waren gänzlich verboten. Über die Einhaltung dieser Bestimmungen wachte bis 1927 eine Kommission der Siegermächte. Die Versailler Konferenz ähnelte einem Gericht, wo den Angeklagten das Recht auf jedwelche Verteidigung verweigert wurde.

Unter der Drohung, das gesamte Reichsgebiet ansonsten zu besetzen, unterschrieb die deutsche Delegation am 18. Juni 1919 im Spiegelsaal des Versailler Schlosses den Friedensvertrag, nicht aber ohne vorher zu erklären, daß »durch einen Gewaltakt die Ehre des deutschen Volkes nicht berührt wird. Sie nach außen hin zu verteidigen, fehlt dem deutschen Volk nach den entsetzlichen Leiden der letzten Jahre jedes Mittel. Der übermächtigen Gewalt weichend, und ohne damit ihre Auffassung über die unerhörte Ungerechtigkeit der Friedensbedingungen aufzugeben, erklärt deshalb die Regierung der Deutschen Republik, daß sie bereit ist, die von den alliierten und assoziierten Regierungen auferlegten Friedensbedingungen anzunehmen und zu unterzeichnen.«

Die harten Bedingungen erschreckten Amerikas Präsidenten und später auch den britischen Ministerpräsidenten Lloyd George, die beide nicht zu Unrecht befürchteten, daß dieser Vertrag früher oder später zu neuen Konflikten führen mußte. Nur der Franzose Clemenceau rieb sich mit Genugtuung die Hände, ohne sich bewußt zu sein, daß ihn sein Meisterwerk zum Urheber des Zweiten Weltkrieges machen sollte. Amerika, das sich von seinen Verbündeten hintergangen fühlte, weigerte sich, die Friedensverträge zu ratifizieren und zog sich enttäuscht zurück. Trotz des gewonnenen Krieges hat Wilson seine Wiederwahl verloren. Unter seinem Nachfolger Harding schlossen die Vereinigten Staaten am 25. August 1921 einen endgültigen Friedensvertrag mit dem Deutschen Reich.

Indessen ist der Versailler Vertrag Geschichte geworden, nicht aber die Frage der Alleinschuld Deutschlands am Ersten Weltkrieg, die im geschichtlichen Bewußtsein der alliierten Völker weiterlebt und infolge der »Reeducation« auch von vielen Deutschen selbst geglaubt wird. Die Kriegsschuldfrage ist auch heute noch von Aktualität, da sie weitgehend die Mitverantwortung der Alliierten für den Ausbruch des Zweiten Weltkrieges trägt, eine Offenbarung, die auch für die Zukunft von Bedeutung ist.

Dennoch wäre es ungerecht, die Schuld für all das Elend, das Europa seither zu erleiden hatte, allein den alliierten Friedensverbrechern zuschreiben zu wollen. Hätten nämlich die Mittelmächte den Krieg gewonnen, dann wäre der von ihnen ihren Gegnern auferlegte Frieden ebenso töricht gewesen wie das Versailler Diktat. Die berühmten Worte, die der schwedische Kanzler Oxenstierna aus Anlaß des Westfälischen Friedens 1648 an seinen Sohn geschrieben haben soll: »An nescis, mi fili, quantilla prudentia regatur orbis?« (Weißt du nicht, mein Sohn, mit wie wenig Verstand die Welt regiert wird?), galten gleichermaßen für beide kriegführenden Seiten.

Der Frieden mit Österreich und Ungarn

Die Friedensverträge mit den Ländern des ehemaligen Österreich-Ungarn wurden in St. Germain und Trianon, mit Bulgarien und der Türkei in Neuilly-sur-Seine beziehungsweise in Sèvres abgeschlossen. Gegensätze zwischen den Nachfolgestaaten des Habsburgreiches führten bei seiner Zerstörung zu weiteren Ungerechtigkeiten. Allzuoft wurden bei ihrer Gründung unter dem Vorwand historischer Rechte oder strategischer Bedürfnisse – je nachdem wie es besser paßte – Gebiete mit Gewalt einverleibt ohne Rücksicht auf die Nationalität oder Interessen der einheimischen Bevölkerungen.

Am 21. Oktober 1918 hatten in Wien die Reichstagsabgeordneten der deutschen Landesteile Österreich-Ungarns eine vorläufige Nationalversammlung für Deutsch-Österreich gebildet, die am 30. Oktober einstimmig beschloß, die deutsche Reichsregierung um die Wahrnehmung der deutsch-österreichischen Interessen zu bitten. Am 9. November richtete der deutsch-österreichische Staatsrat an die Reichsregierung die Bitte, die Teilnahme Deutsch-Österreichs am Neubau des Reiches baldigst zu ermöglichen. Der Landesausschuß für Deutsch-Böhmen – später Sudetenland genannt – schloß sich diesem Ersuchen am 10. November an.

Die vorläufige Nationalversammlung Deutsch-Österreichs beschloß am 12. November: »Deutsch-Österreich ist ein Bestandteil der deutschen Republik.« Bei den Alliierten war man aber nicht gewillt, dem Deutschen Reich eine solche Gebietserweiterung zu gestatten. Vor allem die französische Regierung sprach sich energisch in diesem Sinne aus. Während die Tschechoslowakei, Jugoslawien und Rumänien zu den Siegermächten gerechnet wurden, betrachtete man

Österreich als besiegten Nachfolgestaat der Donaumonarchie, der entsprechend behandelt werden müsse.

Die österreichische Nationalversammlung wurde gezwungen, diesem Diktat zuzustimmen, weil sie für Land und Volk endlich Frieden brauchte. Massen von Flüchtlingen aus allen Teilen des Donaureiches suchten in Wien Asyl. Das Land war in großen Versorgungsschwierigkeiten und die Wiederherstellung seines Kredites und seiner Währung war weitgehend von den Großmächten abhängig. Was damals in St. Germain geschah, ist kein Ruhmesblatt der Demokratie. Man überließ es fast zwanzig Jahre später Hitler, den Anschluß Österreichs an das Deutsche Reich zu verwirklichen.

Nicht gerechter, oder vielleicht noch ungerechter, war der in Trianon abgeschlossene Friedensvertrag mit Ungarn. Über drei Millionen Ungarn wurden unter die Fremdherrschaft der Nachbarstaaten gestellt, häufig in Gegenden, wo sie an beiden Seiten der Grenze siedelten, darunter viele Städte mit eindeutig ungarischer Mehrheit. Die tschechischen Delegierten behaupteten, daß durch ihre Grenzansprüche nur etwa eine Million Sudetendeutsche zu ihrem neu gegründeten Staat kämen. In Wirklichkeit waren es 3,5 Millionen. Die Rumänen forderten ganz Transsilvanien mit ebenfalls »nur etwa einer Million Ungarn«, deren Zahl aber damals mehr als zwei Millionen ausmachte.

Etwa 300000 Ungarn hätten bei ihrem Heimatland bleiben können, ohne daß dabei mehr als 15000 Slowaken für die Tschechoslowakei verlorengegangen wären. Auch bei den Friedensverhandlungen von Trianon betonten die Delegierten der Entente-Mächte immer wieder, für die Freiheit der kleinen Völker gekämpft zu haben und traten dabei das von ihnen selbst verkündete Selbstbestimmungsrecht mit Füßen. Noch heute leben über 1,7 Millionen Ungarn in Rumänien, 572000 in der Tschechoslowakei und 496000 in Jugoslawien, wo sie als Bürger zweiter Klasse behandelt werden.[1]

Ein Zauberstück der Friedensverbrecher war die Gründung der Tschechoslowakei, die sich nach ihrer Verfassung von 1920 als Staat der »tschechoslowakischen Nation« verstand, eines Volkes, das es

---

[1] Die Zahl der ungarischen Minderheiten ist schwer feststellbar. Einerseits werden die staatlichen Statistiken gefälscht; andererseits sind aber viele Ungarn doppelsprachig und bekennen sich je nach ihrem Interesse zu dieser oder jener Nationalität.
Die hier angeführten Angaben sind dem »Bevölkerungsploetz«, A. G. Ploetz Verlag, Würzburg, entnommen.

nie vorher in der Geschichte gab. Die westliche Hälfte dieser künstlich geschaffenen neuen Republik Böhmen und Mähren gehörte jahrhundertelang zum Heiligen Römischen Reich Deutscher Nation, deren Hauptstadt unter Karl IV. aus dem Hause Luxemburg Prag war, während die Slowaken tausend Jahre lang unter der Krone des heiligen Stephan zu Ungarn gehörten. Im Westen ist es wenig bekannt, daß Böhmen seit dem 13. Jahrhundert die gemeinsame Heimat von Tschechen und Deutschen war, die dort länger ansässig waren, als es die Amerikaner in der Neuen Welt sind. Beide Völker – Tschechen und Slowaken – blieben sich bis heute fremd. Ihr Verhältnis zueinander ähnelt dem zwischen Flamen und Wallonen in Belgien. Die von Masaryk erfundene tschechoslowakische Nation gibt es nicht.

Das aus Emigranten bestehende tschechische Nationalkomitee in Paris wurde noch während des Krieges als alliierte Regierung anerkannt. Über den Anschluß der Slowaken an die Tschechen entschied 1917 eine evangelisch-lutheranische slowakische Minderheit in Philadelphia, – eine noch vor dem Kriege nach Amerika ausgewanderte Emigrantengruppe –, während der weitaus repräsentativere Führer der mehrheitlich katholischen Slowaken, Pater Hlinka, von den Tschechen 1920 eingekerkert wurde.

Bei den Friedensverhandlungen 1920 scheuten sich die tschechischen Delegierten nicht, die in mitteleuropäischen Fragen unkundigen Staatsmänner der westlichen Alliierten mit gefälschten Statistiken zu täuschen. In der Tschechoslowakei von 1920 bildeten die Tschechen mit 46 Prozent die Minderheit. Von den 13,6 Millionen Einwohnern des neuen Staates waren, wie soeben erwähnt, 3,5 Millionen Deutsche, 2,5 Millionen Slowaken, 0,8 Millionen Ungarn, 400000 Ruthenen und Angehörige anderer Nationalitäten. Kein Wunder, daß die Tschechoslowakei nur eine kurzlebige Existenz von zwanzig Jahren hatte – vom 28. Oktober 1918 bis zum 15. März 1939. Zwangsläufig fiel sie zuerst dem deutschen Imperialismus zum Opfer und gehörte nach dem Zweiten Weltkrieg zum Einflußbereich der Sowjetunion.

Ebenso wie die Tschechoslowakei war auch Jugoslawien – und ist es noch heute – von Anfang an ein ungesundes Staatsgebilde von Völkern, die seit Jahrhunderten in Zwietracht lebten. Jugoslawien bildete ebenfalls ein unnatürliches Völkergemisch von elf verschiedenen Nationen. Südlich der Donau trägt ein Teil von ihnen weiterhin die Spuren der fünfhundert Jahre langen Türkenherrschaft und die

Erbschaft der byzantinischen und islamischen Kultur, während die Länder nördlich der Donau, die zum Habsburg-Reich gehörten, eindeutig von der westlichen Kulturgemeinschaft geprägt sind.

Besonders die scharfen Gegensätze zwischen den katholischen und verhältnismäßig besser situierten Slowenen und Kroaten einerseits und den ärmeren orthodoxen Serben andererseits, sind offensichtlich. Es waren kroatische Attentäter, die 1934 in Marseille ihren serbischen König Alexander I. ermordeten, und nach wie vor sind Kroaten und Slowenen Gegner der Serben. Als die deutsche Wehrmacht 1941 in Agram einmarschierte, wurde sie als Befreier von der Herrschaft Belgrads begrüßt. Kroatische Truppen beteiligten sich am Rußlandfeldzug auf deutscher Seite. Titos nach balkanischen Gebräuchen mit großer Grausamkeit gegen die katholischen Kroaten und die orthodoxen königstreuen Serben geführter Partisanenkampf hatte eindeutig die Zeichen eines erbarmungslosen Bürgerkrieges.

Zu den Neuerscheinungen auf der Karte Nachkriegseuropas gehörte auch das wiedergeborene Polen, das wegen andauernder Zwietracht mit seinen Nachbarstaaten und inneren Zerwürfnissen 1772 bis 1795 zwischen Preußen, dem Zaren- und dem Habsburg-Reich aufgeteilt wurde, wozu die Machtgier dieser Mächte ebenfalls beigetragen hat. Das Entstehen eines unabhängigen Polen 1918 stellte das Problem der Grenzen mit dem Deutschen Reich und den Nachfolgestaaten der Donaumonarchie. Während einige polnische Politiker sich mit den ethnischen Grenzen zufriedengeben wollten, forderten andere die »historischen Grenzen« Polens und gedachten des 17. Jahrhunderts, in dem zeitweilig die Ukraine und große Teile Weißrußlands von Polen erobert worden waren. Polens Staatschef Pilsudski spielte, nachdem er der Unterstützung Frankreichs sicher war, mit der Verwirklichung solcher Pläne. In den Nachkriegskonzeptionen der französischen Außenpolitik wurde Polen der Auftrag eines Gegengewichtes zu Deutschland im Osten und die Rolle eines Bollwerks gegen das kommunistische Rußland, zusammen mit der Tschechoslowakei, Rumänien und Jugoslawien, der sogenannten »kleinen Entente«, zugedacht.

Die Errichtung eines Großpolens auf Kosten des durch den Bürgerkrieg erschöpften Rußlands sah man daher in Paris nicht ungern. Als sich im April 1920 russisch-polnische Verhandlungen über die neu zu regelnden Verhältnisse zwischen beiden Staaten wegen der hohen polnischen Forderungen zerschlugen, wagte Pilsudski den Angriff.

Es gelang, Kiew zu besetzen. Die Gegenoffensive der Roten Armee ließ aber nicht lange auf sich warten und vertrieb die Polen wieder aus Rußland, um sogar bis zur Weichsel vorzustoßen.
Nach der russischen Niederlage vor Warschau im August 1920 war man auf beiden Seiten bereit, den Kriegszustand zu beenden. Angesichts des im Sowjetreich andauernden Bürgerkrieges sahen sich die Russen gezwungen, weite Teile der Ukraine und Weißrußlands an Warschau abzutreten. Es waren diese Gebiete, die Stalin auf Grund des geheimen Zusatzprotokolls, das mit von Ribbentrop am 23. August 1939 abgeschlossen wurde, nach dem Zusammenbruch Polens im September desselben Jahres wieder in Besitz nahm.
Auch dem Deutschen Reiche gegenüber stellten die Polen weit übertriebene Ansprüche. »Polens Forderung« – so meinte der damalige englische Premierminister Lloyd George –, »2100000 Deutsche der Herrschaft eines Volkes zu unterwerfen, das in seiner Geschichte nie den Beweis geliefert hat, sich selbst regieren zu können, riskiert früher oder später, einen neuen Krieg auszulösen.« Denn während Ungarn, ein nach dem Ersten Weltkrieg ebenfalls kommunistisch gewordenes Agrarland, eine halbwegs ausgewogene Existenz führte, ist das schwer verschuldete Polen ein ewiger Herd ständiger Zankereien und erntet damit merkwürdigerweise sogar das Mitleid der ganzen Welt, erstaunlicherweise vor allem der Deutschen.
Wie dem auch sei, beim Oberschlesien-Plebiszit 1921, als im Namen des Selbstbestimmungsrechtes der Völker 717000 für Deutschland und 483000 für Polen stimmten, wurde ein Teil des Gebietes dennoch Warschau zugeteilt, nachdem der alliierte Botschafterrat in Paris das oberschlesische Industriegebiet Polen zugeschoben hatte. Um Polen einen Zugang zur Ostsee zu sichern, wurde Ostpreußen vom übrigen Deutschland durch einen willkürlich gezogenen Korridor getrennt, Danzig zu einer Freistadt erklärt und der Obrigkeit des Völkerbundes – der damaligen UNO – unterstellt, in der Polen freie Hafenrechte zugesichert wurden.
Der Entschluß der Alliierten in der Frage Oberschlesiens ist eines der Musterbeispiele dafür, daß die westlichen Demokratien das von ihnen selbst als heilig erklärte »Selbstbestimmungsrecht der Völker« nur dann respektieren, wenn es ihren Interessen nicht widerspricht. Mit der Überwachung der »gerechten Durchführung« des Oberschlesienplebiszits wurde unter der Führung des französischen Generals Le Rond eine alliierte Kommission beauftragt. Entente-Truppen,

11500 Franzosen, 2000 Italiener, verstärkt im März 1921 durch vier britische Bataillone, besetzten das umstrittene Gebiet Schlesiens. Dennoch terrorisierten polnische Banden, von den Franzosen unterstützt, die deutsche Bevölkerung. Anstatt gegen das Morden und Plündern von polnischen Terroristen einzugreifen, begünstigten die Franzosen die Rebellen, die sie sogar mit Waffen belieferten. Die Haltung General Le Ronds empörte sowohl die Italiener als auch die Briten tiefstens, die jedoch vergeblich beim alliierten Botschaftsrat in Paris protestierten. Es war den deutschen Freikorps zu verdanken, daß zumindest ein Teil Oberschlesiens beim Reich verblieb.[1]

Ebenso wie das Attentat von Sarajewo 1914 zum Ersten Weltkrieg führte, war der Auslöser des Zweiten Weltkrieges die Korridorfrage und Danzig. Auch die Franzosen hätten es auf die Dauer nicht hingenommen, daß Bordeaux einfach zu einer freien Stadt erklärt wird und Teile ihres Staatsgebietes nur durch einen Korridor erreicht werden könnten. Am Ende entstand 1920 ein Nachkriegspolen mit 27 Millionen Einwohnern, davon fünf Millionen Ukrainer und etwa 1,75 Millionen Weißrussen sowie 1,8 Millionen Deutsche, von welchen zwischen 1920 und 1925 rund 600000 vertrieben wurden, so daß ihre Endzahl 1930 auf 1260000 schrumpfte. Dem polnischen Staatsvolke standen fast fünfzig Prozent fremde Minderheiten gegenüber. Statistiken werden freilich seit je manipuliert. Doch wie immer man auch rechnen mag, Tatsache bleibt, daß das wiedergeborene Polen ebenfalls eine häßliche Mißgeburt des Versailler Vertrages war, wie es der sowjetische Außenminister Molotow in seiner Rede vom 31. Oktober 1939 vor dem Obersten Sowjet nannte.

Schlimmer war noch, daß die neuen Herrscher – Tschechen, Polen, Rumänen und Serben –, die als nationale Minderheiten disqualifizierten Einwohner ihrer Staatsgebiete mit einer Überheblichkeit behandelten, die unter der Donaumonarchie unvorstellbar gewesen wäre. Die Auflösung der Einheit des Donauraumes in lebensunfähige Kleinstaaten, die Balkanisierung des Donaubeckens, brachte den Siegern von 1918 ebenfalls keinen Gewinn, denn gerade hierdurch wurden jene Brandherde gelegt, die 1939 zum Ausbruch des Zweiten Weltkrieges führten.

Ob mit oder ohne Hitler, die in Mittelosteuropa geschaffene »neue

[1] Über die Frage Oberschlesiens siehe Band 2, Seiten 175–193, »L'Histoire de l'Armée Allemande« von Bénoist-Méchin, Verlag Albin Michel, Paris.

Ordnung« war auf die Dauer nicht haltbar und mußte früher oder später zu ihrem Zusammenbruch führen. Fraglich bleibt, ob die nationale Kleinstaaterei wirklich der sehnlichste Wunsch der Völker des Donauraumes war, wie es ihre selbsternannten Vertreter in Versailles behaupteten. Auch ein Großteil der Tschechen hatte seine Bedenken. Sie freuten sich natürlich 1918, daß der sinnlose Krieg und die Hungersnot, an der sie jahrelang gelitten hatten, so oder so zu Ende ging. Amerikanische Liebespakete machten Stimmung für T. G. Masaryk. Ausschlaggebend für die Begeisterung der Tschechen war auch der Umstand, daß sie im Unterschied zu ihren früheren Landsleuten, den Österreichern und Ungarn, nunmehr zu den Siegermächten zählten.

Die Balkanisierung des Donauraumes

Kein verantwortlicher Staatsmann hat je die Bedeutung der Einheit des Donauraumes für die Stabilität Europas in Frage gestellt. Ebenso wie die Könige in Versailles, die Revolutionäre nach 1789, sah auch Napoleon in der Zerstörung der Habsburg-Monarchie die Ausschaltung des historisch bedingten Widersachers Frankreich. Doch noch vor seinem überwältigenden Sieg bei Austerlitz wurde er von Talleyrand am 17. Oktober 1805 vor einer Zerstörung des Donaureiches gewarnt. Napoleons Außenminister meinte, »daß die österreichische Monarchie zwar eine Kombination stark durcheinander gemischter Völker und daher naturgemäß schwach sei. Sie bildete aber ein zweckentsprechendes und notwendiges Bollwerk gegen die Barbaren. Das Habsburg-Reich wird mit dem Rücken gegen Europa, mit dem Gesicht gegen Osten stehen und so die westliche Kultur vor russischer Aggression schützen.«
Ähnlich dachte auch Bismarck 1866 am Vorabend des Waffenstillstandes von Nikolsburg, als Moltke nach seinem militärischen Erfolg bei Königgrätz durch eine Siegesparade in Wien Österreich noch mehr demütigen wollte: »Denn womit sollte man den Raum ausfüllen, den heute von Tirol bis zur Bukowina der österreichische Staat einnimmt? Neue Formationen in diesem Gebiet trügen einen dauernd revolutionäen Charakter« . . ., was sich seither auch erfüllt hat. »Würde Österreich nicht schon bestehen, müßte es erfunden werden.

Der Zerfall des österreichischen Staates in kleine Republiken wäre eine Einladung an den deutschen und russischen Imperialismus« sagte Frantisek Palacky, der tschechische Historiker im Jahre 1848. Palacky gilt in Böhmen allgemein als der »Vater der tschechischen Nation«, ist aber im Westen weniger bekannt als T. G. Masaryk.
»Die zweite Haupttragödie war die völlige Auflösung der Österreich-ungarischen Monarchie durch die Verträge von St. Germain und Trianon. Jahrhundertelang hat diese überlebende Verkörperung des Heiligen Römischen Reiches ein gemeinsames Leben mit Vorteilen für ihren Handel und ihre Sicherheit einer großen Zahl von Völkern ermöglicht, von denen in unseren Tagen keines über die Kraft und die Vitalität verfügt, um sich gegen den Druck des wiedererstarkten Deutschlands oder Rußlands allein zu behaupten ... Allen diesen Völkern oder Provinzen, welche das Habsburg-Reich bildeten, hat ihre Unabhängigkeit Qualen eingebracht, die die alten Dichter und Theologen für die Verdammten reservierten.«[1] Auch der britische Außenminister Sir Anthony Eden meinte in der »New York Times« vom 6. Oktober 1950, »daß der Zusammenbruch der österreichischen Monarchie eine Katastrophe für den Frieden war«.
Hingegen war »Détruisez l'Autriche« der Schlachtruf des tschechischen Nationalkomitees 1915 und seines Führer Eduard Beneš, der in Paris bei vielen französischen Politikern Anklang fand. »Nicht an der Front soll Österreich besiegt, sondern durch die Revolution seiner Völker von innen zersetzt werden.« Indessen hat sich die weit überlegene Mehrheit der kaiser- und königlichen (k. u. k.) Armee des Vielvölkerstaates in den Winterschlachten der Karpaten 1914–1916 und gegen die Italiener 1915–1918 am Isonzo und an der Piave standhaft behauptet. Nicht nur die Deutsch-Österreicher oder die Ungarn, sondern auch die Kroaten, Slowenen, Bosniaken und Slowaken stellten ihre besten Kampftruppen. Das tschechische Nationalkomitee versicherte den Entente-Regierungen, daß es möglich wäre, in Böhmen und Mähren einen Aufstand zu entfesseln. Doch trotz großer Hungersnot kam es nirgendwo zu revolutionären Unruhen. Als die tschechische Legion zum ersten Mal von den Russen am 4. Juli 1917 bei Zborow eingesetzt wurde, ist sie von einer kaisertreuen tschechischen Division in die Flucht geschlagen worden. Früher als die k. u. k. Armee, bereits im April 1917, meuterten, wie

---

[1] Winston Churchill, »The Gathering Storm«, London 1946.

schon erwähnt, 25 französische Divisionen und wollten, um die Regierung zu stürzen, anstatt an die Front gegen Paris marschieren.
Schwerer als Beneš in Paris hatte es Masaryk, die Unterstützung der Vereinigten Staaten für seine Machenschaften zu gewinnen. »Es war nicht leicht, in Amerika und anderswo die Menschen von der Notwendigkeit der Zerschlagung Österreich-Ungarns zu überzeugen. Österreich wurde überall als ein Gegengewicht zu Deutschland angesehen, als eine notwendige Organisation kleiner Völker und Volkssplitter, als ein Schutz gegen die Balkanisierung. Ich befürchtete, wir würden nichts erreichen, sollte der Krieg rasch zu Ende gehen. Würde sich der Krieg in die Länge ziehen, hätten wir mehr Zeit für Propaganda«, berichtet T. G. Masaryk in seinen Memoiren.
Zielbewußte Propaganda von Exilpolitikern während des Ersten Weltkrieges hat die Vorstellung entstehen lassen, daß die Donaumonarchie zu Beginn unseres Jahrhunderts nur noch ein unzeitgemäßes Überbleibsel des Mittelalters sei, ein von innen her zerfallendes »morbides« Staatswesen ohne Existenzberechtigung. Man betrachtete Österreich-Ungarn als den kranken Mann in der europäischen Staatswelt, dem so oder so nicht mehr zu helfen war, weil er, als Gegensatz zu der herrschenden Nationalstaatsidee, durchaus anachronistisch, das heißt geschichtlich überholt war.
Gemäß den Reden der Exilpolitiker und ihres Einflusses auf die Massenmedien in den Ländern der Alliierten bildete die k.u.k. Monarchie einen imperialistischen »Völkerkerker«, in dem die bösen Deutschen die Tschechen, Polen, Slowenen, Kroaten, Italiener, Ladiner und Juden unterdrückten und ausbeuteten, also ein Staat, der abbruchreif war. Doch dieses Bild der Donaumonarchie entsprach in keiner Weise der Wirklichkeit. Sie war in sechs Jahrhunderten als staatliche Ordnung des Donauraumes entstanden und der Zeit entsprechend dynastisch-herrschaftlich bestimmt gewesen – eine Monarchie wie damals England, Italien, Spanien, Holland und andere.
Die Völker des Donauraumes waren in einem langen Geschichtsablauf seit der Vertreibung der Türken 1683 vor Wien unter dem Einfluß einer geordneten Verwaltung und wirtschaftsgeographischer Entwicklung und nicht zuletzt dank stetiger geistiger Wechselwirkung zusammengewachsen, was wichtiger war als die nationalistischen Streitigkeiten mancher ihrer hitzköpfigen Politiker. Dieser Prozeß verwischte und überwuchs die Siedlungsgrenzen der verschie-

denen Nationalitäten und schuf das Gefühl einer Gemeinsamkeit – eines eingewurzelten Staatsbewußtseins –, das Austriakentum. Natürlich gab es auch Ungerechtigkeiten und Willkür. Wo gibt es aber keine? Es war nicht leicht, Kaiser von Österreich zu sein, denn unter »Freiheit« verstanden weniger die Völker, sondern einige ihrer chauvinistisch veranlagten politischen Führer das Recht, andere beherrschen zu dürfen. Besonders die nationalen Forderungen der Ungarn drohten das innere Gleichgewicht des Vielvölkerstaates häufig aus dem Lot zu bringen.

Im Donaureich hatten alle Völker ihre Landtage – ebenso wie heute in der Bundesrepublik –, in denen die durch Wahlen bestimmten Abgeordneten der verschiedenen Nationen und Parteien vertreten waren. Von den 534 Mitgliedern des Wiener Reichstages – die Ungarn hatten ihr eigenes Parlament in Budapest – waren 242 Österreich-Deutsche, 107 Tschechen und 185 gehörten je nach den Wahlergebnissen den anderen Nationen an. Die tschechischen Agrarier hatten 29 Sitze, die Sozialisten 23, die sogenannten Jungtschechen 20, die Katholiken 17, die Radikalen 10, die Konservativen 7 und die tschechische Fortschrittspartei nur einen Sitz, den T. G. Masaryk inne hatte, der weltbekannte Humanist, Demokrat und Sprecher des gesamten tschechischen Volkes in den Ländern der Alliierten während des Ersten Weltkrieges. Seine einsame Stimme, verstärkt durch Propaganda, war lauter als die vereinten Stimmen im Wiener Reichstag. Noch 1917 bekundete die Mehrheit der tschechischen Abgeordneten ihre Treue dem Kaiser Österreichs!

Die Behauptung, daß die Habsburger deutsch-nationale Politik betrieben und die anderen Völker ihres Reiches lediglich ausgebeutet hätten, stimmt nicht. Während man sich in manchen rein deutschen oder ungarischen Gebieten bitter beklagte, wirtschaftlich vernachlässigt zu werden, erbte die Tschechoslowakei aus der zerstückelten Donaumonarchie 47 Prozent der Industrien, die einem Reiche von 51 Millionen Bewohnern gehört hatten und zumeist mit Wiener Kapital gegründet worden waren. Dies beweist eindeutig, daß die tschechischen Provinzen von Wien aus nicht annähernd so ausgebeutet wurden, wie es auf der Friedenskonferenz 1920 behauptet wurde.

Der neue Staat verdankte dieser begünstigten wirtschaftlichen Förderung seine relativ hohe Prosperität und die Produkte der tschechischen Industrien ihren Weltruf. Nach 1918 wurde von Prag aus mit beträchtlichen Schmiergeldern in den Massenmedien der alliierten

Länder für die Tschechoslowakei Propaganda auf Hochtouren betrieben. Es sollte bewiesen werden, daß die »demokratische« Neuordnung des Donauraumes durchaus lebensfähig war. Verschwiegen wurde allerdings die Benachteiligung der Sudetendeutschen und daß beispielsweise in der Slowakei der ungarischen Minderheit selbst das Tragen ihrer Nationaltracht verboten war sowie die Misere, die in der Nachkriegszeit im Rumpf-Ungarn und Kleinösterreich als Folge des Friedensdiktates herrschte.

Noch während des Krieges bewilligten die alliierten Mächte die Aufstellung tschechischer Militäreinheiten, der sogenannten Legionen. Sie rekrutierten sich vor 1916 aus Tschechen, die in Frankreich oder Rußland schon vor dem Kriege ansässig waren. Erst als infolge der russischen Revolution die Verpflegung in den Gefangenenlagern ausblieb und Epidemien ausbrachen, hatten die Legionen Zulauf von Kriegsgefangenen, die sich auf diese Weise zu retten versuchten. In seinem Buch »The making of a State« schrieb Masaryk bitter, »daß es Augenblicke sehr hartnäckigen Bruderkampfes gegeben hatte, wenn unsere Leute in österreichischen Regimentern kaisertreu blieben ... Meine Anschauung ist, daß sich eine ziemlich große Zahl uns gar nicht anschloß.« Besonders die Zahl der slowakischen Freiwilligen war gering.

Die alliierten Mächte versuchten, die tschechischen Legionen – am Ende waren es in Sibirien rund 60000 Mann – gegen die Bolschewiken einzusetzen. Aber ergriffen von Heimweh und angesteckt durch kommunistische Propaganda sank ihre Moral mehr und mehr und nur eine rasche Evakuierung rettete sie vor völliger Auflösung. In Sibirien beschlagnahmten die Tschechen einen Großteil des Waggonparks der transsibirischen Eisenbahn und behinderten dadurch die Operationen der weißrussischen Armee. Um für einen freien Abzug zum pazifischen Hafen Wladiwostok vom Generalstab der Roten Armee einen Passierschein zu erlangen, lieferten die Tschechen den weißrussischen Oberkommandierenden, Admiral Koltschak, den Bolschewiken aus, der von ihnen unter unbekannten Umständen am 7. Februar 1920 umgebracht wurde. Ähnlich berichtete über die Geschichte der tschechischen Legionen auch ihr französischer Oberbefehlshaber General Pierre Thiebault Janin, der wegen seines Buches »Ma Mission en Sibérie« (1918–1920) bei Masaryk nach dem Krieg in Ungnade fiel. Der weltweit verbreitete Glaube, daß die Tschechen Sibirien damals heroisch verteidigt hätten, ist lediglich eine der zahlreichen, zur historischen Wahrheit gemachten Geschichtslegenden, die das Entstehen der tschechoslowakischen Republik bis heute begleiten.

Während die Tschechen aus den russischen Gefangenenlagern bei den Legionen – wie schon erwähnt – Zuflucht suchten, sind viele deutsche, ungarische und slowakische Kriegsgefangene von der Roten Armee abgeworben worden. Es ist nur wenig bekannt, daß einige Divisionen der Roten Armee von deutschen und ungarischen Offizieren geführt wurden. Zurückkommend auf die Frage der tschechischen Legionen: In Frankreich und Italien wurden nur kleine Formationen aufgestellt, die an keinen größeren Operationen teilgenommen haben. Doch ihr bloßes Vorhandensein wurde als politisches Symbol propagandistisch benutzt. Frankreich hat die Tschechoslowakei als alliierten Staat am 29. Juni 1918 anerkannt. England folgte am 9. August und Amerika am 23. August desselben Jahres. Damit war das Todesurteil der 600 Jahre alten Habsburg-Monarchie unterschrieben, noch bevor sie völlig besiegt worden war.

Während der Kriegsjahre 1914–1918 hatten die selbsternannten »Befreier« Masaryk und Beneš in ihrem Heimatland sowohl beim Volke als auch bei den einheimischen Politikern durchaus nicht die allgemeine Zustimmung. Die tschechische Bevölkerung verfolgte die Auslandstätigkeit Masaryks vielfach mit Mißtrauen und glaubte, in einem Großreich eher geborgen zu sein als in einem traditionslosen Kleinstaat. Wie dem auch sei, die Erinnerung und Nachwirkung des Donaureiches – dieser geschichtlich einmaligen Synthese gemeinsamen förderativen Staatsbewußtseins – ist in den Völkern des Donauraumes nach mehr als einem halben Jahrhundert voller Enttäuschungen und Tragik und über die Generationswechsel hinweg heute noch feststellbar. Die Folgen der Friedensverträge, die damals geschaffene »Neuordnung«, das heißt Unordnung, ist, wie es die Lage in der Tschechei und Slowakei, die Misere in Rumänien und Jugoslawien beweist, leider noch heute aktuell geblieben.

Dies war allerdings vorauszusehen. Bereits 1926 erklärte Masaryks großer Gegenspieler Dr. Karel Kramarž: »Nun fühlen wir die Folgen, daß wir nicht mehr zu einem einheitlichen großen Wirtschaftsraum gehören.«

3. Kapitel

Waffenstillstand zwischen zwei Weltkriegen

Der 11. November 1918, als die Trompeter beider Gegner an einem nebeligen Herbsttag um 11 Uhr morgens nördlich von Compiègne beim zerstörten Dorf Ribécourt das Signal zum Feuereinstellen bliesen, bedeutete noch keineswegs das Ende der Feindseligkeiten an allen Fronten. Ein Weltbrand des Ausmaßes des Ersten Weltkrieges konnte nur allmählich erlöschen. Ungarische Truppen vertrieben 1919 die Tschechen aus der Ostslowakei, die zum Großteil von Ungarn bevölkert war. Sie mußten sich aber dem Diktat des Trianon-Vertrages fügen und die befreiten Gebiete räumen. Zur gleichen Zeit kämpften Polen und Tschechen um den Besitz des kohlenreichen Olsalandes, das früher zur Donaumonarchie gehört hatte.

Wie schon erwähnt, versuchten Pilsudskis Truppen 1920, die im ehemaligen Zarenreich entstandene chaotische Lage zur Eroberung großer Teile Weißrußlands und der Ukraine einschließlich Kiews auszunutzen, wurden aber von den Russen im August 1920 bis zu den Toren Warschaus zurückgejagt. Nach zwei polnischen Aufständen 1919 und 1920 verteidigten bis 1921 deutsche Freikorps Oberschlesien gegen unberechtigte polnische Ansprüche. Im Jahre 1922 besiegte Kemal Pascha die von den Engländern ausgerüstete griechische Armee in Anatolien und erzwang die Revision des Friedensvertrages von Sèvres.

In Rußland tobte der Bürgerkrieg noch jahrelang – eigentlich bis 1924. Auch im Baltikum wurde gekämpft. Deutsche Vorschläge, zusammen mit weißrussischen Truppen Petersburg zu besetzen und dort eine antikommunistische Regierung zu bilden, wurden von den Entente-Mächten abgelehnt. Nach Ansicht der damals für klug gehaltenen einflußreichen Staatsmänner – wie Lloyd George – hatte die konfuse Ideologie des Bolschewismus keine Zukunft. Auch Churchill meinte, daß der Kommunismus bei den nächsten allgemeinen Wahlen in Rußland weggefegt werde. Wie heutzutage redeten auch damals »Staatsmänner« viel Unsinn.

Am 6. Februar 1919 trat die deutsche Nationalversammlung wegen der bürgerkriegsähnlichen Lage nicht in Berlin, sondern unter militärischem Schutz in Weimar zur Gründung einer Parlamentarisch-Demokratischen-Republik zusammen, die auch weiterhin den Namen »Weimarer Republik« behielt. Im neuen Reich zersetzte sich die innere Ordnung immer mehr und war einem allgemeinen Zusammenbruch nahe. Schwere Unruhen hatten schon am 3. November 1918 in Kiel mit dem kommunistischen Aufstand der Kriegsmarine begonnen.

In Bayern – ebenso wie damals in Ungarn – kam 1919 eine kommunistische Regierung an die Macht. In vielen Großstädten Deutschlands – in Dresden, Hamburg, Halle, Leipzig, Berlin und anderen – tobten die roten Spartakisten. Sie wurden von den regierungstreuen Einheiten des Reichsheeres und von Freikorps niedergekämpft. Im Ruhrgebiet brach im März 1920 ein kommunistischer Aufstand aus. Eine »Rote Armee« von 50000–60000 Mann besetzte Düsseldorf, Remscheid, Mühlheim, beschoß Wesel mit schwerer Artillerie, raubte und mordete nach bolschewistischem Vorbild. Mit Mühe gelang es der Reichswehr, die Meuterei niederzuschlagen.

Nach dem Ersten Weltkrieg mußte sich Europa mit noch mehr Problemen auseinandersetzen als vorher. Die Millionenmassen der Frontkämpfer konnten sich nur schwer in das ihnen fremd gewordene Zivilleben einfügen. Während sich die Soldaten der besiegten Mächte mit ihrem Schicksal zwangsläufig abfinden mußten, konnten auch die als »Retter der Zivilisation« gefeierten »Sieger« in der Nachkriegsmisere nur karg entlohnt werden. Zu den hierdurch ausgelösten jahrelang andauernden sozialen Unruhen gesellte sich das durch die Friedensverträge geschaffene politische Durcheinander.

Für Lenins weltrevolutionäre Pläne bildete Deutschland das Zielland. Es war geschichtlich gesehen das einzige Mal, daß es dem Kommunismus fast gelungen wäre, durch innere Revolutionen in ganz Europa Fuß zu fassen. Die »rote Flut« hätte kaum am Rhein haltgemacht und Frankreichs Armee war zu kriegsmüde, um sie aufhalten zu können. Unterdessen schienen es die Regierenden in Paris gar nicht bemerkt zu haben, wie haarscharf sie dem Kommunismus dank deutschen Widerstandes entkommen waren.

Ungeachtet dieser Gefahr waren die Entente-Regierungen weiterhin am Werke, Deutschland noch mehr zu entkräften. Schwierigkeiten der Reichsregierung, die geforderten Reparationen zu entrichten, lieferten den Anlaß, daß im März 1921 britische und belgische Truppen Düsseldorf, Duisburg, Ruhrort, später auch Mühlheim und

Oberhausen besetzten. Aus demselben Grund bemächtigten sich im Januar 1923 fünf französische Divisionen des gesamten Ruhrgebiets als Pfand, was ein offener Verstoß gegen den Friedensvertrag war. Die Reichsregierung antwortete mit einem Aufruf zum passiven Widerstand, der von der Bevölkerung erfolgreich erfüllt wurde, woraufhin die französische Besatzungsmacht, aber erst im August 1925, abzog. Der Kölner Brückenkopf blieb bis zum 31. Januar 1926 von den Briten besetzt.

Man könnte im Anführen der diabolischen Liste der Schikanen noch weiterfahren. Alle die hierzu gehörenden Fakten würden beweisen, daß sie die Reichsregierung eher nur behinderten, die Reparationszahlungen zu erfüllen, zumal Berlin es gar nicht so eilig hatte, den übertriebenen alliierten Forderungen nachzukommen. Unter diesen Umständen stieg die Arbeitslosigkeit und die Inflation in allen Ländern, besonders aber im Deutschen Reich, wo Anfang 1923 für einen Dollar 2,5 Milliarden Papiermark bezahlt wurden. Die Geldentwertung hat die Sparguthaben vernichtet, was weitgehend zur Radikalisierung des früheren Mittelstandes beitrug. Erst im Herbst 1923 konnte der Finanzmarkt durch die Einführung der sogenannten Rentenmark (1 Rentenmark = 1 Billion Papiermark) einigermaßen beruhigt werden.

So wie nach dem Zweiten Weltkrieg auf Vorschlag der Amerikaner die Organisation der Vereinten Nationen (UNO) entstand, war auf Wilsons Forderung 1919 der Völkerbund gegründet worden. Er sollte eine neue Ordnung der Weltpolitik schaffen, die die Zusammenarbeit zwischen den Völkern, Frieden und Sicherheit garantierte. In Wirklichkeit verstand sich aber der in Genf beheimatete Völkerbund als eine Organisation zur Erhaltung aller Ungeheuerlichkeiten des Versailler Vertrages. Im Herbst 1926 wurde es auch Deutschland »erlaubt«, Mitglied des Völkerbundes zu werden, vorausgesetzt daß die Kriegsschuldfrage nicht zur Sprache gebracht werde. Erst im Juni 1930 wurde anläßlich der Konferenz von Lausanne das Reparationsproblem geregelt.

In Erfüllung der Militärklauseln des Versailler Vertrages hatte Deutschland abgerüstet. Das nunmehr aus 100000 Mann bestehende Heer, das weder über Kampfwagen noch schwere Artillerie und Flugzeuge verfügen durfte, wurde in sieben Infanteriedivisionen und drei Kavalleriedivisionen gegliedert. Zur selben Zeit unterhielten Frankreich 32, Polen 24 und die Tschechoslowakei 14 aktive Divisionen, zusammen 70, die durch Mobilmachung innerhalb von 14 Tagen verdoppelt werden konnten. Treffend schilderte Dr. Otto Gessler, Reichswehrminister der Weimarer Republik, die Lage 1922: »Wenn man von dem Sinn der Friedensverträge ausgeht, dann kann dieser nicht darin liegen, daß sich Deutschland wehrlos in einem Kreise von Staaten befindet, die bis an die Zähne bewaffnet sind.«

Dieser Zustand war um so ungewöhnlicher, als der Versailler Friedensvertrag in seiner Präambel zum Teil V, der sich mit den militärischen Bestimmungen befaßt, klar hervorhob: »... daß, um die Einleitung einer allgemeinen *Rüstungsbeschränkung aller Nationen zu ermöglichen*, sich Deutschland verpflichtet, die im Friedensvertrag niedergelegten Beschränkungen für das Landheer, die Seemacht und die Luftmacht einzuhalten.« Die daraus sich logisch ergebende Obliegenheit der Alliierten wäre gewesen, nach der vollzogenen deutschen Abrüstung entweder die Stärke ihrer Streitkräfte ebenfalls erheblich herabzusetzen, oder dem Deutschen Reich eine Angleichung an die militärische Stärke seiner Nachbarn zuzugestehen.

Unter dem Vorwand des Wunsches nach kollektiver Sicherheit plädierten der Botschaftsrat in Paris und der Völkerbund in Genf ständig für die Aufrechterhaltung des auf die Dauer unhaltbaren Versailler Status. Dies bezog sich hauptsächlich auf die Vasallenstaaten Frankreichs in Mittel-Ost-Europa, auf Polen, die Tschechoslowakei, Rumänien und Jugoslawien, die sich angesichts ihrer staatsfremden Minderheiten schon aus Gründen innerer Sicherheit zur Unterhaltung eines starken Militärapparates gezwungen sahen. Die vom Völkerbund 1922 nach Genf einberufene Abrüstungskonferenz kam aus dem »circulus vitiosus« der sich kraß widersprechenden Interessen der Teilnehmerstaaten nicht heraus und widersetzte sich dem deutschen Anspruch auf Gleichberechtigung.

Vorschläge, die Reichswehr auf 21 Divisionen aufzustocken, stießen auf hartnäckigen Widerstand und völliges Unverständnis, worauf sich die deutsche Delegation nach vielem Hin und Her weigerte, an weiteren Verhandlungen teilzunehmen. Nachdem das Deutsche Reich 1935, enttäuscht von dem vielen fruchtlosen, sich dahinschleppenden und sinnlosen Gerede, aus dem Völkerbund austrat, war die deutsche Wiederaufrüstung durch Hitler bereits voll im Gange. Sie wurde von den Regierungen der Westmächte zwar nicht mit Wohlwollen aufgenommen, doch sah man in ihr anfangs auch keinen Konfliktgrund. Paris wie London begnügten sich mit Protestnoten.

Obwohl die gesamte westliche Wirtschaftswelt 1929 vom Börsenkrach in New York schwer betroffen wurde, sahen die Deutschen nach wie vor im Versailler Friedensvertrag die Ursache allen Übels. Inzwischen hatte die Weimarer Republik in der Zeit von 1919 bis 1933, also in vierzehn Jahren, zwanzig Regierungswechsel erlebt. Ab 1930 wurde mit »Notverordnungen« des Reichspräsidenten Hindenburg regiert, da im Reichstag, wo sich 196 Nationalsozialisten und 100 Kommunisten gegenüberstanden, keine regierungsfähige Mehrheit aufzubringen war.

Eindeutig stand das Reich vor dem Problem, entweder kommunistisch oder nationalsozialistisch zu werden. General Schleicher, der im Dezember 1932 Reichskanzler wurde, schlug als Alternative und kleineres Übel eine Reichswehrdiktatur vor, die von Hindenburg abgelehnt wurde. Darauf hat Schleichers Vorgänger, der Reichskanzler a. D. Franz von Papen, die Ernennung Hitlers empfohlen, denn von Papen glaubte, ihn »innerhalb von sechs Monten los werden zu können«. Die nationalsozialistische Partei verfügte nach den Wahlen vom 5. März 1932 über 288 Mandate, zusammen mit den Deutsch-nationalen 341 Sitze. Der vielerseits verbreitete Glaube, daß Hitler durch irgendwelche Machenschaften an die Macht kam, stimmt nicht. Die Wähler haben ihn auf streng legalem Wege zum Kanzler erhoben. Zum Diktator ernannte ihn der deutsche Reichstag mit 69 Prozent durch die Annahme des Ermächtigungsgesetzes am 24. März 1933, das die Weimarer Verfassung außer Kraft setzte.

Daß in Deutschland die Nationalsozialistische Deutsche Arbeiterpartei (NSDAP) 1933 die Macht übernommen hat und, auf sie gestützt, Adolf Hitler eine autoritäte Staatsführung errichten konnte, war damals nicht spezifisch. Sie gehörte zu der seinerzeit allgemeinen Entwicklung, die 1922 mit dem Sieg des Faschismus in Italien begann und in einem großen Teil der Welt zu mehr oder minder autoritär geleiteten, das heißt zu einer auf eine Staatspartei gestützten Regierung führte. Die Entwicklung der dreißiger Jahre muß vornehmlich mit dieser Kulisse als Hintergrund betrachtet werden[1].

[1] Diktaturen herrschten in folgenden Ländern: Türkei 1923, Spanien 1923–1930 und ab 1936, Jugoslawien 1929, Portugal ab 1930, der »Austrofaschismus« in Österreich 1933. Die baltischen Länder wurden ab 1934 durch gelenkte »Demokratien« regiert. Polen war seit 1935, Rumänien 1938, Japan 1940 autoritär. In der Sowjetunion herrschte seit 1917 die kommunistische Partei.

Über das Dritte Reich

All jene, die noch heute streng darüber richten, was nach dem Ersten Weltkrieg in Deutschland falsch gemacht wurde, täten gut daran, zuerst über die Alliierten ein Urteil zu fällen, inwiefern diese für die Vorgänge während der Weimarer Republik und nachher ebenfalls mitverantwortlich waren. Es geht nicht darum, Unentschuldbares zu entschuldigen, sondern jene Ära objektiver zu betrachten, die seit einem halben Jahrhundert bis in unsere Tage durch die Massenmedien immer noch verzerrt dargestellt wird. Dazu ist wohl die Zeit reif geworden, nachdem es im Nachkriegsdeutschland seit 1945 ebenso viele Demokraten gibt wie es ehedem Anhänger des Nationalsozialismus gab, ein Umschwung, der eine menschlich natürliche Reaktion ist – als Folge der Enttäuschungen und Leiden, die das schwer betrogene deutsche Volk erlebt hatte.

In den zwanziger sowie der ersten Hälfte der dreißiger Jahre fand eine ganze Reihe von Konferenzen mit dem offensichtlichen Ziel statt, die Abmachungen der Versailler »Friedensordnung« zu festigen, deren Betreuer der von Präsident Wilson initiierte Völkerbund war. Von den damals abgeschlossenen Pakten und Verträgen sollen hier nur die wichtigsten erwähnt werden[1]. Bereits 1920 hatten die Tschechoslowakei, Jugoslawien und Rumänien – Staaten mit großen Minderheiten von Deutschen und Ungarn – noch vor der Unterzeichnung der Friedensverträge zur Wahrung ihrer Interessen untereinander ein Defensivbündnis abgeschlossen. Im Oktober 1925 kam es zum Locarno-Pakt zwischen Frankreich, England, Italien, Belgien, Polen, der Tschechoslowakei und diesmal auch zum ersten Mal mit dem deutschen Reich, ein Vertrag, in dem hauptsächlich die Unverletzbarkeit der 1920 in Versailles willkürlich gefaßten Ungerechtigkeiten nochmals bestätigt wurde.

Der sogenannte Kellog-Briand-Pakt erklärte im August 1928 die Ächtung des Krieges und diente näher besehen im wesentlichen demselben Ziel wie der Pakt von Locarno. Der im Februar 1933 zwischen der Tschechoslowakei, Jugoslawien und Rumänien abgeschlossene »Organisationspakt der kleinen Entente«, war eindeutig

---

[1] Sämtliche Angaben über »Konferenzen und Verträge« können im Werk desselben Titels, erschienen im A. G. Ploetz Verlag, Würzburg, Band 4, nachgeprüft werden.

gegen Deutschland und die Revisionsversuche Ungarns gerichtet. Die im April 1935 zwischen Frankreich, Großbritannien und Italien gebildete Stresafront bekundete ebenfalls den Widerwillen der Alliierten zu einer Änderung der von ihnen 1920 geschaffenen Ungerechtigkeiten. All diese Pakte und Verträge hatten den eindeutigen Zweck, im Rahmen eines impotenten Völkerbundes die allmählich unhaltbar gewordene Versailler Ordnung hartnäckig zu verewigen.
Besonders in London, wo man sich der Torheiten des Versailler Vertrages am ehesten bewußt wurde, hat man die damalige Politik des Dritten Reiches wenn auch nicht offiziell, so doch in vielen einflußreichen Kreisen des Landes mit Verständnis, ja sogar mit Sympathie verfolgt, was man heute natürlich nicht mehr wahrhaben will. Während sich England um seine überseeischen Interessen kümmerte und in Indien mit schweren Problemen zu ringen hatte, sah Frankreich in der Behauptung der erworbenen Hegemonialstellung am europäischen Kontinent und in Afrika die Hauptziele seiner Politik. Für London stellte sich wieder das uralte Problem der »Balance of Power«, diesmal auch gegenüber dem zu mächtig gewordenen Paris. Man sah in einem erstarkten Deutschen Reich nicht nur Frankreich, sondern auch der Sowjetunion gegenüber ein geeignetes Gegengewicht. Fast schlagartig änderte sich die politische Landschaft Europas in den dreißiger Jahren. Die Politik der Härte wurde in London von der Politik des »appeasement« abgelöst.
Der neue Wind, der von London blies, beunruhigte nicht nur Paris, sondern auch Moskau. Die Folge war der französisch-sowjetische Beistandspakt vom Mai 1935, in dem sich beide Staaten verpflichteten, »trotz ihrer aufrichtig friedfertigen Absichten im Falle eines nicht herausgeforderten Angriffs seitens eines europäischen Staates sich sofort Hilfe und Beistand zu gewähren«. Diesem Pakt folgte gleichzeitig ein Militärbündnis Moskaus mit der Tschechoslowakei.
Während Frankreich durch sein Bündnis mit der Sowjetunion Deutschland entschieden entgegentrat, betrieb England eine Politik, die Hitlers einzelne Schritte nach außen hin zwar mißbilligte, sich aber dennoch mit ihnen abgefunden hatte. Im Juni 1935 wurde ein Flottenabkommen mit dem Dritten Reich abgeschlossen, nach welchem »die zukünftige Stärke« der deutschen Kriegsmarine gegenüber der gesamten Flottenstärke des britischen Weltreiches im Verhältnis von 35 zu 100 stehen sollte, worauf Frankreich in London lebhaft Einspruch erhob. Jedenfalls wurde durch dieses Abkommen

die gemeinsame Front der »Entente Cordiale« zum ersten Mal durchbrochen.

Zu diesem Erfolg Hitlers im Bereiche der Außenpolitik kam, daß auf dem Gebiet der Innenpolitik bereits sechs Monate vorher durch die Abstimmung im Saarland 92 Prozent der Bevölkerung unter internationaler Kontrolle für das Dritte Reich gestimmt hatten. Nach der Verkündung der zweijährigen Dienstzeit in Frankreich verordnete Hitler die Wiedereinführung der Wehrhoheit im März 1935 und die Wiederaufrüstung, das heißt die Wiederherstellung eines militärischen Gleichgewichtes, wofür er gemäß der bereits erwähnten Präambel zum Teil V des Versailler Vertrages moralisch gerechtfertigt war. Jedenfalls bildete die Wiederaufrüstung Deutschlands die unerläßliche Voraussetzung der Revisionspolitik der Friedensverträge. Ein Jahr später, im März 1936, erfolgte der Einmarsch in das entmilitarisierte Rheinland, gegen den Frankreich zwar protestierte, England aber von Gegenmaßnahmen abriet, was Hitler den Ruf eines »Machers« einbrachte, dem alles gelingt.

In Wirklichkeit bildete die Urquelle seiner Erfolge nicht die damals noch gar nicht vorhandene militärische Stärke des Dritten Reiches, sondern die Uneinigkeit der anderen. Unter solchen Umständen konnte der nunmehr »Führer« genannte Machthaber Deutschlands auch das Risiko des Anschlusses Österreichs an Deutschland eingehen. Bundeskanzler Schuschnigg weigerte sich, dem Einmarsch deutscher Truppen ohne vorherige Volksbefragung zuzustimmen. Doch als Hitler am 12. März 1938 in Österreich erschien, überwältigte ihn der maßlose Jubel der Bevölkerung. Die Eingliederung des Waisenkindes der Donaumonarchie in das Deutsche Reich, von nun an »Ostmark« genannt, wurde mit Berufung auf ein sogenanntes »Anschlußgesetz« ohne Widerstand, weder von der Seite der Westmächte noch des österreichischen Volkes, vollzogen. Am 10. April, vier Wochen nach dem Einmarsch der deutschen Truppen, stimmten 99,8 Prozent der Wahlberechtigten für den Anschluß an das Großdeutsche Reich.

Zwar fürchtete Hitler wegen des Anschlusses Österreichs eine mögliche Reaktion des italienischen Diktators Mussolini, mit dem er seit 1936 verbunden war. Italien hielt sich aber vor allem wegen der imperialistischen Politik Großbritanniens im Mittelmeer und in der arabischen Welt zurück. Dazu kamen noch Englands und Frankreichs Haltung bei der Verhängung der Sanktionen gegen Italien

1935–1936 während des Eroberungskrieges in Abessinien. Jahrelang wollte Mussolini mit dem Dritten Reich keine gemeinsame Politik betreiben, wurde aber durch die sture Haltung der Engländer in Hitlers Arme getrieben.

Ob Hitler den Krieg um jeden Preis forcieren wollte, wie es in der Anklage von Nürnberg hieß, oder nur auf Erpressungen hinaus war, läßt sich nicht einwandfrei beweisen. Sicherlich stimmt es, daß er sich bei einer Besprechung mit dem Reichsaußenminister und den Spitzen der Wehrmacht am 5. November 1937 dahin äußerte, »daß der Krieg kommen müsse, da die Frage des Lebensraumes für das deutsche Volk auf friedlichem Wege nicht zu lösen sei ... Er wolle deshalb seinen Beginn bestimmen und die Vorbereitungen anordnen.« Diese in der sogenannten Hoßbach-Niederschrift festgehaltenen Erklärungen sind eine nachträgliche, den Inhalt der Besprechung zusammenfassende Aufzeichnung des Wehrmachtadjutanten, die von keinem der Beteiligten abgezeichnet worden war. Das wäre auch gar nicht möglich gewesen, weil während derartiger Besprechungen keine Aufzeichnungen gemacht werden durften. Jedenfalls bildet der Hoßbach-Bericht, der beim Nürnberger Prozeß zum »bedeutendsten Dokument aller Zeiten« aufgemacht worden ist, für einen normalen Gerichtshof keine Beweiskraft[1].

Zum Inhalt des Hoßbach-Protokolls gehörten jedenfalls auch andere Themen, darunter Maßnahmen wie die des Vierjahresplanes. Finanzdispositionen sind ebenfalls erörtert worden. Dazu kommen Anweisungen an die Wehrmacht, nach denen Hitler zunächst noch mit einer Reihe von Friedensjahren rechnete. Aus seiner üblichen Taktik, die darauf hinausläuft, sich bis zum letzten Augenblick die Entschlußfreiheit offen zu halten und die Gegner womöglich durch einen unerwarteten »Coup« matt zu setzen, ist zu schließen, daß er zwar Außenpolitik, Wehrmacht und Wirtschaft auf einen möglichen Kriegsausbruch ausgerichtet wissen wollte, sich aber endgültige Entschlüsse vorbehielt, um sich den jeweils bietenden Lagen »so oder so« anpassen zu können.

Als Folge des erfolgreichen Kampfes gegen die ungerechten Versailler Verträge stieg Hitlers Ansehen im Volke, leider aber auch sein eigener Glaube an Unfehlbarkeit. Deutschland gelang es, aus der

---

[1] Siehe »Der erzwungene Krieg«, S. 116, von Dr. David L. Hoggan, Professor der Yale Universität, Verlag der deutschen Hochschullehrer-Zeitung, 1966.

Isolierung auszubrechen, und die Folgen der Wirtschaftskrise zu überwinden. Das daraus herrührende Kraftgefühl wurde von der NSDAP ständig geschürt. Innerhalb des Reiches sank die Arbeitslosenzahl von 6,3 Millionen bei Hitlers Machtübernahme auf 3,8 Millionen im Jahre 1934 und zählte 1939 nur noch 0,3 Millionen. Gewiß war ein Teil der früheren Arbeitslosen in den Rüstungsindustrien beschäftigt. Dies ist aber nicht die einzige Erklärung. Der frische Wind, der über das Land blies, förderte das Vertrauen und somit die Investitionsbereitschaft in allen Zweigen der Wirtschaft.

Das Leben des weit überwiegenden Bevölkerungsteiles verlief damals kaum anders als in anderen Ländern Europas. Die große Mehrheit fühlte sich mit Hitlers Kampf gegen das Versailler Diktat einverstanden. Von den außenpolitischen Erfolgen Hitlers geblendet, bemerkten die meisten Deutschen kaum die innenpolitischen Mißstände. Wie alle Massenbewegungen zählte auch der Nationalsozialismus nicht nur Fanatiker, sondern auch zahlreiche Mitläufer. In der Hoffnung, in ihrem Beruf Vorteile erwerben zu können, sind viele in die NSDAP eingetreten. Die Mehrheit tat es allerdings deshalb, weil sie gläubig war. Übrigens grassierten auch im Dritten Reich Korruption und Nepotismus. Viele hohe Funktionäre bis hinauf zu den Gauleitern waren untereinander zerstritten und aufeinander eifersüchtig, ähnlich wie es heute die demokratischen Parteiführer sind. Menschen sind und bleiben eben von Natur aus unverträgliche Wesen.

Die tragische Schattenseite der Erfolge bildeten allerdings die Konzentrationslager und die dort herrschenden Zustände, in die Hitler nicht nur Juden, sondern auch viele seiner politischen Widersacher verbannt hatte oder einfach umbringen ließ. Darüber wußten aber die meisten nichts. Manche haben es geahnt – es war eines der bestgehüteten Geheimnisse des Dritten Reiches. Wahrheitshalber sei erwähnt, daß zu den Insassen der Konzentrationslager nicht nur politisch und religiös Verfolgte, Angehörige ethnischer Minderheiten (Zigeuner), Homosexuelle und Prostituierte gehörten, sondern auch Kriminelle, von denen sich nach dem Kriege manche als unschuldige Opfer des Nationalsozialismus erklärten und als solche sogar geehrt wurden.

Bei den Arbeitermassen und dem Großteil der Mittelklasse war Hitler allgemein populär. Im Unterschied zum jungen Offizierskorps verhielt sich die Generalität trotz der Wiederaufrüstung eher mißtrauisch. Ein Militärputsch, wie er 1938 von manchen Generalen geplant wurde, hätte wenig Aussicht auf Erfolg gehabt, da die Truppe kaum mitgemacht hätte. Zurückhaltend waren auch die Universitätskreise und zum Teil die Aristokratie, während die Industrien von der Wiederaufrüstung profitierten. Zu jener Zeit haben manche kirchliche Würdenträger an Hitler Ergebenheitsadressen gerichtet und nur wenige den Bekennermut aufgebracht, sich offen gegen das Regime zu stellen.

Die Hitler bejahende Volksmeinung erhielt sich bis zu den ersten großen militärischen Niederlagen – vor allem bei Stalingrad und den massiven Fliegerangriffen auf deutsche Städte – bis etwa 1943. Ein engmaschiges Polizeinetz überzog das Reich, das jeden Widerstand im Keim erstickte. Als es am 20. Juli 1944 zum Umsturzversuch kam, war es bereits zu spät. Die Alliierten hatten sich bereits 1943 dazu entschlossen, sich mit keiner deutschen Regierung in Verhandlungen einzulassen.

Das Münchener Abkommen

Bis 1938 galt Hitlers Politik hauptsächlich der Beseitigung von Ungerechtigkeiten der Versailler Verträge. Offen blieben noch die Fragen der deutschen Minderheiten in der Tschechoslowakei und Polen. Beide berührten das Reich unmittelbar. Zwar hatten sich infolge allgemeiner Kriegsmüdigkeit die unterdrückten Bevölkerungen nach 1918 ihrem Schicksal vorübergehend gefügt. Doch mit der Zeit fanden sie ihre Situation in wachsendem Maße unerträglich. Andererseits brachten die Regierungen des Westens weder die Kraft noch den Willen auf, die von ihnen durch Friedensverträge verursachten Mißstände durch eine Revisionpolitik zu beheben.

Vorschläge, die in dieser Richtung lagen und den Ausbruch des Zweiten Weltkrieges vielleicht hätten verhindern können, wurden vom damaligen Völkerbund als lästig empfunden und auf die lange Bank geschoben. Der unter der Oberfläche gärende Unmut der Minderheiten brach dann Mitte der dreißiger Jahre offen aus. Auch ohne Hitler wäre die nach dem Ersten Weltkrieg geschaffene Ordnung früher oder später zusammengebrochen. Im wesentlichen handelte es sich darum, unterjochten Völkerschaften das Selbstbestimmungsrecht wiederzugeben, das ihnen die Demokratien vorenthalten hatten.

Schwerer als der Anschluß Österreichs war die Krise mit der Tschechoslowakei wegen des seit der Gründung dieses Staates 1918 schwebenden Problems der Sudetendeutschen. Die Münchener Konferenz, die diese Frage im September 1938 regelte, wurde dank Mussolinis Vermittlung zusammengerufen und wird im allgemeinen noch heute als eine Kapitulation des Westens betrachtet. Was anderes wäre aber England und Frankreich übrig geblieben, außer Krieg zu führen, für den sie weder psychologisch noch materiell vorbereitet waren?

Die Bündnisverträge, die die Tschechoslowakei mit Frankreich und mit der Sowjetunion abgeschlossen hatte, konnten nicht den Tatbestand ändern, daß das moralische Recht auf Deutschlands Seite war. Nach dem Ersten Weltkrieg wurden, wie schon in einem anderen Zusammenhang erwähnt, 3,5 Millionen Sudetendeutsche, die mit dem Reich entlang einer gemeinsamen Grenze angesiedelt lebten, in völliger Mißachtung des Selbstbestimmungsrechtes 1918 an die Tschechoslowakei angegliedert.

Ein Lapsus des Münchener Abkommens war, daß Hitler keine vorherige Volksbefragung unter internationaler Kontrolle gefordert hatte. Mit einem Sieg konnte er ebenso rechnen wie im Saarland oder in Österreich. Dadurch wäre aber das Münchener Abkommen eindeutig legalisiert worden. Im Londoner Parlament begründete Chamberlain seine »Kapitulation« in Worten, die man nicht besser hätte sagen können: »England cannot make a war, because four million Germans do not want to remain Czechs«[1]. Vertretbar war das Münchener Abkommen auch durch Hitlers Erklärung, keine anderen territorialen Forderungen mehr zu stellen und den nunmehrigen Besitzstand der Tschechoslowakei zu achten.

Die Lage hätte sich vielleicht anders entwickelt, wenn Hitler sein in München gegebenes Wort nicht gebrochen hätte. Ohne das Sudetenland und die Slowakei waren Böhmen und Mähren kaum lebensfähig. Früher oder später wären die Tschechen gezwungen gewesen, ihr Verhältnis zum Reich zu regeln, ohne daß sich dabei die Engländer betrogen gefühlt hätten. Dann wäre Londons Haltung wahr-

---

[1] Chamberlain nannte 4 Millionen, es waren aber nur 3,5 Millionen.

scheinlich auch in der Polenfrage – wo das Recht ebenfalls auf deutscher Seite war – flexibler gewesen als später infolge Hitlers Wortbruch.

Die Hoffnungen auf einen andauernden Frieden wurden im Keim erstickt, als kaum sechs Monate später im krassen Widerspruch zum Münchener Abkommen und eklatanten Bruch des Völkerrechtes deutsche Truppen am 15. März 1939 Prag besetzten und die Slowakei sich mit Hitlers Hilfe zu einem selbständigen Staat erklärte. Böhmen und Mähren wurden unter deutscher Verwaltung Reichsprotektorat.

Bis zu diesem 15. März konnte Hitler seine außenpolitischen Aktionen mit dem Hinweis auf das Selbstbestimmungsrecht und den Wunsch der betroffenen Minderheiten rechtfertigen. Durch den sinnlosen Einmarsch in Prag und in nichtdeutsches Gebiet hatte er dieses Selbstbestimmungsrecht selbst verletzt. Nie mehr war das Verhältnis zwischen London und dem Dritten Reich dasselbe wie vorher. Die Engländer fühlten sich betrogen und reagierten dementsprechend.

Als Schlußbemerkung zum Münchener Abkommen sei noch erwähnt, daß es die politische Karte Europas völlig verändert hat. Nachdem die unheilige Allianz Frankreichs – die Kleine Entente – in Ost-Mitteleuropa mit Ausnahme Polens völlig verschwunden war, verflüchtigte sich auch Englands Spekulation, Hitler gegen Stalin ausspielen zu können. Zwischen London und Paris kam es wieder zum Aufleben der »Entente Cordiale«. Beide suchten angesichts ihrer prekär gewordenen Lage nunmehr einen Ausweg in der Annäherung an die Sowjetunion.

Präsident Beneš, der nach dem Münchener Abkommen abgedankt hatte, emigrierte zuerst nach Amerika und dann nach London, wo seine Exilregierung nur zögernd anerkannt wurde. Besonders störend für seine Pläne der Nachkriegsordnung in Mitteleuropa empfand Churchill den zwischen Stalin und Beneš 1943 abgeschlossenen Beistandspakt. Die Vertreibung der Deutschen aus der Tschechoslowakei wurde von Beneš bereits in London beschlossen. Die Verhandlungen der ebenfalls nach England emigrierten sudetendeutschen Politiker, vornehmlich Wenzel Jaksch – vor dem Krieg Mitglied des Prager Parlaments –, der die Aussiedlungen auf etwa 500 000 politisch besonders kompromittierte Personen zu beschränken versuchte, verliefen im Sand.

Eine verbreitet organisierte Widerstandsbewegung, wie etwa in Frankreich, gab es weder in Böhmen noch in Mähren. Gewiß fühlten sich die Tschechen im Protektorat nicht glücklich, ihre Masse verhielt sich aber nach dem Vorbild ihres Nationalhelden Schweik. Erst nach dem Attentat von drei aus England gelandeten Fallschirmjägern am 27. Mai 1942 gegen den Reichsprotektor Reinhard Heydrich brachte die Weltpresse die Bewegung von Beneš wieder ins Rampenlicht. Inzwischen lief die Verwaltung im Protektorat in tschechischer Amtssprache weiter. Hitler bewilligte den Tschechen sogar eine kleine Armee von 16000 Mann, die 1944 an deutscher Seite zum Teil in Italien eingesetzt wurde. Erst im Herbst 1944 brach in der Slowakei unter kommunistischer Führung ein größerer Aufstand aus, der aber bald von SS-Truppen niedergekämpft wurde.

Übrigens haben die Tschechen trotz des Verlustes ihrer Selbständigkeit 1939 während des Zweiten Weltkrieges besser gelebt als später unter der Herrschaft der Kommunisten. Ihr Land wurde von Bombenangriffen verschont. Sie mußten keinen Militärdienst leisten. Ihre Industrien, von den Deutschen weiter ausgebaut, arbeiteten auf Hochtouren für Hitlers Kriegsmaschine. Im Bereich wirtschaftlicher Zusammenarbeit mit dem Dritten Reich lagen die Tschechen an zweiter Stelle hinter den Belgiern. Nie seither kassierten tschechische Arbeiter so hohe Löhne wie in Hitlers Protektorat, während sich die Bauern am Schwarzmarkt bereicherten. Die Verpflegungslage war besser als im Reich und die Zahl der politisch Verfolgten im allgemeinen nicht größer als in Deutschland selbst. Der mit Unterstützung des Dritten Reiches entstandene slowakische Nationalstaat, bejaht vom überwiegenden Teil der Bevölkerung, wurde damals als eine »Donau-Schweiz« betrachtet.

Nach dem Münchener Abkommen 1938 beseitigte Hitler auch noch manch andere Ungerechtigkeit der Friedensverträge. Durch den Wiener Schiedsspruch der Außenminister Deutschlands und Italiens – von Ribbentrop und Graf Ciano – wurden im Oktober 1938 zur Slowakei gehörende Gebiete mit einer Bevölkerung von etwa 650000 Ungarn an ihr ursprüngliches Heimatland abgetreten. Zu einem zweiten Schiedsspruch durch die Vermittlung von Ribbentrop und Ciano kam es zwischen Ungarn und Rumänien im August 1940, also bereits im Kriege. Ungarn erhielt von Siebenbürgen Gebiete mit einer Million Einwohnern zurück, die trotz mehrheitlich ungarischer Bevölkerung auf Grund des Friedensvertrages von Trianon 1919 damals Rumänien zugesprochen worden waren, obwohl eine weitere Million Ungarn noch bei Rumänien verblieb. Tatsache ist, daß die beiden Schiedssprüche von Wien immerhin gerechter waren als die Entscheidungen der Friedensverträge nach dem Ersten Weltkrieg. Die ungarische Minderheit in Siebenbürgen bildet eine Sprachinsel, die von ihrem Mutterlande durch mehrheitlich rumänisch besiedelte Gebiete getrennt ist, was eine gerechte Lösung, die beide Parteien befriedigt, schlechthin ausschließt.

Polens Mitverantwortung

Die deutsch-polnischen Beziehungen waren auch in der Zeit der Weimarer Republik kühl. In Berlin hatte man weder Oberschlesien noch Danzig vergessen und betrachtete die Behandlung der deutschen Minderheit durch den polnischen Staat kritisch. In Warschau blieb man dagegen mißtrauisch und vor allem war man über den allmählichen Aufschwung des deutschen Nachbarn im Westen besorgt, fürchtete aber gleichzeitig die Sowjetunion im Osten.

Trotz dieser Lage kennzeichnete die Politik Polens gegenüber Deutschland eine Mischung von Drohungen und dem Bemühen, das Reich schwach zu halten. Drei Jahre vor Hitlers Machtübernahme, im September 1930, erklärte der polnische Außenminister Zaleski dem Präsidenten des Danziger Senats Dr. Ziehm, daß nur ein polnisches Armeekorps die Danziger Frage lösen könne. Derartige Kriegsreden Warschauer Staatsmänner und gewisser Generäle häuften sich mit der Zeit. Sie fanden bei dem damals schon einflußreichen Führer der britischen Kriegspartei Churchill offene Ohren und wurden auch von Roosevelt mit Genugtuung gehört.

Am 6. März 1933 setzte das polnische Kriegsschiff »Wilja« an dem polnischen Arsenal auf der Westerplatte 100 Polizisten ab. Einige Tage später wurden polnische Truppen erstmals im polnischen Korridor – und zwar in der Nähe des Danziger Freistaates – konzentriert.

Die Regierung in Berlin rechnete ernsthaft mit einer Aggression. Warschaus damaliger Staatschef Marschall Pilsudski erwog einen Präventivkrieg gegen Deutschland und fragte in Paris wegen der Möglichkeit einer gemeinsamen militärischen Aktion vorsichtig an, fand aber kein Gehör.[1] Vergeblich hoffte Polen damals auf Frankreichs Zustimmung, gegen Deutschland Krieg zu führen. Zu jener Zeit waren die deutsch-französischen Beziehungen durchaus friedfertig. Die Franzosen schienen damals ihren englischen Nachbarn in der Anpassung an die neue Lage im Dritten Reich schlechthin voraus zu sein. Das friedliche Verhältnis zu Frankreich stärkte Hitlers Vertrauen, daß es möglich sein würde, zu einer befriedigenden Regelung mit Polen zu gelangen.

Die Frage Elsaß-Lothringen, welche die deutsch-französischen Beziehungen seit den Zeiten Bismarcks belastet hatte, fehlte jetzt nahezu gänzlich. Ein besonders positives Element des Geschehens war die Erklärung Hitlers, auf Elsaß-Lothringen zu verzichten.

Angesichts dieser Lage beschloß die polnische Regierung, mit Berlin ein direktes Gespräch zu führen. Am 15. November 1933 erkundigte sich der polnische Botschafter über die Chancen, mit dem Dritten Reich einen Nichtangriffspakt zu vereinbaren. Offenbar begrüßte es Hitler, mit Polen ein Abkommen schließen zu können, um freie Hand für andere Aktionen zu gewinnen. Unterdessen spielten die Polen auf Zeitgewinn und führten mit negativem Erfolg im Dezember desselben Jahres noch einmal ein sondierendes Gespräch mit Paris wegen einer Aggression gegen Deutschland, was heute natürlich wie auch manches andere bestritten wird.

Am 9. Januar 1934 überreichte Polens Botschafter Lipski in Berlin den Entwurf eines Nichtangriffspaktes, dem am 26. Januar die Unterzeichnung folgte. Vereinbart wurde, sich in allen die gegenseitigen Beziehungen betreffenden Fragen unmittelbar zu verständigen und eine Lösung durch friedliche Mittel zu suchen. Beide Partner – Polen und das Deutsche Reich – verpflichteten sich, »unter keinen Umständen zum Zweck der Austragung von Streitigkeiten zur Anwendung von Gewalt zu schreiten«.

Trotz des Nichtangriffspaktes hatte Hitler die weiter bestehenden Differenzen mit Polen nicht vergessen. Nach dem Anschluß Österreichs und des Sudentenlandes an das Reich blieb noch das Problem der Korridorfrage und der Rückgliederung des sogenannten »Freistaates Danzig« mit seiner deutschen Bevölkerung an das Deutsche

---

[1] Vergleiche: Ludwig Zimmermann, »Deutsche Außenpolitik in der Weimarer Republik«, Berlin 1958. Siehe auch »Konferenzen und Verträge«, Band IV, Seite 125, A. G. Ploetz, Würzburg.

Reich zu regeln.[1] Die dazu erforderlichen Verhandlungen mit Polen wurden am 24. Oktober 1938 eingeleitet. Als das Münchener Abkommen bereits unterzeichnet war, hatte Polen von der Prager Regierung die Übergabe des Olsagebietes durch ein Ultimatum erzwungen. Bei diesem nicht ganz redlichen polnischen Schritt hat sich Berlin Warschau gegenüber loyal verhalten, was polnischerseits auch anerkannt wurde.

In dieser damals verhältnismäßig noch günstigen Atmosphäre eröffnete der deutsche Außenminister dem polnischen Botschafter, daß Deutschland die Rückgliederung Danzigs und den Bau einer Eisenbahnlinie sowie einer Autobahn durch den Korridor nach Ostpreußen beanspruche. Als Gegenleistung wurde die Anerkennung und die Garantie der damaligen deutsch-polnischen Grenze angeboten, einer Grenze also, durch die das Deutsche Reich weiterhin in zwei Teile getrennt geblieben wäre. Offen bleibt allerdings die Frage, ob Hitler seine Zusage später wirklich auch respektiert hätte. Jedenfalls erhielt die deutsche Regierung auf ihre Vorschläge eine ablehnende Antwort, womit die Verhandlungen unterbrochen wurden.

Am 23. März 1939 – also sechs Monate vor Kriegsausbruch – erklärte der damalige polnische Kriegsminister Oberst Josef Beck bei einer Versammlung führender Politiker und Generäle, daß ein politisch von Polen abhängiges Danzig ein unerläßliches Symbol polnischer Macht sei und behauptete, »es ist vernünftiger, auf den Feind zuzugehen, als zu warten, bis er uns entgegenmarschiert«. Das war eine gewiß recht verwegene Äußerung, die sich in keiner Weise darauf stützen konnte, daß Hitler Polen wirklich anzugreifen beabsichtigte. Die anwesenden Befehlshaber erklärten sich ohne Zögern einverstanden, den Teilmobilmachungsbefehl noch am gleichen Tag anzuordnen. Die gedienten Reservisten der Jahrgänge 1911 bis 1914 sollten zu den Fahnen gerufen werden, dazu weitere Reserven aus dem Jahrgang 1906. Gleichzeitig wurden die Reserveoffiziere der technischen Einheiten einberufen. Somit erreichte die Stärke der polnischen Armee 334000 Mann. Am gleichen Tag erhielten die obersten Befehlshaber der jeweiligen Waffengattungen die Aufmarschpläne für einen Krieg gegen Deutschland.

Im März 1939 hatten die Beziehungen zwischen Deutschland und

[1] Bei der Volkszählung von 1910 bekannten sich von den 331000 Einwohnern Danzigs nur 16000 zur polnischen Volkszugehörigkeit.

Polen somit erneut ein kritisches Stadium erreicht. Deutschland war von den Polen mit der Kriegsdrohung und der Teilmobilmachung herausgefordert worden. Aber Hitler weigerte sich weiterhin, diese polnischen Maßnahmen als eine ernste Bedrohung anzusehen. Ebenso weigerte er sich, die Bemühungen der Polen um Abbruch der Verhandlungen zwischen beiden Ländern ernst zu nehmen, obwohl mit dem kategorischen Nein der Polen zu den deutschen Angeboten die Möglichkeit einer Verständigung kaum noch bestanden hatte.

Nachdem Hitler von der überraschenden Teilmobilmachung Polens Kenntnis erhalten hatte, hielt er eine Besprechung mit Walther von Brauchitsch, dem Oberbefehlshaber des deutschen Heeres, ab. Bei dieser Gelegenheit setzte er von Brauchitsch auseinander, daß er keinen Konflikt mit den Polen wünsche. Deutschland sei nicht daran interessiert, die nationalen Bestrebungen der Ukrainer zu unterstützen oder sonst irgend etwas zu tun, was den Interessen Polens zuwiderliefe. Doch angesichts der bestehenden Spannung zwischen beiden Ländern sah sich Hitler veranlaßt, am 3. April 1939 seinem Oberkommando der Wehrmacht (OKW) die Bearbeitung des Planes »Fall Weiß« gegen Polen sowie vorbereitende Maßnahmen für einen deutschen Aufmarsch im Osten anzuordnen. Übrigens gehörte es seit je zu den natürlichen Aufgaben aller Generalstäbe der Welt, sich auf vorhersehbare kriegerische Konflikte vorzubereiten.

Seit Hitlers Einmarsch in Prag am 15. März 1939 hatte sich das deutsch-polnische Verhältnis verhärtet. Noch im März 1939 war zudem polnischerseits eine erneute Ablehnung der deutschen Wünsche erfolgt. Am 31. März gab Chamberlain auf Churchills Drängen eine Garantieerklärung für Polen ab, in der die Entscheidung über Krieg und Frieden praktisch den Polen überlassen wurde. Diese Stellungnahme stellte einen in der Geschichte Englands wohl einmaligen Schritt dar, über dessen Gefährlichkeit keine Zweifel bestehen konnten. Zudem wurde sie auch im Namen der französischen Regierung abgegeben. Es war eine einseitige Garantieerklärung, das heißt von Polen wurden keine Zusagen in dem Sinne verlangt, daß es vernünftig handeln und keinen bewaffneten Konflikt provozieren würde. Chamberlains einseitige Garantieerklärung an Polen hat die Entwicklung zum Krieg entscheidend gefördert, *obwohl zu deren Erfüllung weder England noch Frankreich militärisch vorbereitet waren.*

Um nach dem Zerfall der Kleinen Entente die Einkreisung des

Dritten Reiches wiederherzustellen, wurde bereits Mitte Juni 1939 – also zwei Monate vor von Ribbentrops Reise nach Moskau – eine englisch-französische Delegation unter der Führung von Lord William Strang nach Moskau mit dem Auftrag entsandt, einen Vertrag mit der Sowjetunion auszuhandeln. Der sowjetische Außenminister Molotow hat die günstige Lage meisterhaft ausgenutzt, in die ihn die Bittsteller aus London und Paris versetzten und trachtete, für eine etwaige Waffenhilfe der Sowjetunion den höchsten Preis herauszuschlagen. Die Verhandlungen mit den Westmächten zogen sich schleppend in die Länge, weil Molotow auf der Erfüllung von zwei schwerwiegenden Forderungen bestand:

1. Durchmarschrecht durch Polen im Falle eines Krieges, dem sich die polnische Regierung aus begreiflichen Gründen entschieden widersetzte.
2. Molotows Verlangen, daß die Sowjetunion berechtigt sei, in den Nachbarstaaten (Finnland, Estland, Lettland, Litauen, Polen und Rumänien) einzugreifen, falls sich dort innenpolitische Wandlungen vollziehen sollten.

Damit wollte sich Moskau die Möglichkeit sichern, in den genannten Staaten etwaige kommunistische Aufstände zu unterstützen und so einen politischen Umsturz herbeizuführen. Molotow manövrierte mit überlegner Sicherheit, denn er hielt alle Trümpfe in der Hand. Auch Roosevelt drängte, ein englisch-französisch-sowjetisches Militärbündnis abzuschließen, an dem sich die Vereinigten Staaten später ebenfalls beteiligen würden.

Bald bot sich Molotow Gelegenheit, seine Karten auch nach der anderen Seite hin – Deutschland gegenüber – auszuspielen. Hitler war das von Moskau aus drohende Gewitter nicht entgangen, zumal ein gegen Deutschland gerichtetes Militärbündnis mit der Sowjetunion die Vollendung einer erneuten Einkreisung gewesen wäre. Angesichts dieser Gefahr entschloß er sich, von seinem bisherigen Grundsatz, mit Bolschewisten nicht zu verhandeln, abzugehen und die Chance zu nutzen, die ihm das Stocken der alliierten Gespräche in Moskau bot.

Am 14. August 1939 gab der Reichsaußenminister dem deutschen Botschafter von der Schulenburg in Moskau Weisungen hinsichtlich des weiteren Vorgehens, und schon am 23. August flog von Ribbentrop nach Moskau, wo er einen Nichtangriffspakt mit einem geheimen Zusatzprotokoll mit der sowjetischen Regierung unterzeichnete. Mit dem Abschluß des deutsch-sowjetischen Abkommens war die von England und Frankreich betriebene Einkreisung des Deutschen Reiches vorläufig abgewehrt. Doch mußte Hitler dafür den hohen Preis von weitgehenden Zugeständnissen zahlen. Diese wurden in dem geheimen Zusatzprotokoll, dessen Inhalt man erst sehr viel später erfuhr, näher umschrieben: Finnland Estland, Lettland, Litauen, Polen östlich von Narew, Weichsel und San sowie Bessarabien und Finnland wurden zur Interessensphäre der Sowjetunion erklärt.

Hitler wird bezichtigt, er habe mit dem Moskauer Vertrag alle diese Völker preisgegeben. Der Vorwurf stimmt, aber Molotow hatte diese »Auslieferung« auch der englisch-französischen Mission gegenüber zur unerläßlichen Voraussetzung für den Abschluß eines Abkommens gemacht. Wenn sich Stalin schließlich für einen Vertrag mit Deutschland entschied, so ließ er sich dabei von sehr handfesten Interessen leiten. Ein Bündnis mit England und Frankreich hätte die Sowjetunion im Kriegsfall zum sofortigen Eingreifen verpflichtet, während der mit Deutschland abgeschlossene Vertrag ihr anläßlich eines deutsch-polnischen Feldzuges die Möglichkeit bot, sich aus dem Krieg herauszuhalten und trotzdem die zugesicherten Gebiete in Besitz zu nehmen, wie es später auch geschah. Durch das Abkommen mit Moskau war für Hitler eine neue Lage entstanden. Ob er seinem sowjetischen Vertragspartner traute oder mißtraute, mag dahingestellt bleiben. Jedenfalls hoffte Hitler, den Augenblick nutzen zu können, um in der Danzig- und Korridor-Frage eine Lösung zu erzwingen.

Nach der Rückenstärkung durch die englische Garantieerklärung vom 31. März 1939 verhielt sich die polnische Regierung deutschen Vorschlägen gegenüber noch ablehnender als zuvor. Auch durch Washingtons Zusicherungen ermuntert, verharrten die Polen in schroff ablehnender Haltung. Übergriffe gegen die in Polen lebenden Deutschen mehrten und steigerten sich mancherorts zu Terrorakten, eine Tatsache, die auf Grund vorliegender Beweise nicht bestritten werden kann. Daraufhin kündigte Hitler am 28. April 1939 den Nichtangriffsvertrag mit Polen.

Gleichzeitig spitzten sich die Verhältnisse in der dem Völkerbund unterstellten »Freien Stadt« Danzig bedrohlich zu. Als »Freistaat« unter Völkerbundkontrolle war Danzig wohl polnisches Zollgebiet, jedoch kein Bestandteil des polnischen Staates. Eine Demarche des

Danziger Senatspräsidenten, der auf die sich ständig mehrende Zahl polnischer »Zollbeamter« im »Freistaat« hinwies, führte zu einem Notenwechsel, in dem die Polen am 5. August 1939 mit der Schließung der Grenzen für alle Lebensmittelzufuhren drohten.

Erst jetzt schaltete sich Hitler persönlich ein, indem er am 9. August der polnischen Botschaft eine entsprechende Erklärung zukommen ließ, ohne jedoch Drohungen auszusprechen. Bereits am folgenden Tag antwortete die polnische Regierung, daß sie »jede Intervention der Reichsregierung zum Nachteil der polnischen Rechte und Interessen in Danzig als einen Akt der Aggression ansehen wird«. All dies geschah, nachdem Hitler am 19. Juli dem Völkerbundkommissar in Danzig, Carl J. Burckhardt, mitgeteilt hatte, daß er bereit sei, die Danziger Frage bis auf weiteres zurückzustellen. Gleichzeitig äußerte er den Wunsch, nochmals mit einem verantwortlichen englischen Diplomaten zu reden, bevor es zu spät wäre.

Am 23. August 1939, am Tage der Ankunft von Ribbentrops in Moskau, überbrachte der britische Botschafter dem Reichskanzler einen Brief Chamberlains, in dem angekündigt wurde, daß Großbritannien entschlossen sei, seine aus der Garantieerklärung erwachsenden Verpflichtungen Polen gegenüber in jedem Falle zu erfüllen. Damit wurde die polnische Regierung abermals darin bestätigt, in keiner Weise nachzugeben. England hat es überhaupt unterlassen, auf Polen, wo es inzwischen immer wieder zu chauvinistischen Ausbrüchen gekommen war, mäßigend einzuwirken. Schon zwei Tage später, am 25. August, wurde ein englisch-polnischer Beistandspakt mit einem geheimen Zusatzprotokoll abgeschlossen, dessen Bestimmungen sich eindeutig gegen das Dritte Reich richteten.

In Deutschland erreichte die Krise am 25. August ihren Höhepunkt. In der Annahme, durch den Moskauer Vertrag gesichert zu sein, hatte Hitler bereits zwei Tage vorher militärische Maßnahmen gegen Polen für den 26. August angeordnet, die er aber dann, nachdem er von dem Abschluß des englisch-polnischen Beistandvertrages erfahren hatte, plötzlich widerrief. Mussolini machte seine Unterstützung von praktisch unerfüllbaren Materiallieferungen an Italien abhängig. So sah sich Hitler in einem entscheidenden Augenblick von seinem Bundesgenossen im Stich gelassen. Auch hatte er nicht gewußt, daß der britischen Regierung infolge einer Indiskretion des italienischen Außenministers Graf Ciano bereits seit einer Woche bekannt war, Italien würde Deutschland im Kriegsfall nicht beistehen.

In einer Note vom 29. August faßte die Reichsregierung die Ursachen und die Entwicklung der deutsch-polnischen Krise nochmals zusammen und erklärte sich zu direkten Verhandlungen mit Polen bereit. Sie forderte die Entsendung einer »mit allen Vollmachten versehenen polnischen Persönlichkeit« für Mittwoch, den 30. August. Kein Unterhändler wurde aber von Warschau angekündigt, dafür jedoch um 10.30 Uhr in Warschau die allgemeine Mobilmachung verkündet. In der Nacht vom 30. zum 31. August fand im Reichsaußenministerium eine letzte Unterredung zwischen von Ribbentrop und dem britischen Botschafter Henderson statt. Letzterem wurden nochmals ausführliche Verhandlungsvorschläge für eine Regelung der Korridorfrage durch Volksabstimmung und der Lösung der deutsch-polnischen Minderheitenfragen zur Kenntnis gebracht.

Wohl erschien noch am 31. August der polnische Botschafter beim Reichsaußenminister, um ihm eine Weisung seiner Regierung zu verlesen. Auf die wiederholte Frage von Ribbentrops, ob er auch zu Verhandlungen bevollmächtigt sei, antwortet er mit Nein. Der letzte Beweis dafür, daß Polen mit Deutschland nicht verhandeln wollte, war ein geheimes Telegramm des polnischen Außenministers an seinen Botschafter in Berlin, das von der deutschen Abwehr entschlüsselt wurde. Es enthielt die Weisung, »der Botschafter möge sich unter keinen Umständen in sachliche Diskussionen einlassen«. Wörtlich heißt es darin: »Wenn die Reichsregierung mündliche oder schriftliche Vorschläge macht, müssen Sie erklären, daß Sie keinerlei Vollmacht haben, solche Vorschläge entgegenzunehmen oder zu diskutieren.«

Es bleibt ein Rätsel, warum seitens Englands zu diesem kritischen Zeitpunkt keinerlei Druck auf die polnische Regierung ausgeübt wurde, um sie zu Verhandlungen zu bewegen. Dabei war man in London mit dem polnischen Vorgehen nicht uneingeschränkt einverstanden. In einem Telegramm teilte das »Foreign Office« seinem Berliner Botschafter mit, daß es nicht einsehe, »warum die polnische Regierung es schwierig finden sollte, den polnischen Botschafter zu ermächtigen, ein Dokument von der deutschen Regierung entgegenzunehmen«.

Angesichts der unzweideutigen Haltung der polnischen Regierung betrachtete Hitler die Vorschläge als endgültig abgelehnt. Am Morgen des 1. September ließ er die deutschen Armeen ohne vorherige Kriegserklärung den Angriff beginnen. Die Slowakei, deren Gebiet der Wehrmacht als Aufmarschraum diente, erklärte am 5. September Polen den Krieg und beteiligte sich später auch an dem Feldzug gegen die Sowjetunion. Der Krieg mit Polen überraschte das deutsche Volk. Die Erinnerungen an die Jahre 1914–1918 waren noch viel zu lebendig, um wie einst blumengeschmückt ins Feld zu ziehen. Doch die raschen Siege in Polen und im Westen haben den vorübergehenden Verlust an Volkstümlichkeit des »Führers« wieder wettgemacht.

Hitler handelte wahrscheinlich in der irrigen Annahme, England und Frankreich würden Polen wegen seiner Unnachgiebigkeit nicht beistehen. Obwohl die Kampfhandlungen ihren Anfang genommen hatten, schlug Mussolini am 2. September einen Waffenstillstand und zur Lösung des deutsch-polnischen Streites eine Konferenz vor – ein Plan, der deutscherseits sofort angenommen wurde. Auch die französische Regierung stimmte zu. Von den Briten wurde jedoch die Zusage an die ungewöhnliche Bedingung geknüpft, daß vorher das von deutschen Truppen besetzte Gebiet geräumt werden müsse. In dem italienischen Vorschlag war vorgesehen, daß die Heere dort stehen bleiben sollten, wo sie sich befänden. Mit der für das Dritte Reich unannehmbaren Bedingung Londons, für die es – ebenso wie für Englands Polengarantie – in der Geschichte Großbritanniens kaum einen Präzedenzfall gibt, ist Mussolinis Konferenzvorschlag vereitelt worden.

Nur widerstrebend schloß sich das französische Parlament dem Verlangen Englands an, dem Deutschen Reich ein kurzbefristetes Ultimatum zu stellen und dann den Krieg zu erklären. »Ich habe die Ehre, Sie davon zu unterrichten, daß, falls nicht bis 11 Uhr vormittags britischer Sommerzeit am heutigen Tage, den 3. September 1939, eine befriedigende Zusicherung von der deutschen Regierung erteilt wird und bei seiner Majestät in London eintrifft, der Kriegszustand zwischen den beiden Ländern von dieser Stunde an bestehen wird.« Mit diesen Worten des britischen Botschafters Henderson hat der Zweite Weltkrieg angefangen. All jene, die noch heute über die eindeutige Kriegsschuld Deutschlands reden, täten gut daran, auch darüber nachzudenken, inwiefern die alliierten Regierungen ebenfalls für das unerhörte Leid und den unermeßlichen Schaden des Zweiten Weltkrieges mitverantwortlich sind.

Allem Anschein nach überwog bei Hitler die Überzeugung, daß die Zeit gegen ihn arbeite. Er rechnete damit, daß die Aufrüstung der alliierten Mächte es ihm in wenigen Jahren nicht nur unmöglich machen würde, durch militärischen Druck etwas zu erreichen, sondern diesen die Möglichkeit böte, das Dritte Reich zu erpresssen. Um die Revisionspolitik des Versailler Vertrages durchsetzen zu können, war aber die deutsche Wiederaufrüstung unerläßlich gewesen. »Si vis pacem para bellum« hieß es schon bei den alten Römern.

Die allgemein verbreitete Behauptung, daß 1939 Hitler den Krieg vorsätzlich herausgefordert habe, läßt sich nicht einwandfrei feststellen. Jedenfalls ist es deutscherseits ein verhängnisvoller Fehler gewesen, als erster das Feuer zu eröffnen, anstatt einen eventuellen Angriff der Polen zwar in voller Kriegsbereitschaft, aber »mit Gewehr bei Fuß« abzuwarten. Infolgedessen wurde es den Alliierten ermöglicht, auch für den Zweiten Weltkrieg die Alleinschuld den Deutschen aufbürden zu können. In beiden Fällen – 1914 und 1939 – bildet noch heute die propagandagebundene und zweckbestimmte Behauptung der alleinigen Kriegsschuld Deutschlands in beiden Weltkonflikten für die alliierten Siegermächte einen tief eingewurzelten Glaubenssatz. Zweifel an diesem Tabu entzögen ihrer Kriegspolitik das Fundament.

4. Kapitel

Bemerkungen zum Kriegsverlauf (1939–1945)

Wie über den Ersten Weltkrieg soll auch über die militärischen Vorgänge des Zweiten nur kurz berichtet werden mit Schwerpunkt auf Ereignissen, die wenig bekannt und aus politischen Motiven verdunkelt oder verzerrt worden sind. Eine solche Zusammenfassung in Zeit und Raum ist nicht leicht, da viele Vorkommnisse gleichzeitig auf verschiedenen Kriegsschauplätzen stattgefunden haben. Während der französische Oberbefehlshaber, General Gamelin, der noch mit den Erfahrungen des Ersten Weltkrieges belastet war, ernstlich damit gerechnet hatte, daß die polnische Verteidigung bis zum Frühjahr 1940 in ihren »Schützengräben« durchhält, wurde sie innerhalb von achtzehn Tagen weggefegt. Dringende Bitten der Polen an Großbritannien und Frankreich um militärische Hilfe blieben unerfüllt. Woher und wie sollte sie auch kommen?

Nach der Kapitulation Warschaus kamen die früheren deutschen Reichsgebiete, das gesamte Westpreußen sowie die Provinz Posen (Warthegau) wieder zu Deutschland, zu dem sie bis 1918 gehört hatten. Gleichzeitig nahm die Sowjetunion die von den Polen im Frieden von Riga 1921 erpreßten Gebiete – Teile von Weißrußland und der Ukraine – zusammen mit den drei baltischen Ländern militärisch in Besitz. Im übrig gebliebenen Polen entstand unter deutscher Verwaltung ein sogenanntes Generalgouvernement, wohin ein Großteil der polnischen Bevölkerung aus dem wieder eroberten Reichsgebiet – vor allem jene, die sich dort nach 1918 niedergelassen haben – zusammen mit den Juden, etwa 1,2 Millionen Personen, vertrieben und zum Teil auch umgebracht wurde.

Nach dem Polenfeldzug versuchte Hitler bereits im Oktober 1939 und danach öfter zu einem *modus vivendi* mit England zu kommen, stieß aber auf taube Ohren oder Bedingungen, die deutscherseits eindeutig nicht annehmbar waren und wahrscheinlich auch deswegen gestellt wurden. England verlangte die Abdankung Hitlers, die Abrüstung der Wehrmacht, die Räumung der eroberten

Gebiete einschließlich des Protektorats Böhmen und Mähren, kurz die Restaurierung der Versailler Ordnung.

Wäre es aber trotzdem deutscherseits nicht vernünftiger gewesen, anstatt Frankreich anzugreifen, abzuwarten, bis sich die Wellen des Sturmes wegen des Angriffs gegen Polen gelegt hatten und die Zeit für Verhandlungen reifer würde? Dabei hätte Hitler allerdings das nicht kleine Risiko in Kauf nehmen müssen, daß die Westmächte eine längere Pause für das Aufholen ihrer mangelhaften Rüstungen ausnutzen könnten. Der Angriff der Wehrmacht auf Norwegen im April 1940 war eindeutig eine präventive Aktion mit dem Ziel, den Westalliierten zuvorzukommen, die in Nordengland bereits ein britisches und ein französisches Expeditionskorps für die Invasion Skandinaviens bereitgestellt hatten. Hingegen war der Überfall auf das neutrale Holland und Belgien am 10. Mai 1940 – wie im Ersten Weltkrieg – ohne vorherige Kriegserklärung eine unverkennbare Verletzung des internationalen Völkerrechts. Beide Operationen wurden übrigens auch von den Alliierten ins Auge gefaßt.

Dies beweisen unwiderlegbar die Archive des französischen Generalstabes, die im Juni 1940 in einem verlassenen Eisenbahnwaggon auf der Station Charité sur la Loire von deutschen Truppen erbeutet und später vom Reichsaußenministerium veröffentlich worden sind. Die vorgefundenen Dokumente vermitteln eine fast vollständige Einsicht in die Planungen der alliierten Regierungen und ihrer Generalstäbe in der Zeit zwischen dem Kriegsausbruch 1939 und Juni 1940.[1] Alles deutet darauf hin, daß die Westmächte gestützt auf die Maginot-Linie, einen frontalen Angriff auf Deutschland vermeiden und das Dritte Reich durch Flankenmanöver bezwingen wollten. Über einen eventuellen Einmarsch in Belgien ist bereits am 9. November 1939 mit Brüssel verhandelt worden, aber nur für den Fall, daß deutsche Truppen vorher belgisches Gebiet betreten haben sollten. Dabei wurde auch die Besetzung der holländischen Schelde-Inseln zum »unerläßlichen Schutz der linken Flanke der anglo-französischen Armeen« geplant. Beweise, daß auch mit der Regierung in Den Haag verhandelt wurde, fehlen.

Wie aus den Dokumenten hervorgeht, sind zur gleichen Zeit mit den

---

[1] Der Text der wichtigsten Dokumente wurde von F. O. Miksche in seinem Buch »Unconditional Surrender«, Verlag Faber and Faber, London, 1952 veröffentlicht. Auch dürften sie im Bundesarchiv/Militärarchiv, Freiburg/Br. vorzufinden sein.

Generalstäben Griechenlands und Jugoslawiens ebenfalls rege Verhandlungen geführt worden mit dem Ziel, die Landung eines alliierten Expeditionskorps auf der Balkanhalbinsel zuzulassen. Die Tatsache, daß sich hierzu beide Staaten, wenn auch unter gewissen Bedingungen, bereiterklärt hatten, kann kaum als ein Zeichen echter Neutralität gewertet werden und widerlegt die späteren Behauptungen, daß 1941 völlig unparteiische Länder überfallen worden seien. Alliierte Sabotagetrupps sollten die Ölzufuhr Deutschlands durch die Verminung der Donau und Beschädigungen der Ölraffinierien im damals neutralen Rumänien stören.

In Paris und London betrachtete man den Hitler-Stalin-Pakt als ein regelrechtes Bündnis, und es fehlte nicht viel dazu, daß in den Wintermonaten 1939–1940 die Westalliierten mit der Sowjetunion fast in eine kriegerische Auseinandersetzung geraten wären. Geplant wurde, das Dritte Reich durch eine großräumig angelegte Zangenbewegung zu fassen, deren eine Backe in Skandinavien und die andere im Nahen Orient angesetzt werden sollte. Mit dem Ziel, die Deutschen von der schwedischen Eisenerzzufuhr abzuschneiden, hatten auf Churchills Anlaß die Planungen für die Landung in Norwegen bereits im September 1939 begonnen. Ob die Engländer dabei die Zustimmung der Regierung in Oslo hatten, ist nicht bekannt. Tatsache ist, daß die skandinavische Küste des Atlantiks für beide Kriegsparteien von hoher seestrategischer Bedeutung war.

Unmittelbar nach dem Polenfeldzug – im Oktober 1939 – besetzte die Sowjetunion die ihr im Hitler-Stalin-Pakt zugestandene Interessensphäre im Baltikum: zunächst nur einige Stützpunkte, im Juni 1940 dann nach sowjetischen Ultimaten die gesamten Staatsgebiete, die übrigens vor 1918 zum Zarenreich gehört hatten. Politischer und militärischer Druck überwand den Widerstand der Regierungen Estlands, Lettlands und Litauens. Doch diese Methoden versagten gegenüber Finnland, das am 30. November 1939 von sowjetischen Streitkräften angegriffen wurde, worauf der Völkerbund Moskau als Aggressor verurteilte und gleichzeitig seinen Mitgliedern die Unterstützung des überfallenen Landes empfahl. Der heldenhafte Widerstand der Finnen, die von der Welt allgemein bewundert wurden, bot den Anglo-Franzosen einen moralischen Vorwand, in Skandinavien einzugreifen.

Ab September 1939 leisteten die Westalliierten den Finnen Militärhilfe gegen die Russen durch die Lieferungen von Flugzeugen und Artilleriematerial. Auch die Unterstützung mit Truppen – nach

Schätzungen von General Ironside sechs bis sieben Divisionen – sollte folgen. Dazu kam es aber nicht mehr, nachdem die Finnen am 12. März 1940 mit der Sowjetunion Frieden geschlossen haben. Erst nachher, Anfang April 1940, landeten fast gleichzeitig deutsche und alliierte Truppen in Norwegen. Letztere wurden von der Wehrmacht vom 15. bis 19. April bei Dombas, Namsos und Andalsnes geschlagen, worauf sich die Engländer und Franzosen wieder eingeschifft haben, während die Deutschen Norwegen bis 1945 besetzt hielten.

Folgenschwerer als die Intervention in Skandinavien hätte sich der alliierte Plan vom 22. Februar 1940 auswirken können, der einen direkten Angriff auf die Sowjetunion vorsah, um Deutschland von der Ölzufuhr aus den kaukasischen Ölfeldern abzuschneiden. Da die Türkei den alliierten Luftwaffen das Überfliegen ihres Gebietes verweigert hatte, hoffte man, die Angriffe von Stützpunkten in Syrien und aus dem Irak durchführen zu können. Die Ziele sollten Batum, Poti, Grozny-Maikop und Baku sein. Zur Verfügung standen 90–100 damals moderne »Farman«- und »Glenn-Martin«-Flugzeuge, die im rollenden Einsatz bei jedem Angriff 70 Tonnen Bomben auf ausgewählte Ölraffinierien werfen sollten. In einem Dokument vom 5. April 1940 schätzten die Alliierten, innerhalb von sechs Tagen die Ölproduktion um 30 bis 35 Prozent reduzieren zu können. Zur selben Zeit sollte auch die einheimische muselmanische Bevölkerung gegen das sowjetische Regime zur Revolte aufgewiegelt werden.

Einige Jahre später waren Bombenangriffe mit Tausenden von Flugzeugen nicht imstande, die Kriegsproduktion des Dritten Reiches nachhaltig lahmzulegen, und Hitlers Krieg ging auch ohne die sowjetische Ölzufuhr weiter. Es spricht für eine unfaßliche Naivität, daß in ihrer Zeit hoch geachtete Heerführer unter Mißachtung des Völkerrechtes auf die einfältige Idee, die Sowjetunion anzugreifen, überhaupt kommen konnten. Ohne in den Ölgebieten vernichtenden Schaden anrichten zu können, wäre es kaum ausgeblieben, daß die Rote Armee in Iran und Syrien einmarschiert wäre.

Die französische »Armée d'Orient« und die britische »Middle East Army« waren beide viel zu schwach und kaum in der Lage, ernsthaften Widerstand zu leisten. Anstatt das Dritte Reich von den Ölzufuhren aus der Sowjetunion abzuschneiden, hätten die Alliierten wahrscheinlich den Verlust der für sie wichtigen iranischen Ölfelder zu beklagen gehabt. Die Frage, ob die anglo-französischen Luftangriffe auf sowjetisches Gebiet auch tatsächlich durchgeführt worden wären und wie sie sich auf das Verhältnis zwischen Stalin und Hitler ausgewirkt hätten, läßt sich nicht beantworten. Tatsache ist, daß sie geplant worden sind, ein Beweis dafür, wie leicht Regierungen und Generalstäbe in völliger Verkennung der vorhandenen Machtverhältnisse auf Irrwege geraten können. Es war die blitzartige Niederlage Frankreichs, die dann diesen törichten »Kriegspielereien« ein jähes Ende bereitet hat.

Inzwischen zögerte Hitler während des ganzen Herbst und Winter 1939–1940, bevor er endlich den Angriffsbefehl auf Frankreich gab. In die Planungen des Westfeldzuges griff er oft im Widerspruch zu seinen Generalen persönlich mit Erfolg ein. Seine »Kriegskunst« wirkte sich jedoch auf den späteren Verlauf des Krieges trotz des schnellen Niederringens Frankreichs verhängnisvoll aus. Im Polen- und Westfeldzug hatte Hitler seine »militärische Unfehlbarkeit« bewiesen. Im Vertrauen auf sein »Feldherrngenie« blieb er in Zukunft militärischen Ratschlägen seiner Berater verschlossen, so daß das Schicksal seinen Lauf nahm.

Innerhalb von sechs Wochen kapitulierte Frankreichs schlecht geführte, mittelmäßig ausgerüstete und auch durch Volksfrontpropaganda zersetzte, nicht ganz intakte Armee. Die harten »Poilus« der Verdun- und Somme-Schlachten gab es kaum noch. Der britischen Kriegsmarine gelang es, mit eilig zusammengerafften Schiffen über Dünkirchen bei Hinterlassen der schweren Ausrüstung 338000 Mann, davon 112000 Franzosen, über den Kanal zu retten. Am 14. Juni 1940 besetzte die Wehrmacht Paris. Das Versailler Diktat schien endgültig gerächt zu sein. Bejubelt vom gesamten deutschen Volk stand Hitler auf dem Höhepunkt seiner Macht.

Der deutsch-französische Waffenstillstandsvertrag wurde am 22. Juni 1940 – nach dem gleichen Zeremoniell der deutschen Kapitulation von 1918 – in Compiègne in demselben Salonwagen abgeschlossen. An der Stelle von Marschall Foch präsidierte diesmal der Führer des Deutschen Reiches. Auch die Bedingungen, die man Frankreich auferlegte, waren denen von 1918 ähnlich. Der Besiegte verpflichtete sich, seine Streitkräfte zu demobilisieren, um nur eine Waffenstillstandsarmee von 100000 Mann zu unterhalten. Ausnahmen wurden für die in Nordafrika und sonstigen Kolonien stationierten Truppen genehmigt.

Die Kriegsmarine, unter den Gegnern damals die stärkste nach der britischen, wurde, wenn auch unter deutscher Kontrolle, von Franzosen befehligt. Im Artikel VIII des Waffenstillstandsabkommens erklärte die deutsche Regierung feierlich, »die Kriegsflotte nicht im Kriege für ihre Zwecke zu verwenden und beabsichtigte auch nicht, eine Forderung auf die französische Kriegsflotte bei Friedensschluß zu erheben«[1]. Der Grund dieser Großzügigkeit mag darin liegen, daß Hitler, der noch immer auf einen baldigen Friedensschluß mit London hoffte, keine Lust hatte, die französische Kriegsmarine mit den Italienern zu teilen.

Zu der Geschichte des Jahres 1940 gehört auch Mussolinis Kriegserklärung an Frankreich und Großbritannien, der sich bis zum möglichst letzten Moment hütete, von Hitler in den Konflikt hineingezogen zu werden. Dies geschah dennoch am 10. Juni 1940 aus Bedenken, sich das Mitspracherecht bei der Friedenskonferenz sichern zu müssen, zumal damals kaum noch jemand an einen Sieg der Alliierten glaubte. Die Feindseligkeiten zwischen Frankreich und Italien dauerten lediglich zwei Wochen. Bereits am 25. Juni wurde zwischen beiden Mächten – nicht aber mit Großbritannien – in Rom ein Waffenstillstandsabkommen abgeschlossen, in dem auch den Italienern in Südfrankreich eine Besatzungszone eingeräumt worden ist.

Unterdessen wurden in Nordafrika die Kämpfe mit den Engländern fortgesetzt, wobei das Kriegsglück durchaus nicht an Mussolinis Seite stand. Nachdem es nicht gelang, den Osteingang des Mittelmeeres – den Suezkanal – zu erobern, blieben später Feldmarschall Rommels spektakuläre Siege auf den Endausgang des Krieges strategisch ohne Bedeutung. Andererseits weigerte sich Madrid 1940, die Zustimmung zum Durchmarsch der Wehrmacht durch Spanien zu erteilen, um den westlichen Eingang des Mittelmeeres – Gibraltar – abzuriegeln. Dadurch leistete General Franco den Alliierten einen unermeßlichen Dienst, für den sich die Sieger nach 1945 nur schäbig revanchierten. Als Verbündeter hatte damals das durch den Bürgerkrieg ausgeblutete und verarmte Spanien militärisch allerdings keine große Bedeutung. Wichtig war aber seine geostrategische Lage. Die Eroberung Gibraltars durch die deutsche Wehrmacht, die bereits als Unternehmen »Felix« für den 10. Januar 1941 geplant war, und von Franco vereitelt wurde, hätte die strategische Lage der zwei Achsenmächte – Deutschland und Italien – im ganzen Mittelmeerraum von Grund auf zu ihrem Vorteil verändert.

---

[1] »Konferenzen und Verträge«, Band 4, Seite 189, Verlag A. G. Ploetz, Würzburg.

Zwei Drittel Frankreichs wurden von der Wehrmacht besetzt, das verbliebene Drittel der Regierung Marschall Pétains belassen, der, um dem Lande weitere Leiden zu ersparen, von Vichy aus nach bestem Können regierte, was gar nicht leicht gewesen ist. Die deutsche Besatzung war hart, härter als sie politisch oder militärisch hätte sein müssen. Elsaß-Lothringen ist durch Verordnung Hitlers wieder an das Reich angegliedert worden, was im Text des Waffenstillstandsabkommens, der keine Gebietsfragen beinhaltete, nicht vereinbart wurde. Dieser willkürliche Akt wirkte bei der großen Mehrheit der Franzosen, die in der Frage Elsaß-Lothringen seit je sehr empfindlich reagierten, wie ein Faustschlag. Auch hier, wie im Falle des Sudetenlandes, unterließ Hitler die Durchführung einer Volksbefragung, deren Ergebnis die Welt, vor allem aber die Franzosen selbst, wahrscheinlich überrascht hätte.

Das Risiko einer Invasion Englands hatte Hitler nicht gewagt, obwohl die britische Armee den Großteil ihres schweren Materials in Frankreich verloren hatte. Fraglich ist allerdings, ob eine Landung deutscher Truppen angesichts der weit überlegenen »Royal Navy« im Ärmelkanal und der Stärke der britischen Luftwaffe überhaupt gelungen wäre. Durch Luftangriffe war Englands Widerstand nicht zu brechen. Zwei deutsche Luftflotten mit 1300 Bombern und 1200 Kampfflugzeugen haben es versucht, erlitten aber übermäßige Verluste.

Zwischen dem 13. August und 6. September 1940 verlor die deutsche Luftwaffe 800 Flugzeuge. Trotzdem wurde das Unternehmen gegen London und die Industriezentren Mittelenglands in Nachtangriffen fortgesetzt und erst im Mai 1941 abgebrochen.[1] Weder die Luftangriffe noch der U-Bootkrieg Deutschlands im Atlantik konnten die Wiederbewaffnung der britischen Armee aus eigener Produktion sowie aus amerikanischen Lieferungen verhindern.

Im Zusammenhang mit der Luftschlacht um England wollen wir versuchen, die geschichtlich besonders wichtige Frage zu klären, welche der kriegführenden Mächte im Zweiten Weltkrieg mit massiven Luftangriffen auf offene Städte begonnen hat. Obwohl die offiziellen Meldungen stets von Angriffen auf militärisch wichtige

[1] Die hier angeführten und weiteren Zahlenangaben sind dem Werke »Geschichte des Zweiten Weltkrieges«, Teil 2, Kriegswirtschaft und Industrien, Verlag A. G. Ploetz, Würzburg, 1960, entnommen worden.

Ziele berichteten, waren hauptsächlich die Zivilbevölkerungen Opfer dieser »Kampfhandlungen«, die den Grundsätzen des allgemeinen Kriegsvölkerrechtes widersprochen haben.

Die britische Luftwaffe war seit 1936 in ihrer Zielsetzung für eine strategische Luftkriegführung aufgebaut worden und hat bereits im Anfangstadium des Krieges in kleinen Einsätzen Bomben auf deutsche militärische Anlagen geworfen, dabei aber auch nichtmilitärische Ziele getroffen. Der erste massive Luftangriff wurde gegen das von der Wehrmacht bereits eingekreiste Warschau am 25. September geführt, zu einem Zeitpunkt, als der Polenfeldzug praktisch bereits entschieden war. Das nächste Opfer war die wehrlose holländische Stadt Rotterdam, die zahlreiche Tote zu beklagen hatte. Darauf ermächtigte ein unter Churchill am 11. Mai 1940 gefaßter Kabinettbeschluß die britische Luftwaffe zur Führung des Bombenkrieges gegen deutsche Städte.

Nachdem Hitler noch immer hoffte, mit England den Krieg bald beenden zu können, wurde bis Mitte Juli 1940 jeder Bombenangriff auf englisches Gebiet verboten. Erst nach vorherigen britischen Überfällen in etwa Staffelstärke gegen Berlin begann die Luftwaffe am 13. August 1940 mit dem Bombeneinsatz gegen englische Städte und leitete dadurch eine in der Luftkriegführung entscheidende Wendung ein. Die deutschen Angreifer gegen England hatten den Vorteil, von naheliegenden Stützpunkten Frankreichs aus zu operieren, während die Bomber der »Royal Air Force«, um deutsche Städte anzufliegen, unvergleichlich längere Strecken zurücklegen mußten. Die Briten wurden durch die deutsche Abwehr gezwungen, ihre Angriffe durch Jäger zu begleiten, deren taktische Eindringtiefe in den ersten Kriegsjahren begrenzt war.

Bereits im Juni 1940 ordnete der amerikanische Präsident Roosevelt den Bau von 50000 Flugzeugen an, was dafür spricht, daß er schon damals entschlossen war, »dabei zu sein«. Die Flugzeugindustrie entwickelte sich während des Krieges zur größten Industrie des ganzen an Mammutindustrien überreichen Landes. Infolge des forcierten Aufbaus der Flugzeugindustrien in den Vereinigten Staaten und England und ihren technischen Leistungen stieg nicht nur die Anzahl der alliierten Flugzeuge, sondern auch ihre Reichweite und die Bombenlast, die sie mitführen konnten. Allmählich erhöhte sich auch die Reichweite der Jäger, die die Bomber nunmehr auf weite Entfernungen begleiten konnten. Die in den Jahren 1942–1943 in

Dienst gestellte amerikanische »Flying Fortress« hatte mit acht Tonnen Bomben eine Reichweite von 6400 km. Die anfänglich mit einigen Staffeln geführten Angriffe wurden ab 1942 immer häufiger mit ganzen Luftflotten in mehreren Wellen geflogen, denen man deutscherseits praktisch hilflos ausgeliefert war.
Zu den Zielen der brutalen Luftangriffe gehörten nicht nur deutsche Städte, wie Hamburg, Frankfurt/Main, Schweinfurt, Dresden und viele andere. Auch die Städte der besetzten Gebiete hatten im Luftkrieg schwere Einbußen zu beklagen. Hauptziele waren Hafenstädte und die Industriezentren Frankreichs, Belgien und der Niederlande, die ebenfalls ohne Rücksicht auf die Zivilbevölkerung angeflogen wurden. Selbst Paris blieb von Luftangriffen nicht verschont. Insgesamt fielen auf Deutschland sowie andere westeuropäische Länder Millionen Tonnen von Bomben und die gar nicht genau feststellbare Zahl ihrer meist zivilen Opfer betrug schätzungsweise zwischen 1,7 und zwei Millionen Menschenleben.

Das lothringische Kreuz

Nach der Kapitulation Frankreichs hoffte der britische Premierminister vergeblich, mit einigen wichtigen französischen Politikern in London eine Gegenregierung bilden zu können. Außer de Gaulle, der im letzten Kabinett unter Ministerpräsident Reynaud Staatssekretär gewesen war, meldete sich aber niemand, der den Widerstand von England aus fortsetzen wollte. Schwere Gegensätze kennzeichneten das Verhältnis zwischen de Gaulle und Churchill. Letzterer betrachtete die Aktionen der »Freien Franzosen« lediglich als eine symbolische militärische Präsenz an Englands Seite, weigerte sich aber, de Gaulle als politischen Führer anzuerkennen. Winston Churchill nannte das Wahrzeichen der Gaullisten, das »lothringische Kreuz« das schwerste, das er je zu tragen hatte.
Das Vorhaben der Briten, eine französische Armee in England aufzustellen, schien damals nicht aussichtslos. Immerhin befanden sich auf der Britischen Insel die über Dünkirchen geretteten 112000 Mann und weitere 18000 Soldaten des aus Norwegen evakuierten französischen Expeditionskorps, ferner eine Anzahl von Kriegsschiffen, die aus den atlantischen Häfen Frankreichs in England Zuflucht

gesucht hatten. Kriegsschiffe, die vor dem Einmarsch der Wehrmacht nicht rechtzeitig seeklar gemacht werden konnten, wurden versenkt, darunter ein Torpedoboot und fünf U-Boote. Zwei Schlachtschiffe »Courbet« und »Paris«, drei Zerstörer, sechs Torpedoboote sowie der U-Kreuzer »Surcouf« mit fünf weiteren U-Booten konnten sich nach England retten.

Nachdem sich aber ihre Besatzungen nach der Kapitulation Frankreichs weigerten, sich der Bewegung General de Gaulles anzuschließen, sind die Schiffe von den Briten beschlagnahmt und ihr Personal in Lagern interniert worden. Erst im Herbst wurden einige Schiffe General de Gaulle überlassen, die den Kern seiner Kriegsmarine bildeten. Ein anderer französischer Flottenverband wurde von den Briten im ägyptischen Alexandrien ebenfalls interniert und erst 1942 nach dem Wiedereintreten Frankreichs in den Krieg freigegeben. Die schlechte Behandlung der Franzosen hat maßgeblich dazu beigetragen, daß sich von den nach England geflüchteten Militärs so wenige de Gaulles Bewegung angeschlossen haben.

Inzwischen hatte auf Churchills Befehl die »Royal Navy« aus Bedenken, daß die französische Flotte in deutsche Hände fallen könnte, eine beträchtliche Anzahl von Kriegsschiffen im algerischen Hafen Mers-el-Kébir am 3. Juli 1940 zusammengeschossen. Ein Schlachtschiff »Bretagne« wurde versenkt, zwei weitere »Dunkerque« und »Provence« schwer beschädigt, dazu mehrere Zerstörer, und 1147 Seeoffiziere und Matrosen getötet. Daraufhin kündigte Marschall Pétain am 7. Juli 1940 die diplomatischen Beziehungen zu England.

Der britische Angriff auf ankernde Schiffe, denen die Ausfahrt vorher vermint worden war, ist gewiß keine Ruhmestat der Engländer gewesen und versetzte ganz Frankreich in eine Rachestimmung. Einige Minister der Pétain-Regierung forderten sogar, England den Krieg zu erklären. Sie wurden von Hitler gebremst, der noch immer auf einen baldigen Friedensschluß mit London hoffte und kein Interesse daran hatte, Vichy-Frankreich als Verbündeten zu haben. Es ist allgemein wenig bekannt, daß am 25. September 1940 von Algerien aus sechzig französische Bomber, begleitet von dreißig Jagdflugzeugen, in Vergeltung den Hafen von Gibraltar angegriffen und dort schwere Schäden angerichtet hatten.

Außer der erwähnten schlechten Behandlung durch die Engländer hatte sich auch die Aggression der »Royal Navy« auf die französische Flotte negativ auf die Haltung der nach England geflüchteten französischen Militärs ausgewirkt. Von den rund 130000 Mann haben sich bis zum 1. August 1940 nur 2540 Militärpersonen de Gaulle angeschlossen. Die anderen wurden von den Engländern in Lagern interniert. Die überwiegende Zahl glaubte nicht mehr an einen Sieg. Sie sind noch im Laufe des Jahres 1940 auf Schiffen neutraler Staaten nach Frankreich abgeschoben und demobilisiert worden.

Ein Versuch de Gaulles, im September 1940 im westafrikanischen Dakar Fuß zu fassen, scheiterte am Widerstand des dortigen Pétain-treuen Gouverneurs. Nur die Äquator-afrikanischen Kolonien Kongo-Brazzaville, Tschad, Gabun, Oubangi-Chari und Kamerun sowie die Besitzungen im Pazifik, Tahiti und Neukaledonien haben sich für die Fortsetzung des Krieges an Englands Seite erklärt. Nach manchen weiteren harten Auseinandersetzungen mit Churchill und damals schon mit Roosevelt konnte von de Gaulle erst im November 1941 mit Zustimmung der britischen Regierung in London ein Nationalkomitee »Freies Frankreich« gegründet werden, das auch von den USA und von allen nach London geflüchteten alliierten Regierungen anerkannt worden ist.

Dennoch blieb de Gaulle weiterhin isoliert. Von der Landung der Anglo-Amerikaner 1942 in Nordafrika erfuhr er im Radio. Nie wurde de Gaulle während des Krieges zu den entscheidenden Konferenzen zwischen Roosevelt, Churchill und Stalin, weder zu der in Teheran (1943) noch zu der in Jalta (1945) zugelassen oder über die Nachkriegsordnung Europas konsultiert. Indessen verdankt Frankreich de Gaulles Bewegung und der »Résistance«[1], daß es 1945 als volle Siegermacht anerkannt wurde.

Die erste Kampfhandlung der »Freien Franzosen« richtete sich im September 1940 von Tschad aus gegen die befestigte italienische Oase Kufra in Libyen, die im Sturm genommen wurde. Auch am Feldzug der Briten im Februar 1941 zur Befreiung Abessiniens beteiligten sich Truppen General de Gaulles. Eine französische Brigade wurde nachher von Ostafrika nach Palästina verlegt. Der Umstand, daß die Pétain-Regierung unter Hitlers Druck die Benutzung von zwei Luftstützpunkten und Ankerrechte für U-Boote in Syrien – damals französisches Protektorakt – zuließ, motivierte im Juni 1941 den Angriff der britischen »Middle East Army« gegen Damaskus.

Unter der Führung von General Dentz zählte die Pétain-treue fran-

[1] »Résistance« = Widerstandskampf im besetzten Frankreich.

zösische Orientarmee 40000 Mann. Zum ersten Mal kam es zwischen französischen Truppen zu Kämpfen. Fremdenlegionäre, die auf beiden Seiten standen, weigerten sich, aufeinander zu schießen. Die Vichy-Franzosen hatten 1036 Gefallene zu beklagen, die Brigade von de Gaulle 187, während die Briten an die 3000 Mann verloren. Angesichts der britisch-französischen Übermacht und wahrscheinlich auch aus politischer Überzeugung kapitulierte General Dentz am 8. Juni 1941. Von seinen 40000 Soldaten haben sich aber nur 6000 de Gaulle angeschlossen. Die anderen wurden nach Algerien und Vichy-Frankreich evakuiert. Ein kampfloses Übergeben Syriens an die Engländer wäre ein Bruch des deutsch-französischen Waffenstillstandes gewesen und hätte für Hitler einen völkerrechtlich gültigen Vorwand geliefert, schon damals ganz Frankreich zu besetzen. Dennoch mußte General Dentz nach Kriegsende für seine Kapitulation schwer büßen. In Ketten gelegt, beendete er sein Leben im Gefängnis.

Genau ein Jahr später, 1942, verteidigte eine verstärkte französische Brigade mit 5200 Mann unter der Führung von General Koenig gegen Rommels Afrikakorps die linke Flanke der 8. Armee Montgomerys in der Oase Bir-Hakeim und zog sich erst nach zwei Wochen harten Kämpfens zurück. Sie beteiligte sich anschließend am Vorstoß der Briten entlang der Mittelmeerküste bis Tunesien. Hier vereinigten sich General Koenigs Truppen mit jenen, die unter General Leclerc de Hautecloque von Äquatorialafrika aus die Sahara überquert hatten. Insgesamt verfügten de Gaulles Streitkräfte 1942 über rund 15000 Mann Heerestruppen, zwei Luftwaffengeschwader (davon eines in der Sowjetunion), zwei U-Boote und vier weitere Kampfschiffe. Freiwillige, denen es gelang, über Spanien zu flüchten oder auf Fischerbooten den Ärmelkanal zu überqueren, kamen immer seltener.

Nur zögernd und nicht ohne Mißtrauen hatten sich die in Nordafrika stationierten Pétain-treuen Truppen nach kurzem Widerstand gegen die im November 1942 landenden Anglo-Amerikaner dem Nationalkomitee de Gaulles unterstellt. Auch die Bevölkerung neigte in ihrer Mehrheit zu Marschall Pétain. Heftige Streitigkeiten kennzeichneten die Lage zwischen dem von Roosevelt geförderten, politisch aber nicht engagierten General Giraud, dem weiterhin Pétain ergebenen Admiral Darlan einerseits und de Gaulle andererseits.

Admiral Darlan wurde am 24. Dezember 1942 von einem Studenten namens Fernand Bonnier de la Chapelle gegen 15 Uhr ermordet, der nachher verhaftet, noch am selben Abend von einem Schnellgericht zum Tode verurteilt und am nächsten Morgen hingerichtet wurde. Ein weiteres Gerichtsverfahren ist von General Giraud niedergeschlagen worden. Ermittelt wurde allerdings, daß Darlans Mörder im Besitz eines von den Polizeibehörden vor kurzem ausgestellten Reisepasses und eines Betrages von 2000 Dollar war. Dieses Geld stammte aus einer Summe von 40000 Dollar, die vom gaullistischen General François d'Astier de la Vigerie vor seinem Abflug aus England nach Algier Mitte Dezember 1942 bei einer Londoner Bank abgehoben worden sind[1].

Nachdem Frankreich von Algerien aus den Kampf gegen die Achsenmächte wieder aufgenommen hatte, betrachtete Hitler den 1940 abgeschlossenen Waffenstillstand als eindeutig gebrochen und ließ darauf im November 1942 ganz Frankreich bis zum Mittelmeer besetzen. Um nicht den Deutschen in die Hände zu fallen, hat sich die immer noch starke französische Kriegsmarine in Toulon selbst versenkt. Der in Algier ermordete Admiral Darlan honorierte sein gegebenes Wort, die Flotte weder in deutsche noch in englische Hände fallen zu lassen.

Die Rechnung Hitlers, daß die Japaner trotz ihres Neutralitätspaktes vom April 1941 mit Moskau die Sowjetunion angreifen würden, wenn er den Vereinigten Staaten den Krieg erklärt, wie er es am 11. Dezember 1941 auch getan hat, ist nicht aufgegangen. Jedenfalls war Roosevelt fest entschlossen, trotz des Widerstandes im Senat, sich in den europäischen Konflikt bei der ersten sich bietenden Möglichkeit militärisch einzuschalten, was ihm Hitler durch seine Kriegserklärung erleichtert hat. Inzwischen rüsteten in Nordafrika die Amerikaner ein französisches Expeditionskorps von fünf Divisionen aus, das zuerst in Süditalien, anschließend im August 1944 an der Mittelmeerküste Frankreichs landete. Über das Rhônetal vorstoßend und nach Winterkämpfen im Elsaß, besetzten französische Truppen im Mai 1945 Hitlers Sommersitz in Berchtesgaden.

Wie in allen eroberten Gebieten arbeitete auch während der Besatzungszeit die französische Industrie für Hitlers Kriegsmaschine allein schon, um ihre Belegschaft beschäftigen zu können. Viele Franzosen meldeten sich freiwillig als Arbeitskräfte für Deutschland und erklärten sich nach dem Kriege als Zwangsverschleppte. Deutsche Juden,

---

[1] Pierre Ordioni »Le Secret de Darlan«, Seiten 274–278. Verlag Edition Albatros, Paris, 1974.

die sich nach Frankreich geflüchtet hatten, wurden der Gestapo von den Vichy-Behörden ausgeliefert. Selbst französische Juden sind in Zusammenarbeit mit der örtlichen Polizei verhaftet und in Lager gebracht worden. Es fehlte nicht an »Kollaborateuren«, die mit der deutschen Besatzungsmacht durchaus willig zusammengearbeitet haben. Bewegungen von damals namhaften Politikern, wie Laval, Darnand oder Doriot, plädierten für die Bildung eines vereinten Europas nach dem Kriege und fanden in der Bevölkerung zahlreiche Anhänger.

Französische Freiwillige bildeten die SS-Division »Charlemagne« (Karl der Große), die unter der Führung französischer Offiziere in den Karpaten und später 1944 in der Winterschlacht von Pommern tapferer kämpften als die französische Armee von 1940. Es ist kaum bekannt, daß Hitlers Reichskanzlei in Berlin bis zum 2. Mai 1945 von einem französischen Bataillon, geführt vom Träger des Ritterkreuzes mit Eichenlaub Hauptsturmführer Fernet, verteidigt wurde. Ebenso tapfer verhielten sich aber auch die französischen Truppen auf alliierter Seite. General Juins Gebirgseinheiten öffneten Anglo-Amerikanern, die nur noch »jeepen« konnten, den Weg nach Rom, nachdem sie Monte Cassino über die Apenninen umgangen hatten.

Wieder auf Frankreich zurückkommend: Die Kommunisten, die 1939 den Krieg als einen »imperialistisch-kapitalistischen« Konflikt betrachteten, bildeten erst 1941 die ersten Gruppen von Widerstandskämpfern, die auf die Besatzungsmacht zwar lästig wirkten, aber keinen entscheidenden strategischen Einfluß erlangten. Ihr Kampf galt eher der Entlastung der Sowjetunion als etwa der Befreiung ihres Vaterlandes. Auf Terrorakte antwortete die deutsche Besatzungsmacht mit Geiselerschießungen und anderen Repressalien, deren häufig extreme Brutalität keine Ruhmestaten waren, wie zum Beispiel das Ermorden der Einwohner der Ortschaft Oradour, die erschossen wurden oder in der brennenden Dorfkirche umkamen. Diesem Kriegsverbrechen fielen 548 Menschen zum Opfer – meist Frauen und Kinder. Der Fall wurde nach 1945 vor einem französischen Militärgericht in Bordeaux verhandelt. Die meisten der 45 angeklagten SS-Männer waren inzwischen an der Normandiefront gefallen. Dreizehn Elsässer, die mitbeteiligt waren, sind aus politischen Gründen auf Bewährung verurteilt worden und haben als freie Bürger Frankreichs das Gericht verlassen. Die Prozeßakten über das Massaker von Oradour sind bis heute gesperrt.

Diese für Frankreich tragische Zeit von damals ist besonders reich an politisch motivierten Legenden – nach Goethe Lügenden – und wäre sicherlich ein lohnendes Tätigkeitsfeld für wahrheitsuchende Geschichtsforscher. Wichtiger als Attentate und Sabotage auf Einrichtungen der Wehrmacht war die Bedeutung der Nachrichtendienste. Jahrelang wurde die Kabelverbindung zwischen Paris und Berlin »angezapft«. Kaum ein Geheimbefehl oder eine Bewegung der Besatzungsmacht blieb London unbekannt.

Mussolini, der es Hitler nachmachen wollte, versuchte im Oktober 1940 sein ins Wanken geratenes Prestige durch einen Angriffskrieg gegen Griechenland wiederherzustellen, wobei sich seine Armee aber in den »Schluchten des Balkans« festfuhr. Durch den Beitritt zum Dreimächtepakt mit Deutschland, Italien und Japan war Jugoslawien seit dem 25. März 1941 an das Dritte Reich vertraglich gebunden. Ein in demselben Monat durch England und die Sowjetunion geförderter Militärputsch in Belgrad veranlaßte Hitler zum Angriff auf Jugoslawien und Griechenland mit dem gleichzeitigen Ziel, auch seinem italienischen Verbündeten aus dessen peinlicher Lage zu helfen. Zwar wurden die Balkanländer einschließlich Kreta innerhalb von sieben Wochen niedergekämpft, doch die sieben Wochen Zeitverlust, der hierdurch entstand, fehlten im ursprünglich für Mai 1941 geplanten Rußlandfeldzug. Trotz des deutschen Blitzsieges kamen die Balkanländer nicht zur Ruhe. Partisanenkämpfe fesselten bis zum Kriegsende wesentliche Teile der Wehrmacht, die dadurch anderswo gefehlt haben.

Nachdem die Anglo-Amerikaner im November 1942 in Nordafrika erfolgreich waren und anschließend auf der Apenninen-Halbinsel landeten, schloß Italien am 8. September 1943 Waffenstillstand. Damit entstand für die deutsche Wehrmacht ein zusätzlicher Kriegsschauplatz, dessen Verteidigung den Einsatz weiterer erheblicher deutscher Kräfte erforderte. Hitlers Bündnis mit Mussolini wurde für Deutschland eher zu einer Belastung.

Seit Kriegsanfang unterstützten die Amerikaner England mit Rüstungslieferungen. Doch wie schon im Ersten Weltkrieg brauchten die Vereinigten Staaten zumindest zwei Jahre zur vollen Mobilisierung ihres militärischen Potentials, vor allem aber der Industrien. Erst 1944 wagten die Anglo-Amerikaner mit weit überlegenen Kräften auf dem europäischen Kontinent in der Normandie zu landen. Die gewaltige Seemacht der Alliierten sicherte die Überführung von

Landstreitkräften über den Ärmelkanal, während die etwa zehnfache Luftüberlegenheit der Anglo-Amerikaner die Wehrmacht am Heranholen von Verstärkungen an die Normandiefront hinderte.

Unternehmen »Barbarossa«

Nach dem Verspielen des Vertrauens der Engländer durch den Einmarsch am 15. März 1939 in Prag und den Angriff auf Polen, war der Krieg mit Rußland der dritte entscheidende Fehler des »Führers«. Eine Aussprache mit Molotow am 12. November 1940 in Berlin hatte Hitler über die Ziele der Sowjetunion aufgeklärt, die ihm mit den Interessen Deutschlands unvereinbar erschienen. Überzeugt, daß England keinen Frieden schließen wird, solange es noch hoffen kann, die russische Karte auszuspielen, gab Hitler am 18. Dezember 1940 den Befehl zur Vorbereitung eines Feldzuges gegen die Sowjetunion, faßte jedoch den endgültigen Entschluß erst im Frühjahr 1941.

Im Grunde ist dies die Ursache gewesen, daß das Dritte Reich den Krieg verloren und die Demokratien ihren Sieg mit Hilfe der sowjetischen Diktatur errungen haben. Nicht der Bolschewismus, sondern das Dritte Reich schien Churchill die größere Gefahr. Die Westmächte haben den Teufel Hitler mit Hilfe des Beelzebub Stalin besiegt. Wie sie dabei den Frieden verloren haben – darüber später.

Noch heute beschäftigt viele Geschichtsforscher die Frage, ob Hitlers Aggression gegen Rußland als präventive Aktion, das heißt um einem möglichen sowjetischen Angriff zuvorzukommen, oder als Drang zur Eroberung des für Deutschland notwendig gehaltenen »Lebensraumes« im Osten zu werten ist. Die Massierung von 145 Schützendivisionen, 41 Panzerbrigaden und 25½ Kavalleriedivisionen[1] der Roten Armee in den westlichen Gebieten der Sowjetunion im Frühjahr 1941 war durchaus noch kein sicheres Zeichen präventiver offensiver Absichten Moskaus. Auch die Dislozierung der Roten Armee zum Angriff beweist keineswegs das Vorhaben bevorstehen-

[1] Quelle: Seraphim, H.-G.: »Die deutsch-russischen Beziehungen 1939–1941«, Hamburg 1949.

der Aggression, da Gegenangriff seit jeher die wirksamste Form von Verteidigung war. Übrigens gehört es zu den Aufgaben aller Generalstäbe und so auch dem der Roten Armee, dafür zu sorgen, sich auf alle möglichen Eventualitäten bestens vorzubereiten. Die überwältigenden Erfolge der Wehrmacht zwischen 1939 und 1941 forderten jedenfalls die Sowjetunion zur größten Wachsamkeit heraus.

Fraglich ist allerdings, ob die Rote Armee mit ihren dürftig ausgerüsteten Truppen es überhaupt gewagt hätte, 1941 die kriegserfahrene deutsche Wehrmacht anzugreifen. Die sowjetische Regierung dürfte sich ihrer Unzulänglichkeit wohl bewußt gewesen sein. Der Winterfeldzug 1939–1940 gegen das kleine Finnland hatte die Schwächen der sowjetischen Streitkräfte enthüllt, die weitgehend auf die Folgen der Säuberungen in den Jahren 1937–1939 zurückzuführen waren. Drei von fünf Sowjetmarschällen, 13 von 15 Armeekommandeuren, 60 von 70 Korpskommandanten und rund 50 Prozent aller höheren Offiziere sind liquidiert oder verhaftet worden. Ihre späteren Siege verdankte die Rote Armee der Erschöpfung der Wehrmacht, besonders in den drei Winterfeldzügen, für die sie gar nicht gerüstet war. Dazu kam als weiterer Faktor die Militärhilfe der Anglo-Amerikaner in Form von Waffen und verschiedenen Rüstungsgütern, die im Rahmen des amerikanischen »Leih- und Pachtgesetzes« im Wert von 10,5 Milliarden damaliger Dollar über Murmansk und Persien ab Mitte 1942 angelaufen war.

Wahrscheinlich wäre die Sowjetunion gegen das Dritte Reich erst dann militärisch aufgetreten, wenn die Westalliierten nennenswerte Erfolge aufzuweisen gehabt hätten, die jedoch nicht in Sicht waren. Andererseits konnte es die Sowjetunion kaum zulassen, daß die Westmächte im Falle eines Sieges über Europas Zukunft allein entscheiden. Dieser Grund hätte letztlich Moskau gezwungen, gegen Deutschland die Feindseligkeiten zu eröffnen, um sich das Recht zur Mitsprache bei der Nachkriegsordnung zu erkämpfen. Aber auch das ist lediglich eine Vermutung. Beweisen läßt sie sich nicht.

Die Blitzsiege gegen Polen, in Frankreich und auf der Balkanhalbinsel überraschten die ganze Welt, so auch die Sowjetunion, die ihren militärischen Apparat sicherheitshalber mobilisierte. Der Bau von Straßen und Flugplätzen, die Errichtung von Vorratslagern im besetzten Ost-Polen sowie der Aufmarsch von 143 deutschen Divisionen und 23 Angriffsverbänden der Verbündeten des Deutschen Reiches im Frühjahr 1941 konnte der sowjetischen Aufklärung nicht unbemerkt bleiben. Oder sollte man etwa in Moskau geglaubt haben, daß all diese Vorbereitungen im Osten Europas für eine Invasion Englands im Westen bestimmt waren? Vor einer bevorstehenden deutschen Aggression war die sowjetische Regierung von Churchill ebenfalls gewarnt worden.

Von einem nicht vorhersehbaren Überfall, wie Moskau es noch heute vorgibt, kann nicht die Rede sein. Es ist eine absichtlich verbreitete Behauptung mit dem unverkennbaren Ziel, die großen sowjetischen Niederlagen der ersten Kesselschlachten des Feldzuges zu verschleiern. Doch gerade hier lag die Möglichkeit für einen deutschen Sieg. Hitler verpaßte die Gelegenheit, den Angriff auf Rußland in einen Bürgerkrieg gegen Stalin umzufunktionieren, um die schlummernden Energien dieser enormen Volksmassen vor den Wagen des Dritten Reiches zu spannen. Die Voraussetzungen hierzu waren durchaus vorhanden.

Von den Bevölkerungen Weißrußlands und der Ukraine sind die Deutschen eher als Befreier von Stalins Kommunismus begrüßt worden. In den Kesselschlachten 1941 gerieten über zwei Millionen Rotarmisten, zum Teil Überläufer, in Gefangenschaft, eine Masse, auf deren Versorgung die Wehrmacht verständlicherweise gar nicht vorbereitet war. Ein freies Feld mit einer Stacheldrahtumzäunung, so gut wie keine Nahrung, kaum Wasser, waren kennzeichnend für die Zustände in den Lagern für sowjetische Gefangene.

Deutsche Divisionen an der Ostfront wurden bis zu einem gewissen Grad mit russischen »Hiwis« (Hilfsfreiwilligen) aufgefüllt, später »Freiwillige« genannt, deren Zahl zwischen 500000 und 600000 lag. Bereits im November 1941 formierten sich außerdem zunehmend sogenannte Ostverbände, die der Dienststelle »General der Osttruppen« unterstellt wurden. All das geschah ohne Hitlers Zustimmung und eigentlich gegen seinen Willen. Daher blieb es lediglich bei Versuchen und unkoordinierten Improvisationen, die aus Eigeninitiative einiger weitsichtiger Wehrmachtsoffiziere entstanden sind.

Vier russische Infanteriebataillone und eine russische Artillerieabteilung standen mit Genehmigung von Generalfeldmarschall von Kluge im Juni 1942 im Mittelabschnitt der Ostfront. Viel zu spät, erst im November 1944, kam es zur Aufstellung der 1. Division der Russischen Befreiungsarmee (R.O.A.) General Wlassows in Münsingen bei Stuttgart, der noch zwei weitere Divisionen folgen sollten. Im Osten wurden sie nie eingesetzt, sondern unverständlicherweise im

Westen gegen die Amerikaner, die bei der Normandielandung 1944 überrascht auf russische Soldaten in deutschen Uniformen stießen, die gar nicht gegen sie, sondern gegen Stalins Kommunismus kämpfen wollten.

Während des Krieges fielen 5237000 Russen in deutsche Gefangenschaft, von denen ein Großteil durchaus willig gewesen wäre, sich für die Freiheit ihres Landes militärisch einzusetzen. Daß diese Geschichte in der angelsächsischen Welt insbesondere bei Kriegsende und in den ersten Jahren nach 1945 von den verantwortlichen Staatsmännern und Massenmedien verheimlicht wurde, ist kaum erklärlich. Engländer und Amerikaner haben die nach dem Zusammenbruch des Dritten Reiches im Westen gebliebenen Wlassow-Soldaten völkerrechtswidrig und bar jeder Humanität an die Sowjetunion ausgeliefert, wo sie ein schreckliches Schicksal erwartete. General Wlassow und seine engsten Mitarbeiter sind in Moskau 1946 gehängt worden.

Indessen wurden innerhalb einiger Wochen des Ostfeldzuges große Gebiete des Sowjetreiches mit schätzungsweise 50 bis 60 Millionen Einwohnern erobert. Die Hauptstadt Weißrußlands, Minsk, fiel am 27. Juni, Smolensk am 16. Juli, Kiew, die Hauptstadt der Ukraine, im September 1941 in deutsche Hände. Zwar kam es bereits Ende 1941 zu einem Versuch in Smolensk, ein russisches Befreiungskomitee zu gründen, das jedoch über keinerlei Regierungsautorität verfügte. Es scheiterte an Hitlers Wahnideen, der in den Ostgebieten lediglich ein zukünftiges Kolonialreich und in den Russen Untermenschen sah.

Die Folge war, daß keine nationale Regierung Rußlands entstehen konnte, die nun nicht nur die befreiten Gebiete souverän zu verwalten, sondern auch mit deutscher Hilfe eine Armee von mehreren Hunderttausend Mann zum Bürgerkrieg gegen Stalin hätte aufstellen können, die ihre Anziehungskraft auf die sowjetischen Streitkräfte gewiß nicht verfehlt hätte.[1] Eine solche nationale Regierung wäre gewiß von Italien, Spanien, Rumänien, Bulgarien, Vichy-Frankreich, der Slowakei und anderen Staaten anerkannt worden und hätte somit auch ein gewisses internationales Gewicht erlangen können. Übrigens hatte ein ähnliches Vorhaben auch in einflußreichen Kreisen des Dritten Reiches Befürworter.

---

[1] Reinhard Gehlen »Der Dienst«, Verlag Hase und Koehler, Mainz-Wiesbaden.

Welche Rolle wäre dann noch Roosevelt und Churchill zugefallen, wenn nicht die der Retter des Kommunismus? Es geschah aber anders und gewiß nicht zum Vorteil Deutschlands. Infolge der mit Härte herrschenden Verwaltung der besetzten Gebiete schlug die anfänglich freundliche Haltung der einheimischen Bevölkerungen in Widerstand um, der häufig sogar bewaffnet auftrat. Als es 1942 allmählich deutlich wurde, daß Hitlers Armeen keine Befreiung vom Kommunismus, sondern eine neue Unterjochung brachten, veränderte sich auch die Einstellung der Sowjetsoldaten. Die Überläuferzahlen gingen zurück.

Von diesem Zeitpunkt an begannen die Völker der Sowjetunion unter dem Motto zu kämpfen: Wenn schon eine Diktatur, dann lieber eine russische als eine deutsche. Ebenso wie die demokratischen Westmächte nur mit Hilfe des sowjetischen Diktators den Krieg gewinnen konnten, hätte Deutschland nur mit Hilfe eines nationalen Rußlands die Alliierten besiegen können. Nie wäre wohl die angloamerikanische Landung 1944 in der Normandie gelungen, wenn nicht zwei Drittel der deutschen Wehrmacht im Osten gebunden geblieben wären.

Eine rechtzeitige Förderung der Atomforschung hätte womöglich die Deutschen in den Besitz der Atombombe bringen und den Ausgang des Krieges beeinflussen können. Das scheiterte an Hitlers Unfähigkeit, den revolutionären Charakter der Kernphysik zu begreifen. Anstatt dieses wichtige Problem der höchsten Dringlichkeitsstufe würdig zu betrachten, sprach Hitler nur gelegentlich über die Möglichkeit, Atomwaffen zu bauen. Weiterhin blieb für die Kernforschung das Reichsministerium für Erziehung und Wissenschaft (Bereich Grundlageforschung) zuständig, das keine besonderen Machtbefugnisse zur Handhabung einer so wichtigen Frage besaß.

Wie aus den Memoiren des damaligen Rüstungsministers Albert Speer zu erfahren ist, besprach er diese Frage mit Hitler am 6. Mai 1942, der sie dem Reichsforschungsrat zuwies. Indessen hatten Otto Hahn und Fritz Straßmann bereits 1938 die physikalischen Voraussetzungen der Kernspaltung entdeckt, so daß dem Bau von Atomwaffen theoretisch nichts mehr im Wege gestanden hätte. Doch der Gedanke Atombomben zu produzieren, der jedenfalls in Deutschland zu spät auftauchte, wurde im Sommer 1943 endgültig aufgegeben. Anzeichen sprechen dafür, daß die Idee, Atomwaffen zu entwickeln, am Unwillen der zuständigen deutschen Wissenschaftler scheiterte, die vor dem Einsatz solcher Waffen, die ganze Völkerschaften mit einem Schlag auslöschen könnten, zurückgeschreckt sind. Die Amerikaner haben es skrupellos getan.

Europas Ausverkauf

Die Blitzkriege der Jahre 1940–1941 stiegen Hitler, wie man sagt, »zu Kopf«. Gegen die Ratschläge seiner erfahrenen Generale führte Hitler das Reich ins Verderben. Während er die besten Armeen der Wehrmacht im Osten mit wahnsinnigen »Führerbefehlen« buchstäblich verschlissen hat, befaßten sich die Anglo-Amerikaner als unverbesserliche »Weltverbesserer« – aber nur dann, wenn es nicht gegen ihre Interessen geht – mit der Frage, wie die Weltordnung nach dem Kriege gestaltet werden sollte.

Wie 1914–1918 kämpften die Westalliierten auch im Zweiten Weltkrieg für durchaus »erhabene Ideale«. Begleitet vom Psalmengesang aus dem Alten Testament wurden von Roosevelt und Churchill am 14. August 1941 auf dem Schlachtschiff »Prince of Wales« in der »Atlantic Charter« die Kriegsziele der Demokratien verkündet:

1. Territoriale Veränderungen nur auf Grund des Selbstbestimmungsrechtes der Völker zuzulassen,
2. freie Bestimmung jedes Volkes über seine Regierungsform,
3. dauernden Frieden und ein Leben frei von Furcht und Not zu sichern.

Im November 1943 nach Stalingrad und El Alamein, als die Niederlage des Dritten Reiches bereits sicher war, haben sich die sogenannten »Großen Drei«, Roosevelt, Churchill und Stalin, zum ersten Mal in Teheran getroffen. In einem Abkommen über die Zusammenarbeit in und nach dem Kriege, dessen Text nachzulesen nicht ohne Interesse ist, erklären sie wörtlich:

»Angesichts unserer Eintracht wird der Frieden, den wir mit anderen Völkern der Vereinten Nationen mit bestem Willen schaffen werden, die Schrecken des Krieges für viele Generationen bannen ... Wir werden die Zusammenarbeit und aktive Teilnahme aller Nationen, ob groß oder klein, suchen, deren Völker mit Herz und Verstand – ›with heart and mind‹ – Tyrannei und Sklaverei, Unterdrückung sowie Unduldsamkeit verabscheuen ...«

»Wir werden alle begrüßen, die in eine Weltfamilie demokratischer Nationen eintreten wollen... Wir sehen mit Vertrauen dem Tag entgegen, an dem die Völker der Welt unberührt von Tyrannei nach ihren verschiedenartigen Wünschen und ihrem eigenen Gewissen ein freies Leben führen können... Wir kamen hierher (nach Teheran) voller Hoffnung und Entschlossenheit. Wir verabschieden uns als Freunde in der Tat, im Geist und in den Zielen.«

Diese weltfremde, eher mit der Bergpredigt Jesu Christi als mit einem diplomatischen Dokument vergleichbare, offizielle Erklärung erinnert unwillkürlich an den amerikanischen Präsidenten Woodrow Wilson, der sich bei der Versailler Konferenz 1919 zum Vertreter Jesu Christi auf Erden erklärt hatte und angeblich in seinem Namen sprach. Treffend beschreibt Lloyd George in seinen Kriegsmemoiren die Szene, wie Clemenceau erstaunt seine Augenbrauen hochzog, sich fragend, ob der gute Wilson überhaupt von dieser Welt sei. Ähnlich dürfte auch Stalin reagiert haben, der sich nun über Roosevelts »Staatskunst« ein richtiges Bild machen konnte. Kein Wunder also, daß der sowjetische Staatschef bei der Jalta-Konferenz im Februar 1945 Forderungen stellte, die die Ausgangsbasis der späteren Machtposition Moskaus bildeten.

Dies gelang Stalin um so leichter, da die Amerikaner Anfang 1945 ernsthaft damit rechneten, daß der Krieg gegen Japan noch zwei Jahre dauern könnte. Daraus ergab sich Roosevelts Vorsatz, in Jalta, koste es, was es wolle, die Sowjetunion dazu zu bringen, drei Monate nach dem Ende der Feindseligkeiten in Europa Japan den Krieg zu erklären, einem Land, mit dem die Sowjetunion im April 1941 einen Nichtangriffspakt abgeschlossen hatte, in dem es hieß: »Im Falle, daß einer der vertragschließenden Teile zum Objekt kriegerischer Handlungen seitens einer oder mehrerer dritter Mächte wird, wird sich der andere vertragschließende Teil während der ganzen Dauer des Konflikts neutral verhalten.«

Stalin gab zu bedenken, daß für einen Krieg im Fernen Osten, bei dem es nicht wie gegen Deutschland um Verteidigung ginge, sich das russische Volk nur gewinnen ließe, wenn dafür ein Nationalinteresse nachgewiesen werden könnte. Obwohl das Nürnberger Tribunal 1946 den Bruch internationaler Verträge als ein schweres Verbrechen bewertete, wurde nun ein solches auf Anstiftung des amerikanischen Präsidenten begangen, der Stalin, ohne die einst feierlich erklärte »Atlantic Charter« zu beachten, als Entlohnung für seinen

Vertragsbruch den Südteil der Insel Sachalin und die ausschließlich von Japanern bewohnten Kurilen versprach – ohne Befragung der betroffenen Bevölkerung.

Allerdings war die Verhandlungsposition der Westalliierten schwach. Zur Zeit der Jalta-Konferenz hatte die sowjetische Armee bereits ganz Polen erobert und stieß über die deutsche Reichsgrenze vor. Stalin konnte aus einer Position der Stärke verhandeln. Andererseits verließ sich der amerikanische Präsident auf die beabsichtigte Gründung der Vereinten Nationen, die in der von ihm erwünschten Traumwelt einer »demokratischen Völkerfamilie« alle Auseinandersetzungen friedlich schlichten würden.

Die Großen Drei unterhielten sich bei ihren Gesprächen – Militärs und Außenminister berieten in Sondergruppen – ohne Tagesordnung, hüpften von Thema zu Thema, vermieden feste Abmachungen, schoben Streitpunkte in Ausschüsse ab oder vertagten sie und verloren sich in Nebensächlichkeiten sowie Absurditäten. Ein beglaubigtes Protokoll existiert nicht. Mit einem kaum vorstellbaren Grad an Leichtfertigkeit entschieden die Mächtigen der damaligen Welt über Fragen, von denen sie nur blasse Ahnungen hatten.

Die Art und Weise, wie die Staatsmänner der zwei großen Westmächte die Probleme gehandhabt haben, gefiel Stalin. Roosevelt, der ihn im Beraterkreis »Uncle Joe« nannte, meinte: »Ich habe ihn gern und glaube, er mag mich auch.« Vertraulich äußerte sich auch der amerikanische Chefberater Harry C. Hopkins: »Zwischen uns und den Russen ist leicht zu verhandeln.« Zu den USA hätten sie »mehr Vertrauen als zu irgendeiner anderen Macht der Welt«. Und: »Wir wissen oder glauben jedenfalls, daß die russischen Interessen keinen Anlaß zu größeren Differenzen mit unserer Außenpolitik bieten.« Außer auf Hopkins hörte Roosevelt in Jalta am meisten auf den außenpolitischen Koordinator Alger Hiss, der später als Sowjet-Agent entlarvt und 1950 wegen doppelten Meineides zu fünf Jahren Gefängnis verurteilt wurde.

Beide Konferenzen – Teheran und Jalta – sind durch ein vorbereitendes Treffen zwischen Churchill und Stalin, das im Oktober 1943 in Moskau stattfand, bereits vorbelastet gewesen. Wie es verlief, erfahren wir aus Churchills Kriegsmemoiren. Der damalige Premierminister schlug Stalin die Abgrenzung beiderseitiger Machtsphären im Donauraum und auf dem Balkan nach einem Schema vor.

»Um nur von Großbritannien und Rußland zu reden: Was würden

Sie (Stalin) dazu sagen, wenn Sie in Rumänien zu 90 Prozent das Übergewicht hätten und wir in Griechenland ebenfalls 90 Prozent, während wir uns in Jugoslawien und Ungarn auf halb und halb einigen?« Eilfertig benutzte Churchill die Zeit der Übersetzung seiner mündlich gemachten Vorschläge, um sie auf einen Zettel zu schreiben:

Rumänien:		Griechenland	
Rußland	90%	Großbritannien u. USA	90%
Großbritannien u. USA	10%	Rußland	10%
Bulgarien:		Jugoslawien:	50:50%
Rußland	75%		
Großbritannien u. USA	25%	Ungarn:	50:50%

»Ich schob Stalin das Papier zu, der mittlerweile die Übersetzung gehört hatte. Dann ergriff Stalin seinen Blaustift, machte einen großen Haken und schob mir das Blatt wieder zu. Die ganze Sache beanspruchte nicht mehr Zeit, als sie zu schildern.« Plötzlich überkamen Churchill Skrupel: »Könnte man es nicht für ziemlich frivol halten, wenn wir diese Fragen, die das Schicksal von Millionen Menschen berühren, in so nebensächlicher Form behandeln? Wir sollten den Zettel verbrennen.« – »Nein, behalten Sie ihn«, sagte Stalin.

Am nächsten Tag schickte er Molotow zu Churchill, um nachzubessern: Bulgarien 90 zu 10 und Ungarn 75 zu 25 für die Sowjetunion. Churchill war einverstanden. Roosevelt behauptete später, Churchills Bericht über diese Teilung Osteuropas nicht gelesen zu haben. Offen war noch die Nachkriegslage der Tschechoslowakei und Polens. Um Prag brauchte sich Stalin nicht zu sorgen, nachdem der Exil-Regent Beneš bereits 1943 einen separaten Freundschaftsvertrag mit Moskau abgeschlossen hatte und sein Volk sich die Russen wirklich als Freunde wünschte – anders als die Polen.

Briten und Amerikaner haben sowohl an der Teheran- als auch an der Jalta-Konferenz ohne vorherige Abstimmung teilgenommen. Ehe man sich in der sowjetischen Botschaft in Teheran zu dritt an den Verhandlungstisch setzte, hatte Roosevelt hinter Churchills Rücken mit Stalin unter vier Augen einen Meinungsaustausch über die Zukunft des Kolonialbesitzes der europäischen Mächte geführt.

Stalin wurde klar, daß es sich in Teheran nicht bloß um die Regelung der Nachkriegslage in Europa, sondern um die Neuverteilung des Machteinflusses in der Welt überhaupt handelte.
Folgenschwer sündigte Churchill bei seinen Verhandlungen mit Stalin in Moskau 1943 gegen das traditionelle Gebot britischer Machtpolitik, mit allen Mitteln der Diplomatie und wenn notwendig mit List oder durch Gewalt, möglichst aber durch Einschaltung anderer Mächte, dafür zu sorgen, daß keine europäische Macht auf dem Kontinent das Übergewicht gewinnt. Es war diese Politik, die es dem Inselstaat England ermöglicht hatte, im Rahmen der »pax britannica« das mächtigste Weltreich der Neuzeit zu schaffen und es fast vierhundert Jahre zu behaupten.
Im Ersten Weltkrieg waren es die Deutschen, die, um den Krieg im Osten zu verkürzen, Lenin nach Rußland eingeschmuggelt hatten. Im Zweiten Weltkrieg ging es den Alliierten darum, sich die Teilnahme der Sowjetunion auch noch am Krieg gegen Japan zu erkaufen. Der Preis dafür war das endgültige Aufgeben der »Balance of Power«-Politik gewesen mit der Folge, daß die Sowjetunion zur stärksten Macht Europas wurde.
Während das britische Weltreich innerhalb von zwanzig Jahren zerbröckelte, sind in Jalta, wie soeben erwähnt, die Weichen für die Machtentfaltung des weltweiten sowjetischen Imperialismus gestellt worden. Churchill wurde zum Opfer der weltfremden politischen Vorstellungen des amerikanischen Präsidenten. Es war für die Westalliierten töricht, den Krieg unter Bedingungen weiterzuführen, die sie um die Früchte ihres Sieges bringen mußten, wie es dann tatsächlich auch geschah. Jedenfalls war Churchill bereits Anfang 1944 von ernsten Zweifeln befallen worden.
Folgenschwer wirkte Roosevelts unüberlegte Erklärung vom 14. Januar 1943 in Casablanca über die bedingungslose Kapitulation Deutschlands, die in den Vorstellungen der sendungsbewußten Alliierten zu einem Glaubenssatz geworden ist. Hierdurch wurde nicht nur sinnlos der Krieg verlängert, sondern auch die Möglichkeit vertan, mit den deutschen Widerstandskräften ein Arrangement zu suchen. Es sei dahingestellt, ob es dazu gekommen wäre. Doch manche deutschen Heerführer hätten sich anders verhalten, wenn die Alliierten nicht die bedingungslose Kapitulation gefordert hätten.
Die bereits zu spät erfolgten Warnungen Churchills waren in den

Wind geschlagen worden, vor allem durch Roosevelt und seine linksliberale Umgebung, in die auch kommunistische Sympathisanten und Einflußagenten eingesickert waren. Wie dem auch sei, Hitlers »Kriegskunst« zusammen mit Churchills und Roosevelts »Staatskunst« haben zum Herbeiführen der Machtstellung der Sowjetunion entscheidend beigetragen. Natürlich ist man hinterher stets klüger. Dennoch ist die Frage interessant, ob die Ereignisse nicht auch einen anderen Verlauf hätten nehmen können?

Kriegskosten

Eine weitere, sehr wichtige Frage, die im Zusammenhang mit dem Zweiten Weltkrieg zu beantworten bleibt, ist, wieviel der »Spaß« am Ende gekostet hat. Wurden die Aufwendungen des Ersten Weltkrieges auf insgesamt 186 Milliarden damalige Dollar geschätzt, so verschlang die Höllenorgie des Zweiten ohne die gar nicht berechenbaren Sachschäden und Folgekosten die ungeheure Summe von 800 bis 900 Milliarden Dollar. Allein die Kriegskosten der Vereinigten Staaten beliefen sich 1944 auf täglich 250 Millionen Dollar und machten für die ganze Dauer des Krieges insgesamt 288 Milliarden damalige Dollar aus, was heute etwa der dreifachen Summe entsprechen dürfte. Trotz Erhöhung der Steuern waren nur 46 Prozent der Kriegsausgaben gedeckt. Sechs Kriegsanleihen erbrachten über 100 Milliarden Dollar. Bei Kriegsende betrug die Verschuldung der Vereinigten Staaten 262 Milliarden Dollar. An Militärhilfen im Rahmen des Leih- und Pachtabkommens erhielten Großbritannien 30 Milliarden, die Sowjetunion 10,5 Milliarden und andere verbündete Länder 2,8 Milliarden Dollar.

Schwerer als die USA wurde Großbritannien durch die Kriegskosten betroffen. Sie verschlangen einen erheblichen Teil der Auslandsinvestitionen und Guthaben und trugen somit zum späteren Verfall des Weltreiches maßgeblich bei. Die Kriegskosten der Briten wurden zu einer Zeit, als das Pfund noch 6 Dollar wert war, auf rund 29 Milliarden Pfund geschätzt, das heißt 174 Milliarden Dollar. Insgesamt kosteten England die militärischen Operationen in Europa 102 Milliarden, diejenigen in Asien und Afrika 68 Milliarden Dollar, während die Hilfe an die Sowjetunion 10,5 Milliarden Dollar ausmachte. Auch in England kam es zu einer beträchtlichen Verschuldung des Staates, die sich durch Inflation langsam in ein Nichts auflöste.

Nicht zu ermitteln sind die Kriegsausgaben der Sowjetunion. Die Überbewertung des Rubels, billigere Arbeitskräfte, eine ganz andere Gesellschaftsordnung machen es schwierig, wenn nicht unmöglich, für die Kriegsaufwendungen der westlichen Alliierten und die der Sowjetunion einen Vergleichsmaßstab aufzustellen. Hinzu kommt noch die Unzuverlässigkeit der sowjetischen Statistiken, die meist nur Prozente angeben, ohne die Grundsumme zu nennen, auf die sich diese beziehen.

Das Dritte Reich finanzierte seinen Krieg aus drei Quellen: 1. dem Volkseinkommen, 2. dem Volksvermögen, 3. den Kriegskontributionen besetzter Länder. Durch »eisernes Sparen« der Bevölkerung sicherte sich der Staat die Möglichkeit, das Geld immer wieder abzuschöpfen. Dennoch hielt sich die Finanzlage bis 1943 in erträglichen Grenzen. Anfang 1944 setzte eine rapide Beschleunigung des Notendrucks ein. Als die Vertriebenen und Bombengeschädigten ihre Ersparnisse plötzlich abhoben, drohte das System der »geräuschlosen Verschuldung« des Dritten Reiches zusammenzubrechen. Vieles deutet darauf hin, daß Deutschland gegen Ende 1945 jedenfalls in eine katastrophale Inflationskrise geraten wäre.

Die Wehrmachtsausgaben betrugen im ersten Kriegsjahr 144, im fünften 289 Millionen Reichsmark täglich und hatten bis zum 18. Februar 1945 die Gesamthöhe von 394 Milliarden Reichsmark erreicht. Hinzu kamen 24 Milliarden für den Unterhalt der Familien und 212 Milliarden für Zivilausgaben, so daß die Gesamtkosten 630 Milliarden ausmachten, die sich bis zur Kapitulation im Mai 1945 auf etwa 670 Milliarden Reichsmark erhöht haben dürften. Von dieser Summe entfielen 33 Prozent auf inländische Einnahmen, 55 Prozent auf Schuldenaufnahmen und 12 Prozent auf die Beiträge der besetzten Gebiete.

Der Finanzierungsbeitrag der besetzten Gebiete teilte sich in folgende Posten auf: 66 Milliarden RM Besatzungskosten, 3 Milliarden RM nicht eingelöste Kreditscheine, 25,2 Milliarden RM Clearingschuld, 0,7 Milliarden RM Goldbestände, 5,1 Milliarden RM sonstige Zahlungen, wie Beiträge des Protektorats Böhmen und Mähren sowie Polens, zusammen 100 Milliarden Reichsmark, von denen 74

Milliarden unmittelbar zur Finanzierung des Kriegsbedarfs verwandt wurden.[1]

Noch weniger als die Sieger des Ersten Weltkrieges haben es die des Zweiten erreicht, für ihre Kriegsausgaben entschädigt zu werden. Doch setzte sich diesmal viel schneller die Erkenntnis durch, daß Reparationen und Demontagen nicht nur den Besiegten, sondern auch den Sieger in Mitleidenschaft ziehen würden. Die Folge war, daß die Amerikaner kaum zwei Jahre nach Kriegsende das »European Recovery Program«, den sogenannten Marshallplan entwickelten. Die daraus zu ziehende Lehre: Genau wie dies bereits in bezug auf den Ersten Weltkrieg möglich gewesen wäre, hätten durchaus alle zum Ausbruch des Zweiten Weltkrieges führenden Probleme mit viel weniger Geld, als dieser kostete, zur vollen Zufriedenheit aller Teilnehmerstaaten kampflos gelöst werden können.

Der Zweite Weltkrieg dauerte 68 Monate und war noch verlustreicher als der Erste. Er kostete Deutschland 3,8 Millionen Gefallene und in Gefangenschaft verstorbene Soldaten, während 1,3 Millionen Zivilpersonen durch andere Feindeinwirkungen – vor allem durch Vertreibung und Bombenkrieg – ihr Leben verloren. Das sind mindestens 6,9 Millionen Menschen. Die Sowjetunion schätzte ihre Verluste auf etwa 20 Millionen. Großbritannien hatte 400000 Menschenleben zu beklagen. Frankreich verlor bei Kampfhandlungen 340000 Soldaten und 470000 Zivilpersonen, Italien 410000, Polen samt den verschleppten und ermordeten Juden angeblich 4,5 Millionen und Jugoslawien hauptsächlich durch den Bürgerkrieg 1,7 Millionen Menschenleben. Die Gesamtverluste des Zweiten Weltkrieges werden samt Geburtenausfällen auf 45–50 Millionen geschätzt.

[1] »Geschichte des II. Weltkrieges – Kriegswirtschaft und Kriegskosten«, Teil 2, A. G. Ploetz Verlag, Würzburg, 1960.

5. Kapitel

Die bedingungslose Kapitulation

Kein anderer Staat Europas hatte bisher einen solchen Bruch seiner Geschichte erlebt wie Deutschland 1945. Das »tausendjährige Reich« Hitlers war nach zwölf Jahren zugrunde gegangen. Es gab keinen deutschen Staat mehr. Was Jahrhunderte lang – wenn auch oft loses – Band gewesen war, das die einzelnen deutschen Länder zusammenhielt, schien unwiderbringlich gelöscht. Deutschland, dem vom Heiligen Römischen Reich Deutscher Nation bis zur Weimarer Republik trotz allem Auf und Ab eine für Europa entscheidende Bedeutung zugekommen war, wurde von den Siegern zerschlagen. Allen Deutschen mußte es klar sein, daß die Siegermächte mit der Vernichtung des Deutschen Reiches mehr zerstört hatten als nur das nationalsozialistische System.

Der durch Hitlers Testament zum Staatsoberhaupt bestimmte Großadmiral Dönitz sah bei seinem Regierungsantritt die Notwendigkeit der Einstellung aller Feindseligkeiten ein. Er hoffte aber, eine Gesamtkapitulation vermeiden zu können, damit die im Osten stehenden Truppen und Flüchtlingsmassen möglichst nicht in sowjetische Hände gerieten. Am 3. Mai 1945 entsandte Dönitz den Oberbefehlshaber der Kriegsmarine, Generaladmiral von Friedeburg, zum britischen Feldmarschall Montgomery, um die Kapitulation der in Nordwestdeutschland kämpfenden Truppen anzubieten. Hingegen verlangten die Amerikaner eine deutsche Gesamtkapitulation. General Eisenhower forderte, daß diese am 9. Mai in Kraft treten sollte. Daraufhin erteilte Dönitz am 7. Mai die Ermächtigung zur Unterzeichnung der allgemeinen Kapitulation, die an demselben Tag erfolgte. Dieser Akt wurde noch einmal in feierlicher Form im sowjetischen Hauptquartier in Berlin-Karlshorst am 8. Mai in Anwesenheit der Sowjets wiederholt.

»Das Oberkommando der deutschen Wehrmacht verpflichtet sich, unverzüglich allen deutschen Land-, See- und Luftstreitkräften und allen unter deutschem Befehl stehenden Streitkräften den Befehl zu erteilen, die Kampfhandlungen um 23.01 Uhr mitteleuropäischer

Zeit am 9. Mai 1945 einzustellen, in den Stellungen zu verbleiben, die sie zu diesem Zeitpunkt besetzt halten und sich vollständig zu entwaffnen, indem sie ihre Ausrüstungen dem örtlichen alliierten Befehlshaber oder dem von den vertretenen obersten alliierten Militärführern bestimmten Offizier übergeben.«

Gemäß der auf der Jalta-Konferenz im Februar 1945 gefaßten Beschlüsse wird das Reichsgebiet von den damals noch alliierten Streitkräften in vier Zonen aufgeteilt. Da im Laufe der Kampfhandlungen die Truppen der Westalliierten weiter nach Osten vorgedrungen waren, als es das Abkommen vorsah, hatten sich am 1. Juli 1945 die Amerikaner auf die in Jalta bestimmte Demarkationslinie aus Böhmen, Sachsen und Thüringen und die Briten aus dem westlichen Mecklenburg zurückgezogen und diese Gebiete den sowjetischen Truppen ausgeliefert.

Zur Regelung der gegen Ende des Zweiten Weltkrieges zwischen den angelsächsischen Mächten und der Sowjetunion aufgetauchten Differenzen schien ein neues Treffen der »großen Drei« nötig. Präsident Truman – ein früherer Kaufmann –, der sich ziemlich unvorbereitet durch Roosevelts Tod vor die verwickelten Probleme der Weltpolitik gestellt sah, war nicht gewillt, die von Churchill mehrfach geäußerten Warnungen über ein übergroßes Zunehmen des sowjetischen Einflusses in Europa zu berücksichtigen. Truman glaubte vielmehr, daß es ihm allein eher möglich sein würde, mit Stalin zu einer Verständigung der inzwischen aufgetauchten Unstimmigkeiten zu kommen.

Daher wollte der neue Präsident der Vereinigten Staaten von einem vorherigen Treffen mit Churchill nichts wissen, um nicht bei der Sowjetregierung den Verdacht einer vorherigen heimlichen Abrede (»ganging up«) zu erwecken. Churchill warnte am 12. Mai 1945 erneut vor den Absichten der UdSSR. »Ein eiserner Vorhang ist vor ihrer Front niedergegangen. Was dahinter vorgeht, wissen wir nicht.« Erst später erfuhr man, wie die rote Soldateska grauenhaft mordete, plünderte und Ortschaften aus purer Rachsucht zerstörte. Dennoch wünschte Amerikas Präsident eher vorher mit Stalin als mit Churchill zusammenzutreffen, der sich am 26. Mai bitter über diese ihn tief verletzende Absicht beschwerte.

Indessen wurde aber auch Truman verstimmt, als die Sowjetregierung Polen aufgefordert hatte, in den Gebieten jenseits der Oder-Neiße-Grenze eine polnische Administration einzusetzen. Stalin meinte, »die Deutschen seien aus diesen Gebieten geflohen und das

Land müsse von jemandem verwaltet werden«. Truman wies darauf hin, daß vor einer Friedenskonferenz keine definitiven Regelungen vorgenommen werden könnten. Churchill sprach sich zwar für einen Gebietszuwachs Polens aus, war aber dagegen, daß dieser sich bis zur Oder-Neiße-Grenze erstrecke. Auch sein Nachfolger Attlee vertrat diese Meinung.

Deutschlands Nachkriegsschicksal wurde zwischen Stalin, Truman und Churchill bei der Potsdamer Konferenz vom 17. Juli bis 2. August 1945 in Schloß Cäcilienhof entschieden. An Churchills Stelle trat am 29. Juli der sozialistische Premierminister Attlee, nachdem die Konservativen in England die Wahlen verloren hatten. Die noblen Absichten, die einst Roosevelt und Churchill am 14. August 1941 in der »Atlantic Charter« verkündet und diese unter dem Gesang von Kirchenpsalmen am Deck des britischen Kriegsschiffes »Prince of Wales« beschworen hatten, kamen gar nicht zur Sprache. Was vorherrschte, war pure Rachgier. Das »Recht der Völker, ihre Regierungsform frei zu wählen und territoriale Veränderungen nur dort vorzusehen, wo sie mit den frei geäußerten Wünschen der betroffenen Bevölkerungen übereinstimmen«, war längst vergessen.

Die vier Siegermächte übernahmen die oberste Autorität in allen Deutschland betreffenden Angelegenheiten und erhoben den Anspruch, später seine rechtliche Lage zu bestimmen sowie seine Grenzen festzusetzen. Ein Kontrollrat wurde gegründet, um über Fragen, die Deutschland als Ganzes betreffen, zu entscheiden. Er bestand aus den Oberbefehlshabern der vier Besatzungszonen, deren Entscheidungen übereinstimmen sollten, was aber an den Gegensätzen zwischen der Sowjetunion und den Westalliierten scheiterte. Infolgedessen trat der Kontrollrat am 20. März 1948 zum letzten Mal zusammen.

Vae Victis

Als sich am 25. April 1945 Russen und Amerikaner bei Torgau glückstrahlend in die Arme fielen, hatte für das Abendland eine neue Epoche begonnen. An diesem Tag verlor Europa endgültig sein inneres Gleichgewicht und somit auch seine Selbständigkeit. Es hörte auf, das Weltzentrum zu sein, eine Rolle, die es seit dem Zerfall des

Römischen Reiches gehabt hatte. Mit dem Rücken an das 6000 Kilometer entfernt liegende Amerika gelehnt, zu dessen Brückenkopf es auf der östlichen Hemisphäre geworden ist, bildet Resteuropa nur noch eine kleine Halbinsel, die aus der enormen euroasiatischen Landmasse herausragt.

Bis zum Ersten Weltkrieg bestand Europa aus drei geopolitischen Großräumen: Ost-, Mittel- und Westeuropa. Es war die geschichtliche Rolle der Mitte, des breiten Landstreifens zwischen der Ostsee und dem Schwarzen Meer, den früher das Deutsche Reich und die Donaumonarchie ausfüllten, die Balance zwischen Ost und West zu halten. Mitteleuropa wirkte seit jeher als Bollwerk, an dem im Mittelalter 1241 die Invasion der Mongolen und bis zum 17. Jahrhundert die der Türken gescheitert war und das dann bis zur Zeit des Ersten Weltkrieges dem Drang des slawischen Imperialismus nach Westen den Weg versperrte.

Die seit Kriegsende in der Bundesrepublik stationierten amerikanischen Truppen werden nicht ewig die traditionelle Rolle des früheren Mitteleuropas ersetzen. Nach dem Ersten Weltkrieg wurde Mitteleuropa in Kleinstaaten balkanisiert, nach dem Zweiten war Resteuropa dem unmittelbaren Druck des panslawistischen Imperialismus ausgesetzt. Durch das Verschwinden Mitteleuropas sind Ost und West in direkte Berührung geraten. Von den fünf europäischen Großmächten vor 1914 ist nur noch eine übrig geblieben – die Sowjetunion, deren Machteinfluß heute von der Elbe und Donau bis zum Pazifischen Ozean reicht und die dadurch mächtiger geworden ist, als Rußland je war.

Der Ausgang des Zweiten Weltkrieges hat das politische Gesicht Ost- und Mittel-Europas entscheidend verändert. Die von den Polen besetzten und von diesen als endgültiges Eigentum beanspruchten Gebiete umfassen den Südteil Ostpreußens, die Osthälfte von Pommern mit Stettin und Umgebung, Teile der Provinz Brandenburg, die gesamte Provinz Schlesien sowie die 1939 von Deutschland wiedergewonnenen Provinzen Posen und Westpreußen, mit dem Gebiet der Freien Stadt Danzig. Dabei handelt es sich vielfach um Gebiete, in denen die deutsche Bevölkerung seit Jahrhunderten nicht etwa eine Minderheit, sondern die absolute Mehrheit gebildet hatte. Im Jahre 1939 zählte Breslau 630000 Einwohner, von denen sich 20000 zur polnischen Volkszugehörigkeit bekannt haben. Unter Mißachtung des Selbstbestimmungsrechtes bemächtigte sich Polen 1945 20 Prozent des deutschen Staatsgebietes mit 101 045 Quadratkilometern, das völkerrechtlich nach wie vor zum Reich gehört und entwickelter war als der größte Teil Vorkriegspolens.[1] Dennoch spricht Warschau noch heute von weiteren Reparationen für einen Krieg, dessen Ausbruch es mitverschuldet hat. Offensichtlich hofft Polens Regierung auf Zahlungen der Bundesrepublik, um zur Sanierung der sprichwörtlichen »polnischen Wirtschaft« beizutragen. Wäre es nicht höchste Zeit, einmal genau nachzurechnen, wer wem was schuldet?

Die baltischen Staaten wurden vom Sowjetreich verschluckt, die selbständige Slowakei und Kroatien verschwanden von der Karte Europas. Bessarabien wurde dem Staatsgebiet der Sowjetunion angeschlossen, deren Bevölkerungszahl sich um 24 Millionen vermehrte. Schießlich kam auch der östliche Zipfel der Tschechoslowakei, – die Karpato-Ukraine –, zur Sowjetunion, die sich dadurch einen permanenten Brückenkopf über den Südhang der Karpaten in der Donautiefebene sicherte.

Eine der größten Tragödien des Zweiten Weltkrieges bildet die Austreibung der deutschen Bevölkerungen »in geregelter und humaner Form« aus den deutschen Ostgebieten, der Tschechoslowakei und den Donauländern. Nachdem diese »Umsiedlung« von den Alliierten gebilligt wurde, verzichteten die Westmächte auf jede Einwirkung auf die schließlich 12–15 Millionen Menschen erfassende Vertreibung. Aus der »geregelten und humanen Form« der Austreibung der betroffenen Bevölkerungen wurde eine wilde Verbannung in die Ruinenstädte und die zerstörten Landschaften des Dritten Reiches, dessen Bevölkerungen selbst schwer an Hungersnot zu leiden hatten.

Die Menschen kamen in zwei großen Wellen. Die erste, im Winter 1944–1945 war die Flucht vor den Russen. Bei 20° bis 25° Kälte sind Hunderttausende Menschen, meist ältere Personen und Kinder, umgekommen. Andere starben in den Konzentrationslagern der Polen und Tschechen an Hunger und Krankheiten. In einer zweiten Welle erreichten die Vertreibungen der Zurückgebliebenen im Sommer 1945 ihren Höhepunkt. Sie dauerten bis in die fünfziger Jahre und wurden später durch die Bestimmungen der alliierten »Combined

---

[1] Die Kriegsziele der Anglo-Amerikaner wurden am 14. August 1941 in der »Atlantic Charter« festgelegt. *»Keine territorialen Veränderungen, wenn sie nicht mit den frei geäußerten Wünschen der betroffenen Bevölkerung übereinstimmen.«* Diese Bestimmung wurde arglistig umgangen, indem Polen die Reichsgebiete östlich der Oder-Neiße-Linie nicht zur *Annexion,* sondern nur zur *Verwaltung* anvertraut worden sind.

Repatriation Executive« vom 14. Februar 1946 in geregelter Weise durchgeführt. Den Vertriebenen wurde erlaubt, 500 Reichsmark und soviel Gepäck mitzunehmen, »wie sie tragen konnten«. Dabei wurden selbst diesen völlig Hilf- und Wehrlosen die Wertsachen häufig von den polnischen und tschechischen Polizei- und Zollbehörden »beschlagnahmt«.

Aus den Gebieten östlich der Oder-Neiße erreichten über 9 Millionen das Reichsgebiet. Zusammen mit den Sudetendeutschen sind es schließlich 12,5 Millionen Vertriebene gewesen. Zu diesen muß man noch die Volksdeutschen der früheren Donaumonarchie rechnen, die zum Teil auch in Österreich Aufnahme gefunden haben. Die Zahl der Vermißten, deren Schicksal nicht geklärt werden konnte, beträgt 1,3 Millionen Reichs- und 1,4 Millionen Volksdeutsche, was zusammen 2,7 Millionen ausmacht, die entweder auf der Flucht oder in Konzentrationslagern umgekommen sind. Diese hohe Opferzahl geht auf das Konto der Alliierten.

Ein weiteres schmerzliches Nachkriegskapitel bildet das der Kriegsgefangenen. Wie hoch die Gesamtzahl deutscher Soldaten war, die den Sowjets in die Hände fielen, läßt sich nicht genau feststellen. Nach einem Bericht der »Frankfurter Allgemeinen Zeitung« vom 21. 12. 1989 betrug ihre Zahl 3430000, von denen bis 1956 etwa 1490000 umgekommen sind. Bis Mai 1950 wurden 1940000 repatriiert. Gemäß eines Berichtes des Roten Kreuzes sind etwa eine Million Gefangene in der Sowjetunion verschollen. Dem gegenüber steht allerdings die Zahl von zwei Millionen sowjetischen Militärpersonen, die noch während der Kriegsjahre in deutschen Lagern gestorben waren. Etwa 100000 ehemalige deutsche Soldaten wurden von den Sowjets erst Ende 1953 entlassen. Im Oktober 1955 trafen die letzten Kriegsgefangenen ein, wobei es sich angeblich um »verurteilte« und »begnadigte« Zivil- oder Militärpersonen handelte.

Ebenfalls schwer war das Schicksal der Gefangenen bei den Westalliierten. Aus amerikanischer und englischer Gefangenschaft bereits demobilisierte Soldaten wurden in der französischen Zone erneut festgenommen und in Lager überführt. Im Oktober 1945 sind 52000 deutsche Kriegsgefangene als Arbeiter in belgische Kohlengruppen eingewiesen und 765000 aus amerikanischen und britischen Lagern für den Wiederaufbau nach Frankreich überführt worden. Insgesamt befanden sich nach Angaben des Volksbundes Deutscher Kriegsgräberfürsorge 1065000 Mann in französischer Haft, von welchen 24000

verstorben sind. Anderen, die eben Glück hatten, erging es besser. Erst im April 1947 wurden die Lager aufgelöst. In einer Abstimmung unter den Kriegsgefangenen, ob sie als freie Arbeiter bleiben wollen, entschieden sich 20 Prozent für Frankreich. Das Internationale Rote Kreuz übernahm den Schutz für 160000 solcher Optanten. Abschließend wäre noch zu bemerken, daß auch in den Lagern der Anglo-Amerikaner Zustände herrschten, die bei weitem nicht der Haager Konvention über die Behandlung von Kriegsgefangenen entsprochen haben. Besonders berüchtigt waren die sogenannten »Rheinwiesenlager« sowie das in Kreuznach oder Remagen, wo in den Sommermonaten 1945 rund 5300 deutsche Soldaten verstorben sind.[1]
Nach dem Plan des amerikanischen Finanzministers Morgenthau vom September 1944 sollte Deutschland zum Großteil in ein Agrarland umgewandelt werden. Obwohl Roosevelt seine bereits erfolgte Unterschrift zurückzog, wurden manche wichtigen Vorschläge Morgenthaus durch die alliierten Militärverwaltungen rücksichtslos durchgeführt. Der Wiederaufbau wurde nicht nur durch den Verlust der landwirtschaftlich und industriell wichtigen Ostgebiete belastet. Er wurde ferner durch die Beschlagnahme des größten Teils der Handelsflotte, der Auslandguthaben, Demontagen von Industrieanlagen und Entkartellisierungen beträchtlich erschwert.

Das Ruhrgebiet sollte unter internationale, das Saarland unter französische Kontrolle gestellt werden. Von den Reparationen aus den drei Westzonen sollten 26 Prozent an die UdSSR gehen, der außerdem die Reparationen aus ihrer Zone zufließen sollten, wobei Kriegsbeuten nicht gerechnet wurden. Nach einer ergänzenden Kontrollratdeklaration mußten die Deutschen die Besatzungskosten aufbringen.

Nach den Potsdamer Beschlüssen wurde die Nationalsozialistische Deutsche Arbeiterpartei (NSDAP) verboten. Alle Gesetze, die Grundlage des Hitler-Regimes waren oder eine unterschiedliche Behandlung hinsichtlich Religions- und Rassenzugehörigkeit vorsahen, sind aufgehoben worden. Verfügt wurde die Verurteilung von Kriegsverbrechern, die Internierung von Beamten, die in irgendeiner Weise dem Hitler-Regime gedient hatten, sowie die Entfernung zahlreicher nicht bloß formaler Parteimitglieder aus öffentlichen

[1] Angaben gemäß einer Mitteilung des Volksbundes Deutscher Kriegsgräberfürsorge in Kassel.

Diensten. Was die Alliierten in den ersten Nachkriegsjahren getrieben haben, war weniger Politik als reine Rache. Sogar der persönliche Verkehr zwischen dem alliierten Militärpersonal und der deutschen Zivilbevölkerung wurde von den Besatzungsbehörden durch den »non fraternisation act« verboten. Der Sieg machte die Sieger übermütig und gleichgültig gegenüber den Leiden der Besiegten. Die auf allen Instrumenten der Massenmedien spielende Geschichtsfälschung und Desinformation bildete die Begleitmusik der alliierten Nachkriegspolitik, die ohne diese weltweite Propaganda ihr Fundament verloren hätte. Systematisch wurde das deutsche Volk zum alleinigen und kollektiven Schuldbewußtsein erzogen, was zum Großteil auch gelungen ist.
In den berüchtigten Konzentrationslagern der Hitlerzeit wechselten die Insassen und Wächter. Die SS-Leute wurden von amerikanischen und britischen Sergeanten abgelöst. Unvergleichlich schlimmer war die Lage der Internierten in der sowjetischen Besatzungszone, wo sie unter der Aufsicht des sowjetischen Geheimdienstes von deutschen Kommunisten bewacht wurden. Hunderttausende, ihre genaue Zahl ist kaum noch feststellbar, sind nach Rußland verschleppt worden und dort spurlos verschwunden. Gleichzeitig fing die »Reeducation« in den westlichen Zonen an. Als »Missionare« zurückgekehrte Emigranten sollten das Deutsche Volk über seine Sünden aufklären und zur Demokratie bekehren, ohne dabei die Mitschuld der Alliierten an dem, was geschehen ist, zu erwähnen. Nihil novi sub sole!

Kriegsverbrechen beider Seiten

»Nullum crimen sine lege« und »nulla poena sine lege« sind zwei Grundsätze des traditionellen altrömischen und allen modernen Rechts, die das alliierte Militärgericht in Nürnberg, wo die früheren Spitzen des untergegangenen Dritten Reiches verurteilt wurden, mißachtet hat. Es ist gesetzwidrig, jemanden für ein Verbrechen zu bestrafen, das zur Zeit des Begehens durch eine legal international anerkannte Regierung nicht als solches betrachtet werden konnte. Gewiß waren die Beschuldigten für manche ihrer üblen und widerwärtigen Taten verantwortlich. Um was es jedoch geht, ist das Prinzip der Rechtmäßigkeit der Urteile, was immer auch der Gegen-

stand der Anklage war. Es hätte jedenfalls dem deutschen Volke obgelegen, über die Führer des Deutschen Reiches, die es ins Unglück gestürzt hatten, zu urteilen.
Die erste Liste von Kriegsverbrechern enthielt 24 Namen. Sie wurden des widerrechtlichen Bruches des Versailler Vertrages durch Betrug beschuldigt, Bedrohung und Verstoß gegen internationale Abmachungen (was die Alliierten ebenfalls getan hatten), Vernichtung von 5700000 Juden (eine Zahl, die in ihrer Höhe umstritten ist), Verbrechen gegen den Frieden durch militärische Aggression, Kriegsverbrechen durch Massenmord, Marterungen, Experimente an lebenden Menschen, Massentötungen in der UdSSR, Ermordung von Kriegsgefangenen und Geiseln, Deportation von Zwangsarbeitern, Plünderung der besetzten Gebiete.
Im weiteren Gerichtsverfahren wurden sogar die Wirtschaftsführer des Dritten Reiches vor Gericht gestellt, obwohl doch auch in den alliierten Ländern die Industrien für die Rüstung im Auftrag ihrer Regierung mit Volldampf tätig gewesen waren. Beschuldigt wurden unter anderem der Flick-Konzern, die IG-Farben- und Krupp-Direktoren, ferner hohe Beamte des früheren Auswärtigen Amtes. Auch Generale und höhere Offiziere wurden verurteilt, weil sie die Aufträge ihrer vorgesetzten politischen Instanzen durchgeführt hatten, ungeachtet der Tatsache, daß Befehlsverweigerung in allen Armeen der Welt strafbar ist.
Im Zusammenhang mit dem Nürnberger Prozeß ist es angebracht, auch die an den Juden zur Zeit des Dritten Reiches begangenen Massenmorde, die noch heute die Weltmeinung in Erregung halten, unter die Lupe zu nehmen. Mit dieser Frage befaßten sich am 13. Juni 1946 die auf Objektivität und Glaubwürdigkeit bedachten »Basler Nachrichten«[1]. Sie berichteten, daß hinsichtlich der Verluste des jüdischen Volkes bisher keinerlei verläßliche Ziffern, sondern nur private und offiziöse Schätzungen veröffentlicht wurden. Diese Bewertungen bewegen sich zwischen fünf und sechs Millionen Toten, die das jüdische Volk als Folge der Verfolgungen des Hitlersystems und des Krieges erlitten haben soll.
Ein summarischer Überblick macht erkennbar, daß diese Zahl der jüdischen Opfer nicht stimmen kann. Angesichts des erwähnten merkwürdigen Mangels offizieller Unterlagen kann man die Frage

1 »Basler Nachrichten«, Finanz- und Handelsblatt, Dufour Straße, Basel, Schweiz.

heute nur auf Grund der vorliegenden allgemeinen Angaben untersuchen. Danach betrug die Zahl der Juden in Europa – außerhalb der Sowjetunion – im Jahre 1933 ungefähr 5,6 Millionen, eine Zahl, die die »American Jewish Conference« (gemäß eines Berichtes in der »New York Times« vom 11. Januar 1945) angab.

Von dieser Zahl müssen etwa eine Million in Abzug gebracht werden, die östlich der Molotow-Ribbentrop-Linie lebten, sich also vor dem 22. Juni 1941 völlig außerhalb der Verfolgung des Hitlersystems befanden! Nach diesem Datum waren sie zum allergrößten Teil mit der zurückgehenden Roten Armee ins Innere Rußlands und nach Sibirien geflüchtet. Selbst wenn wir annehmen, daß sich nur ungefähr die Hälfte dieser östlich der Ribbentrop-Molotow-Linie lebenden Juden vor dem Einmarsch der Wehrmacht retten konnte, so gewinnen wir doch eine feste, auch von der höchsten jüdischen Autorität anerkannte Ausgangszahl einer Gesamtbevölkerung von fünf Millionen Juden in Europa.

Aber auch hiervon müssen die in den neutralen Ländern Europas schon vor 1933 ständig lebenden Juden abgezogen werden. Gemäß des »World Almanach 1942«, Seite 594, betrug die Zahl der Juden in diesen neutralen, beziehungsweise nicht von Hitler überrannten Ländern in Gibraltar 868, England 300000, Portugal 1200, Spanien 4000, Schweden 6653, Schweiz 17973, Irland 3686, Türkei 78730 – zusammen also 413110. Somit verringert sich die Zahl der für Hitler und Himmler überhaupt »greifbaren« Juden in Europa auf zirka 4,5 Millionen. Von dieser Zahl ist nun wiederum der gewaltige Flüchtlingsstrom, der sich in den Jahren 1933–1945 in alle Länder der Erde ergoß, ebenfalls in Abzug zu bringen.

Leider liegen auch hier keine genauen offiziellen Statistiken vor, die die Einwanderung von Juden nach Nord- und Südamerika, nach Australien, Asien sowie in die neutralen Länder Europas exakt wiedergeben. Da jedoch die Annahme berechtigt ist, daß von 1933 an mindestens 80 Prozent der unter der Rubrik »Deutsche, Österreicher und Polen« klassifizierten Einwanderer Angehörige des jüdischen Volkes waren und seit Kriegsbeginn wohl nahezu die gesamte Zahl dieser Einwanderer Juden waren, so ergibt eine aus verschiedenen Quellen (u. a. der jüdischen Zeitung »Aufbau«) zusammengestellte Übersicht ungefähr folgendes Bild der jüdischen Einwanderung von 1933 bis 1945: nach England 120000, Schweden 23000, Schweiz 60000, Spanien und Portugal 5000, Kanada 60000, USA 450000,

Zentralamerika 75000, Südamerika 225000, Australien 15000, China (Schanghai) 35000, Indien 25000, Afrika 45000, Palästina 300000, zusammen also rund 1,4 bis 1,5 Millionen.

Dabei ist die Flucht der Juden in die gewaltigen Gebiete der Sowjetunion einschließlich Sibiriens nicht berücksichtigt, weil darüber keinerlei Statistiken vorliegen. Bemerkt sei allerdings, daß gemäß eines Berichtes in der »New York Times« allein nach Sibirien mehr als 500000 polnische Juden geflüchtet sein dürften, wo ihnen die sowjetische Regierung 1934 das Autonome Jüdische Gebiet Birobidschan (36000 km^2) errichtet hatte. Gemäß dieser Schätzung betrug die Zahl der unmittelbar nach dem Kriege noch in Europa (außerhalb der Sowjetunion) lebenden Juden 1559660. Es ergibt sich also nach dieser Aufstellung, die zwar leider nicht auf neuen amtlichen Angaben beruht, deren Grundzahlen aber durchweg von offizieller Seite stammen, daß alles in allem weniger als 1,5 Millionen Juden im Laufe der Kriegsjahre als »tot oder vermißt« bezeichnet werden müssen.

Angesichts der gewaltigen Bedeutung, die gerade die »Ausrottung der Juden« in der Weltmeinung erhalten hat, ist es von zwingender Notwendigkeit festzustellen, wie hoch die Todesopfer des jüdischen Volkes wirklich gewesen sind. Die Behauptung, daß diese Zahl 5,7 Millionen beträgt (die sich unbegreiflicherweise auch der Palästinaausschuß zu eigen macht), ist unwahr. Die Zahl der jüdischen Opfer kann sich zwischen einer und 1,5 Millionen bewegen, weil gar nicht mehr für Hitler und Himmler »greifbar« waren. Selbst diese Zahl von Opfern genügt reichlich, um die Judenverfolgungen als Völkermord zu verurteilen.

Es wäre höchste Zeit, die für die Gegenwart und Zukunft so wichtige Wahrheit endlich zu klären, zumal trotz der vergangenen fast fünfzig Jahre die Prozesse wegen Kriegsverbrechen andauern und die Öffentlichkeit weiterhin erregen. Im allgemeinen verjährt selbst ein mit Todesstrafe geahndetes Verbrechen nach zwanzig Jahren. Es ist ein Hohn der Justiz, schuldig erklärte Personen nahezu ein halbes Jahrhundert nach ihren Taten vor Gericht zu zerren. Ist es den vorgeladenen Zeugen überhaupt noch möglich, sich daran zu erinnern, was damals geschah? Und würden sie es wagen, zugunsten der Angeklagten auszusagen? Zweifelhaft ist schließlich, ob sich die Richter einer neuen Generation in die Verhältnisse, die zur Zeit des Dritten Reiches herrschten, überhaupt hineindenken können.

Als die Ermordung der 4000 polnischen Offiziere in Katyn und weiterer 7000 spurlos Verschwundenen beim Nürnberger Prozeß zur Rede gebracht wurde, protestierte der sowjetische Strafrichter. Die Morde und das Massensterben von Vertriebenen in polnischen, tschechischen und jugoslawischen Konzentrationslagern waren für das Gericht in Nürnberg ebenfalls keine strafbaren Handlungen. Durch Gesetz Nr. 115 vom 8. Mai 1946 wurden von der Prager vorläufigen Nationalversammlung tschechische Kriegsverbrecher von jeglicher Verfolgung befreit. Unwillkürlich wird man an den altrömischen Spruch erinnert: »Injuriam ipse facias, ubi non vindices.« (Wenn du Unrecht nicht verfolgst, begehst du es selbst.)

Die jugoslawischen Partisanenführer sind für das buchstäbliche Abschlachten von 280000 Soldaten der kroatischen Armee und ihren Familienmitgliedern, die sich auf österreichischem Gebiet unter den Schutz der britischen Armee gestellt hatten und dennoch von dieser am 15. Mai 1945 an Tito ausgeliefert wurden, nie bestraft worden. Im Gegenteil, man überhäufte sie mit amerikanischen und britischen Orden und hat sie mit hohen Staatsämtern belohnt. Der für das Blutbad bei Bleiburg verantwortliche Partisanengeneral Kotscha Popovitsch ist Jugoslawiens Außenminister geworden.[1] Weder die britische Regierung noch ihre Admirale wurden für den Angriff auf die damals *de jure* neutrale französische Flotte am 2. Juli 1940 in der Bucht von Mers-el-Kébir zur Verantwortung gezogen, obwohl es eindeutig ein Verbrechen gegen das internationale Kriegsrecht war. Wie die deutschen Generale befolgten auch die britischen Admirale nur Befehle ihrer Regierung. Seit je waren die Angelsachsen leidenschaftliche Richter in Angelegenheiten anderer. Wehe aber dem, der sie zu kritisieren gewagt hatte. Vergleicht man aber die Zahl deutscher Kriegsverbrechen mit jenen der Siegermächte, so halten sich beide im großen und ganzen die Waage.

Inzwischen setzten die Alliierten ihre repressive Politik in Deutschland weiterhin fort. Es dauerte noch Jahre, bevor die Westmächte aus ihren Illusionen erwachten, daß mit »Uncle Joe«, wie Stalin von den Amerikanern genannt wurde, eine konstruktive Zusammenarbeit möglich sei. Entscheidend hat dazu der sowjetische Versuch beigetragen, 1948 Berlin mittels einer Blockade in den östlichen Machtbereich einzubringen. Durch den Einsatz einer Luftbrücke

---

[1] Quelle: »Die Oustaschis« von Michel Lepart, Verlag »La Pensée Moderne«, Paris, 1976.

gelang es den Westmächten, die frühere Hauptstadt des Reiches zu halten. Schockartig wirkte ferner im Februar desselben Jahres die kommunistische Machtergreifung in der Tschechoslowakei. Damit hatte jene Nachkriegszeit begonnen, die man seither als den »kalten Krieg« zwischen Ost und West bezeichnete.

Die Verschlechterung der Beziehungen des Westens zu Moskau, der kalte Krieg und nicht etwa eine plötzlich erwachte Sympathie zu Deutschland bewirkten die allmähliche Wandlung der Alliierten. Gleichzeitig entdeckten die Amerikaner, daß ein durch den Krieg wirtschaftlich ruiniertes Europa auch ihren Interessen kaum dienlich sein könnte. Inzwischen vollzog sich der deutsche Wiederaufbau, der mit Recht als Wirtschaftswunder bezeichnet wurde. Gewiß spielte dabei auch ab 1947 die amerikanische Hilfe (»European Recovery Program« = ERP) durch die Marshallplangelder eine Rolle[1]. Doch entscheidend war, geprägt von den Vorstellungen Ludwig Erhards, das eigene Zugreifen und der Fleiß der Deutschen. Zur kniefälligen Ehrung ihrer Besieger bestand kaum Anlaß.

Nach und nach entdeckten die Westalliierten, daß ihre eigene Sicherheit weder politisch noch militärisch ohne deutsche Mitwirkung gewährleistet werden konnte. Außerdem waren sie nicht bereit, für die Kosten der Verteidigung Westeuropas allein aufzukommen. Nur zögernd erteilten sie ihre Zustimmung zur Bildung eines neuen deutschen Staates. Im Mai 1949 wurde die Bundesrepublik Deutschland durch ein Grundgesetz als demokratischer Parteienstaat gegründet.

Allerdings dauerte es noch bis Juli 1951, ehe sich die Alliierten entschlossen haben, den Kriegszustand für beendet zu erklären. Der Besatzungsstatus wurde erst im Mai 1955 aufgehoben und eine beschränkte Souveränität der Bundesrepublik Deutschland errichtet. Trotz allen Mißtrauens und zahlreicher Schikanen der Alliierten stieg die Bundesrepublik allein zur ersten Wirtschaftsmacht Westeuropas auf und entwickelte sich zu einem der größten Industriestaaten der Welt. Ihre Leistungen werden nicht nur weltweit bewundert, sondern auch beneidet.

---

[1] Von den Marshallplangeldern in Höhe von 12,4 Milliarden erhielt die Bundesrepublik Deutschland 1,9 Milliarden Dollar, von welchen 1,2 Milliarden inzwischen zurückerstattet wurden.

Moskaus Satellitenreich

Mit dem Ende des Zweiten Weltkrieges erfüllte sich der alte Traum der panslawistischen Denker des 19. Jahrhunderts, in Ost-Mittel-Europa Fuß zu fassen. Diese Lage bot den Russen Chancen, die ihnen ihre Geschichte noch niemals vorher offeriert hatte. Das sowjetische Satellitenreich in Ost-Mittel-Europa umfaßte sechs Länder: die DDR, Polen, die Tschechoslowakei, Ungarn, Rumänien und Bulgarien. Churchill ist es nicht erspart geblieben, noch erleben zu müssen, wie ihn Stalin bei seiner Abmachung im Oktober 1944 über die Aufteilung der Einflußsphären zwischen Ost und West am Ende betrogen hatte. Die früheren bürgerlichen Gesellschaftsordnungen dieser Staaten wurden überall allmählich auf eine kommunistische umgeschaltet.

Nachdem ein Fünftel des Reichsgebietes unter »polnische Verwaltung« fiel, wurde in dem von der sowjetischen Militärmacht besetzten Donauraum die Versailler Ordnung wiederhergestellt. Die Slowakei hat aufgehört, ein selbständiger Staat zu bleiben und ist nochmals mit Böhmen und Mähren vereint worden. Ihr allgemein beliebter Präsident Tiso, der nach Österreich flüchtete, wurde von den Amerikanern an die Tschechen ausgeliefert und trotz des Vetos des Vatikans zum Tode verurteilt und gehenkt, wird aber bis heute vom überwiegenden Teil des slowakischen Volkes hoch geehrt.

In den Ländern Osteuropas wurde die »Befreiung« durch die sowjetische Armee außer von den Kommunisten nirgendwo mit Begeisterung begrüßt. Selbst die Polen waren mißtrauisch und die Ungarn, besonders die Bauern, hätten die deutsche Besatzung der russischen gewiß als kleineres Übel vorgezogen, was angesichts des Randalierens der sowjetischen Soldateska durchaus verständlich war. Auch Fragen der nationalen Minderheiten, die einer der Gründe des Zweiten Weltkrieges waren, tauchten erneut im ostmitteleuropäischen Raum auf.

Im heutigen Polen leben von den ursprünglich rund elf Millionen Deutschen östlich der Oder-Neiße nur noch etwa 1,1 Millionen. Die Zahl der in Lagern Verstorbenen läßt sich nicht feststellen, und viele sind bei der Flucht verschollen. Insgesamt dürften bei der Vertreibung 1,4 Millionen Reichsdeutsche ums Leben gekommen sein. Von den 3,5 Millionen Sudetendeutschen sind 272000 in tschechischen

Konzentrationslagern umgekommen, die Überlebenden fanden in der Bundesrepublik, in der DDR sowie in Österreich Aufnahme. Nur noch 120000 verblieben in Böhmen und Mähren.[1]

Die durch den Wiener Schiedspruch von 1938 befreiten Ungarn wurden wieder an die Tschechoslowakei angeschlossen, wo sie sich allerdings mit ihren slowakischen Landsleuten besser verstehen als letztere mit den Tschechen. Ein tausendjähriges Zusammenleben im Reiche des heiligen Stephan konnten siebzig Jahre nicht auslöschen.

In Siebenbürgen fielen 1,7 Millionen Ungarn – nach Angaben von Budapest sind es zwei Millionen – wieder unter rumänische Herrschaft und werden dort noch mehr unterdrückt als in der Zeit nach dem Ersten Weltkrieg. Die Folge ist eine andauernde Flucht von mehreren Tausend in das benachbarte Ungarn, die weiter anhält.

Von den Deutschen Rumäniens, die 1930 bei der Volkszählung noch 760000 ausgemacht hatten, verblieben nur 360000 im Lande, die, meist ihrer Habe enteignet, mit dem selbst in Misere lebenden rumänischen Volk das Schicksal als unterdrückte Minderheit teilen.

Anders hat sich die Lage der einst 482000 Deutschen in Ungarn entwickelt, wo sie zum Staatsvolke seit je in einem verhältnismäßig guten Einverständnis gelebt haben und im Unterschied zu den Sudetendeutschen nicht als Minderheit behandelt wurden. Obwohl die Auslandspropaganda der NSDAP nach 1933 auch in Ungarn nicht untätig blieb, hatte sie bei den Ungarn-Deutschen weniger Erfolge zu verzeichnen als bei den Deutschen in Rumänien oder Jugoslawien. Dennoch kam es auch hier unter dem Druck der kommunistischen Machthaber nach Kriegsende zu Enteignungen und Aussiedlungen, meist von sogenannten »Kulaken«, das heißt Landwirten. An die 160000 Schwaben wurden aus Ungarn in die Bundesrepublik und nach Österreich »repatriiert«.

Die Zahl der Verbliebenen bleibt eine Dunkelziffer, da sich besonders die Jugend freimütig zum Magyarentum bekennt und nur noch die ältere Generation sich der deutschen Sprache bedient. Merkwürdig ist, daß sich bei der Volkszählung 1960 nur 50000 als Deutsche erklärten, während das ungarische Innenmisterium ihre Zahl auf 200000 schätzte. Jedenfalls werden seit den sechziger Jahren alle

[1] Die Zahlenangaben über die Minderheiten in den Donaustaaten wurden dem Werk »Nationalitätsprobleme in der Sowjetunion und Osteuropa« von Brunner-Meissner, Markus Verlag, Köln, 1982, entnommen.

Deutschen wieder als gleichgestellte Bürger anerkannt und sie verfügen sogar über ein eigenes Schulwesen. In dem 10,7 Millionen Einwohner zählenden Ungarn leben außer den oben erwähnten Deutschen noch 100000 Slowaken, 20000 Rumänen, 12000 Serben und Kroaten. Die weit überwiegende Mehrheit verhält sich zum Staat loyal. Minderheitsprobleme gibt es keine.

Während in Jugoslawien immer noch 494000 Ungarn ein diesem Lande entsprechendes kümmerliches Dasein führen, bleibt das Schicksal der 550000 Donauschwaben ein ungelöstes Rätsel. Etwa 120000 gelang die Flucht nach Österreich und in die Bundesrepublik. Erst die jugoslawische Volkszählung 1971 erwähnte die Zahl von nur noch 12000 übrig gebliebenen Deutschen. Über die Massenmorde, die Tito-Partisanen in den Schwabendörfern angerichtet haben, ist im Westen manches bekannt geworden. Jedenfalls sind von den früher 550000 Donauschwaben Jugoslawiens rund 400000 spurlos verschwunden. Ihre einst blühenden Siedlungen verwandelten sich in Balkannester, in denen Serben und Montenegriner angesiedelt wurden.

Die kommunistische Schreckensherrschaft war wenig geeignet, für die Sowjetunion Sympathien zu erwecken. Jedenfalls war man sich auch in Moskau bewußt, daß die Völker Südost- und Mitteleuropas von der sogenannten »Befreiung« überhaupt nicht begeistert waren, sondern sie eher als eine Unterjochung durch eine fremde Macht empfanden. Ihrerseits legte die Sowjetunion aus Rücksicht auf die westlichen Alliierten Wert darauf, eine gewisse demokratische Fassade vorzutäuschen. Die kommunistische Durchdringung sollte stufenweise erfolgen. Bei den ersten Nachkriegswahlen in Ungarn haben im November 1945 trotz russischer Besatzung 85 Prozent antimarxistisch, hauptsächlich für die Partei der Kleinlandwirte gestimmt.

Nun verstanden aber die sowjetischen Eroberer sich mit anderen Methoden zu helfen. Die Führungsspitzen ihrer subversiven Politik bildeten überall die mit sowjetischer Hilfe eingeschleusten kommunistischen Emigranten. Sie handelten nach einem Szenarium, das trotz des allgemein verkündeten »eigenen Weges zum Sozialismus« fast überall nach demselben Schema verlief. Der erste Schritt war die Bildung kommunistischer Parteien, die bis dahin in den Ländern Mitteleuropas – mit Ausnahme der Tschechoslowakei – verboten gewesen waren, und die Schaffung eines staatlichen »Sicherheitsdienstes«, der mit seinem Netz zur »Bekämpfung des Faschismus und der Reaktion« allmählich das gesamte Staatswesen überspannte.

In den Donauländern war die Einflußnahme auf die Innenministerien und dadurch auf die Polizei überall die Hauptsorge der kommunistischen Konspirateure. Das im Donaubecken meist landlose Bauerntum wurde durch Bodenreformen angelockt, die jedoch nach der endgültigen Machtübernahme der Kommunisten durch Kollektivisierungen bald wieder rückgängig gemacht wurden. Gleichzeitig sind durch den Zusammenschluß der zahlenmäßig bedeutungslosen kommunistischen Parteien mit den Sozialisten oder gewissen Splittergruppen sogenannte Einheitsparteien gegründet worden.

Durch die Nationalisierung sämtlicher Industrien gewann der nun sozialistisch gewordene Staat auf die Wirtschaft und Gewerkschaften entscheidenden Einfluß. Durch bilaterale Freundschaftspakte und Bündnisverträge mit der Sowjetunion ist der außenpolitische Spielraum der Satellitenländer beschnitten worden. Im Jahre 1949 entstand auf sowjetische Initiative der Rat für gegenseitige Wirtschaftshilfe der sozialistischen Staaten (COMECON) angeblich als Gegengewicht zum Marshallplan, in Wirklichkeit aber mit der offensichtlichen Absicht, die Produktions- und Handelspolitik dieser Staaten zum Vorteil Moskaus zu dirigieren.

Nach Kriegsende regierte in der Tschechoslowakei eine »Nationale Front«, bestehend aus Sozialdemokraten, sogenannten nationalen Volkssozialisten und Kommunisten. Letztere erhielten bei den 1945 noch verhältnismäßig freien Wahlen 38 Prozent, was weitgehend auf die traditionelle panslawische Einstellung der Tschechen zurückzuführen war. Im Februar 1948 wurde die Nationale Front durch einen Staatsstreich der Kommunisten gesprengt, die die Macht bis November 1989 praktisch allein ausgeübt haben. Der bei der Pariser Friedensverhandlungen 1919 und zwischen beiden Weltkriegen immer schlau manövrierende Präsident Beneš wurde trotz seines Freundschafts- und Beistandspaktes, den er 1943 mit Moskau abgeschlossen hatte, diesmal ebenfalls überlistet.

Infolge der Vertreibungen blieb das Sudetengebiet bis heute unterbevölkert, die einst blühenden Ortschaften sind vernachlässigt. Die früher weltmarktfähigen Produkte der böhmischen und mährischen Industrien, die noch unter der Donaumonarchie errichtet worden waren, sind infolge des Verlustes des Großteils ihres deutschen technischen Fachpersonals heute nicht mehr so begehrt wie noch zwischen den beiden Weltkriegen. Durch die Vertreibung haben sich die Tschechen ins eigene Fleisch geschnitten.

Nach Polen wurde das in der Sowjetunion noch im Kriege vorfabrizierte und kommunistisch beherrschte »Lubliner Komitee« exportiert. Es erklärte sich mit Moskaus Segen im Januar 1945 zur »provisorischen Regierung Polens«, die die Verwaltung der befreiten Gebiete übernahm. Trotz der Weigerung der 1940 nach London geflüchteten polnischen Exilregierung wurde das von Moskau geschaffene »fait accompli« von den Vereinigten Staaten und Großbritannien bereits im Juni 1945 anerkannt. Vergessen war, daß der Krieg – wie einst behauptet wurde – für die Freiheit Polens erklärt worden war. Im allgemeinen weigerte sich das polnische Volk, die bei Kriegsende entstandene Ordnung anzunehmen. Die 1956 ausgebrochene Posener Revolte wurde blutig niedergeschlagen.

In der ehemaligen Sowjetzone, der späteren DDR, wurde der Wechsel zu einer sozialistischen Ordnung durch den 1947 auf Grund einer Einheitsliste gewählten deutschen Volkskongreß und den von diesem bestimmten Deutschen Volksrat vollzogen. Eine provisorische deutsche Volkskammer, die längst definitiv wurde, verlieh dem herrschenden Kommunismus eine demokratische Fassade. Indessen stützte sich der DDR-Staat überall auf eine autoritäre Ordnung. Millionen Bürger haben seit 1945 in der Bundesrepublik Zuflucht gesucht, was die Regierung 1961 zum Bau einer durchgehenden Mauer zwang, die Deutschland in zwei Teile trennte und erst am 9. November 1989 geöffnet wurde.

In Bulgarien ist bereits 1945 eine »vaterländische Front« entstanden, deren Einheitsliste 90 Prozent der Stimmen erhielt. In Rumänien wurde eine »nationaldemokratische Front« gebildet und 1946 die Volksrepublik »ausgerufen«. In Ungarn haben die Kommunisten 1949 durch eine neue Verfassung das Land »legal« in eine Volksrepublik umgewandelt. Als der Eiserne Vorhang endgültig über Mitteleuropa herunterfiel, befanden sich 92 Millionen Menschen, von denen die meisten zum westlichen Geschichts- und Kulturkreis gehörten, in Moskaus Machtbereich.

Titos Widerstand

Nur Jugoslawien hat es geschafft, sich dem sowjetischen Imperialismus zu entziehen. Obwohl ebenfalls kommunistisch, kündigte Belgrad 1947 unmittelbar die nach Kriegsende geschlossenen Freundschaftsverträge mit Ungarn, Bulgarien und Rumänien. Nach einem Notenwechsel zwischen der sowjetischen und jugoslawischen kommunistischen Partei sind die sowjetischen Berater und Spezialisten ausgewiesen worden, worauf Titos Land 1948 bei der Bukarester Konferenz kommunistischer Staaten unter dem Vorwand, sich vom Marxismus-Leninismus zu entfernen, aus der Gemeinschaft der »sozialistischen Bruderländer« ausgeschlossen wurde.

Für Churchill spricht, daß er sich bereits 1943 für eine Landung an der adriatischen Küste eingesetzt hatte, um dem sowjetischen Vormarsch im Donaubecken zuvorzukommen. Sein Plan scheiterte aber an Roosevelts Widerstand. Realistisch war dieses Vorhaben kaum, da bereits zwei bis drei deutsche Gebirgsdivisionen ausgereicht hätten – wie bei Monte Cassino in Italien –, die hochtechnisierten angloamerikanischen Divisionen in den Balkangebirgen abzuwehren, wo ihre technische Überlegenheit kaum zur Geltung gebracht werden konnte.

Moskaus Streben, über die Balkanhalbinsel an der adriatischen Küste Fuß zu fassen, mißlang durch Titos Widerstand. Indessen bildet Jugoslawien wie vor dem Kriege auch heute noch einen lediglich künstlich zusammengeflickten Länderhaufen mit verschiedenen Kultur- und Religionsbereichen. Die Streitigkeiten zwischen den westlich orientierten Slowenen und Kroaten mit den Serben gehören seit je zur Tagesordnung. Unruhen herrschen nach wie vor in der autonomen albanischen Provinz Kosowo. Die Wirtschaftslage verschlechtert sich sichtlich, Verschuldung und Inflation sind im Steigen. Auch der »eigene Weg zum Sozialismus« brachte Jugoslawien auf eine schiefe Bahn.

Gewiß ging in der Nachkriegszeit die Gleichschaltung innerhalb der Länder des Satellitenreiches Moskaus nicht reibungslos vor sich, wie es unter anderen die Welle der Scheinprozesse bewies. Sie wurden nach dem bewährten Muster Moskaus wie die »Säuberung« der dreißiger Jahre geführt, als sich die Angeklagten für all ihre Verbrechen gegen die Sowjetunion reumütig schuldig bekannten. Ungarns

Außenminister Rajk wurde 1949 der Zusammenarbeit mit dem amerikanischen Geheimdienst und mit dem abtrünnigen Tito beschuldigt und hingerichtet. In der Tschechoslowakei sind der Parteisekretär Slansky und der Außenminister Clementis zusammen mit anderen führenden Kommunisten zum Tode verurteilt worden.

Die Ablehnung des Kommunismus mündete 1953 im Aufstand der DDR. In Moskau mochte man denken, es handele sich um eine deutsche Spezialität. Aber dann erhoben sich 1956 auch die Polen und Ungarn. In Budapest kam es im Oktober 1956 zum Ausbruch der ersten umfangreichen Revolution in einem Satellitenstaat Moskaus, die sich zu einem Freiheitskampf im ganzen Land ausweitete. Ungarische Militäreinheiten und Polizei haben sich den »Gegenrevolutionären« angeschlossen. Nach dem blutigen Niederschlagen des ungarischen Aufstandes durch sowjetische Truppen versank das von Moskau beherrschte Ost-Mittel-Europa in den Zustand scheinbarer Unterordnung, bis sich 1967/68 auch die Tschechen gegen die kommunistische Gesellschaftsordnung auflehnten.

Die Manifestationen der Unzufriedenheit, mit denen die Polen in den siebziger Jahren den Faden der Revolten von 1956 wieder aufnahmen, führten im Sommer 1980 zur Gründung der von der kommunistischen Partei unabhängigen Gewerkschaft Solidarnosc, was eine offene Herausforderung der sakrosankten Lehre des Marxismus-Leninismus bedeutete. Die Tatsache, daß der die Interessen der Arbeiterschaft vertretende Kommunismus seine Herrschaft durch die Erklärung des Kriegsrechts verteidigen mußte, erteilte dem Marxismus-Leninismus ein Armutszeugnis totaler Unfähigkeit, eine funktionierende Gesellschaftsordnung zu errichten.

Die Reaktion der einzelnen osteuropäischen Länder gegenüber Moskaus Vorherrschaft ist stets verschieden gewesen und entsprechend waren auch ihre Beziehungen zur Sowjetunion recht unterschiedlich. Erfreulich ist festzustellen, daß infolge des gemeinsamen Leidens und der kommunistischen Herrschaft in den Satellitenländern sich ihre Gefühle früherer Zusammengehörigkeit und notwendiger Zusammenarbeit im Wachsen befinden.

Von einer geschlossenen, um Moskau gescharten Gemeinschaft der Warschauer Pakt-Staaten kann also keine Rede mehr sein. Das vorgelagerte Osteuropa blieb für den Kreml unberechenbar. Was es bisher zusammenhielt, war einzig die Präsenz und drohende militärische Macht der Sowjetunion.

Von den einstigen Ländern der Donaumonarchie gelang es nur dem kleinen Österreich, seine volle Souveränität wiederzugewinnen. Nach einer Erklärung der Moskauer Außenministerkonferenz von 1943 sollte es, von Deutschland getrennt, als unabhängiger Staat wiedererrichtet werden. Dies geschah nicht ohne viele Streitigkeiten zwischen den Siegermächten. Die zunehmende Spannung zwischen Ost und West verzögerte die Erfüllung eines diesbezüglichen Abkommens.

Wie die Bundesrepublik Deutschland wurde Österreich in vier Besatzungszonen aufgeteilt. Die Haltung in den von der Roten Armee besetzten Gebieten hat auch hier kaum dazu beigetragen, für den Kommunismus Sympathien zu erwecken. Erst nach Stalins Tod 1953 ist die Lage herangereift, um das Österreich des St.-Germain-Vertrages von 1919 in seinen früheren Grenzen herzustellen, vorausgesetzt daß es sich zur Neutralität verpflichtet. Am 15. Mai 1955 nach Unterzeichnung eines Staatsvertrages wurde der Abzug der Besatzungstruppen vollzogen, doch nicht ohne vorherige Sicherung mancher wirtschaftlichen Vorteile durch die Sowjets.

Angesichts der in der UdSSR und manchen Satellitenländern inzwischen stattgefundenen Veränderungen hat die sogenannte Breschnew-Doktrin ihre Gültigkeit verloren. In der Formulierung vom 12. November lautete sie wie folgt: »Wenn die inneren und äußeren sozialismusfeindlichen Kräfte bemüht sind, die Entwicklung irgendeines sozialistischen Staates in Richtung auf die Wiederherstellung der kapitalistischen Ordnung zu lenken, wenn in diesem Lande dem Sozialismus Gefahr droht, wenn die Sicherheit der ganzen sozialistischen Gemeinschaft gefährdet wird, dann ist dies nicht mehr das Problem des betreffenden Landes, sondern ein gemeinsames Problem, das alle sozialistischen Länder angeht.« Es waren stolze Worte, die, was Ost-Mittel-Europa anbelangt, ihren Sinn seither verloren haben, eine Entwicklung, über die noch zu berichten sein wird.

6. Kapitel

Nachkriegsfolgen in Westeuropa

Nicht nur in Deutschland, auch in den Ländern Westeuropas bewirkte der Zweite Weltkrieg durch die schweren Eingriffe in alle Lebensbereiche mehr Veränderungen als alle machtpolitischen Konflikte der Vergangenheit. Nur noch zwei Supermächte hatten nunmehr das entscheidende Wort in der großen Weltpolitik, zu welchen in einigen Jahrzehnten – wenn nicht alles täuscht – hauptsächlich in Asien noch weitere hinzutreten werden. Weniger als die Kleinstaaten Europas, wie die Niederlande oder Belgien, wurden die noch vor 1939 als Großmächte geltenden Frankreich und Großbritannien von den Nachkriegsfolgen betroffen.

Nachdem General de Gaulle im August 1944 in Paris eingezogen war, bot ihm das von den Deutschen ausgepreßte Land kein erfreuliches Bild. Die unbeherrschbaren Widerstandsbewegungen gegen die Besatzung haben Frankreich im Grunde mehr geschadet als genützt, zumal die verschiedenen untereinander konkurrierenden »Resistenzler« nach Kriegsende den Wiederaufbau des Landes ernsthaft gehemmt haben. De Gaulle betrachtete den Widerstand als einen Kampf, der hierarchisch aufgebaut und militärisch geführt werden sollte. Manche einflußreichen Führer der verschiedenen Bewegungen hatten jedoch eher bürgerkriegsähnliche Vorstellungen und bestanden auf politischer Selbständigkeit. Sie forderten von de Gaulle zwar Geld und Waffen, versuchten aber, ihren Aufstand in ein politisches Instrument zu entwickeln, um die Neuordnung Frankreichs nach dem Kriege mitbestimmen zu können.

Ein ernstes Problem bildete die Zusammenarbeit mit den Kommunisten, die erst nach dem Angriff Hitlers auf die Sowjetunion im Sommer 1941 mit dem Kampf gegen die Besatzungsmacht begonnen hatte. Sichtbare Einzelaktionen, wie Überfälle auf deutsche Militärpersonen, sollten für die Kommunisten symbolhaft sein. Als Antwort wurden deutscherseits Hunderte von Geiseln erschossen. De Gaulle verurteilte diese individuellen Attentate und betrachtete sie als zu verlustreich und wirkungslos. Insbesonders in den südlichen Departements, an der Mittelmeerküste und in den Pyrenäen, kam es zu revolutionären Ausschreitungen. Selbst ernannte Volksgerichte hatten sich angemaßt, zahlreiche Todesurteile, deren Ausmaß noch heute ungeklärt blieb, zu vollstrecken[1]. Durch ein Gesetz von 1946 wurde über alle Verbrechen der »Résistance« und die »Verfehlungen« der Vichy-Regierung eine Amnestie erlassen.

Die vierjährige Besatzungszeit führte nicht nur zu Feindschaften zwischen Deutschen und Franzosen, sondern auch zu Freundschaften, die den Krieg überlebten. Aktiv haben sich bei der damaligen Bevölkerungszahl von 45 Millionen nach General de Gaulles Memoiren etwa 40000 als bewaffnete Kämpfer am Widerstand beteiligt. Gewiß fühlte sich die weit überwiegende Zahl der Franzosen von der Besetzung ihres Landes schwer betroffen, doch sie verhielt sich eher passiv abwartend und hoffte auf einen für sie günstigen Ausgang des Krieges. In Massen erhob sich die Bevölkerung erst im Juni 1944 nach der Landung der Anglo-Amerikaner in der Normandie, häufig um sich ein Alibi zu verschaffen. Die durch Presse und sonstige Massenmedien bis in die fünfziger Jahre andauernde Glorifizierung der »Résistance« war eine motivierte psychologische Reaktion, um die Niederlage von 1940 zu übertünchen. »Nicht die anglo-amerikanischen Armeen«, die nur noch am Rande erwähnt werden, »sondern die ›Résistance‹ hatte das Land von den Deutschen frei gekämpft.«

Ein Kapitel für sich bildet die »legendäre« Befreiung von Paris. Sowohl die Alliierten wie auch der deutsche Stadtkommandant General von Choltitz bemühten sich, einen »heroischen« Endkampf zu vermeiden. Nachdem die Anglo-Amerikaner westlich und östlich von Paris die Seine bereits überschritten hatten und von Choltitz einsah, daß der Krieg für Deutschland jedenfalls verloren war, schloß er durch die Vermittlung des schwedischen Generalkonsuls Raoul Nordling mit dem »Comité National de la Résistance« (CNR), das sich aus den Vertretern verschiedener politischer Organisationen zusammensetzte, ein Waffenstillstandsabkommen, das aber von den Kommunisten abgelehnt worden ist. Vereinbart wurde auch das Freilassen politischer Gefangener, das aber nur teilweise

[1] Der damalige Innenminister Adrien Tixier erwähnte im Februar 1945 die Zahl von 35000–40000 Ermordeten. »La Libération de la France« von Robert Aron, Paris, Fayard Verlag, 1959.

durchgeführt werden konnte, nachdem es am Widerstand der SS-Dienststellen scheiterte.

Damals befanden sich in Paris an die 50000 deutsche Militärpersonen, von denen jedoch nur 21000 Mann *ad hoc* zusammengestellte Kampfeinheiten bildeten. Der Rest bestand aus Personal verschiedener Etappendienste und SS-Behörden. Hitlers öfter wiederholte Befehle, in Paris die 67 Seine-Brücken zu sprengen und die Elektrizitäts- und Gaswerke zu zerstören, hat von Choltitz ignoriert. Den in die Kasernen verwiesenen Truppen wurde befohlen, sich zwar zu verteidigen, jedoch mit den Widerstandskämpfern trotz aller Herausforderung sich nicht in zerstörerische Straßenkämpfe einzulassen, sondern den Einmarsch der Alliierten abzuwarten. Zu Plänkeleien kam es dennoch, meist mit Truppen, die sich aus der Normandie über Paris nach Nord-Ost-Frankreich zurückzogen und sich gegen Angriffe wehren mußten.

Unter dem Einfluß Londoner Propaganda ist die Pariser Polizei am 19. August in Streik getreten und beteiligte sich an Scharmützeln mit der deutschen Wehrmacht. Dabei bedienten sich die Polizisten unter Verletzung des internationalen Kriegsrechts der Waffen, die ihnen von der Besatzungsmacht gemäß der Haager Landkriegskonvention vom 18. Oktober 1907 zur Aufrechterhaltung der inneren Ordnung belassen worden waren. Das Ziel der Kommunisten war, sich der Hauptstadt Frankreichs zu bemächtigen, um auf die weitere Entwicklung des Landes Einfluß zu gewinnen. Allmählich wurden sich auch die Alliierten bewußt, was das bedeutet hätte. Die ursprünglich zugesagten Waffenlieferungen aus England auf dem Luftwege an die »Résistance« haben nie stattgefunden.

Angesichts der allgemeinen Lage unterschrieb von Choltitz am 24. August die Übergabe der Stadt an den Kommunistenführer Henri Rol-Tanguy. Inzwischen ist in den Abendstunden des nächsten Tages eine Vorausabteilung der 2. französischen Panzerdivision ohne Widerstand bis zum Rathaus vorgedrungen. Das Gros der Division folgte am nächsten Tag zusammen mit der 4. amerikanischen Infanteriedivision.

Die Übergabe von Paris an den Kommunisten Rol-Tanguy versetzte General de Gaulle in Rage, da nach seiner Meinung Paris von der französischen Armee und nicht von irgendwelchen »Franc-Tireurs« der letzten Stunde befreit werden sollte. Die Folge war eine zweite Übergabe, die vom deutschen Stadtkommandanten General von

Choltitz und dem Kommandeur der 2. französischen Panzerdivision, General Leclerc de Hautecloque, unterschrieben wurde.

Um das soeben Gesagte zu belegen, wollen wir General Speidel zitieren: »Am 14. August hatte Hitler wieder einmal die Verteidigung bis zum letzten Mann und Vorbereitung zur Sprengung der 67 Seine-Brücken befohlen. Am 23. August erhielt die Heeresgruppe B von Hitler erneut den Zerstörungsbefehl für alle Seine-Brücken und andere wichtige Objekte in Paris, ›auch wenn Wohnviertel und Kunstdenkmäler dadurch vernichtet‹ würden. Ich gab den Befehl in Abwesenheit des an der Front befindlichen Oberbefehlshabers an den Kommandanten von Groß-Paris, General von Choltitz, nicht weiter. Er hatte ihn aber unmittelbar vom Oberkommando der Wehrmacht über den Oberbefehlshaber West erhalten.

General von Choltitz rief mich an und bat um Weisung. Mit Rücksicht auf die Abhörgefahr gab ich ihm die Antwort, er möge der Lage und der Entwicklung der Dinge entsprechend handeln, die Heeresgruppe B habe den Zerstörungsbefehl jedenfalls nicht weitergegeben. Im übrigen werde auf die vorangegangenen mündlichen Unterredungen verwiesen. General von Choltitz ließ die Sprengungen nicht durchführen, so daß unersetzliche Baudenkmäler der herrlichen Stadt vor der Vernichtung bewahrt blieben.

Sobald der Verlust von Paris dem Oberkommando der Wehrmacht bekannt geworden ist, befahl Hitler jeden zu dieser Zeit noch möglichen Einsatz der Fernartillerie, der V-Waffe und aller erreichbaren Fliegerverbände auf Paris. Der Zerstörungsbefehl war als ›moralisches Kampfmittel‹ gedacht. Dem Gegner wie dem eigenen Volk sollte die Entschlossenheit gezeigt werden, Frankreich nicht kampflos zu räumen. Zugleich wollte er Rache für die im Bombenkrieg zerstörten deutschen Städte nehmen.

Strategisch war ein solcher Befehl nicht zu verantworten, von moralischen Bedenken ganz zu schweigen. Schon die Verteidigung der militärisch wertlosen Stadt war weder taktisch noch operativ gerechtfertigt, nachdem die Seine, ober- und unterhalb von Paris, von stärkeren Feindkräften längst überschritten worden war. Auch diesen Befehl gab ich nicht weiter. So blieb Paris in letzter Stunde vor der Zerstörung bewahrt.«[1]

---

[1] Hans Speidel »Aus unserer Zeit – Erinnerungen«, Propyläen Verlag, 1977, Seiten 201 und 202.

Der Umstand, daß General von Choltitz sich weigerte, mit allen ihm verfügbaren Mitteln und Kräften die Hauptstadt Frankreichs gemäß der Führerbefehle zu verteidigen, veranlaßte den Oberbefehlshaber-West (OBW), Feldmarschall Model, am 28. August 1944, gegen den früheren Stadtkommandanten wegen Ungehorsams ein Kriegsgerichtsverfahren einzuleiten. Der Verlust von Paris wirkte beschleunigend auf den weiteren Verlauf der Kampfhandlungen im Westen. Innerhalb von sechs Wochen mußte die Wehrmacht praktisch den ganzen Norden und Nordosten Frankreichs räumen. Drei Monate später wurde Elsaß-Lothringen wieder einmal befreit, wobei die am 23. November 1944 in Straßburg einziehenden französischen Truppen von den Einwohnern ebenso stürmisch begrüßt wurden, wie vier Jahre vorher die Wehrmacht.

Wollen wir nach diesem Abstecher in die Kriegszeit wieder auf die Nachkriegsjahre zurückkommen. Unterdessen betrieben die Parteien ihre politisch motivierte Propaganda weiter und stritten sich untereinander um den Ruhm, welche von ihnen das größte Verdienst bei der Befreiung von Paris hatte. Keine sprach dabei über General von Choltitz. Ebenso tragisch wie Admiral Darlans Schicksal in Algier 1942 war das von Marschall Pétain, Sieger von Verdun 1916 und Mitglied der »Académie Française«. Während General de Gaulle sein Londoner Nationalkomitee in Algier in eine provisorische Regierung umgebaut hatte, verblieb Pétain nach der Besetzung ganz Frankreichs 1942 weiterhin in Vichy, obwohl seine Machtbefugnisse noch mehr beschnitten wurden. Der Marschall weigerte sich jedoch, sich nach Algier abzusetzen, da er glaubte, dem französischen Volke in Frankreich nützlicher sein zu können.

Bei einem Besuch am 26. April 1944 in Paris wurde er von der großen Mehrheit der Bevölkerung ebenso begeistert gefeiert wie vier Monate darauf am 26. August der mit den Alliierten einziehende General de Gaulle. Auch in Clermont-Ferrand ist Pétain noch am 6. Juni 1944, also gerade am Tage der alliierten Landung in der Normandie, stürmisch empfangen worden. Unter deutscher Bewachung wurden Pétain und seine nächsten Mitarbeiter am 20. August 1944 nach Sigmaringen verschleppt, von wo es ihm gelang, in den letzten Kriegstagen in die Schweiz zu flüchten.

Nach dem Einzug der Alliierten in Frankreich wurde Pétain von den Massenmedien der »Résistance« für alles, was während der deutschen Besatzungszeit geschah, zum Prügelknaben verteufelt. Warnend bedeutete General de Gaulle Pétain, in der Schweiz zu bleiben, bis er für ihn ein Exilland fände. Gleichwohl überschritt der inzwischen 88jährige Marschall nach Kriegsende die Grenze nach Frankreich und stellte sich freiwillig seinen Richtern, da er meinte, während der Besatzungszeit seinem Volke den gegebenen Verhältnissen gemäß bestens gedient zu haben. Trotzdem wurde er am 14. August 1945 von einem Volksgericht zum Tode verurteilt und anschließend zu lebenslanger Gefängnisstrafe begnadigt. Er beendete sein Leben in Festungshaft auf der atlantischen Insel d'Yeu mit 95 Jahren und galt als der älteste Strafgefangene der Welt. Ungeachtet aller Leistungen, die die Vichy-Regierung während der Besatzungszeit im Rahmen ihrer sehr engen Möglichkeiten vollbrachte, fielen auch zahlreiche hohe Beamte der Volksrache zum Opfer und wurden in ihren Ämtern durch inkompetente »Resistenzler« ersetzt.

General de Gaulle, der dem Treiben der politischen Parteien durch eine neue Verfassung Grenzen setzen wollte, um zu verhindern, daß Frankreich wieder in die chaotischen Verhältnisse der Vorkriegszeit zurückfällt, trat wegen des Parteihaders am 24. Januar 1946 von seinem Amt als Staatschef zurück. Nach seiner Abdankung haben die politischen Parteien ihre Streitigkeiten im Stile der Dritten Republik (1870–1940) fortgesetzt. Im Durchschnitt wechselten die Regierungen im Lande zweimal jährlich.

Einflußreiche französische Politiker forderten 1945 – wie einst Marschall Foch nach dem Ersten Weltkrieg –, eine »natürliche Grenze« für Frankreich entlang des Rheins und Teile des Mosellandes mit einer deutschen Bevölkerung von rund sechs Millionen zu annektieren, was nicht weniger töricht war als Bethmann Hollwegs Pläne 1914, dem Deutschen Reich Gebiete mit 6–8 Millionen Franzosen und Belgiern anzugliedern. Nur das Saargebiet wurde vorübergehend französisches Protektorat, das jedoch nach einer Volksabstimmung mit 67 Prozent Mehrheit im Oktober 1955 der Bundesrepublik Deutschland wieder angeschlossen wurde.

Verlust der Weltreiche

In Großbritannien haben sich nach 1945 die Verhältnisse ebenfalls von Grund auf geändert. Angesichts des engen Verhältnisses, das sich während der Kriegsjahre zu den Vereinigten Staaten entwikkelte, ist England zum schwächeren Partner geworden und blieb weiterhin von Amerika abhängig. Churchills Pyrrhussieg wurde teurer bezahlt, als er überhaupt wert war. Ein vernünftiger Friede mit Deutschland wäre für England jedenfalls billiger gewesen. Zwar hat Churchill den Krieg – aber nur auf dem Papier – gewonnen, dabei aber das britische Weltreich verspielt.

Angesichts der großen Verschuldung entwickelte sich auch in England ein äußerst gespanntes soziales Klima, das sich in den ersten Nachkriegsjahren durch die Liquidierung der Kriegswirtschaft noch mehr verschärfte. Die Masse der demobilisierten Soldaten der britischen Streitkräfte fand es schwer, sich eine neue Existenz zu schaffen. Politisch motivierte Streiks hinderten am laufenden Band die Konsolidierung im Lande. Zwei verbrauchte politische Parteien, die Konservativen und die Sozialisten, schoben sich von einer Wahl zur anderen an die Macht, ohne die anstehenden Probleme lösen zu können.

Während die Völker des Abendlandes mit dem Aufräumen der Trümmer, die ihnen der Krieg hinterlassen hatte, beschäftigt waren, vollzog sich der Zusammenbruch der einstigen Kolonialreiche der europäischen Mächte. Die Niederlage Frankreichs 1940, die gleichzeitige Flucht der Engländer über Dünkirchen, die Erfolge Rommels im nordafrikanischen Feldzug, hauptsächlich aber die Niederlagen der Briten gegenüber den Japanern in Ostasien haben zum Gesichtsverlust der einstmals mächtigen Kolonialreiche entschieden beigetragen.

Die traditionelle Vorrangstellung des Abendlandes, die schon im Ersten Weltkrieg angeschlagen wurde, ist nach dem Zweiten Weltkrieg völlig zerfallen. Zum ersten Mal ist Europa von Entscheidungen abhängig geworden, die nicht in den westlichen Industriestaaten, sondern in Drittweltländern getroffen wurden, wie es unter anderem die Ölkrisen anschaulich offenbarten. Wir erlebten somit den Beginn eines neuen Zeitalters, dessen Auswirkungen sich angesichts des stürmischen Bevölkerungszuwachses in der Dritten Welt in immer drastischeren Formen fühlbar machen werden.

Der Waffenstillstand in Westeuropa bedeutete noch keineswegs das Ende neuer Kämpfe an anderen Fronten. Trotz der Abmachung Churchills 1943 in Moskau über die Aufteilung der Machtsphären in Süd-Ost-Europa versuchte Stalin durch die Entfesselung eines Bürgerkrieges in Griechenland, an der Mittelmeerküste Fuß zu fassen. Erst nach schweren Kämpfen 1946–1949 gelang es mit britisch-amerikanischer Hilfe, die kommunistische Machtübernahme in Athen zu verhindern.

Ein letzter Versuch, diesmal eines französisch-britischen Expeditionskorps, durch die Landung bei Suez 1956 den westeuropäischen Einfluß in der arabischen Welt zu wahren, scheiterte am Veto der Vereinigten Staaten. General Eisenhower, der unter der Parole »peace for our time« für seine zweite Präsidentschaft gerade den Wahlkampf führte, sah durch die Suezexpedition seine Chancen plötzlich gefährdet. Erst als klar war, daß es das Weiße Haus mit dem Druck auf die eigenen Alliierten ernst meinte, drohte die Sowjetunion mit atomaren Angriffen gegen Paris und London, was angesichts ihrer technisch damals noch unzulänglichen Atomrüstung und der Lage, in der sich Moskau infolge des noch nicht vollendeten Nachkriegsaufbaus sowie des Aufstandes in Ungarn befand, kaum ernst zu nehmen war.

Die noch heute allgemein als Abenteuer betrachtete Suezlandung bildete einen der wichtigsten Wendepunkte der Nachkriegszeit. Das »Zurückpfeifen« des allierten Expeditionskorps durch General Eisenhower führte schließlich dazu, daß die Franzosen und Briten erstaunt entdecken mußten, daß sie aufgehört hatten, selbständige Großmächte zu sein, nachdem sie ohne die Zustimmung Amerikas ihre vermeintlichen Interessen nicht mehr verteidigen durften. Außerdem wurden in den Augen der Sowjetunion nicht nur Frankreich und England von den Amerikanern erniedrigt, auch in Asien und Afrika erlitt das Prestige der Europäer einen schweren Rückschlag.

Bis zur Suez-Krise sorgten die Briten für die Sicherheit im Nahen und Mittleren Orient. Doch nacheinander mußten sie ihre Positionen räumen: Palästina 1947, Ägypten 1954, Jordanien 1956, Irak 1958 und den wichtigen Stützpunkt Aden am Südausgang des Roten Meeres 1967. Der 1955 gegründete Bagdad-Pakt, der in dieser stürmischen Region das entstandene Vakuum zur Sicherung des Friedens auszufüllen versuchte – ein Bündnis zwischen Großbritannien, der Türkei, Iran, Irak und Pakistan –, ist 1958 zerfallen.

Nach all dem, was sich 1956 im Nahen und Mittleren Osten ereignete, läßt sich wohl feststellen, daß die Geschichte anders verlaufen wäre, wenn man die Suez-Expedition, anstatt sie abzubrechen, bis zu Nassers Sturz durchgeführt hätte, was, wie wir heute wissen, nur noch eine Frage von wenigen Tagen war. Wahrscheinlich wäre es weder zum libanesischen Bürgerkrieg noch zu den drei Kriegen zwischen Israel und den Arabern gekommen. Die arabische Welt hätte sich eher evolutionär mit uns und nicht revolutionär entwikkelt.

In den fünfziger Jahren räumten die Engländer ihre Besitzungen »östlich Suez«. Schrittweise gab die stolze »Royal Navy« ihre Stützpunkte entlang der »Imperial-Route« – Gibraltar, Malta, Suez, Aden, Singapur – auf. Die Zeit des Aufgebens ihrer restlichen Positionen westlich Suez auf Zypern und Gibraltar dürfte nicht mehr weit entfernt sein. London versuchte, durch die Schaffung einer losen Bindung innerhalb des »British Commonwealth of Nations« die Länder des früheren Weltreiches formell zusammenzuhalten.

Besonders schmerzlich war für England der Abschied von Indien. Bereits der Erste Weltkrieg verstärkte den Wunsch dieses Subkontinents Asiens nach Unabhängigkeit, und es wurde für die Briten immer schwerer, die in zahlreichen Teilen Indiens ausbrechenden Unruhen zu meistern. Die altüberlieferten Gegensätze steigerten sich zwischen den damals 230 Millionen (heute 750 Millionen) Hindus und den 70 Millionen (heute 120 Millionen) Moslems.

Der »Independant Act« Indiens wurde am 1. Juli 1947 vom britischen Parlament verabschiedet. Was jahrhundertelang etwa 50000 britische Verwaltungsbeamte und die unter Führung britischer Offiziere stehende »Indian Army« an Frieden zwischen Hindus und Moslems gewährleistet hatten, zerbarst im Augenblick der Freiheit. Man schätzt, daß zwischen 500000 und 750000 Angehörige der jeweiligen Minderheiten erschlagen, gesteinigt oder verbrannt wurden. Millionen verließen ihre Heimat, um nicht als versklavte Minderheiten leben zu müssen.

Allmählich hat sich England mit der Selbständigkeit des einstigen indischen Kaiserreiches abfinden müssen. Es wurde in zwei Staaten, in Pakistan und die Indische Union, geteilt, die bereits drei blutige Kriege untereinander geführt haben. Indien erklärte sich im Januar 1950 als selbständige demokratische Republik, doch es verblieb weiterhin im Rahmen der britischen Völkerfamilie »Commonwealth«. Im März 1956 wurde die islamische Republik Pakistan gegründet.

Schrittweise ist das britische Weltreich, das größte, das eine europäische Nation je geschaffen hat, zugrunde gegangen. Gemeinsam blieb die symbolische Oberhoheit der britischen Krone wie auch die Amtssprache, da moderne technologische Fachausdrücke in den einzelnen Landessprachen der meisten Drittweltländer fehlen. Ein weiteres Überbleibsel ist schließlich das Straßenbild der englischen Städte mit ihren zahlreichen eingewanderten Farbigen aus früheren Kolonien und fremden Kulturbereichen des einstigen Weltreiches.

Wie Großbritannien in Malaya 1948 und Kenia 1952 hat auch Frankreich seine überseeischen Interessen nach 1945 in Kolonialkriegen zu verteidigen versucht. Das Vorhaben, eine dem britischen »Commonwealth« ähnliche Organisation, die »Communauté Française«, zu schaffen, scheiterte mehr an der Uneinigkeit der damals mächtigen kommunistischen und sozialistischen Parteien in Paris als am »Freiheitswillen« der Bevölkerungen Afrikas. Im Dezember 1946 begann der Aufstand in Indochina, der sich allmählich zu einem Dschungelkrieg ausweitete. Während die Rebellen vom benachbarten Volkschina und der UdSSR unterstützt worden sind, befanden sich 160000 französische Soldaten, davon 20000 deutsche Fremdenlegionäre, 12000 Kilometer vom Mutterland entfernt acht Jahre lang im Einsatz.

Erst 1954 wurde der nicht gewinnbare Krieg mit dem Rückzug der französischen Truppen beendet. Bei der Genfer Konferenz über Indochina ist im Juli desselben Jahres die Teilung des Landes in eine nördliche und südliche Zone entlang des 17. Breitengrades sowie die Veranstaltung allgemeiner Wahlen unter internationaler Kontrolle, die nie stattgefunden haben, beschlossen worden. Bereits ein Jahr später sahen sich die Amerikaner gezwungen, Indochina Militärhilfe zu leisten, die sie schrittweise in den Vietnamkrieg mit Truppen verwickelten, eine Geschichte, über die noch zu berichten sein wird.

Frankreichs Krieg in Indochina führte nahtlos zum Verlust der nordafrikanischen Besitzungen sowie zum Sturz der Vierten Republik (1946–1958) und zur zweiten Machtergreifung General de Gaulles.

Noch während der Räumung Indochinas 1954 brach der Aufstand in Algerien aus, dessen Bekämpfung während acht Jahren den Einsatz von rund 500000 französischen Soldaten erforderte. Schwerer als vom Rückzug aus Indochina wurde Frankreich vom Verlust der auch für Westeuropa wichtigen nordafrikanischen Küste des Mittelmeeres getroffen. Zwei Jahre später, 1956, sah sich die französische Regierung gezwungen, das Protektoratsverhältnis mit Marokko und Tunesien aufzuheben.

Nur mit den neu entstandenen Staaten des ehemaligen französisch West- und Mittel-Afrikas blieb eine engere Bindung durch Verträge und auch eine militärische Präsenz bisher erhalten. Noch steht Frankreich sowohl hier als auch am strategisch wichtigen Südausgang des Roten Meeres in Djibuti Wache und unterhält einen Stützpunkt auf der Insel Réunion im Indischen Ozean. Indessen gibt die Lage der Besitzungen im Pazifischen Ozean und im Karibischen Meer zu manchen Sorgen Anlaß.

Seit 1939 stand Frankreichs Armee mit nur kurzen Unterbrechungen 23 Jahre lang im Kriegseinsatz. Drei Niederlagen, der Feldzug gegen Deutschland 1940, der Verlust Indochinas, aber besonders das Aufgeben Algeriens hat die Armee derart schmerzhaft betroffen, daß es 1960 zu Meutereien ganzer Truppenkörper kam. Militärisch gesehen war der Aufstand der Algerier, ob endgültig oder nur vorübergehend, niedergeschlagen.

Die Rebellen waren selbst überrascht, als sich die französische Regierung mit ihnen in Verhandlungen einließ. Diese Entscheidung wurde nicht aus militärischen Gründen getroffen. Angesichts der »demographischen Zeitbombe«, die auch in den anderen Drittweltländern tickt, war Algerien nicht zu halten. De Gaulle wurde sich bewußt, daß sich ein »Algérie-Française« bald in ein »France-Algérienne« verwandelt hätte, das heißt zur Arabisierung des französischen Mutterlandes führen mußte, wie es zum Teil bereits der Fall geworden ist. Allmählich betrachtete Frankreichs damaliger Staatschef die Fortführung des Krieges in Nordafrika als sinnlos und als eine schwere finanzielle Bürde. In der Hoffnung, Frankreich eine Niederlage wie die von 1940 ersparen zu können, hatte für ihn der Bau der atomaren »Force de Frappe« Vorrang.

7. Kapitel

Rüstungswettlauf Ost–West (1949–1987)

Bei der Potsdamer Konferenz im Juli 1945 teilte der amerikanische Präsident Truman dem sowjetischen Diktator vertraulich mit, daß die Vereinigten Staaten eine Waffe entwickelt hätten, die Kriege nie mehr möglich machen werde. Stalin nahm diese Erklärung mit einem zynischen Lächeln zur Kenntnis. Anders reagierte er jedoch nach der Explosion der ersten Atombombe am 6. August 1945 im japanischen Hiroshima. An diesem Tage wurde sich Stalin bewußt, daß solange die Amerikaner das Atommonopol beherrschen, ihnen die Sowjetunion politisch und militärisch praktisch ausgeliefert wäre.
In den ersten Nachkriegsjahren hatten die Atomwaffen den Amerikanern eine in Zahlen gar nicht ausdrückbare Überlegenheit gesichert, die es ihnen durchaus ermöglicht hätte, die Sowjetunion zu einem Rückzug hinter ihre Vorkriegsgrenzen zu zwingen. Doch angesichts der damaligen Lage wäre die Verwirklichung einer solchen Politik kaum durchführbar gewesen. Abgesehen von der allgemeinen Kriegsmüdigkeit hätten es die Völker der Westmächte gar nicht zugelassen, gegen den gestern noch propagandistisch verherrlichten Verbündeten – »the gallant ally« – das atomare Monopol Amerikas politisch ins Spiel zu bringen.
Folgerichtig lag nach Kriegsende der Schwerpunkt sowjetischer Rüstungsforschung auf dem Gebiet der Atom-, Luft- und Raumfahrttechnik mit dem offensichtlichen Ziel, das Atommonopol der Amerikaner so bald wie möglich zu brechen. Stalin ließ keine Zeit verstreichen, um das Versäumte nachzuholen. Bereits im Herbst 1945 waren 60000 russische Ingenieure und Techniker mit der Entwicklung atomarer Waffensysteme beschäftigt, die weitgehend dadurch erleichtert und gefördert wurde, daß die Raketenversuchsanstalt Peenemünde und ein Großteil der wichtigsten Flugzeug- und elektronischen Werke des Dritten Reiches im sowjetischen Machtbereich lagen. Da im Krieg alle Rüstungswerke engstens zusammengearbeitet hatten, gelang es den Sowjets, sich auch über die Tätigkeit westdeutscher Betriebe viele wichtige Unterlagen zu beschaffen.

Zahlreiche deutsche Wissenschaftler und Techniker wurden in die Sowjetunion gebracht, um ihre Forschungstätigkeit dort wieder aufzunehmen. Allein in der Luft- und Raumfahrtindustrie waren etwa 2000 deutsche Spezialisten tätig, um die im Dritten Reich begonnenen Forschungsprogramme in Zusammenarbeit mit den Russen fortzusetzen. Die vielen Sympathien, die die Sowjetunion in Kreisen »fortschrittlicher Intellektueller« in Amerika und England gewonnen hatte, ermöglichten es den Russen ebenfalls, sich insbesondere auf dem Gebiet der Atomforschung wertvolle Informationen zu beschaffen.

Westliche Fachkreise, die 1945 fest damit rechneten, daß es zumindest zwanzig Jahre, das heißt bis etwa 1965, dauern dürfte, bis die Sowjetunion ihre erste Atombombe besäße, waren fassungslos, als Moskau bereits am 26. August 1949, kaum vier Jahre nach den Vereinigten Staaten, die erste nukleare Ladung zündete. Noch größer war aber die Überraschung der Welt, als man erfuhr, daß die Sowjetunion nur ein Jahr nach den Amerikanern, die sechs Jahre gebraucht hatten, um die komplizierten Probleme der thermonuklearen Bombe zu lösen, am 12. August 1953 ebenfalls eine Wasserstoffbombe zur Explosion brachten.

Es gehört jedoch mehr dazu als das verhältnismäßig einfache Zünden einiger nuklearer Ladungen, um als vollwertige Atommacht zu gelten. Die Entwicklung von Trägersystemen und Abschußvorrichtungen für Boden-Boden-, See-See-, Luft-Luft-Raketen verschiedener Reichweiten und Sprengkraft, die Erforschung elektronischer Richtgeräte und vieles andere ist heute für ein modernes Atomarsenal unentbehrlich, dessen Realisierung jahrelang wissenschaftliche Arbeit erfordert. Den vollen Status einer Atommacht dürfte die Sowjetunion erst etwa Ende der sechziger Jahre erreicht haben.

Inzwischen sind natürlich auch die Forscher Amerikas nicht untätig geblieben. Allmählich wurden die nuklearen Streitkräfte der USA auf ein breites Spektrum von Einsatzmitteln angelegt und erheblich ausgebaut, was ebenfalls seine Zeit erforderte. Während die Entwicklung der verschiedenen Raketensysteme noch im Gange war, stützte sich die Atommacht Amerikas auf eine Flotte von Langstrekken-Bombern. Der Grundgedanke ihrer Strategie war, durch Nutzung der nuklearen Macht und ihren eventuellen Einsatz eine maximale Abschreckung mit minimalen Kosten zu erreichen.

Eindeutig gründeten damals die Amerikaner ihre militärischen Planungen auf die Doktrin der sogenannten »massiven Vergeltung«. Von einer Kette moderner Luftstützpunkte aus sollte die Sowjetunion zwischen Westeuropa und der Türkei sowie in Ostasien von Japan aus eingekreist werden. Unverkennbar baute ihre Strategie auf die Drohung, jeden Angriff – auch einen mit konventionellen Mitteln geführten – an Orten eigener Wahl mit nuklearen Mitteln augenblicklich heimzuzahlen.

Nach Kriegsende hatten die Westmächte ihre militärischen Kräfte eilig und in einem weit höheren Maße demobilisiert als die Sowjetunion. Unter dem Druck der öffentlichen Meinung und auch aus wahlstrategischen Gründen, hauptsächlich aber im Vertrauen auf die Allmacht ihres Atommonopols reduzierten die Amerikaner innerhalb von zwei Jahren ihre Streitkräfte von zwölf Millionen auf 1,4 Millionen Mann und ihre Heerestruppen von 89 auf elf Divisionen. Ursprünglich dachten die Vereinigten Staaten, sich an der Verteidigung Europas nur mit Luft- und Seestreitkräften zu beteiligen. Für ihre Besatzungszone in Deutschland war lediglich eine Militärpolizei, die »Constabulary Force«, vorgesehen.

Unterdessen hatte die Sowjetunion nach Kriegsende nur die älteren Jahrgänge demobilisiert, die durch jungen Nachwuchs ersetzt wurden. Ihre Stärke betrug 175 Divisionen, zu denen auch noch die im Aufbau befindlichen Streitkräfte der Satellitenländer zu zählen waren. Diese Masse, in weit aufgelockerten Formationen eingesetzt, wäre nach sowjetischer Planung trotz des atomaren Monopols der Amerikaner wohl in der Lage gewesen, Westeuropa zu überfluten. Einige Zahlen aus dem Jahre 1946 dürften diese Behauptung begreiflicher machen.

	WEST	OST
Personalstärke:	1200000[1]	3800000
Divisionen:	20	175
Panzer:	4500	40000
Flugzeuge:	2200	15000

Das ungünstige Kräfteverhältnis im Bereich der herkömmlichen Streitkräfte in Europa stellte die alliierten Mächte trotz des Atom-

[1] Einschließlich Luftwaffe, Seestreitkräften und den in Europa und den Vereinigten Staaten stationierten US-Truppen.

waffenmonopols der USA vor erhebliche Probleme. Die ersten Planungen für die Verteidigung Mitteleuropas sahen vor, zwar den Kampf im westdeutschen Vorfeld aufzunehmen, die Verteidigung jedoch erst hinter der Rheinlinie zu führen. Bei einer erwarteten Feindstärke von 120 sowjetischen Divisionen wurde für die Verzögerung ostwärts des Rheins ein Bedarf von 18 Divisionen veranschlagt. Für die Verteidigung am Rhein hatte man etwa 36 Divisionen für erforderlich gehalten. Zur Verfügung standen zunächst jedoch nur die oben angeführten 20 Divisionen.

Dennoch verkündeten die Amerikaner weiterhin, wie sehr man sich auf ihre atomare Abschreckung verlassen könne und daß herkömmlichen Streitkräften nur noch eine untergeordnete Rolle – die des Stolperdrahtes, der die atomare Reaktion auslöst – zufiele. Kein Wunder, wenn die Regierungen Westeuropas auch in späteren Jahren nur wenig Neigung zeigten, Gelder in »antiquierte Divisionen« zu investieren oder zur Anschaffung und Lagerung von Kriegsgerät und Vorräten für eine herkömmliche Mobilmachung auszugeben, zu deren Durchführung es nach Ansicht mancher westlichen Strategen bei einer überraschenden Aggression des Ostens an Zeit jedenfalls fehlen würde. Allmählich gewöhnten sich die Völker Westeuropas daran, ihre Sicherheit den Vereinigten Staaten anzuvertrauen und empfanden diesen Zustand mit der Zeit, eigentlich bis heute, als durchaus selbstverständlich.

Mit dem raschen Aufholen der sowjetischen Kernwaffentechnik wurde aber das atomare Monopol der Amerikaner entwertet. Ihre Drohung, jeden Angriff durch einen nuklearen Vergeltungsschlag zu beantworten, ist nicht nur unglaubwürdig, sondern auch unverantwortlich geworden. Nunmehr mußten die Amerikaner ebenfalls damit rechnen, daß die Sowjetunion einen nuklearen Ersteinsatz des Westens mit einem atomaren Gegenschlag vergelten könnte. Allmählich begannen sich die Westmächte nach manchen Irrwegen an eine flexiblere Strategie, »New Look« genannt, heranzutasten, zu der ihnen jedoch die notwendigen herkömmlichen Streitkräfte fehlten.

Der Atlantische Pakt

Die Spannungen zwischen Ost und West erreichten 1948 ihren Höhepunkt. Die Prager Ereignisse im Februar dieses Jahres, die zur Umgestaltung der Tschechoslowakei in eine Volksdemokratie führten und die kurz darauf folgende Berliner Blockade, wirkten sowohl auf die Vereinigten Staaten als auch auf die meisten Völker Westeuropas alarmierend. Nachdem es allmählich klar wurde, daß die weit überlegene Macht der Sowjetunion eine Konstante der Weltpolitik bliebe und daß eine auf atomare Vergeltung einseitig eingestellte Strategie die Sicherheit des Westens nicht mehr gewährleisten könnte, wurde im April 1949 in Washington der Nordatlantische Pakt gegründet. Die Teilnehmenden verpflichteten sich:

1. Die Freiheit, das gemeinsame Kulturerbe ihrer Völker, gegründet auf die Prinzipien der Demokratie, auf die Freiheit des einzelnen und die Grundsätze des Rechts, sicherzustellen.
2. Durch ständige und wirksame Selbsthilfe und gegenseitige Unterstützung ihre individuelle und kollektive Widerstandskraft gegen einen bewaffneten Angriff aufrechtzuerhalten und zu vergrößern.
3. Ein bewaffneter Angriff gegen einen oder mehrere von ihnen in Europa oder Nordamerika wird als ein Angriff gegen sie alle betrachtet.
4. Im Falle eines solchen bewaffneten Angriffs soll jeder von ihnen in Ausübung des Artikels 51 der Satzung der Vereinten Nationen des anerkannten Rechts zur individuellen oder kollektiven Selbstverteidigung den Vertragsstaaten, die angegriffen werden, Beistand leisten, indem er sofort im Zusammenwirken mit den anderen Vertragstaaten diejenigen Maßnahmen unter Einschluß der Verwendung bewaffneter Kräfte ergreift, *die er für notwendig erachtet*, um die Sicherheit des Nordatlantischen Gebietes wieder herzustellen und aufrechtzuerhalten.

Zu den Unterzeichnenden gehörten Belgien, Kanada, Frankreich, Italien, Luxemburg, die Niederlande, Großbritannien und Nordirland und die Vereinigten Staaten, nicht aber das am meisten gefährdete Land, die Bundesrepublik, mit dem sich die genannten Mächte völkerrechtlich noch im Kriegszustand befanden. Gleichzeitig fing auch der rasanteste und teuerste technische Rüstungswettlauf der Weltgeschichte zwischen Ost und West an, der erst mit dem

Abschluß des Vertrages über die Beschränkung der Mittelstreckenraketen zwischen Reagan und Gorbatschow in den achtziger Jahren endete. Seine Geschichte ist untrennbar mit jener unseres Zeitalters verbunden.

Inzwischen sind im Februar 1952 zwei miteinander zerstrittenen Länder, die Türkei und Griechenland, ebenfalls Mitglieder des Atlantischen Paktes geworden. Trotz aller Bedeutung des Mittelmeerraumes und der Gefährdungen, die von hier aus Westeuropa bedrohen könnten, war es ein Fehler, die zu Asien gehörende Türkei zusammen mit Griechenland zu atlantischen Mächten zu erküren, was sie geographisch gar nicht sind. Die Folge ist, daß dadurch grundsätzlich verschiedene Fragenkomplexe – die des östlichen Mittelmeeres und Westeuropas – politisch und strategisch verkoppelt wurden, während es weiser gewesen wäre, sie auseinander zu halten.

Die Gründung eines Atlantischen Paktes zur Sicherung Westeuropas und eines mit diesem assoziierten Mittelmeerpaktes zur Deckung der östlichen NATO-Flanke wäre gewiß logischer gewesen. Übrigens trägt jede Koalition den Keim heimlichen Betruges in sich, indem ein jeder Mitgliedstaat von seinen Verbündeten das Eingehen von Risiken erwartet, die er selbst für andere im Ernstfall kaum auf sich nehmen würde. Um mit Bismarck zu sprechen: »Die besten Bündnisse versagen ihren Dienst, den man beim Abschluß von ihnen erwartet hat, wenn die Stimmung und Überzeugung, unter der sie geschlossen sind, zur Zeit des ›casus foederis‹ erloschen ist.« Diese Gefahr wächst mit der Zahl der Mitgliedstaaten der Allianz.

Ein Bündnis, das zu viele Länder umfaßt, deren politische Ziele sich in bestimmten Bereichen zwangsläufig überkreuzen, hat mit vielen inneren Schwierigkeiten zu kämpfen. Echte Allianzen können nur zwischen gleichgroßen Staaten mit identischen geostrategischen Interessen bestehen. Zum Atlantischen Pakt gehören kontinental gebundene Kleinstaaten, die im Bündnis lediglich eine Garantie eigener Sicherheit suchen und Mächte mit verzweigten und vielschichtigen Weltinteressen. Für Amerika wurde Westeuropa zum Brückenkopf auf der westlichen Hemisphäre. Zu bemerken wäre schließlich, daß ein Bündnis zwischen ganz großen und kleinen Staaten unvermeidlich zur Satellisierung der letzteren führt.

Das Problem deutscher Wiederaufrüstung

Nach der Gründung des Atlantischen Paktes dauerte es noch drei Jahre, bevor die untereinander uneinigen Westalliierten allmählich begriffen haben, daß es ohne einen deutschen militärischen Beitrag auch für sie keine Sicherheit geben kann. Indessen war der Nachtmahr von einer deutschen Wiederaufrüstung noch immer größer als die Sorge, der erdrückenden militärischen Macht der Sowjetunion ausgeliefert zu sein.
Die Spekulationen, die damals die Regierungen der Westalliierten beschäftigten, drehten sich um die Frage, wie mit einer unerläßlich gewordenen deutschen Teilnahme Europas Sicherheit gewährleistet werden soll, gleichzeitig aber der Aufbau einer westdeutschen Nationalarmee und ihre Aufnahme in den Atlantischen Pakt verhindert werden könnte. Die Lösung dieser Quadratur des Kreises sah man in der Schaffung einer westeuropäischen Verteidigungsgemeinschaft (EVG), ein Gedanke, dessen Urheber 1950 Frankreich war. Dadurch sollte Deutschland in das Netz einer internationalen Militärorganisation verflochten werden, um seine Eigenmächtigkeit in möglichst engen Grenzen halten zu können.
Die Bemühungen, eine integrierte Europaarmee aufzustellen, scheiterten. Ernste Schwierigkeiten entstanden, als Frankreich das Recht forderte, seine Truppen notfalls in Übersee einzusetzen, ferner eine amerikanische Zusicherung verlangte, daß die Vereinigten Staaten quasi als Garanten des Atlantischen Paktes in der Bundesrepublik eine angemessene militärische Präsenz aufrechterhalten und Kriegsmaterial an die EVG als Ganzes liefern, was den Interesssen der Amerikaner, die auf das deutsche Rüstungsgeschäft spekulierten, widersprach.
Nachdem der Gedanke der EVG auf Mißtrauen und Widerstand gestoßen war, wurde das Projekt am 30. August 1954 von der Pariser Nationalversammlung abgelehnt. Mitverantwortlich für das Scheitern dieses Planes waren auch die Briten, die sich weigerten beizutreten und sich merklich distanzierten. Nach Verhandlungen über die militärische Zusammenarbeit mit der EVG vom 13. April 1954 verpflichtete sich Großbritannien lediglich, »geeignete Maßnahmen zu treffen, um eine gemeinsame Planung zu gewährleisten«, was jeder so verstehen kann, wie er will.

Der eigentliche Grund für den Schiffbruch der EVG liegt jedoch tiefer. Nach Stalins Tod (1953) schien Moskaus neuer Kurs Hoffnung auf Entspannung zu bieten. Am 31. März 1954 richtete die Sowjetregierung eine Note an Washington, London und Paris, in der sie anbot, sich mit der Teilnahme Amerikas an einem europäischen Bündnis abzufinden, wenn die Kontinentalmächte auf die EVG verzichten würden. Während der Schwarze Peter bei Frankreich hängen blieb, haben britische und sowjetische Diplomatie ebenfalls entscheidend zum Torpedieren der EVG beigetragen.

Die Gründung der Bundesrepublik Deutschland im Mai 1949 erfolgte, ohne daß man ihr die volle Souveränität zugestanden hatte. In vielen wichtigen Bereichen blieb die Machtausübung weiterhin in den Händen der Alliierten. Erst 1951 erklärten die westlichen Besatzungsmächte den Kriegszustand mit Deutschland als beendet, ein Entschluß, mit dem die Sowjetunion bis 1955 auf sich warten ließ. Nachdem die Westmächte sich endlich einig wurden, daß ohne eine deutsche militärische Beteiligung auch ihre Sicherheit nicht gewährleistet werden kann und alle Spekulationen mit der EVG versagt haben, stellte sich das Problem der Gleichberechtigung Deutschlands, was mit der Besatzungspolitik der Nachkriegszeit unvereinbar war.

Bevor aber die Souveränität der Bundesrepublik Deutschland anerkannt wurde, haben die Westalliierten unter dem Vorwand, daß sie als Nachfolgerin des Deutschen Reiches zur Zahlung von dessen Schulden verpflichtet sei, nochmals zur Kasse gebeten. Im März 1951 machten die Regierungen Frankreichs, Großbritanniens und der Vereinigten Staaten die Gewährung der Souveränitätsrechte an die Bundesrepublik unter anderen auch von einer Anerkennung der Vorkriegsschulden des Deutschen Reiches abhängig. Nachdem die Bundesrepublik grundsätzlich zugestimmt hatte, trat 1952 in London eine internationale Konferenz zusammen, um über eine Gesamtregelung der deutschen Schulden zu beraten. Während die Gläubigermächte allerhand Sonderwünsche durchzusetzen versuchten, weigerte sich Bonn, weitere Verpflichtungen einzugehen. Endlich wurde im Londoner Schuldenabkommen vom Februar 1953 nach vielem »Schacher« die Gesamtsumme der deutschen Schulden auf 13,73 Milliarden DM bewertet. Die Bundesrepublik sah sich genötigt nachzugeben, wenn sie wieder in die Weltwirtschaft eingegliedert werden wollte.

Nicht ohne Bedenken entschlossen sich die Westalliierten zur Gestaltung ihrer zukünftigen Beziehungen zur Bundesrepublik Deutschland. Erst im Mai 1952 erhielt die Bundesrepublik im sogenannten »Deutschland-Vertrag« volle Macht über ihre inneren und äußeren Angelegenheiten, vorbehaltlich einiger besonderer Bestimmungen, darunter Artikel 5, in dem es heißt:

»Wenn die Bundesrepublik außerstande ist, einer Lage Herr zu werden, oder im Falle daß nach Auffassung der drei Mächte die Sicherheit ihrer Streitkräfte gefährdet ist, können diese Mächte, *nachdem sie die Bundesregierung im weitestmöglichen Ausmaß konsultiert haben*, in der gesamten Bundesrepublik oder in einem Teil der Bundesrepublik einen Notstand erklären, der die drei Mächte ermächtigt, diejenigen Maßnahmen zu treffen, die erforderlich sind, um die Ordnung aufrechtzuerhalten oder wiederherzustellen und somit die Sicherheit ihrer Streitkräfte zu gewährleisten.« (Dieser Artikel ist nach wie vor gültig.)

Nach dem »Deutschland-Vertrag« änderte sich der Auftrag der im Bundesgebiet stationierten alliierten Streitkräfte. Sie hörten auf, Besatzungstruppen zu sein und galten nunmehr als Verbündete Deutschlands. Obwohl sie gleichzeitig das strategische Vorfeld ihrer eigenen Länder sicherten, haben die Alliierten weiterhin die Bezahlung von Besatzungskosten gefordert, die nun in »Stationierungskosten« umbenannt wurden.

Noch im Finanzjahr 1956–57 hat die Bundesrepublik an die Vereinigten Staaten 650 Millionen DM zahlen müssen. Entsprechende Verhandlungen mit England und Frankreich führten zu Zahlungsverpflichtungen von 400 Millionen beziehungsweise 278 Millionen DM. Noch während der ersten zwölf Monate nach Inkrafttreten der Abmachungen über den Verteidigungsbeitrag der Bundesrepublik Deutschland hatte sie an Stationierungskosten abermals einen Gesamtbetrag von 3,2 Milliarden DM zu leisten.

Nachdem die Bundesrepublik Deutschland ihre »Eintrittsgebühr« in die NATO entrichtet und der Bundestag die Einführung der allgemeinen Wehrpflicht mit Beklommenheit beschlossen hatte, konnte 1955 mit der Aufstellung der Bundeswehr begonnen werden. Verhandlungen über ihre Unterstellung, Ausrüstung, Befehlstechnik, juristische Beziehungen zu den alliierten Streitkräften, die noch immer gewisse Vorbehalte beanspruchten, brachten die Zeitplanung durcheinander.

Das traditionelle deutsche Soldatentum wurde zwar heimlich bewundert, aber immer noch mit Unbehagen wahrgenommen. Die Lieferung von amerikanischen Waffen im Laufe der ersten zehn Jahre der NATO zusammen mit der Tatsache, daß ihr Oberkommandierender ein US-General war, führten zwangsläufig zu einer einseitigen Beeinflussung der Bundeswehr durch die Amerikaner.

Aufbau der NATO

Nur zögernd haben die Völker des Westens wenige Jahre nach dem Zweiten Weltkrieg den Weg der Wiederaufrüstung angetreten. Der ursprüngliche Streitkräfteplan wurde bereits im Februar 1952 in Lissabon vereinbart. Gemäß der damals getroffenen Übereinkunft sollten Frankreich 14, die Bundesrepublik 12, Italien 12 und die Beneluxländer 5, insgesamt also 43 aktive Divisionen plus Korps- und Armeetruppen aufstellen und gleichzeitig die Voraussetzungen für eine kurzfristige Mobilmachung von weiteren 50 Reservedivisionen schaffen.
Zur Unterstützung der Bodentruppen wurden 5000 Flugzeuge vorgesehen. Die Amerikaner erklärten sich einverstanden, bis zur Erfüllung des Streitkräfteplanes ihre Truppen in der Bundesrepublik zu belassen. Indessen weigerten sich die Briten weiterhin, ihre Teilnahme an Westeuropas Verteidigung festzulegen. Erst in einem Abkommen vom April 1954 verpflichtete sich London zu einer »wirkungsvollen Zusammenarbeit« mit den anderen NATO-Streitkräften. England sollte im Krisenfalle zwei Reservedivisionen stellen sowie die vier Divisionen der Rheinarmee in der Bundesrepublik belassen, jedenfalls dort Streitkräfte unterhalten, »die der alliierte Oberbefehlshaber als gleichwertige Kampfkraft ansieht«.
Die in Lissabon festgelegten Divisionszahlen, die trotz der Entwicklung mancher »Wunderwaffen« noch heute richtig sind, hätten ausgereicht, Westeuropa auch ohne amerikanische Truppenhilfe durch eine grenznahe Verteidigung zu sichern und, was wichtiger gewesen wäre, ohne dabei auf den Gebrauch von Kernwaffen unbedingt angewiesen zu sein. Doch außer der Bundesrepublik hat kein anderes europäisches Land seine eingegangenen Rüstungsverpflichtungen erfüllt. Die in Lissabon vereinbarte Aufstellung von 50 Reservedivisionen ist längst in Vergessenheit geraten.

Frankreichs Armee war bis 1962 in den bereits erwähnten Kolonialkriegen eingesetzt und investierte nachher den Großteil seines Verteidigungsetats in die Entwickung der atomaren »Force de Frappe«. Um seine nationale Souveränität auch im Bereich der Verteidigung zu wahren – die sich kein europäischer Staat mehr im Einzelgang leisten kann –, ist Frankreich 1966 aus der militärischen Organisation der NATO ausgetreten.

Besonders nachteilig wirkte sich auf die Wiederaufrüstung des Westens die eigennützige Rüstungspolitik innerhalb des Bündnisses aus. Die europäischen Industrien konnten mit wenigen Ausnahmen weder in ihrer Konkurrenz mit den Amerikanern noch untereinander eine solide Grundlage für eine gemeinsame Waffenproduktion finden. Die unkoordinierte Wehrforschung, Waffenentwicklung und Erzeugung von zahlreichen voneinander abweichenden Rüstungsgütern führte zu einem unvorstellbaren Durcheinander. Waffen und Gerät sowie ihre Ersatzteile können zwischen den NATO-Verbänden verschiedener Nationalität nur selten ausgetauscht werden. Fraglich ist, wie es im Ernstfall überhaupt möglich wäre, so heterogene Truppen reibungslos zu versorgen.

Schuld daran trug die Rücksichtnahme der Regierungen auf ihre nationalen Industrien, die Industriellen, die davon größere Gewinnmöglichkeiten erhofften, und schließlich auch die Gewerkschaften mit ihrer Sorge um Arbeitsplätze. Die Folge war, daß jährlich innerhalb der Allianz Milliarden Dollar für militärische Entwicklungsprojekte ausgegeben wurden, von welchen fünfzig Prozent Doubletten waren. Dadurch, daß die meisten Waffensysteme in nur kleinen Serien gefertigt wurden, erhöhten sich die Kosten.

Mitbestimmend wirkte dabei die gläubige Hingabe an die Technik, die Hoffnung, durch die Entwicklung immer neuer Waffensysteme eine Überlegenheit zu erlangen. Nie haben aber selbst die besten Waffen einem Volk zum Sieg verholfen, das nicht entschlossen war, zu kämpfen. Im übrigen ist es angesichts des technischen Fortschritts unwahrscheinlich, daß die eine Seite lange über eine Waffe verfügt, die nicht bald auch die Gegenseite besitzt. Nach Clausewitz »hängt die Sicherheit einer Nation von ihrem politischen Willen ab«. Offensichtlich fehlt den Völkern des Westens aber der von Clausewitz geforderte »Wille«, daher ihre Flucht zu technischen Lösungen, die viel kosten, wenig taugen und zu vieles zu zerstören drohen.

Der meist nach amerikanischem Vorbild erfolgte Aufbau der NATO-Streitkräfte bewirkte zwangsläufig ihre außerordentliche Aufblähung in verschiedenen Stabsorganisationen und Diensten, die in einer bemerkenswerten Diskrepanz zur Gefechtsstärke der Kampftruppen stehen. Viele altbewährte Erfahrungen wurden über Bord geworfen, zu viel Neues versucht und zu wenig Konkretes geschaffen, jedenfalls zu wenig für das ausgegebene Geld.

Während man früher die Stärke der Armeen in Divisionen zählte, deren Kampfwert in Personal und Ausrüstung einen halbwegs meßbaren Begriff darstellte, rechnete man neuerdings in »Divisionsäquivalenten«. Die operativen Verbände der einzelnen NATO-Länder sind in ihrer Organisation verschieden. Daher ist es praktisch unmöglich, sie auf einen gemeinsamen Nenner zu bringen, um ihre Gesamtstärke genau feststellen zu können.

Das maximale Kampfpotential erreichte die NATO Anfang der achtziger Jahre. Damals schätzte das »Internationale Institut für Strategische Studien«[1] ihren Personalbestand einschließlich der Türkei, Griechenlands, Spaniens und Portugals auf 3,5 Millionen Mann, die über 22200 Kampfpanzer und 3300 Kampfflugzeuge verfügten. Verwirrend wirkte bei Kräftevergleichen zwischen der NATO und den Warschauer-Pakt-Mächten, daß meist auch die Streitkräfte der Türkei und Griechenlands – die zu einem anderen geographischen Raum gehören – sowie Verbände, die in den USA oder Kanada stationiert sind, berücksichtigt wurden. Dasselbe gilt für Spanien, das zwar seit Mai 1983 ebenfalls zu den europäischen NATO-Staaten gehört, bisher aber keine Zusage gab, die Entsendung von Verstärkungen zu billigen. Entscheidend für Westeuropas Sicherheit blieb die Truppenstärke, die zwischen der Ostsee und den Alpen im Krisenfall verfügbar gewesen wäre.

Die USA unterhielten 1989 in der Bundesrepublik zwei Panzer-, zwei mechanisierte Infanteriedivisionen sowie drei Kampfbrigaden in Gesamtstärke von 204700 Mann, ferner 41000 Mann Luftwaffenpersonal mit 264 Kampfflugzeugen. Als Verstärkung aus Amerika waren zunächst fünf Divisionen – davon zwei Panzer- und drei mechanisierte Infanteriedivisionen – eingeplant, für die ein Großteil ihrer

---

[1] Das »International Institute for Strategic Studies« (IISS) veröffentlicht alljährlich unter dem Titel »The Military Balance« die Bestandsaufnahme aller Streitkräfte der Welt, aus der sämtliche in diesem Buch angeführten Zahlenangaben entnommen worden sind.

schweren Ausrüstung bereits in der Bundesrepublik eingelagert wurde.

Wie öfter stattgefundene Manöver von Luftbrücken über den Atlantischen Ozean erwiesen haben, schien der Einsatz dieser Verbände ziemlich problematisch. Es bestand weder die Gewähr für die Einhaltung des Transportplanes noch für die Übernahme ihres schweren Gerätes sowie die Versetzung in Einsatzbereitschaft unter nicht voraussehbaren Kriegsbedingungen. Auch wäre eine zögernde Haltung des amerikanischen Präsidenten nicht auszuschließen aus Bedenken, durch einen solchen Schritt, der übrigens der Zustimmung des Senats bedarf, die Spannung zu verschärfen.

Ebenso wie die meisten westeuropäischen Staaten haben auch die Amerikaner seit der Abschaffung der Wehrpflicht nach dem Vietnamkrieg ihre Heerestruppen ziemlich vernachlässigt. Als Eliteeinheiten gelten lediglich die Fallschirmjäger und die luftbeweglichen Verbände, ferner die drei Marinekorpsdivisionen sowie die Truppen der in der Bundesrepublik stationierten VII. Armee. Es würde viele Monate dauern, bevor die amerikanischen Mammutindustrien auf Kriegsproduktion umgestellt sind und die US-Streitkräfte voll ausgerüstet in beträchtlicher Kampfstärke einsatzbereit wären. Ihr Gros müßte jedenfalls auf dem Seewege nach Europa befördert werden.

Ende 1988 befanden sich in der Bundesrepublik Deutschland einschließlich der VII. amerikanischen Armee aktive Heerestruppen in Stärke von etwa 25 Divisionen sowie zwei selbständige Brigaden und zwei Aufklärungsregimenter, die im Ernstfall durch weitere zwei niederländische und zwei belgische Brigaden verstärkt werden sollten. Den Kern der britischen Rheinarmee mit 56000 Mann – anstatt der vereinbarten vier aktiven und zwei Reservedivisionen – bilden drei inkomplette Panzerdivisionen, die im Ernstfall aus England ergänzt werden müßten.

Frankreich verfügt außer einer modern ausgerüsteten und gut ausgebildeten schnellen Eingreiftruppe von 47000 Mann über zehn weitere im Landesinnern stationierte unterbemannte Divisionen mit insgesamt 800 Kampfpanzern, die eigentlich nur Rahmeneinheiten sind. Die in Deutschland liegenden französischen Truppen in Stärke von rund 50000 Mann, die drei dürftig ausgerüstete Kampfdivisionen bilden, zählen nur bedingt zur militärischen Organisation der NATO. Gegenwärtig besitzt Frankreich 1340 schwere Panzer AMX-30 und etwa 230 leichte AMX-13. Vergleichshalber sei erwähnt, daß die deutsche Bundeswehr über 4937 Kampfpanzer verfügt. Zu bemerken ist ferner, daß, während eine sowjetische Panzerdivision 11760 Mann und 328 Panzer zählt, die französischen Panzerdivisionen aus 9000 Mann und 190 Kampfpanzern bestehen. Im Unterschied zu den sowjetischen Infanteriedivisionen, die 14800 Mann und 271 Panzer umfassen, zählen die französischen Infanteriedivisionen 7200 Mann und 24 Geschütze, verfügen aber über keine Panzer. Um die mangelhafte Rüstung der Kampfverbände aufzubessern, plant Paris einen der drei bestehenden »corps de bataille« aufzulösen und seine Bewaffnung auf die restlichen zwei Korps zu verteilen.

Im Übermaß investierte Paris auf Kosten der herkömmlichen Streitkräfte Gelder in Prestigeprojekte, vor allem aber in die nukleare Rüstung. Zu dieser gehört auch der kostspielige Bau von sechs atomaren U-Booten und des atombetriebenen Flugzeugträgers »Charles de Gaulle«. Übrigens wird in Frankreich ernsthaft erwogen, die Wehrpflicht abzuschaffen und die Landesverteidigung – wie in England und Amerika – ebenfalls einer Berufsarmee anzuvertrauen. Fraglich ist, wann man in Paris endlich aus dem Traum erwacht, Frankreichs nationale Sicherheit ausschließlich mit eigenen Kräften gewährleisten zu können. Immerhin war im Laufe der letzten Jahre eine gewisse Annäherung an die NATO nicht zu übersehen. Kennzeichnend für das Streben, aus der Isolation einen Ausweg zu finden, sind auch die auf dem Gebiete der Verteidigung sich anbahnenden Bemühungen enger werdender Zusammenarbeit zwischen Bonn und Paris gewesen, darunter die Gründung einer gemischten deutsch-französischen Brigade.

Auf dem Papier weisen die westeuropäischen Staaten – einschließlich Frankreich – ein mobilisierbares Potential von 1,9 Millionen Mann auf[1]. Fraglich ist allerdings, ob für diese im Falle einer Mobilmachung auch die notwendige Ausrüstung verfügbar wäre, nachdem selbst bei manchen in der Bundesrepublik stationierten alliierten Verbänden Materialnot herrscht. Unsicher bleibt schließlich, ob angesichts des defekten Wehrwillens eine reibungslose Mobilmachung überhaupt durchführbar wäre.

Gemäß des Londoner IISS konnten die NATO-Mächte Ende 1988 im

---

[1] An ausgebildeten Reservisten verfügt Belgien über 145000, Dänemark 74000, Frankreich 356000, die Bundeswehr 850000, die Niederlande 175000 und England 316000 Mann einschließlich der Marine und des für Luftwaffen bestimmten Reservepotentials.

Krisenfall zwischen der Ostsee und den Alpen einschließlich der fünf aus den USA herangeflogenen und den mobilisierten westeuropäischen Heerestruppen eine Präsenz von 37 bis 40 Divisionsäquivalenten mit rund 12700 Panzern aufbringen. Ein ernstes Problem bildete übrigens die meist übersehene Frage, ob bei einer ernsten Krise die NATO-Verbände angesichts der Millionen Flüchtlingsfahrzeuge, die das Straßennetz blockieren würden, überhaupt in der Lage wären, ihre Bereitschaftsräume zu erreichen.

An Luftstreitkräften war die NATO mit etwa 1297 Kampfflugzeugen im mittelosteuropäischen Raum den Luftwaffen der Warschauer-Pakt-Mächte mit 2044 Maschinen zahlenmäßig ebenfalls unterlegen.[1] Vermutlich würden sich aber im Kriegsfall die Luftwaffen beider Seiten eher die Waage halten als die Bodentruppen. Dafür spricht vor allem, daß die Flugzeuge der NATO als technisch überlegen gelten. Sie verfügen über größere Reichweiten und längere Einsatzzeiten sowie bessere elektronische Aufklärung und Bewaffnung als die des Warschauer Paktes. Hinzu kommt als weiterer Faktor, daß mit einer beträchtlichen Verstärkung der Luftwaffen aus den Vereinigten Staaten gerechnet werden könnte, vorausgesetzt, daß Landekapazitäten, Versorgungs- und Instandhaltungsdienste verfügbar sind.

Soweit über die dürftige Leistung der westlichen Militärpolitik, vor allem ihrer westeuropäischen NATO-Staaten nach rund vierzig Jahren eines Bündnisses, das an Bevölkerungszahl, Industriekapazität und Reichtum dem sozialistischen Block weit überlegen war. Kaum waren die Rüstungsprogramme angelaufen, als bereits über Abrüstung diskutiert wurde, wodurch sich der Westen psychologisch selbst entwaffnet hat. Anscheinend übersah man, daß Rüstungswettläufe nicht die Ursachen, sondern die Folgen eines politischen Machtkampfes sind und daß es unmöglich ist, ernsthaft an Abrüstung zu denken, wenn nicht vorher die Gründe der Spannung überwunden sind. Nach Clausewitz »reift bei jeder Verteidigung eine Krise heran, in der als Folge der sich lang hindehnenden Erwartung eines Angriffes die Wachsamkeit allmählich nachzulassen beginnt«. Diesen Zustand haben die NATO-Mächte längst erreicht.

---

[1] Insgesamt verfügten 1988 die früheren Warschauer-Pakt-Mächte westlich des Urals über 4400 Kampfflugzeuge.

Die Streitkräfte des Ostblocks

Als Gegenpart zum Atlantischen Pakt ist 1955 der Warschauer Pakt entstanden. Wie die Staaten des Westens verpflichteten sich die sozialistischen Länder ebenfalls dazu, im Falle einer Aggression sich gegenseitig mit militärischen Mitteln Beistand zu leisten. Im Grunde handelte es sich um eine Formalität, da die Satellitenländer Moskaus bereits in den Jahren 1948–1949 mit der Sowjetunion einerseits und untereinander andererseits Verteidigungsverträge abgeschlossen haben. Seither war Europa in seiner Mitte in zwei Militärblöcke gespalten, die sich sowohl in ihrer geostrategischen Struktur als auch in ihrem militärischen Aufbau grundsätzlich unterschieden.
Während das Gebiet des Warschauer Paktes von der Elbe und Donau bis zum Pazifischen Ozean ein kompaktes geostrategisches Ganzes bildete, sind die europäischen NATO-Mächte von Amerika durch den 6000 Kilometer breiten Atlantischen Ozean getrennt. Wie eine Rieseninsel liegen die Vereinigten Staaten zwischen zwei Weltmeeren und es ist für sie nicht leicht, diese strategisch zu überbrücken. Hingegen hatten die Warschauer-Pakt-Mächte den Vorteil, ihre zahlenmäßig weit überlegenen aktiven Kräfte und Reserven auf relativ gut ausgebauten Verkehrswegen aus der Tiefe ihres Raumes in Richtung West in grenznahe Bereitschaftsräume verlegen zu können.
Zur Zeit des kalten Krieges lag der Auftrag der mehrfach überlegenen sowjetischen Streitkräfte darin, den Westen unter einem lähmenden Druck zu halten und somit die Beweglichkeit sowjetischer Politik weltweit zu sichern. Das praktisch ungestörte Fußfassen sowjetischen Einflusses in der Dritten Welt während der Zeit der Entkolonisierungen, eigentlich bis Ende der siebziger Jahre, beweist, daß es Moskau damals durchaus gelungen war, den Westen schlechthin in Schach zu halten.
Während sich die NATO nach wie vor an die passive und starre nukleare Abschreckungstrategie klammert, wäre die Sowjetunion auf Grund ihrer Überlegenheit an herkömmlichen Streitkräften auch heute noch durchaus in der Lage, in Konfliktfällen Kernwaffen nur in Erwiderung eines Angriffes mit solchen einzusetzen. Die strategischen Auffassungen des Ostens und des Westens sind weiterhin grundverschieden und daher miteinander unvereinbar. Die Lehre,

die sich daraus ergibt, ist, daß man nicht vom Gegner unabhängig planen kann, das heißt Gegenmaßnahmen ohne Rücksicht auf seine Strategie zu treffen. Wer so handelt, setzt sich dem Risiko aus, eine Strategie zu entwickeln, die ungeeignet ist, jenen Gefahren zu begegnen, die sich aus der politischen Entwicklung ergeben.

Gemäß der »Militäry Balance« des IISS zählten Ende 1988 allein die sowjetischen Landstreitkräfte außer den für innere Sicherheit bestimmten Sonderverbänden 52 Panzer- und 150 mechanisierte Schützendivisionen mit 53000 Kampfpanzern sowie sieben bis acht Luftlandedivisionen. Nicht alle Verbände sind in Friedenszeiten vollständig, könnten aber innerhalb von vierzehn Tagen durch Mobilmachung auf Kriegsstärke gebracht werden. Rund ein Drittel des sowjetischen Militärpotentials liegt östlich vom Ural und ein Viertel im Kaukasusgebiet. Der Rest von 85 Divisionen war westlich des Urals stationiert.

Zwar weisen die Divisionen des Warschauer Paktes eine geringere Personalstärke als die meisten NATO-Divisionen auf, sie verfügen jedoch über ebensoviel Großgerät – Kampfpanzer, Schützenpanzer und Artilleriegeschütze – wie die vergleichbaren NATO-Verbände. In den Armeen des Warschauer Paktes sind nur jene Dienste und Versorgungsteile in die Kampfdivisionen eingegliedert, die die Durchführung ihres unmittellbaren Kampfauftrages erfordert.

Während in den meisten Ländern des Westens die Streitkräfte häufig nur noch als ein »notwendiges Übel« betrachtet werden, bilden sie in der Sowjetunion wie seit je in Rußland ein traditionelles Instrument der Staatspolitik. Sie dienen nicht nur zur Erhaltung der Ordnung im Innern und als Garant der Souveränität nach außen, sondern auch als Schule der Nation sowie als kittendes Element verschiedener Völkerschaften des Sowjetreiches.

Wenn auch gelockert, besteht die Wehrpflicht und die Mobmöglichkeit neuer Verbände in den Ostblockstaaten nach wie vor. Von allen Wunderwaffen unbeirrt, bleibt im Osten bisher das Menschenpotential die wichtigste Kriegsmaschine. Die Russen sind militärisch schon immer Anhänger der großen Zahlen gewesen. Der Mensch war für ihre Feldherren stets Material. Während die NATO-Truppen in einem technischen Krieg innerhalb einiger Tage »abgenutzt« wären, konnte das sowjetische Oberkommando aus dem vollen schöpfen, ständig neue Reserveverbände heranführen – der Westen aber nicht. Im Abschnitt zwischen der Ostsee und den Alpen könnte die Sowjetunion aus den westlichen Militärbezirken Leningrad, Baltikum, Weißrußland, Karpaten (Lemberg) und Kiew ihre Stärke an herkömmlichen Streitkräften innerhalb einiger Tage im Verhältnis zur NATO verdreifachen.

Als erste Staffel steht noch heute in der DDR die »Gruppe Sowjetischer Streitkräfte in Deutschland« (GSSD) mit zehn Panzer- und neun Schützendivisionen, einer Artillerie- und einer Luftlande-Division. In Polen liegen zwei, in der Tschechoslowakei fünf sowjetische Divisionen. Hinzu kamen kurzfristig einsatzbereit die nationalen Armeen Polens und der Tschechoslowakei, die 14 beziehungsweise zehn Divisionen zählten, sowie die sechs Divisionen der Nationalen Volksarmee (NVA) der DDR. Die Organisation der Streitkräfte der Warschauer-Pakt-Mächte wurde nach sowjetischem Muster durchgeführt, was sich besonders in der Standardisierung der Rüstung äußerte.

Die Sowjets, die als gute Schachspieler den Amerikanern im Denken stets voraus sind, haben die Notwendigkeit der Schaffung deutscher Streitkräfte in den ersten Nachkriegsjahren schon früh erkannt. Die notwendigen personellen Vorbereitungen waren noch im Kriege eingeleitet worden. Sie bestanden darin, etwa tausend Offiziere, darunter auch Generale, der ehemaligen deutschen Wehrmacht, die sich noch in sowjetischer Gefangenschaft befanden, für den Dienst in den neuen militärischen Verbänden der Sowjetzone anzuwerben. Obwohl das Ziel der Aufstellung von Streitkräften kommunistischen Typs stets beachtet wurde, hatte sich die DDR-Führung preußischer Traditionspflege mit Berufung besonders auf die Befreiungskriege der napoleonischen Zeit (1812–1815) nicht verschlossen.

Der Aufbau der DDR-Streitkräfte begann mit der Schaffung von Polizeiverbänden. Bereits 1950 zählte die sogenannte »Kasernierte Volkspolizei« (KVP) 60000 Mann. Durch eine Regierungsverordnung von 1952 wurde die Gesellschaft für Sport und Technik als vormilitärische Ausbildungsorganisation der Jugend gegründet. Gleichzeitig mit der Aufstellung der KVP, die allmählich mit Panzern und Geschützen ausgerüstet wurde, entstanden die »Kampfgruppen der Arbeiterklasse« (KG). Ihre Tradition knüpfte an die kommunistischen Aufstände aus den ersten Jahren der Weimarer Republik und den Roten Frontkämpferbund 1924–1933 an.

Aus der »Kasernierten Volkspolizei« ging die Nationale Volksarmee hervor. Sie zählte 172000 Mann, die, in zwei Panzer- und vier Schützendivisionen gegliedert, mit rund 2850 Kampfpanzern ausgerüstet wurde, von welchen 1200 für die KG eingelagert waren, deren Stärke 500000 Mann ausmachte. Die Luftwaffe der NVA verfügte über 330 Kampfflugzeuge und 140 Hubschrauber. Zum Abschluß der Schilderung über die NVA sei noch bemerkt, daß die DDR am 14. Mai 1955 ebenfalls Mitglied des Warschauer Paktes geworden war. Im Unterschied zur Bundesrepublik Deutschland, die für ihre Aufnahme in den NATO-Klub viele Milliarden Deutsche Mark als Eintrittsgebühr entrichten mußte, ist die Eingliederung der NVA in das Paktsystem des Ostens ohne besonderes Tauziehen erfolgt. Welche Bestimmung diesen Truppen nach vollzogener Wiedervereinigung zufallen würde – wenn überhaupt eine –, bleibt eine Frage, die sich gegenwärtig nicht beantworten läßt.

Soweit unsere Betrachtungen über die Stärke der Warschauer-Pakt-Mächte 1988 zur Zeit der sensationellen Abrüstungsvorschläge Gorbatschows. Tatsache ist, daß sich das neue Regime Moskaus ebenso wie die Regierungen der Satelliten-Länder von der enormen Last der militärischen Ausgaben, die verschiedenen Schätzungen nach zwischen 13 bis 20 Prozent des Nationalproduktes liegen, zu befreien versuchen.[1] Das ist gewiß nicht leicht, nachdem Gorbatschow seine Abrüstungspolitik mit Rücksicht auf die Macht der Militärs betreiben muß.

Die Abrüstung stellt die Sowjetunion nicht nur vor rein militärische Probleme. Die Verringerung der Streitkräfte auf ein Maß, wie es sich die NATO wünscht, würde zur Entlassung von etwa hunderttausend aktiven Offizieren und einer mehrfachen Zahl von Berufsunteroffizieren führen und somit ein Heer von Arbeitslosen schaffen. Nicht leichter lösbar wären ferner die Schwierigkeiten, die durch die Umstellung der Rüstungsbetriebe und ihrer Arbeiterschaft entstünden, was ebenfalls das Schicksal von Millionen betrifft. Auch der Abzug der sowjetischen Streitkräfte aus den Satellitenländern Ost-Mitteleuropas kann nur etappenweise erfolgen, was nicht nur politische Gründe haben dürfte, wie etwa Zeitgewinn. Die Unterbringung der abgezogenen Truppen in Garnisonen

[1] Vergleichshalber sei erwähnt, daß die Verteidigungsausgaben der Westmächte 1988 im NATO-Europa 3,8 Prozent und in den USA 6,9 Prozent des Bruttosozialproduktes ausgemacht haben. (Knaurs Weltspiegel 1989, Droemersche Verlagsanstalt, München.)

der UdSSR stellt die sowjetische Führung ebenfalls vor nicht leicht lösbare Probleme.
Doch wie immer auch die Verhandlungen zwischen Ost und West verlaufen werden, es wird nicht zu vermeiden sein, daß auf Grund seiner geostrategischen Lage und des unerschöpflichen Menschenpotentials das Rußland von morgen die stärkste Militärmacht auf dem europäischen Kontinent bleibt. Anders stellt sich das Problem auf dem Gebiet der Seestreitkräfte, wo der Westen angesichts seiner Stärke und seines technischen Vorsprungs weiterhin überlegen sein wird.

Abrüstung oder Umrüstung

Die Tatsache, daß es im Westen Staatsmänner gibt, die trotz des geschilderten militärischen Ungleichgewichtes zwischen Ost und West geneigt sind, von einer ausgewogenen Truppenreduzierung zu reden, wobei, wie behauptet wird, *die gar nicht vorhandene Gleichgewichtslage bewahrt werden soll*, gehört zu einer der vielen Besonderheiten westlicher Politik. Trotz des größten, teuersten und seit Jahrzehnten andauernden Rüstungswettlaufes zwischen den beiden Bündnissen fehlte es nicht an Gesprächen über Abrüstung sowohl auf nuklearer als auch auf konventioneller Ebene. Sie blieben stets von Mißtrauen und unterschiedlichen Ansätzen hauptsächlich bei dem Problem der Verifizierung von Rüstungen und Personalstärken gekennzeichnet. In den siebziger Jahren wurde vor allem den SALT-Verhandlungen (Strategic Arms Limitation Talks = Begrenzung der strategischen Waffen) eine besondere Bedeutung beigemessen. Jahrelang feilschten die Vertreter der beiden Supermächte um Raketenzahlen, Sprengkörper und Kontrollmaßnahmen, ohne daß es dabei zwischen den Verhandelnden zu handfesten Ergebnissen gekommen wäre.
Inzwischen befaßt sich in Wien seit 1973 die Konferenz über Truppenreduzierung (Mutual Balanced Forces Reduction = MBFR) mit der Lösung der Quadratur des Kreises, zwischen den beiden in ihrer geopolitischen Beschaffenheit und strategischem Aufbau grundverschiedenen Militärsystemen eine Gleichgewichtslage zu schaffen. Kein Wunder, daß trotz eines gewaltigen Propagandagetöses die

Gespräche lediglich in einigen konfusen Denkmodellen mündeten. Was zu bemerken ist, ist die Auflockerung innerhalb beider Blöcke als Folge der allgemeinen Entwicklung und nicht der Abrüstungsverhandlungen. Erst der Machtwechsel in Moskau brachte die eingefrorenen Fronten in Bewegung. Eine Art von Euphorie erfaßte die Regierungen der NATO-Staaten, die durchaus bereit wären, nun vor allem über die Abrüstung ihrer mit viel Mühe aufgebauten konventionellen Streitkräfte zu verhandeln.

Den Auftakt gab die bahnbrechende Rede des sowjetischen Staatschefs vor der Vollversammlung der Vereinten Nationen Anfang Dezember 1988, in der er einen einseitigen Truppenabbau angekündigt hatte. Innerhalb von zwei Jahren will die Sowjetunion ihre Streitkräfte westlich des Urals um 500000 Mann, 10000 Panzer, 8500 Artilleriesysteme sowie 800 Kampfflugzeuge verringern. »In Abstimmung mit unseren Verbündeten im Warschauer Vertrag haben wir beschlossen, bis 1991 sechs sowjetische Panzerdivisionen aus der DDR, der Tschechoslowakei und Ungarn abzuziehen und aufzulösen.« Diese Erklärung ließ auch die Satellitenstaaten Moskaus nicht unberührt, ein Problem, das im Zusammenhang mit der Wiedervereinigung Deutschlands eingehend erörtert wird.

Wie immer ermutigend auch all diese Absichtserklärungen sein dürften, es kann nicht ohne Interesse sein, sie einer eingehenden Analyse zu unterziehen. Unerläßlich ist dabei, erneut auf das mehrfache militärische Übergewicht des Warschauer Paktes Ende 1988 zurückzugreifen. Welches Kriegsbild ergäbe sich im Falle daß die Warschauer-Pakt-Mächte ihre Vorhaben verwirklichen?

Die Divisionsquote[1] bei den Ostarmeen beträgt rund 26000 Mann, was bei einer Verringerung um 500000 Mann und 10000 Panzer etwa 25–30 Divisionsäquivalenten entsprechen dürfte. Welche Art von Divisionstypen sollten es sein? Ohne die 28 Divisionen mit 11000 Panzern der Satellitenstaaten mitzurechnen, stünden den 37–40 NATO-Divisionen immer noch weit mehr als 100 sowjetische Ostdivisionen gegenüber, während bei einer gleich starken Verringerung der Streitkräfte der Westmächte die NATO kaum noch eine Vorpostenstellung geschweige eine Verteidigung errichten könnte.

Abgesehen von der geostrategischen Asymmetrie der beiden Pakt-

[1] Divisionsquote = die innerhalb der Streitkräfte einer Armee auf eine Division entfallende Personalstärke.

systeme und ihrer Kampfstärken ist nicht nur die Quantität, sondern auch die Qualität der sich gegenüberstehenden Waffensysteme ausschlaggebend. Von den 53000 Panzern der Sowjetunion sind 19000 alte T-54 beziehungsweise T-55. Diese mit einem Leopard II vergleichen zu wollen, wäre ebenso verstiegen, als wollte man einen alten Volkswagen mit einem modernen Mercedes auf eine Stufe stellen. Ähnlich ist es auch bei Kampfflugzeugen. Ein weiteres Problem bilden dic vorhandenen Munitionsmengen, an welchen die NATO-Mächte chronischen Mangel leiden. Alle diese Faktoren durch Verhandlungen in eine Gleichgewichtslage bringen zu wollen, stellt unlösbare Probleme, welche die Verifizierung eines Abkommens utopisch erscheinen lassen.

Selbst im Falle eines Abbaus der Streitkräfte des Warschauer Paktes um fünfzig Prozent, was angesichts des wahrscheinlichen Widerstandes der Armeeführungen kaum zu verwirklichen wäre, würde die Überlegenheit des Ostens zwischen der Ostsee und den Alpen gegenüber dem Westen weiterhin bestehen bleiben. Übrigens wird die UdSSR angesichts des prekären Verhältnisses zwischen Moskau und Peking sowie auch gegenüber Tokio, hauptsächlich aber mit Rücksicht auf die revolutionäre Stimmung in der islamischen Welt, stets zur erhöhten militärischen Wachsamkeit gezwungen sein.

Eine Verstärkung der NATO-Streitkräfte an fehlenden Kampftruppen könnte durch Integration teilweise behoben werden. Voraussetzung wäre allerdings die vorherige Bildung einer gemeinsamen europäischen politischen Autorität, die nicht in Sicht ist. Die Integration müßte ab Korpsebene verwirklicht werden. Die Korps bestünden aus drei nationalen Divisionen zu je drei Kampfbrigaden. Doch nicht nur bei den Heereseinheiten, sondern auch durch die Vereinheitlichung der Luftwaffen, der Versorgungs-, technischen und sonstigen Dienste sowie der Stäbe, die sich innerhalb der national gegliederten NATO-Streitkräfte multiplizieren, ließen sich beachtliche Rationalisierungen verwirklichen.

Gegenwärtig beträgt die Divisionsquote der NATO-Streitkräfte rund 48000 Mann, während die Divisionen selbst nur 15000 bis 17000 Mann (davon etwa 10000 Mann Kampftruppen) zählen. In den westlichen Streitkräften entfallen über fünfzig Prozent der Soldaten auf Stäbe und Dienste. Vorrangig bliebe natürlich die Wehrforschung und die Standardisierung der Rüstungen. Fraglich ist

allerdings, ob die NATO-Mächte überhaupt willens sind, sich zu solchen umfangreichen Schritten zu entschließen.
Wie bereits erwähnt, versetzten die Perestroika in Rußland und die Umwälzungen in den ehemaligen Satellitenstaaten der UdSSR die Völker des Westens in eine übertriebene Abrüstungseuphorie. Die Risse, die sich innerhalb der NATO bemerkbar machen, sind kaum noch zu übersehen.
Nicht nur in Westeuropa, auch in den Vereinigten Staaten wird ernsthaft an einen weltweiten Abbau des militärischen Potentials gedacht. Die vorgesehenen Reduzierungen betreffen nicht nur die Landstreitkräfte, sondern auch ihre Belieferung mit neuen Waffen, wie Panzer und Hubschrauber. Die Seestreitkräfte sollen vier Schlachtschiffe, drei Atomkreuzer und mehrere U-Boote ausrangieren. Auch bei der Luftwaffe sind Einsparungen vorgesehen. Washington will in verschiedenen Teilen der Welt 70 Militärbasen schließen, davon 30 bis 40 in Europa, nämlich in der Bundesrepublik, der Türkei, Großbritannien, Portugal, Italien und Griechenland.
Als weitere Sparmaßnahme wird die Verlangsamung oder sogar der Stopp des Baus neuer Waffensysteme erwogen. Die beabsichtigte Umstruktuierung der US-Verteidigung würde nicht nur im Ausland, sondern auch in Amerika selbst große Veränderungen verursachen. Bis 1992 planen die Vereinigten Staaten ihren Militäretat um 180 Milliarden Dollar zu kürzen. Dazu sei bemerkt, daß die Verringerung um jede Milliarde Dollar bei den Streitkräften, in den Rüstungsindustrien und ihren zahlreichen Zubringerbetrieben verläßlichen Schätzungen nach den Verlust von etwa 30000 Arbeitsplätzen verursacht.
Obwohl die Gefahr einer Aggression seitens der Sowjetunion unwahrscheinlich geworden ist, mehrt sich augenscheinlich die Zahl der Krisenherde in allen Teilen der Welt, Auseinandersetzungen, von denen wir ebenfalls berührt werden. Der Einsatz von Streitkräften auf den vermutlichen Kriegsschauplätzen in der Dritten Welt erfordert jedoch ganz andersartige Streitkräfte als die heutigen der NATO, die im wesentlichen zur Abwehr von Panzermassen bestimmt sind. Nicht Abrüstung, sondern die Umstellung auf eine der Weltlage von morgen entsprechende globale Strategie ist und bleibt das Problem, das zu lösen ist. Gleichzeitig wird ein politischer Umbau des Atlantischen Paktes erforderlich, der seine Mitgliedstaaten auch in außereuropäischen Konflikten zum solidarischen Han-

deln verpflichtet. Nach wie vor gilt die alte Devise der NATO: »Vigilance is the price of freedom.« (Wachsamkeit ist der Preis der Freiheit.) Die Krise im Persischen Golf verleiht dieser Warnung ein besonderes Gewicht und könnte sich auf die Abrüstungsabsichten bremsend auswirken.

8. Kapitel

Strategische Utopien

Die aus dem technischen Fortschritt hevorgehenden gewaltigen Impulse bewirkten das Entstehen von Vorstellungen, die »den Krieg für etwas nehmen oder zu etwas machen wollen, was er seiner Natur nach nicht sein kann« (Clausewitz). Wer Krieg führt, sucht entweder eigene Interessen zu verteidigen oder fremden Besitz zu gewinnen. Eine Waffe, die beides vernichtet, ist militärisch und infolgedessen auch politsch nicht brauchbar und taugt kaum als Handhabe politischen Drucks.

Nur eine Macht, die immun gegen Kernwaffen wäre, die alle Vergeltungsmaßnahmen des Feindes *verläßlich* ausschalten könnte, könnte mit ihnen drohen – nur sie könnte mit Atomwaffen erfolgreich abschrecken. Strategie hört auf, wenn das Kriegsziel nur beim Risiko eigener Vernichtung erreicht werden kann. Durch das Zerreden kernstrategischer Probleme wurde mehr Verwirrung als Klarheit geschaffen. Einfache Fragen wurden kompliziert, komplizierte auf groteske Art vereinfacht. Was dabei herauskam, gleicht einer Pseudostrategie, die mit wirklichkeitsfremden Formeln und vagen Argumenten jongliert. An dieser Börse werden die Werte nicht mehr nach ihrer Substanz notiert, sondern nach der Lautstärke, mit der Ideen strategischer Wahrsager durch Presse und Fernsehen in die Öffentlichkeit gestrahlt werden.

Wer das Problem atomarer Rüstung wirklich verstehen will, sollte sich hauptsächlich mit der Psychologie des modernen »homo technicus« auseinandersetzen, für den der Amerikaner das markanteste Beispiel abgibt. Kernstrategie ist vor allem ein Produkt amerikanischer Mentalität. Das pragmatische Denken des Amerikaners, seine leidenschaftliche Suche nach Neuem, häufig nur des Neuen wegen, sein rastloses Streben nach spektakulären Effekten und Rekorden machen ihn geneigt, die Kernwaffen in ihrer politisch-strategischen Bedeutung zu überschätzen. Die Tendenz der »Sternstrategen«, in Begriffen von H.-G.-Wells-Romanen zu planen, führt zu Kurzschlüssen. Gelder werden jedenfalls auf Kosten realistischer Rüstungsprogramme in Phantasieprojekte investiert, wodurch wir Gefahr laufen, ohne das Weltall zu erobern, unseren Platz unter der Sonne zu verlieren.

Das strategische Nukleararsenal gleicht einem Ballast, der alle bedroht, nichts bringt und den man doch nicht abschaffen kann. Kernwaffen sind ein Joch, das die Kernspaltung den Weltmächten auf die Schultern gelegt hat. Es war ein grundsätzlicher Irrtum, die psychische Zerstörungskraft des Atoms mit dem Begriff militärischer Macht zu verwechseln, ohne zu bemerken, daß die stets perfekteren Massenvernichtungsmittel politisch allmählich unbrauchbar geworden sind.

Nicht die Russen, sondern die technisch gläubigen Amerikaner haben den atomaren Rüstungswettlauf in ein heute schwer kontrollierbares Extrem getrieben. Nun dauert der »Atomkrieg«, der als solcher nicht ausbrechen darf, in Form eines hektischen Wettlaufes der Wissenschaften und der Nachrichtendienste seit 1945. In dauernder Wechselwirkung und gegenseitiger Steigerung, die an einem Abgrund vorbei über die Erde hinaus bereits in den Weltraum führt, überbieten sich beide Supermächte mit stets neuen Waffensystemen immer in der Hoffnung, daß es vielleicht doch noch gelingen könnte, den Gegner technisch zu überrunden oder wirtschaftlich matt zu setzen. Offen bleibt dabei die Frage, welche ökologischen Auswirkungen die Explosionen von nuklearen Sprengkörpern und Massenausstrahlungen von Energie im Weltall auf unser irdisches Dasein haben könnten.

Die Abhängigkeit von der stets komplizierteren Kriegstechnik führte zwangsläufig zur engen Verflechtung von Forschung, Industrie und Streitkräften. Nicht die Notwendigkeit dieser Zusammenarbeit wird bezweifelt, sondern die Form, in der sie sich äußert. Rüstung ist eines der größten Geschäfte geworden und es ist nicht leicht, sich im Labyrinth konkurrierender Interessen zurechtzufinden. Unumstritten ist, daß aus Reagans »Sternstrategieprogramm« hilfreiche Finanzspritzen für manche Rüstungsfirmen abgezweigt wurden.

Es ist eine Ironie der Geschichte, daß es gerade die sich immer human gebärdenden Amerikaner sind, deren strategische Planungen sich vorrangig auf eine Kriegsart stützen, die nicht nur Soldaten, sondern ganze Völkerschaften in Mitleidenschaft ziehen würde, einschließlich ihres eigenen Volkes. Anscheinend übersah man, daß es nicht die physische Wirkung allein ist, dic ein Waffensystem militärisch brauchbar macht, sondern die Frage, ob sich die angeschafften Instrumente auch wirklich zur Meisterung jener Gefahren eignen, die sich aus der politischen Konstellation ergeben. Bemerkenswert ist, daß man, während man sich weltweit über den Einsatz chemischer Kriegsmittel empört, den der weit gefährlicheren Kernwaffen fast als Selbstverständlichkeit hinnimmt. Die großen Lücken der eindeutig auf nukleare Kriegsmittel eingestellten Strategie des Westens sind offensichtlich.

In keinem der bisherigen Nachkriegskonflikte, weder im Korea- noch im Vietnamkrieg oder im Persischen Golf-Konflikt und anderswo, wagten die Amerikaner, von Atomwaffen Gebrauch zu machen. Jedenfalls hätte man durch ihren Einsatz kaum die erhoffte politische Lösung bewirkt. Wie es die Entwicklung in der Dritten Welt, wo sich allen Anzeichen nach das Schicksal des Abendlandes entscheidet, bereits erwiesen hat, kann eine Macht über noch so verheerende nukleare Vernichtungsmittel verfügen und militärisch mangels ausreichender herkömmlicher Streitkräfte dennoch impotent sein. Atommächte können alles zerstören und dabei doch alles verlieren.

Nukleare Kriegführung ist starr und wer auf sie baut, verliert die politische Beweglichkeit. Wenn sich zwei Energien gegenseitig neutralisieren – wie es im Bereich der Kernwaffen der Fall ist –, dann gewinnen jene Kräfte an politischer Bedeutung, die in keinem Gleichgewicht zueinander stehen, das heißt die herkömmlichen Streitkräfte. Eine Strategie, wie die des Westens, die nur zur Abschreckung dient und sich auf pure Verteidigung beschränkt, ist erstarrt und infolgedessen zu allmählicher Wirkungslosigkeit verurteilt.

Es ist ein Fehlschluß westlicher Strategie gewesen, den altgriechischen Spruch von Protagoras (485–410 v. Chr.), daß »der Mensch das Maß aller Dinge ist«, ignoriert zu haben. Nachdem die Wirkung der nuklearen Vernichtungswaffen die militärisch notwendige Zerstörungskraft um das Vielfache übertrifft, ist es kaum noch möglich, von einem atomaren Gleichgewicht oder Übergewicht quantitativ zu sprechen. Kernwaffen sind absolut. Ersetzen wir das Wort »absolut« durch den mathematischen Begriff »unendlich«. Man möge »unendlich« durch fünf, zehn oder hundert dividieren, das Ergebnis bleibt immer dasselbe: »unendlich«.

In seinem Dreistufenplan zur Rüstungsbegrenzung und Abrüstung vom 15. Januar 1986 hatte sich Gorbatschow für eine Beseitigung aller Kernwaffen bis zur Jahrhundertwende ausgesprochen. In gewissen Kreisen Washingtons beginnt man ebenfalls darüber nachzudenken! Doch die Chancen, daß sich derartige Hoffnungen erfüllen, bleiben gering. Nach wie vor wird an der Vervollkommnung nuklearer Kampfmittel weitergebastelt. Die staatliche Universität von Kalifornien betreibt zwei Laboratorien, die sich mit der Weiterforschung von Kernwaffen befassen. Insgesamt verfügen die amerikanischen Streitkräfte über 35 verschiedene Typen von Kernwaffen, und derzeit werden im texanischen Amarillo zehn verschiedene Modelle hergestellt. Vermutlich dürfte man auch in der Sowjetunion im Perfektionieren nuklearer Kriegsmittel den Amerikanern nicht nachstehen wollen.

Wäre es nicht angebracht, die Atomrüstung – wie soeben erwähnt – einfach auf ihrem gegenwärtigen Stand beruhen zu lassen? Sowjetische Regierungschefs haben in diesem Sinne bereits öfter Andeutungen gemacht. So zu handeln, wäre gewiß sinnvoller, als weitere Milliarden Dollar in unglaubwürdig gewordene Rüstungen zu investieren und die nach wie vor unerläßlichen herkömmlichen Streitkräfte noch mehr verkommen zu lassen.

Ab einer bestimmten Zahl von Kilotonnen, die je nach der geostrategischen Lage eines jeden Staates verschieden sein mag, ist es gleichgültig, ob eine Atommacht ihren Gegner mit einmaligem oder tausendfachem Tod bedroht. Nie vorher gab es Waffen, deren Vernichtungskraft größer war, als es militärisch erforderlich gewesen wäre. Man muß also gar nicht über dieselbe Zahl von nuklearen Kriegsmitteln verfügen, wie der Gegner, um als Atommacht zu gelten.

Seit der Hiroshimabombe am 8. August 1945 ist die Forschung nicht untätig geblieben. Sie entwickelte ein ganzes Arsenal von verschiedenen nuklearen Kriegsmitteln. Die Technik der Trägersysteme wurde perfektioniert, die Explosionen der Sprengkörper dosierbar. Die Reichweiten bis 13500 Kilometer genügen, um alle wichtigen Zielgebiete zu erreichen. Die Treffsicherheit hat einen Grad der Perfektion erreicht, dessen Weiterentwicklung praktisch kaum noch in die Waagschale fällt.

Anstatt sich in ein Aufzählen einzulassen, über wie viele tausend atomare Sprengkörper die beiden Supermächte – die USA und die UdSSR – verfügen, wie es bereits oft getan wurde, wollen wir uns mit der Feststellung begnügen, daß es ein unverantwortlicher Wahnwitz beider Seiten war, diesen hektischen Wettlauf ins Rollen zu bringen. Fraglich ist, ob es noch einen Sinn haben kann, an der Spirale des nuklearen Vernichtungspotentials weiter zu drehen.

Da die Zerstörungskraft nuklearer Waffen nicht quantitativ erfaßt werden kann, hat das endlose Tauziehen zwischen den beiden Supermächten bei ihren Verhandlungen über Reichweiten oder Zahlen strategischer Raketen, Mittelstreckenraketen, Marschflugkörper (cruise missiles), strategischer Bomber, usw. wenig Sinn, zumal bereits ein Drittel oder noch weniger der heute vorhandenen Waffen genügen, sich gegenseitig auszuradieren. Die Zahl und Stärke vorhandener Sprengkörper der einen oder der anderen Seite in Vergleich stellen zu wollen und als Grundlage strategischer Potenz anzuführen, gleicht einer Spiegelfechterei.

Abrüstungsverhandlungen jedwelcher Art sind untrennbar mit der komplizierten Frage der Rüstungsverifizierung verbunden, deren Regelung der Lösung einer Quadratur des Kreises gleicht. Diese Konferenzen hatten alle eines gemeinsam, nämlich, daß die Beachtung solcher Abkommen von der Lageentwicklung abhängt. Mit der Zeit ändern sich auch die Interessen der Staaten. In den Weiten Rußlands nach getarnten Raketenstellungen zu fahnden, käme dem Suchen nach Stecknadeln in einem Heuschober gleich.

Dasselbe gilt natürlich auch für die Amerikaner. Es wäre schwer, an der zerklüfteten Küste Alaskas ein verbunkertes atombetriebenes U-Boot »Trident« CV-4, das 76 Raketen zu je 100 Kilotonnen auf 7400 Kilometer verschießen kann, die jeweils der fünffachen Sprengkraft der Hiroshimabombe entsprechen, ausfindig zu machen. Erfahrungsgemäß bedienen sich Regierungen allerlei Tricks, um Verifizierungsmaßnahmen zu hintergehen. Was würde man übrigens unternehmen können, wenn man Verletzungen eines Abkommens feststellte?

Auch die schon öfter gemachten Vorschläge der Schaffung von sogenannten atomfreien Zonen böten ebenfalls nur begrenzte Sicherheit. Selbst Gebiete, in denen keine Atomwaffen gelagert sind, schließen noch keineswegs einen atomaren Angriff auf sie aus. Angesichts der Reichweiten moderner Raketen könnten neutrale Staaten in Richtung auf Feindländer überflogen werden. Übrigens bietet, wie es die Geschichte beider Weltkriege beweist, erklärte Neutralität noch keine Gewähr, daß sie im Ernstfall wirklich respektiert würde.

Als naheliegende Beispiele von Neutralitätsbrüchen können Belgien und die Niederlande seitens Deutschlands angeführt werden, deren Gebiet vom Dritten Reich als Aufmarschraum und später für Luft- und Seestützpunkte gegen England benutzt wurde. Überwachungen durch Aufklärungssatelliten oder andere noch perfektere Mittel böten ebenfalls keine Garantie sicherer Überwachung gegenüber einer Macht, die Kontrollmaßnahmen hintergehen will.

Die Katastrophenstrategie

Das oft gehörte Argument, Kernwaffen seien eigentlich nur politische Waffen, vermag ebenfalls nicht zu überzeugen. In Wirklichkeit können Waffen, deren Einsatz sinnlos wäre, nicht mehr als Kriegsgeräte im militärischen Sinne gelten. Zweifelhaft ist, ob es überhaupt eine Atomstrategie geben kann. Solange Strategie die Anwendung von Macht zur Erreichung politischer Ziele bleibt, sind Atomwaffen keine Waffen, weder militärische noch politische, sondern lediglich Zerstörungsmittel.

Solche Ansichten widerlegen keineswegs die Tatsache, daß durch das Vorhandensein nuklearer Kriegsmittel und ihrer Fehleinschätzung als militärisch brauchbare Waffen »Realitäten« entstanden sind, die nicht mehr aus der Welt geschafft werden können. Man muß trotz ihres irrealen Charakters ernst mit ihnen rechnen. Ohne ein Instrument tatsächlicher Machtausübung zu sein, sind Kernwaffen als Attribute der Macht dennoch notwendig geworden. Wer sich nicht der Gefahr nuklearer Erpressung aussetzen will, muß sie besitzen. Ohne Kernwaffen kann es keine autonome Strategie und daher keine souveräne Selbständigkeit mehr geben. Dadurch ist eine Lage gegeben, der man sich *nolens volens* anpassen muß.

Tatsache ist, daß sich die Rüstungspolitik der atlantischen Mächte in einer Art Atomparalyse festgefahren hat. Wer als erster schießt, stirbt als zweiter. Warum sollte aber schon die UdSSR Washington atomar angreifen, um in spätestens zwei Stunden Moskau der Gefahr totaler Zerstörung auszusetzen? Wegen der untragbaren Bevölkerungsverluste und der unvermeidlichen Zerstörung von Industriegebieten könnten weder die USA noch die UdSSR einen strategischen Atomkrieg gewinnen.

Ausschlaggebend wäre die psychologische Widerstandskraft. Bereits hundert der tausende vorhandenen sowjetischen Sprengkörper genügten, das Land der Wolkenkratzer mit seinen Ballungszentren in Panik zu bomben, wofür die Horrorpropaganda der Massenmedien in Amerika über den Atomkrieg die psychologischen Voraussetzungen bereits geschaffen hat. Die kernstrategische Lage der Sowjetunion ist anders gestaltet. Im Vergleich zu den USA ist die UdSSR viel weiträumiger aufgelockert. Die Russen sind an Leid gewöhnt, sie haben stärkere Nerven und größeres Durchhaltevermögen als die Amerikaner.
Selbst wenn es der Sowjetunion gelingen würde, fünfzig Prozent der US-Atomwaffen mit einem Erstschlag auszuschalten, dann genügten nach amerikanischen Berechnungen die übriggebliebenen fünfzig Prozent, um den »zweiten Schlag« für Moskau ebenfalls verhängnisvoll zu machen. Die Gesamtverluste in den Vereinigten Staaten werden auf 140 Millionen, die in der Sowjetunion auf 130 Millionen Menschen geschätzt. Diese Schlußfolgerungen enthält ein Bericht vom April 1979 des US-Amtes für technisch-statistische Schätzungen, den der außenpolitische Senatsausschuß für seine Debatten anfertigen ließ. Allein Frankreichs kleine Atommacht wäre durchaus in der Lage, zwölf sowjetische Zielgebiete total zu zerstören, vorausgesetzt daß man das »Ausradieren« von Paris, Lyon, Bordeaux und andere Städte in Kauf nimmt.
Aus dem Gesagten ergibt sich:
1. Solange Kernwaffen im Besitze einer Macht waren, bildeten sie die gefährlichsten Angriffswaffen aller Zeiten.
2. Infolge des Verlustes des Atommonopols durch die Amerikaner haben Kernwaffen aufgehört, Angriffswaffen zu sein.
3. Wegen der Vergeltung, die der Einsatz von Kernwaffen auszulösen droht, sind sie als Defensivwaffen ebenfalls unbrauchbar geworden mit Ausnahme des Falles – und nur dieses Falles –, daß man zuerst atomar angegriffen wird.
4. Angesichts dieser Sachlage können Kernwaffen zwangsläufig nur noch den Zweck erfüllen, den Gegner vom Gebrauch seiner Kernwaffen abzuschrecken, *wozu sie allerdings unerläßlich geworden sind.*
Wehe uns allen, wenn trotzdem einer den Wahnsinn beginge, sie als erster einzusetzen. Die unmittelbaren Vorteile, die sich daraus ergeben würden, könnten kaum die unübersehbaren Folgen aufwiegen,

die dadurch entstünden. Die Notwendigkeit eines neuen strategischen Denkens ist offensichtlich. Seitdem es Menschen gibt, hat es Streit gegeben und daran wird sich auch in Zukunft nichts ändern. Nun ist aber der Atomkrieg eine Frage des Überlebens oder Unterganges ganzer Völker geworden. Kernwaffen kennen keine Grenzen. Um mit Shakespeare zu sprechen: »To be or not to be, that is the question.«

Gegen die verheerende Wirkung nuklcarer Angriffe gibt es weder heute, noch wird es in Zukunft eine verläßliche Verteidigung geben können. Vergeblich sind die Versuche, sich mit enormem Kostenaufwand in einen Wettlauf zu stürzen, gegen Raketen nun Antiraketen herzustellen oder, wie es von Präsident Reagan im März 1983 geplant wurde, zur Verteidigung der USA Laserkanonen und Laserreflektoren zu entwickeln, um im Weltall eine Art »antinukleare Maginotlinie« zu errichten.

Ein SDI(Strategic Defence Initiative)-System könnte nicht ewig im Weltall schweben, ohne daß es sich abnutzt, oder durch Neuentwicklungen der Technolgie überholt und daher modernisiert werden müßte, wodurch über Jahrzehnte weitere Auslagen entstünden. Hat man überhaupt nachgedacht, wie lange diese »Maginotlinie« in den Sternen kreisen soll? In zwanzig bis dreißig Jahren wird sich das Weltbild vermutlich völlig verändert haben.

Schon heute deutet vieles darauf hin, daß dann die Menschheit andere Probleme und Sorgen haben wird als die heutigen. Es ist leichter, Raketen auf den Mond zu jagen, als die komplizierten Fragen unseres irdischen Daseins mit technischen Mitteln lösen zu wollen. Nicht irgendwelche Sternstrategie wird über das Schicksal des Westens entscheiden, sondern Entwicklungen, die unabhängig von diesen technisch sicherlich bewundernswerten Errungenschaften heranreifen.

Inzwischen hat das Herumreden der Amerikaner über die Sternstrategie merklich nachgelassen, nachdem das SDI-Projekt auf seine Realisierbarkeit von Fachleuten ernsthaft geprüft wurde. Viele von ihnen sind der Meinung, daß die Sicherheit, die die Sternstrategie bieten würde, keineswegs verläßlich wäre, wobei die Schätzungen der möglichen Abwehrquoten von Raketen sehr verschieden sind.

Aufsehen erregte ein Bericht des »Office of Technology Assessment« (OTA). Diese einflußreiche, von der Regierung unabhängige Behörde untersteht unmittelbar dem Kongreß, sie ist gleichsam die

Denkfabrik für die Abgeordneten in Washington. Zwei Jahre haben OTA-Mitarbeiter die SDI-Pläne geprüft. Sie halten eine Verwirklichung des Projekts für unmöglich. Das ganze SDI-System würde bei seinem ersten Einsatz, nämlich im Falle eines sowjetischen Raketenangriffes, katastrophal versagen.

Verzicht auf den Ersteinsatz

Eher als im Westen scheint man sich in Moskau über die Zweischneidigkeit nuklearer Kampfmittel bewußt zu sein. Marschall Ogarkow hat hierzu 1979 in der sowjetischen Militärenzyklopädie einen selten nüchternen und aufschlußreichen Aufsatz veröffentlicht, in dem es heißt: »Grundlage der sowjetischen Militärstrategie ist, Nuklearwaffen nicht als erster einzusetzen und sie ist im Grunde gegen den Gebrauch von Massenvernichtungsmitteln.« Der frühere Staatschef Breschnew verkündete im Juli 1980 ebenfalls den sowjetischen Verzicht auf den atomaren Erstschlag. Ähnlich äußerten sich seine Nachfolger Andropow und Gorbatschow.

Wie immer man auch diese Erklärungen bewerten mag, Tatsache bleibt, daß die seit Jahrzehnten andauernden Verhandlungen zwischen der Sowjetunion und den Vereinigten Staaten, den nuklearen Rüstungswettlauf zu beenden, bisher erfolglos blieben. Angesichts des Tatbestandes, daß man die Kernwaffen weder abschaffen noch eine verläßliche Rüstungskontrolle einführen kann und der Bau eines Verteidigungssystems sowohl technisch als auch finanziell praktisch nicht zu verwirklichen ist, wäre es sicherlich ein Gewinn, wenn sich die beiden Supermächte auf den Ersteinsatzverzicht nuklearer Kriegsmittel einigen könnten. Nach der Erklärung des sowjetischen Staatschefs Gorbatschow am 7. April 1989 in London, daß die UdSSR die Herstellung von angereichertem Uranium zu militärischen Zwecken eingestellt hat, dürften Verhandlungen in diesem Sinne hoffnungsberechtigt sein.

Einen geschichtlichen Präzedenzfall bilden die Kampfgase. Die Analogie zwischen Gas- und Kernwaffen ist offensichtlich. Wie bekannt, hatte die Entwicklung chemischer Kampfmittel – die bereits im Ersten Weltkrieg eingesetzt wurden – zwischen den beiden Weltkonflikten gewaltige Fortschritte zu verzeichnen. In besiedelten Gebieten wäre ihre Wirkung der der Kernwaffen von heute kaum nachgestanden! War es das am 17. Juni 1925 von über vierzig Staaten unterzeichnete Genfer Protokoll über das Verbot chemischer Kampfmittel, das die Kriegführenden davon abhielt, ihre Gaswaffen einzusetzen? Technisch wäre es durchaus möglich gewesen, von Flugzeugen mit Gasbehältern ähnlich katastrophale Verheerungen anzurichten, wie heute mit Kernwaffen.

Churchill ließ sich am 5. August 1943 über die Möglichkeiten Großbritanniens, einen chemischen Krieg gegen Deutschland zu führen, unterrichten. Die in England gelagerten 32000 Tonnen Senf- und Phosgengas hätten einem damaligen Bericht zufolge ausgereicht, viele Städte Deutschlands mit Kampfgasen anzugreifen, was jedoch auch deutscherseits gegenüber England durchaus zu befürchten gewesen wäre. Nach einem Bericht, den der damalige deutsche Rüstungsminister Albert Speer am 11. Oktober 1944 an das Oberkommando der Wehrmacht richtete, betrug die Produktion der deutschen chemischen Industrie 1944 monatlich 3100 Tonnen Lost und 1000 Tonnen Tabun. In Deutschland fand man nach dem Kriege 30000 Tonnen Tabun. Ein Angriff mit diesem Kampfgas hätte ausgereicht, auf zwei Quadratkilometern eines Stadtgebietes 33 Prozent der Bevölkerung auszulöschen. Die Wirkung eines anderen Giftgases Sarin, das man in Deutschland ebenfalls vorrätig hatte, wäre besonders auf dem Gefechtsfeld gegen Panzer wirksam gewesen. Trotz der verzweifeltsten Kriegslagen wagte es selbst Hitler nicht, von seinen zweischneidigen Gaswaffen Gebrauch zu machen.

Der Einsatz von Kampfgasen in Afghanistan und im Golfkrieg veranlaßte den französichen Staatschef, im Januar 1989 in Paris eine Großkonferenz über die Völkerrechtswidrigkeit des Gaskrieges einzuberufen, die die Grundsätze des Genfer Protokolls von 1925 erneut bestätigte. Merkwürdigerweise hat eine ähnliche Konferenz über das Verbot der Kernwaffen bisher nicht stattgefunden. Mit Recht protestierten einige Regierungen der arabischen Länder und Drittweltstaaten gegen das Verbot chemischer Waffen, die die billig und einfach herstellbaren Kampfgase als einen Ersatz für die unvergleichlich teureren Kernwaffen betrachten.

Wie dem auch sei, ein Verzicht beider Supermächte auf den Ersteinsatz von Kernwaffen dürfte gewiß nicht ohne Einfluß auf die Kleinatomaren beziehungsweise die Neuatomaren von morgen bleiben. Ideal wäre eine Vereinbarung der USA und der UdSSR über nukleare Repressalien gegen jede Macht, die sich der Kernwaffen bedient. Offen bleibt allerdings die Frage, ob sich auch Frankreich und Großbritannien einer solchen Verpflichtung anschließen oder es nicht vorziehen würden, ihre Handlungsfreiheit zu bewahren. Die Franzosen und Briten betrachten ihre »Force de Frappe« noch heute nicht nur als Sicherheitsgarantie den Warschauer-Pakt-Mächten, sondern auch solchen Staaten gegenüber, die über keine Kernwaffen verfügen, beziehungsweise denen der Besitz solcher verboten wurde, darunter auch Deutschland. Manche Länder könnten einen Enthaltungsvertrag über den Ersteinsatz von Atomwaffen als die Festlegung eines amerikanisch-sowjetischen Kondominiums betrachten und sich als Staaten minderen Ranges eingestuft fühlen.

Niemand kann voraussagen, wie die Verbreitung von Kernwaffen verhindert werden kann. Einerseits ist die Herstellung nuklearer Vernichtungsmittel stets billiger und technologisch leichter geworden, andererseits wird es immer schwerer, zwischen dem zivilen und militärischen Gebrauch von Atommeilern strikte Grenzen zu ziehen. Früher oder später wird das heute bestehende nukleare »Gleichgewicht« der Supermächte durch neue Atommächte aus den Fugen geraten. Das Bild, das dann entsteht, ist heute nicht vorausschaubar.

Das atomare Gefechtsfeld

Im Januar 1988 wurde in Washington dem Pentagon ein Strategiepapier vorgelegt, das beiderseits des Atlantiks große Aufmerksamkeit fand. Es war von einer Expertengruppe ausgearbeitet worden, die aus namhaften Politikern, Journalisten und Wissenschaftlern bestand. Trotz aller Hoffnungen, die der Vertrag zwischen der USA und der UdSSR über den Abbau der Mittelstreckenraketen (INF) erregte, empfiehlt dieser Rapport über die sogenannte »selektive Abschreckung« (Discriminate Deterrence) Hinweise über die konfusen Vorstellungen einer Weiterentwicklung amerikanischer Nuklearstrategie.

»Man werde in Europa auch weiterhin den abgestuften Einsatz von Nuklearwaffen benötigen. Sie haben noch heute die wichtige Aufgabe, Abschreckung durch Eskalationsdrohung zu erfüllen. Mit selektiven Einsätzen soll der Gegenseite, der vielleicht beim Entschluß zu einem Angriff eine Fehlkalkulation unterlaufen ist, mit einem Warnschuß, der durchaus ›militärisch signifikant‹ sein sollte, die Entschlossenheit des Westens für Eskalation demonstriert werden. Dadurch soll die Abschreckung wieder hergestellt werden und somit der Einsatz im Rahmen einer allgemeinen nuklearen Reaktion, wobei in Europa vor allem kriegsentscheidende Ziele bekämpft werden müßten.«

»So gedenkt man vor einem begrenzten Nuklearangriff auf verbündete oder amerikanische Kräfte abzuschrecken, aber auch im gegebenen Fall eine umfassende Invasion zum Stehen zu bringen.« Die weisen Strategen in Washington meinten, »daß Modernisierungen der britischen und französischen nuklearen Potentiale zur gemeinsamen Verteidigung beitragen könnten«[1].

Taktische oder sogenannte Gefechtsfeldwaffen, zu denen auch Neutronengeschosse gezählt werden, könnten – so meinen nach wie vor die »Natoisten« – ihre fehlende Stärke an herkömmlichen Divisionen ersetzen. Merkwürdigerweise sprechen die Befürworter solcher Ansichten immer nur über die verheerende Wirkung in den Reihen des Gegners. Weniger wird über die Rückeffekte diskutiert, die ihr Gebrauch im eigenen Lager vermutlich vor allem bei der Zivilbevölkerung verursachen würde. Einen Krieg, der konventionell ausgefochten wird, begrenzt zu halten, ist vorstellbar. Unwahrscheinlich ist dagegen, daß es einen begrenzten Atomkrieg geben könnte.

Aus dem Gesagten ergibt sich, daß weder die strategische atomare Abschreckung noch die taktische Triade-Doktrin der NATO auf so festen Beinen ruht, wie man es allgemein zu glauben angibt. Letztere sieht den Widerstand in drei Stufen vor: 1) so lange wie möglich mit herkömmlichen Streitkräften, 2) den Einatz von nuklearen Gefechtsfeldwaffen und schließlich 3) den der strategischen Großwaffen.

Nun ähnelt aber das Arsenal der nuklearen Kriegsmittel einem Regenbogen, dessen Farben ineinander übergehen. Da man zwischen den verschiedenen Kategorien von Kernwaffen keine klare Grenze ziehen kann, gibt es nämlich nicht drei, sondern nur zwei Ebenen; die herkömmliche und die nukleare. Strategische Planungen, die den Atomkrieg durch abgestuften Einsatz nuklearer Spreng-

---

[1] »Report of the Commission on Integrated Long-Term-Strategy«, wörtlich zitiert aus der »Österreichischen Militärischen Zeitschrift«, 1988, Nr. 2; Seite 167.

körper verschiedenen Kalibers begrenzen wollen, sind nicht weniger riskant als der Versuch, zwischen einem rettenden Fenstersprung vom 4. oder 6. Stock zu unterscheiden. In beiden Fällen ist das Risiko praktisch dasselbe. Argumente, die das Gegenteil behaupten, gehören mehr in die Bereiche des Glaubens als in die der kühlen Logik.

Das soeben Gesagte gilt auch für die viel diskutierten Neutronenwaffen, die angeblich die Panzermassen des Gegners durch Strahlungen bekämpfen. Sie wirken nur gegen »weiche Ziele« – der militärische Fachausdruck für Menschen. So etwas gab es auch schon früher in Form der Kampfgase, über die bereits berichtet wurde. Ebenso wie diese würde der Gebrauch von atomaren Gefechtsfeldwaffen – welcher Art auch immer – eine völlig unkontrollierbare Kriegführung einleiten.

Zwar wird hinsichtlich ihres Einsatzes ausdrücklich betont, daß die modernen konventionellen Waffen an die Zerstörungskraft der Atomwaffen heranreichen. Übersehen werden aber die schlimmen Nachfolgen nuklearer Kampfmittel durch residuelle Strahlungen. Zu den »weichen Zielen« gehören nicht nur Soldaten, sondern auch die gesamte Zivilbevölkerung sowie die ganze Fauna und Flora. Durch die Hitzewirkung der atomaren Gefechtsfeldwaffen würden 30 bis 40 Prozent der gesamten Boden- und Wohnfläche verbrannt. Bei diesen Schätzungen blieb die nachhaltige Wirkung der Radioaktivität unberücksichtigt, weil sie nicht berechenbar ist. Ebenso ist der psychologische Effekt auf die Menschen nicht meßbar.

Der Einsatz nuklearer Gefechtsfeldwaffen in so dicht bevölkerten Gebieten wie in Mittel-Westeuropa überschreitet zwangsläufig die Grenzen sittlich erlaubter Verteidigung. Die Tatsache, daß die NATO-Länder zwar seit über vier Jahrzehnten den Einsatz von Kernwaffen planen, ihren Zivilschutz jedoch völlig vernachlässigt haben, würde sich im Ernstfall besonders tragisch auswirken. Es wäre schwer, von Soldaten Kampfmoral zu verlangen, wenn ihre Familien der Gefahr der Vernichtung ausgeliefert blieben.

Bevölkerungsschutz ist die notwendige Ergänzung zur militärischen Verteidigung. Erst aus dem Zusammenspiel beider und ihrer gegenseitigen Unterstützung erwächst eine wirksame Gesamtverteidigung. Will man etwa bei einer solchen Lage Neutronengeschosse oder »Mini-Nukes« einsetzen und dazu noch das Risiko einer Eskalation eingehen? Die Zerstörungen würden das Ausmaß des Zweiten Weltkrieges um das Mehrfache überschreiten und in Westeuropa vielen

Menschen das Leben kosten. Der Einsatz nuklearer Gefechtsfeldwaffen würde zudem das Gebiet der eigenen Verbündeten treffen. Entscheidende Vorbehalte von deutscher Seite wären zu erwarten. Zwangsläufig muß Frankreich östlich vom Rhein verteidigt werden.

In diesem Zusammenhang mag es nicht uninteressant sein, einen Satz des französischen Generals René Imbot zu erwähnen, der unter Präsident Mitterrand Chef des französischen Geheimdienstes war und auch an den nuklearen Planungen der NATO in Heidelberg teilgenommen hatte. Gelegentlich einer Dienstreise per Bahn nach Berlin bemerkte er: »Als ich über eine Brücke fuhr, mußte ich sarkastisch daran denken, daß auf diese eine Atombombe von 25 KT geplant war.« (Il m'est arrivé, en passant sur un pont, de me dire: celui-ci, c'est 25 kilotonnes).[1]

Man braucht nicht viel Phantasie, um sich vorzustellen, wie die militärischen Operationen im Falle einer übrigens unwahrscheinlich gewordenen Masseninvasion der Warschauer-Pakt-Mächte verlaufen würden. Nach kurzem Widerstand konventioneller Art wäre der Westen bald gezwungen, Kernwaffen einzusetzen und somit den Gegner zur atomaren Eskalation herauszufordern, wodurch der Krieg in eine höhere Dimension geschleudert würde. Unwahrscheinlich ist jedenfalls, daß ein Angreifer einfach hinnähme, daß seine Panzer Welle um Welle atomar vernichtet würden und es unterließe, ihren Vormarsch unverzüglich durch den Einsatz ebenfalls nuklearer Sprengkörper zu unterstützen. Psychologisch dürfte ihm dies auch dadurch leichter fallen, da er vom ersten Tage an nicht im eigenen Land kämpfte.

Fraglich ist überhaupt, ob unter Atombeschuß mit mechanisierten Verbänden geführte Operationen noch durchführbar wären. Denkbar ist eher, daß Panzertruppen unter atomarem Beschuß schon wegen ihres großen Nachschubbedarfes und der empfindlichen technischen Dienste, von denen ihre Kampffähigkeit abhängt, einfach liegenbleiben. Ob man nun Panzerverbände in Schwerpunkten massiert oder breit aufgelockert einsetzt, ohne laufende Versorgung an Treibstoff und Ersatzteilen wären sie bald blockiert. Geländegängig sind nur Kettenfahrzeuge. Die zahlreichen Dienste sind weiterhin auf das Straßennetz angewiesen, wobei es besonders

---

[1] Zeitschrift »Express« vom 4. Oktober 1983.

bei Flußübergängen zu kilometerlangen Stauungen käme, die für Angriffe mit Kernwaffen lohnende Ziele böten.

Was die Truppenmoral anbelangt, so dürfte selbst die beste Disziplin unter der Wucht mächtiger Explosionen voraussichtlich nicht standhalten können. Wahrscheinlich würden organisierte Kampfhandlungen in eine Unzahl schwer koordinierbarer Einzelaktionen zerfallen und in einen Kleinkrieg riesigen Ausmaßes ausarten. Gegen wen sollten atomare Gefechtsfeldwaffen mangels Zielen dann überhaupt noch eingesetzt werden? Vorstellbar ist sogar, daß der Angreifer vor atomarem Beschuß in Städten oder dicht besiedelten Gebieten Zuflucht sucht und sich der Bevölkerung als Geisel bedient.

Vermutlich würden sich flüchtende Bevölkerungsteile mit Truppen vermischen mit der Folge, daß jedweder Widerstand sich in Chaos auflöst. Gedenkt man auch in einer solchen Lage noch Kernwaffen einzusetzen? Behauptungen der NATO-Planer, daß die Phase der konventionellen Verteidigung durch den Einsatz nuklearer Gefechtsfeldwaffen verlängert würde, stimmt nur unter der Voraussetzung, daß der Angreifer sich dem Gebrauch seiner atomaren Kriegsmittel als Riposte enthält, was unwahrscheinlich ist.

Selbstverständlich würden auch die Invasionstruppen der Warschauer-Pakt-Mächte unter Atombeschuß ihre Kohäsion kaum bewahren können. Ihre erste Welle wäre trotz breit und tief gestaffelter Auflockerung zum Großteil vernichtet. Die westlichen Streitkräfte, die über keine namhaften Reserven verfügen, könnten nur noch sporadisch Widerstand leisten. Indessen würde der aus der Tiefe des Kriegschauplatzes neue Treffen heranführende Angreifer trotz all der Verwüstungen im Hinterland an breiter Front in mehreren Wellen tief aufgelockert die nachgebliebenen Leichenfelder und Ruinenlandschaften praktisch kampflos überfluten. Wer die Russen kennt, der weiß, daß selbst die Zerstörung einiger ihrer Großstädte sie nicht aufhalten könnte. Anstatt Moskau Napoleon zu übergeben, haben sie es 1812 selbst in Flammen gesteckt. Soweit die Betrachtungen über den wahrscheinlichen Verlauf militärischer Operationen im mitteleuropäischen Raum im Falle eines heute nur noch schwer vorstellbaren Großangriffs aus dem Osten.

Die NATO-Stäbe sind anderer Meinung. Doch wer Geschichte kennt, der weiß, wie oft sich die Ansichten zu ihrer Zeit ebenfalls hoch angesehener Strategen als falsch erwiesen haben. Als man 1912 dem damaligen Lehroffizier an der Pariser Kriegsakademie, Oberstleutnant Foch, der 1918 Oberbefehlshaber der Entente-Truppen wurde, das erste Flugzeug vorführte, meinte er: »Un bon sport, mais pour la guerre rien.« (Ein guter Sport, aber für den Krieg taugt es nicht.)

Alle europäischen Armeen waren vor dem Ersten Weltkrieg auf kurze bewegliche Waffengänge eingestellt und unterschätzten die entscheidende Rolle der Maschinenwaffen. Innerhalb von drei Monaten blieben sie im Schlamm der Schützengräben jahrelang festgenagelt.

General Ludendorff verkannte 1917 die Bedeutung der Panzer, die im Zweiten Weltkrieg unter General Guderian zur Hauptwaffe des deutschen Heeres wurden. Vor 1939 glaubte sich die französische Armee hinter der Maginotlinie in Sicherheit. Die Panzer betrachtete sie als Begleitwaffe der Infanterie und nicht als Durchbruchwaffe, wie es deutscherseits der Fall war. Die Folgen zeigten sich im Westfeldzug 1940. Was veranlaßt uns zu glauben, daß die militärischen Führer der NATO gegen ähnliche Fehleinschätzungen gefeiter sind als ihre Vorgänger waren?

Die politische Überbewertung der Atomwaffen zusammen mit der daraus sich ergebenden militärischen Unterbewertung der klassischen Streitkräfte war und bleibt anscheinend weiterhin ein Trugbild, das das Kriegsbild des Westens schwer belastet. Um sich in Krisenlagen einen breiten politischen Spielraum zu sichern, braucht der Westen eine Strategie, die den Atomkrieg vermeidet und nicht eine, die ihn herausfordert.

Alle Studien über Atomstrategie, die sich nicht zuerst mit den Gegebenheiten der geopolitischen Entwicklung in der Welt auseinandersetzen, sind Spekulationen im luftleeren Raum. Andere Konflikte als die Ost-West-Spannung werden in der kommenden Zeit den Frieden gefährden, in denen der Einsatz von Kernwaffen ebenfalls sinnlos wäre. Daher ist es ein Irrglaube, daß der Westen auf eine ausreichende herkömmliche Rüstung verzichten könnte.

Als Abschluß zu diesem Kapitel sei noch erwähnt, daß nach dem Ende des kalten Krieges mit der Sowjetunion die erste Nord-Süd-Konfrontation im Persischen Golf die zum Ausdruck gebrachten Ideen bestätigt hat. Nicht Saddam Hussein wurde von seiner offensiven Politik atomar abgeschreckt, sondern die Amerikaner davon, ihre Kernwaffen einzusetzen. Es genügte das Festhalten einiger tausend Geiseln und ihre Verteilung in militärisch wichtige Zielgebiete, um manche Phantasien der Atomstrategen zu entschärfen. Ähnliche Lagen sind auch in anderen kommenden Krisen durchaus vorstellbar.

Teil II

Das Weltbild ändert sich

»Causa causae est etiam
causa causati«.

9. Kapitel

Marxismus in der Dritten Welt

Das ausgehende 20. Jahrhundert teilt sich in zwei klar definierbare Abschnitte. Die erste Hälfte war die Zeit der beiden Weltkriege, die zweite die der Entkolonisierungen und ihrer Folgen. Beide stehen in engem Zusammenhang miteinander. Die Selbstzerfleischung der europäischen Völker konnte nicht ohne Einfluß auf die Dritte Welt bleiben. In Streitigkeiten, die uns heute sinnlos erscheinen, hat der Weiße Mann in den Augen der Farbigen sein Gesicht verloren. Auch waren die Kolonialmächte untereinander zu eifersüchtig, um ihre politischen Interessen in der Dritten Welt zielstrebig verfolgen zu können.

Nachdem die Sowjetunion 1945 die Grenzen ihrer Eroberungen in Mitteleuropa erreichte und die Versuche, Westeuropa zum Kommunismus zu bekehren, erfolglos blieben, versuchte Moskau, die kapitalistische Welt indirekt zu bekämpfen, das heißt den Klassenkampf auf eine globale Ebene zwischen den reichen Völkern der Industrieländer und den armen der Dritten Welt zu übertragen. Während die mehrfach überlegene militärische Macht des Warschauer Paktes den Westen frontal fixierte, verlegte der internationale Kommunismus den Schwerpunkt seiner Subversionsstrategie auf Afrika und Asien.

Indessen verkannten die Verkünder des »wissenschaftlichen Marxismus« in Moskau, daß die für westliche Industrieländer gedachten klassenkämpferischen Theorien auf die ethnisch anders gearteten Völkerschaften der Dritten Welt überhaupt nicht übertragbar sind.

Die Erbschaft, die der kalte Krieg in diesen Ländern hinterlassen hat, tritt in andauernden revolutionären Unruhen zutage, die eine Stabilisierung der Zustände verhindern.

Die Entwicklung in den einst von den Europäern beherrschten überseeischen Gebieten ist bereits von Marx und Engels mit besonderem Interesse verfolgt worden. Allerdings richtete sich ihre Aufmerksamkeit hauptsächlich auf das damalige britische Imperium und auf die Gebiete Russisch-Asiens. Auch Lenin war sich der Bedeutung der außereuropäischen Besitzungen der einstigen Großmächte wohl bewußt. Seiner Meinung nach hatte die Unterstützung der unterjochten kolonialen Völker das Ziel, »Reserven der Imperialisten in Reserven der proletarischen Weltrevolution umzuwandeln«. Auf diese Weise sollte sich die sozialrevolutionäre Bewegung mit den Nationalrevolutionären zu einer Einheitsfront verbinden. Diesen indirekt geführten »kalten Krieg« in der Dritten Welt hat die Sowjetunion verloren, ohne daß ihn der Westen gewonnen hätte. Der Ostblock scheiterte, weil er nicht in der Lage war, seine Waffenlieferungen an die Dritte Welt mit ausreichender Wirtschaftshilfe zu begleiten. Jedenfalls hat der Ost-West-Konflikt wesentlich dazu beigetragen, religiös und rassistisch motivierte Kräfte in Bewegung zu setzen, die zum Marxismus kaum noch einen Wirklichkeitsbezug haben.

Auch noch in der Ära Breschnew bildete die Unterstützung der nationalen »Freiheitsfronten« ein wichtiges Element Moskaus im »Ringen für Frieden und Sozialismus«. »Treu hilft die Sowjetunion ihren internationalen Verpflichtungen gemäß brüderlichen Völkern, die um ihre Unabhängigkeit und Souveränität kämpfen. Die Macht der Warschauer-Pakt-Mächte gewährleistet die Sicherheit jener Länder, die im Begriff sind, ein neues Leben zu beginnen«, hieß es in der »Prawda« vom 11. April 1980. Das Hauptziel war, die Machtpositionen des Westens zu unterhöhlen. Nach dem Zweiten Weltkrieg setzte die Sowjetunion eindeutig auf die Karte des Antikolonialismus. Wo immer revolutionäre Unruhen ausbrachen, versäumte es Moskau nicht, sich als uneigennütziger Helfer anzubieten. Es war eine Ironie der Geschichte, daß sich der Marxismus in den Entwicklungsländern nicht wegen seiner Wirtschaftstheorie als attraktiv erwies, sondern weil er eine Antwort auf das Problem der politischen Legitimität und Autorität gab – eine Rechtfertigung für das Ergreifen der politischen Macht und ein Werkzeug zur Ablehnung der kulturellen und politischen Vorherrschaft durch den Westen.

Wie bei allen Arten von Kriegführung bildete Propaganda auch bei der indirekten Strategie der Sowjets die unerläßliche Begleitmusik politischer und militärischer Handlungen. Man sprach von Befreiungskriegen, von dem Geist des Fortschritts, vom Kampf gegen Imperialisten und Kolonialisten, obwohl in den Kolonien selbst die Triebkraft anfangs nur eine kleine rebellierende Minderheit bildete, die aus dem Hintergrund wirkte. Der durch die verschiedenen kommunistischen Organisationen und ihre Mitläufer verbreitete Glaube, daß Befreiungsbewegungen von einer überwiegenden Mehrheit der Kolonisierten getragen wurden, stimmte nicht. Revolutionen wurden meist von Minderheiten entfacht und geführt. Dabei handelte es sich vor allem darum, die öffentliche Meinung in der westlichen Welt davon zu überzeugen, daß diese oder jene Befreiungsbewegung gegen »Imperialisten« und »Kolonialisten« für ihre gerechte Sache des Selbstbestimmungsrechtes kämpfte. Vorgetäuscht wurde dabei, daß es um einen Volksaufstand ging und nicht um eine Gruppe meist von außen manipulierter Rebellen. Natürlich war die Entlassung der Drittweltvölker in die Selbständigkeit eine Zeitfrage. Fraglich bleibt indessen, ob es nicht ratsamer gewesen wäre, sie eher auf eine evolutionäre Weise, das heißt in engem Zusammenwirken mit uns, anstatt überstürzt, wie es häufig geschah, in eine eigene Souveränität zu lenken.

Gleichzeitig mit der weltweit entfesselten Propagandakampagne gegen den Kolonialismus waren sowjetische Waffenlieferungen und die Ausbildung von Terroristen nicht nur die Voraussetzung für die Eroberung der Macht während der »Befreiungskämpfe«, sondern nachher auch unerläßlich zur Verteidigung der eroberten Autorität gegen innere Feinde, das heißt oft gegen Kampfgenossen von gestern, die nun häufig genug liquidiert worden sind.

Die innere Bedrohung, der die meisten Drittweltregierungen nach der Machtergreifung ausgesetzt sind, ist zweifellos größer als ihre Gefährdung von außen. Um sich als siegreiche Minderheit erhalten zu können, mußten sich die neuen Machthaber durch weitere Rüstungslieferungen sichern, allerdings nicht mehr mit Kalaschnikows und leichten Granatwerfern allein, sondern nun auch mit Panzern und Flugzeugen, die ihnen gleichzeitig als sichtbare Symbole ihrer Stärke dienen.

Dies führte allerdings in vielen Ländern zu einem nie enden wollenden Bürgerkriegszustand und gleichzeitig zur Enfesselung des Rüstungswettlaufes in der Dritten Welt überhaupt. Von den Waffenexporten, die 1987 auf rund 950 Milliarden Dollar geschätzt wurden – verläßliche Angaben gibt es angesichts der zwielichtigen Eigenart des Rüstungshandels nicht –, entfielen 13,8 Prozent auf Afrika. Offensichtlich scheinen die hoch verschuldeten und notleidenden Länder des schwarzen Erdteils mehr nach Waffen als nach Brot zu hungern.

Seltsamerweise haben nach 1945 – wenn auch mit divergierenden Zielsetzungen – die UdSSR und die USA in Asien und Afrika eine konvergierende Politik betrieben. Während gemäß der Lehre Lenins Nationalismus in den früheren kolonialen Ländern die Vorstufe zum Kommunismus bildete, glaubten die Amerikaner, durch ihre – nicht immer uneigennützige – Förderung von sogenannten nationalen Bewegungen, dem Kommunismus Einhalt gebieten zu können. »Make the world safe for democracy«, hieß damals wie heute der Leitsatz der Amerikaner. Allerdings reichte der Blick eifriger Antikolonialisten gerade bis zur Auflösung der früher vorhandenen Ordnung. Wie das Neue, das man anstrebte, aussehen sollte, ob es sich bewähren würde, darüber hatte man in den Vereinigten Staaten überhaupt keine oder nur sehr vage Vorstellungen, und noch dazu ohne sich in dieser Frage mit den interessierten europäischen Mächten einig zu sein, die es übrigens unter sich ebenfalls nicht waren.

Es war ein Irrtum, den Bevölkerungen der Dritten Welt, die ganz anderen Kulturkreisen zugehören, unsere Vorstellungen und Gefühle zuzuschreiben, ihre Handlungsweisen auf Grund unserer Psychologie zu erklären, ohne wahrhaben zu wollen, daß uns von ihnen weniger die Hautfarbe als ihre völlig anders gestaltete Mentalität trennt. All das geschah unter der Berufung auf die höchsten moralischen Prinzipien. Es war ein Fehler der Europäer, sich gegen diese offensichtliche Torheit nicht zu wehren. Realisten, die auf die Gefahren der überstürzten Entkolonisierung hingewiesen haben, wurden automatisch als »Reaktionäre, Faschisten oder Kolonialisten« eingestuft.

Im Grunde haben sich alle getäuscht. Die Kommunisten glaubten, daß die Kolonien gemäß der heiligen Weisheiten Lenins die Hauptquelle des Reichtums des Kapitalismus bildeten und waren fest davon überzeugt, daß der Verlust der Kolonien den raschen Zusammenbruch des Kapitalismus unvermeidlich machen würde. Die vom Kolonialismus Befreiten erhofften von der Entkolonisierung das Ende ihrer Misere, sind aber seither im allgemeinen ärmer geworden, ohne freier zu sein als früher. Die Kolonialisten handelten wiederum in der Annahme, zur Befriedigung der Welt beizutragen, oft aber auch, weil die Erhaltung der Kolonien zu hohe staatliche Zuschüsse erforderte. In beiden Fällen wurde das Gegenteil erreicht. Die planlose Entkolonisierung hat politisch noch gefährlichere Lagen geschaffen, während Entwicklungshilfe ohne Garantie noch teurer ist, als es die Kolonialherrschaft gewesen war. All das sind Folgen einer Fehleinschätzung der zukünftigen Entwicklung in der Dritten Welt und der daraus abgeleiteten Illusionen.

Schließlich sei noch bemerkt, daß die Förderung subversiver Umtriebe seitens des Marxismus-Leninismus in der Dritten Welt angesichts der zahlreichen Mißerfolge, Kosten und Enttäuschungen in der letzten Zeit an Kurswert merklich verloren haben. Damit sei nicht gesagt, daß es in den früheren kolonialen Gebieten ruhiger geworden ist. Doch nicht etwa kommunistische Ideen sorgen dort nunmehr für revolutionäre Unruhen, sondern völlig neue Bewegungen, die weitgehend von religiösen Motiven, Stammesfehden und Rassenhaß überschattet werden und mit der marxistischen Ideologie kaum noch etwas Gemeinsames haben.

Afrika – des Weißen Mannes Bürde

Schlagwörter, von gedankenlosen Massen aufgegriffen, tragen meist böse Frucht. Das gilt auch für die Schmähung des Kolonialismus. In Südostasien gab es nicht eine einzige Gummiplantage, in Algerien keine Weinkulturen, in Afrika nicht einmal Ochsenkarren, geschweige Bergwerke, Straßen, Eisenbahnen, Schulen, Universitäten und Krankenhäuser. Alles, was an Entwicklung heute in Afrika und Asien erreicht wurde, ist europäischen Ursprungs. Merkwürdigerweise wird die von der »fortschrittlichen« Propaganda verbreitete Behauptung, daß die westlichen Industriestaaten für die Armut der Dritten Welt verantwortlich wären, in weiten Kreisen des Westens tatsächlich geglaubt.

Es würde viel zu weit führen, sich mit der Geschichte des Kolonialismus ausführlich auseinanderzusetzen. Fest steht jedenfalls, daß mehr gegeben als genommen wurde. Die Entwicklung der Dritten Welt ist die Frucht europäischen Fleißes oder Ursprungs. Nun ist der klassische Kolonialismus, die Herrschaft des Weißen Mannes, zu Ende. Die Szene, die er in den von Befreiungsbewegungen, Bürgerkriegen und Staatsstreichen erschütterten Gebieten hinterläßt, ist wenig ermutigend. Während die etwa zwei Millionen Toten des grausam geführten Biafrakrieges 1967–1970 in Nigeria vergessen zu sein scheinen, tobt im Sudan seit Jahren der Rassen- und Religionskrieg zwischen den Arabern und den im Süden des Landes lebenden Negern weiter. In Uganda und Burundi wurden in Stammesfehden Hunderttausende von Menschen umgebracht. Seit der Befreiung 1975 ist das früher portugiesische Angola und Mosambik noch immer nicht zur Ruhe gekommen. In Zentralafrika sorgt Khadhafi für ständigen Streit zwischen den verschiedenen Stämmen. Manche afrikanischen Regierungen verdanken ihre Macht der Unterstützung kubanischer Söldnertruppen, deren Stärke verschiedentlich auf 40000 bis 55000 Mann geschätzt wird. Seit Jahren befinden sich sechs afrikanische Staaten im ständigen Bürgerkriegszustand.

Was verleitet uns dazu, anzunehmen, daß die Völker der Dritten Welt, die auf verschiedenen Stufen menschlicher Entwicklung stehen und deren Mehrheit noch im primitiven Zeitalter lebt, fähig wären, Jahrhunderte zu überspringen, ohne daß es dabei zu Konflikten käme? Noch heute bekämpfen sich in vielen Gebieten Afrikas mit bösartiger Hetze Religionen, Rassen und Stämme. Zustände, die unter der Kolonialherrschaft bereits als überwunden galten. Leidenschaften, die uns unbegreiflich scheinen, spielen dort eine entscheidende Rolle. Geflissentlich wird übersehen, daß die ethischen Normen des Abendlandes anders sind als die der Dritten Welt. Logik und Vernunft sind hier nur wenig im Spiel.

Fraglich bleibt, ob diese Völker, von denen viele gar nicht an unsere Stetigkeit des Denkens und Arbeitens gewöhnt sind, überhaupt imstande sind, unsere Kultur zu assimilieren, Staatsgebilde nach dem Vorbild der unsrigen aufzubauen und sie zu entwickeln. Der Eifer der Entwicklungsschwärmer scheitert an der Tatsache, daß es zumeist um Völker geht, die, abgesehen von den herrschenden Cliquen, überhaupt nicht das Bedürfnis haben, etwa im zivilisatorischen Bereich voranzukommen und erfolgreich zu sein. Je nach den einzelnen Ländern sind zwischen 70 und 90 Prozent der Schwarzen Analphabeten und gemäß des belgischen Afrika-Institutes der Universität Löwen entspricht ihre geistige Reife etwa 15jährigen Europäern. Die Zahl der gebildeten Afrikaner steht im völligen Mißverhältnis zu der weit überwiegenden Masse der schwarzen Bevölkerung.

Häufig scheint man nicht zu begreifen, daß es in vielen farbigen Ländern weniger um nationale, sondern hauptsächlich um rassische Fragen geht, um die Folgen der Auflösung ihrer ursprünglich primitiven Stammesstruktur. Zwangsläufig mußte die durch den Kolonialismus eingeleitete Entwicklung das frühere soziale System aus den

Fugen reißen, nachdem es der von uns in Bewegung gebrachte Fortschritt war, der ihre ursprüngliche Lebensweise allmählich unterhöhlte.

Die Erforschung und Nutzbarmachung überseeischer Gebiete erforderte außer den Fähigkeiten des Weißen Mannes auch schwere Opfer, die die Farbigen wohl nie in der Lage gewesen wären aufzubringen. Wie alle Epochen der Geschichte, so hatte natürlich auch der Kolonialismus seine Licht- und Schattenseiten. Kritiker, die heute über jene Zeit streng zu Gericht sitzen, übersehen, daß jede Generation in Begriffen ihres Zeitalters handelt. Heute ignoriert man geflissentlich, daß die einheimischen Bevölkerungen durch die von den Weißen geschaffenen Unternehmungen ebenfalls profitierten. Entgegen den heute gängigen Modeschlagwörtern war Kolonialismus, wenn auch nicht immer uneigennützig, bereits Entwicklungshilfe, die innerhalb der kurzen Zeitspanne von rund hundert Jahren erstaunliche Leistungen vollbrachte. Der verschmähte Kolonialismus war und bleibt das größte Verdienst des Abendlandes, eine seiner allergrößten Leistungen. Fraglich ist, ob man es anders und um vieles besser hätte machen können.

In einer Zeit, in der viele Weltverbesserer – nicht zuletzt unter dem Einfluß kommunistischer Propaganda – glaubten, daß der Westen wegen der Sünden seiner kolonial-imperialistischen Vergangenheit in Sack und Asche dauernd Büßerdienste zu leisten habe, scheint es nützlich zu sein, sich auch einmal wieder der großen zivilhistorischen Leistungen der ehemaligen Kolonialmächte zu erinnern. Es ist widersinnig, wenn Deutsche behaupten, daß sie die koloniale Vergangenheit nicht belastet. Sie wären gern Kolonialisten geblieben, wenn sie nicht im Versailler Vertrag auf alle ihre Kolonien hätten verzichten müssen. Das wilhelminische Reich verhielt sich weder besser noch schlechter als die anderen Kolonialmächte. In Südwestafrika hat 1904 die Kaiserliche Schutztruppe den aufständischen Hererostamm in Vergeltung für die Ermordung deutscher Farmer in die Kalahari-Wüste vertrieben und dem Hungertod preisgegeben.

Seit der Entkolonisierung entstanden im schwarzen Erdteil aus zweitausend Stämmen mit rund 900 Sprachen neunundvierzig Staatsgebilde, die mangels einer eigenen brauchbaren Sprache englich, französisch, portugiesisch oder spanisch administriert werden müssen, mit Sprachen also, die von den Eingeborenen meist gar nicht verstanden werden. Die Tatsache, daß sich die Bevölkerung Schwarzafrikas im Durchschnitt um drei Prozent – in Kenia sind es sogar 3,9 Prozent – vermehrt, macht die Zukunftsaussichten noch schwärzer. Seit 1950 wuchs die Bevölkerung Afrikas von 219 auf 517 Millionen und soll im Jahre 2050 die Milliardengrenze erreichen. Tatsache ist, daß besonders in Afrika zu viele Staaten, denen die wirtschaftlichen, aber auch die geistigen Voraussetzungen echter Souveränität fehlen, zu plötzlich das Licht der Welt erblickt haben. Es war leichter, ihre Selbständigkeit anzuerkennen, als ihnen die Fähigkeit beizubringen, sich selbst zu regieren.

Abgesehen von allen wirtschaftlichen, technischen und sonstigen Schwierigkeiten, mit welchen die Länder Afrikas zu ringen haben, wird ihre Entwicklung durch eine alte Krankheit der Dritten Welt ernsthaft behindert, den Tribalismus, das Unvermögen sich Staatsstrukturen vorzustellen, die wesentlich über die Stammesgrenzen hinausreichen. »Fortschrittliche Ideologen« im Westen behaupten, daß die Zukunft der Entwicklungsländer dem Sozialismus gehöre. Die Realitäten sehen aber genau umgekehrt aus. Wo Sozialismus und antiwestlicher Rassismus zusammenkommen, entsteht bald Misere. Es ist leicht, mit Bildern unterernährter Asiaten und Afrikaner Schuldgefühle im Westen zu wecken. Zweckdienlicher wäre zu fragen, warum diese Menschen eigentlich hungern.

Das oft gehörte Argument, daß an der Hungersnot die Trockenheit schuld sei, trifft eigentlich nur im sogenannten Sahelstreifen südlich der Sahara zu. Auch der außergewöhnlich schnelle Bevölkerungszuwachs erklärt nicht alles. Vierzig der neunundvierzig Staaten Schwarzafrikas hätten gewiß die Voraussetzungen, sich selbst zu ernähren, wenn nicht riesige Flächen ungenutzt blieben, nachdem es an Organisation einer modernen Landwirtschaft fehlt. Afrikakenner behaupten, daß der schwarze Erdteil sich durchaus selbst ernähren könnte. In Rhodesien – heute Simbabwe – produzieren 4000 weiße Farmer mehr als 850000 schwarze Bauern[1]. Die Dritte Welt hungert, nachdem mit dem Abzug der Weißen auch deren »know how« verschwand und weil die landwirtschaftlichen Methoden häufig infolge ideologischer Experimente versagt haben. Hinzu kommen

[1] Von der Lebensmittelhilfe an Afrika spendeten die USA 34,5 Prozent, die EG 28,4 Prozent, Kanada 12,4 Prozent, die Ostblockstaaten hingegen nur 2 Prozent und die Sowjetunion 0 Prozent. (Scholl-Latour »Mord am großen Fluß«, S. 403–513. Deutsche Verlagsanstalt, Stuttgart, 1986.)

ferner die in fast allen schwarzafrikanischen Ländern herrschenden Stammesfehden und Korruption, die sogar die vom Westen geschenkten Lebensmittelhilfen verschiebt. Viele Vorräte verderben durch unsachgemäße Lagerung und weil die Regierungen das Verkehrsnetz verkommen ließen.

Auch im Bereich der Industrialisierung ist der Rückgang offensichtlich. In der Umgebung der angolischen Hauptstadt Luanda verfallen die von den Portugiesen gebauten Fabriken. Neue Industrieanlagen verwahrlosen mangels Wartung. Die neuen Machthaber begehren weniger gemeinnützige Vorhaben, sie fordern eher Prestigeprojekte, wie Luftfahrtgesellschaften oder Stahlwerke, obwohl ihnen die Voraussetzungen zu ihrem Betreiben fehlen. Ratschläge weißer Fachleute werden häufig als Neokolonialismus empfunden.

Ein Kapitel für sich bildet die Frage der Entwicklungshilfen. Gewarnt wird vor Überidealisierung lautstarker Dritt-Welt-Ideologen. Entwicklungsprojekte dürfen nicht zu Fässern ohne Boden werden, wobei Gelder auf Schweizer Konten verschoben werden. Sie müssen einer Wirtschaftsordnung entsprechen, die sowohl mit der Struktur des betroffenen Landes als auch mit den Interessen der Spender übereinstimmt. Sie dürfen nicht die Folge politischen Wettbewerbs sein, sondern sie müssen den Grundsätzen einer kaufmännisch arbeitenden Privatwirtschaft entsprechen[1].

An vielen Stellen nahm die Wildnis wieder Besitz von den zurückgelassenen Schöpfungen kolonialer Herrschaft und das trotz aller Entwicklungshilfe. Von den weißen Siedlern, die die treibende Kraft des einst blühenden Rhodesiens – heute Simbabwe – bildeten, ist bereits ein Großteil ausgewandert. Vor dem Machtwechsel 1978 zählte Rhodesien 6,7 Millionen Schwarze und 270000 Weiße. Es ist den verbliebenen etwa 100000 Weißen zu verdanken, daß Simbabwe bisher von einer der in anderen afrikanischen Gebieten um sich greifenden Hungersnot verschont blieb. Wie immer man auch das Problem Afrikas betrachten mag, unvermeidlich kommt man zum Ergebnis, daß der schwarze Erdteil mit zu vielen Problemen zu ringen hat, die beim besten Willen nicht befriedigend gelöst werden

---

[1] Die westlichen Industrieländer leisteten 1988 an schwarzafrikanische Länder direkte und indirekte Entwicklungshilfe in Höhe von 47,6 Milliarden Dollar. Der gesamte Mittelzufluß an die Dritte Welt betrug 103 Milliarden Dollar. Quelle: Organisation für wirtschaftliche Zusammenarbeit und Entwicklung (OECD) Paris. Angaben über Entwicklungshilfe der Ostblockstaaten fehlen.

können. Westliche Politik und Entwicklungshilfe ist und bleibt Flickwerk mit wenig Aussicht auf eine langfristige Stabilisierung.
Den gebetsmühlenhaften Bekundungen zur Steigerung der Entwicklungshilfe muß zugefügt werden, daß keine Hilfe nützen wird, wenn sich die Empfänger nicht selbst helfen. Die Handelsbeziehungen, die der Westen zu vielen Staaten der Dritten Welt unterhält, denen es häufig an sinnvollen Austauschmöglichkeiten fehlt, sind wahrhaft paradox. Um von uns kaufen zu können, geben wir ihnen das Geld, was im Endeffekt auf Schenken hinausläuft. Wo bleibt die Einsicht, daß finanzielle Abhängigkeit mit wahrer Souveränität unvereinbar ist? Die meisten Länder der Dritten Welt schieben sich ständig höher auftürmende Schuldenberge vor sich her, die auch von noch so fleißigen und sparsamen späteren Generationen kaum abgetragen werden können. Zu bemerken ist ferner, daß viele Länder Afrikas Entwicklungshilfe nicht etwa als Geschenk oder Vorschub für künftige Zusammenarbeit betrachten, sondern eher als eine Wiedergutmachung für die vermeintliche frühere Ausbeutungspolitik des Kolonialismus.
Die Massen der Schwarzen sehnen sich gar nicht nach einer Freiheit, wie wir sie verstehen. Sie übernehmen von uns nur das, was ihnen als unmittelbar nützlich erscheint, lehnen aber ansonsten den westlichen Einfluß ab. Der demokratische Individualismus ist für sie viel zu kompliziert, um ihn überhaupt begreifen zu können. Andererseits sind sie aber auch für die Entwicklung einer kommunistisch-sozialistischen Staatsstruktur unreif. Man kann nun einmal anderen Völkern, die noch in tribalen Zuständen leben, nicht die eigene Gesellschaftsordnung aufnötigen, zumal es sich um Rassen handelt, die ein völlig anderes Weltbild haben, und auch unter völlig anderen wirtschaftlichen und sozialen Verhältnissen leben.
In Ländern, deren Bevölkerungen ungebildet sind, in denen es an ausgebildeten Beamten fehlt und ein solider Mittelstand nicht einmal in Ansätzen existiert, können ebensowenig Demokratien entstehen, wie man am Nordpol keine Rosen züchten kann. Kompliziert wurde die Lage ferner noch dadurch, daß die Kolonialmächte in der zweiten Hälfte des 19. Jahrhunderts ohne Rücksicht auf die Bevölkerungen die Grenzen ihrer Gebiete willkürlich gezogen hatten, wodurch Stämme häufig zwischen mehreren Souveränitäten geteilt wurden. Nur wenige afrikanische Staaten sind national einheitlich. Die übrigen bestehen zum Großteil aus losen Konglomeraten verschiedener

Völkerschaften beziehungsweise Stämmen, die miteinander häufig verfeindet sind. In den meisten Ländern nehmen die stärkeren ethnischen Gruppen Vormachtstellungen ein und unterdrücken die Minderheiten, die oft in andere Gebiete vertrieben werden.

Für die überwiegende Mehrheit der farbigen Völker gibt es anscheinend keine andere Staatsform als die Diktatur, die meist härter ist, als es die Kolonialherrschaft war. Es ist eines der erschreckenden Zeichen geistiger Verwirrung in unserer Zeit, daß man sich kaum noch fragt, ob es überhaupt möglich ist, aus völlig heterogenen ethnischen Gruppen Staaten zu bilden. Die Folge ist, daß im Namen einer zum Dogma erhobenen »Befreiung« zahlreiche Gebiete der Dritten Welt verantwortungslosen Cliquen ausgeliefert wurden, die, nachdem sie sich »selbstbestimmen ließen«, die Demokratie dort zu einer Farce degradierten.

Kein Wunder also, wenn die meisten Völker der Dritten Welt unter autoritären Regierungen leben. Allein in Afrika gibt es 19 Diktaturen, 21 Einheitsparteien-Regime und nur wenige sogenannte Vielparteienstaaten. In zwanzig Jahren hat Afrika mehr als fünfzig Staatsstreiche erlebt. Die meisten vom Kolonialismus Befreiten wiegten sich natürlich in der naiven Hoffnung, daß sich, nachdem die »Ausbeutung durch die Weißen« aufgehört hatte, ihre wirtschaftliche Lage nun schlagartig bessern müßte. In Wirklichkeit bedeutet jedoch ihre Selbständigkeit allzuoft die Machtübernahme durch unfähige und zur Korruption neigende Sippenschaften, deren Nepotismus das von den Kolonialisten Geschaffene allmählich abwirtschaftet. Das beginnen einige Afrikaner bereits zu begreifen, was aber für uns kein Trost sein mag. In vielen neu geborenen Drittweltstaaten bleiben die gegenwärtigen Herrscher weiterhin eher Revolutionäre als Staatsmänner, deren Hauptsorge die Bewahrung ihrer labilen Machtbasis bildet. Die andauernden Komplotte, Staatsstreiche und Revolten behindern den Wiederaufbau, der jedenfalls hohe Investitionen erfordern würde, um die durch die Entkolonisierung zerstörten Strukturen wiederherzustellen.

Unter den regierenden Staatsmännern Afrikas gibt es nur wenige, die sich offen zum Kommunismus bekennen. Manche waren nur an seiner Technik der Machtausübung durch eine Minderheit interessiert. Viele erklären sich zwar für den »wissenschaftlichen Sozialismus«, obwohl ihnen Mohammed näher steht als Marx, von dem sie gehört, ohne je seine Werke studiert zu haben. In ihrer Mehrheit sind die

Führer Afrikas weder Kommunisten noch Demokraten, sondern eher Stammesfürsten. Hoffnungen, daß ihre Nachfolger konzilianter sein werden, sind wenig berechtigt. Warum sollte der »Nationalismus« der farbigen Völker weniger blind sein, als es der unsrige war? Jedenfalls ist ein Auskommen mit dieser eigenartigen Welt nicht einfach, zumal die unterentwickelten Völker ihre Empfindlichkeit überentwickelt haben und selbst in uneigennützig gemeinten Vorschlägen »Neokolonialismus« wittern, obwohl sie mit vielen ihrer Schwierigkeiten ohne unsere zweckgebundene Hilfe, auch wenn das als Bevormundung aufgefaßt wird, gar nicht fertig werden können. Falsch wäre natürlich, all diese Behauptungen zu generalisieren, auf die meisten Länder Schwarzafrikas treffen sie aber zu. Inzwischen entdeckten in den letzten Jahren allmählich viele der farbigen Völker, daß die »Befreiungsbewegungen« Moskaus eindeutig politische Ziele verfolgten und daß sie auch von den Warschauer-Pakt-Staaten, die selbst ein kümmerliches Dasein führen, nur wenig zu erwarten haben. Vielen stehen wieder die früheren »Kolonialherren«, deren Sprache sie kennen und mit deren Gewohnheiten sie vertraut sind, näher als die fremden Neuankömmlinge. Dies äußert sich in der Wiederaufnahme der Beziehungen zur früheren Kolonialmacht, nachdem die meisten Drittweltländer begriffen haben, daß Moskau kaum in der Lage ist, ihnen ausgiebig Wirtschaftshilfe zu leisten und daß die Handlungen der Sowjetunion besonders zur Zeit Breschnews von machtpolitischen Motiven bestimmt waren.

Was wird aus Südafrika?

Im Süden des schwarzen Erdteils bildet das frühere Deutsch-Südwestafrika, heute allgemein Namibia genannt, das Vorzimmer zu einem der reichsten Rohstoffgebiete der Welt: zur Republik Südafrika. Merkwürdig ist, daß sogar die Bundesrepublik Deutschland trotz der dort lebenden deutschen Minderheit (25000 bis 30000) für die Unabhängigkeit Namibias von Südafrika wirbt. Jedenfalls ist es schwer zu sehen, wie in diesem Gebiet – meist Wüstenland, das von acht primitiven,untereinander zerstrittenen Stämmen besiedelt ist – ein solides Staatsgebilde entstehen soll. Wie in anderen »frei gewordenen Ländern« Afrikas wird sich auch hier bald herausstellen, wie schnell die neuen Herrschaften die von den Weißen geschaffene Ordnung verkommen lassen und ihre Gewaltregime errichten, wie es die Führer der SWAPO (South West African People Organization = Südafrikanische Volksorganisation) übrigens bereits öfter erklärt haben.

Die Republik Südafrika ist das bei weitem entwickeltste Land des Schwarzen Erdteiles. Sie produziert 20 Prozent des gesamtafrikanischen Reichtums, 40 Prozent der Industriegüter, 80 Prozent des Stahls und 60 Prozent der Elektrizität. Mit Abstand erreicht Südafrika das höchste Bruttosozialprodukt aller Staaten des Schwarzen Erdteils. Mehrere Millionen Afrikaner aus den Nachbarländern erwerben in Südafrika ihren Lebensunterhalt, wo sie – um nur ein Beispiel zu erwähnen – das Siebenfache von dem verdienen, wie in Kenia. In keinem Lande Afrikas liegt der Wohlstand der Schwarzen höher. Sämtliche Staaten des südlichen Afrikas betreiben intensiven Handel mit Pretoria, wobei sie neben industriellen Gütern vor allem Nahrungsmittel aus Südafrika beziehen. Durch die verhängte Wirtschaftsblockade der westlichen Industrieländer, die übrigens in vielen Bereichen durchlöchert wird, werden in erster Linie die Schwarzen betroffen.

Dennoch ist festzustellen, daß der Begriff »Apartheid« im Westen wie ein rotes Tuch wirkt. Viele westliche Regierungen nehmen aus Angst, ihre Beziehungen zu den anderen schwarzafrikanischen Ländern zu belasten, Pretoria gegenüber eine betont unfreundliche Haltung ein. In den Vereinigten Staaten hoffen wiederum wahlabhängige Politiker, durch ihre Stellungnahme gegen die weißen Südafrikaner die Stimmen ihrer schwarzen Mitbürger für sich zu gewinnen. Allerdings dürfte die zukünftige Entwicklung Südafrikas der Sowjetunion ebenfalls nicht gleichgültig sein. Doch angesichts seiner im Schwarzen Erdteil bereits gemachten Erfahrungen kann Moskau an einer Destabilisierung kaum gelegen sein.

Afrikanische Staaten, die sich moralisierend über Südafrika entrüsten, dulden innerhalb ihrer Grenzen weitaus größere Verletzungen der Menschenrechte. Südafrika werden Zustände zur Last gelegt, die man in vielen anderen Staaten Afrikas übersieht. Würde man bei der Beurteilung der Menschenrechtsverletzungen, die fast in allen Drittweltländern an der Tagesordnung sind, die gleichen Maßstäbe wie bei Südafrika anwenden, so müßten praktisch auch manche anderen Länder des afrikanischen Kontinents boykottiert werden. Das rücksichtslose nötigende Drängen westlicher Regierungen und der »fortschrittlichen« Massenmedien nach brüsken Reformen könnte leicht zu einer »Libanisierung« Südafrikas führen, die sich dann auch auf andere Nachbarstaaten übertrüge, vornehmlich auf Namibia.

Was wollen eigentlich die Kritiker Südafrikas für die Schwarzen erreichen, etwa Zustände, unter denen die schwarzen Bevölkerungen in den übrigen befreiten afrikanischen Ländern leben? Der Ansturm der ganzen Welt auf Südafrika kann in der Tat nicht anders als hysterisch bezeichnet werden und ist um so unverständlicher, da Pretoria seit längerer Zeit dabei ist, mit allen möglich erscheinenden Mitteln das zu tun, was von den westlichen Demokratien unablässig gefordert wird, nämlich die Rassenschranken stufenweise abzubauen, ohne dabei Selbstmord zu begehen.

Von den 24 Millionen Einwohnern des Landes sind nur 19 Prozent Weiße, die sich weigern, sich mit dem Segen des Westens in ein »schwarzes Meer« stoßen zu lassen. Falsch ist jedenfalls, das Problem Südafrika als einen Streit zwischen Schwarzen und Weißen zu betrachten. Daß dieses Gebiet von mehreren untereinander zerstrittenen Stämmen bevölkert ist[1], wird nur selten, wenn überhaupt, erwähnt, ebensowenig, daß Freiheit für die einen mit der Unterdrükkung anderer synonym ist. Das Problem ist nicht so einfach, daß es sich schlicht auf den Gegensatz zwischen »Schwarzen« und »Weißen« zurückführen ließe.

Die viel zitierte Forderung »Übergabe der Regierungsgewalt an die Mehrheit« wirft – wie in den meisten Drittweltländern – auch hier die Kardinalfrage auf: Wer repräsentiert eigentlich die Mehrheit? Angesichts der in Südafrika herrschenden Verhältnisse mutet die von den Amerikanern geheiligte Formel »one man, one vote« einfach grotesk an. Dessen scheinen sich allerdings die südafrikanischen Weißen eher bewußt zu sein als manche Kreise im Westen oder die von Farbigen beherrschte Organisation der Vereinten Nationen (UNO). Allen Südafrikanern – Weißen wie Schwarzen – wäre sicherlich mehr geholfen, wenn man für ihre heikle Lage, anstatt einseitige Hetzpropaganda zu betreiben, mehr Verständnis aufbrächte.

Vielfach wird auch übersehen, daß es die Weißen waren, die Südafrika, einst ein fast menschenleeres Land, in mehreren Generatio-

[1] 6,4 Millionen Zulus, 5,9 Millionen Xhosas, 4,9 Millionen Sotkos, 2,5 Millionen Tswanas.

nen zur wirtschaftlichen Blüte gebracht und zu ihrer Heimat gemacht haben. Als die Holländer 1652 in Kapstadt landeten, wurde das Gebiet lediglich von einigen Buschmännern durchzogen. Erst die von den Europäern geschaffenen Arbeitsmöglichkeiten haben zur Zuwanderung der schwarzen Bevölkerung geführt, die sich schneller vermehrte als die Weißen.

Bei aller Kritik der Rassentrennung sollte nicht vergessen werden, daß die weißen Südafrikaner Mitglied der westlichen Gemeinschaft sind, geprägt durch europäische Kultur und Tradition, und somit ein Bollwerk – das letzte des Westens – an der großen Seeroute um das Kap der Guten Hoffnung. Hinzu kommt, daß die westlichen Industrien einen wichtigen Teil ihres Rohstoffbedarfes aus Südafrika beziehen. Dies gilt vor allem für die Versorgung mit strategisch so wichtigen Metallen wie Vanadium oder Chrom, ohne die bekanntlich keine modernen Flugzeuge gebaut werden können. Einsichtsvolle Staatsmänner sind sich seit langer Zeit bewußt, daß die politische Zersetzung Südafrikas unabsehbare wirtschaftliche Rückwirkungen sowohl auf dem schwarzen Kontinent als auch in der westlichen Welt auslösen würde. Man könnte die Bedeutung Südafrikas für die westlichen Industriestaaten mit derjenigen der Ölgebiete am Persischen Golf gleichsetzen.

Schon Cicero sprach von »summum jus, summa injuria« (sinngemäß übersetzt: »Das strengste Recht führt zum größten Unrecht«) und meinte damit, daß sich die formal juristische Rechtlichkeit in der existenziellen Wirklichkeit verheerend auszuwirken vermag. Und wohin wir mit der Götzenanbetung der Rechtlichkeit kommen, zeigt uns die Geschichte des Grundsatzes »fiat justitia, et pereat mundus« – es geschehe Gerechtigkeit, wenn auch die Welt dabei zugrunde geht. Zahlreiche Beispiele aus der Geschichte beweisen, wie gefährlich sich eine missionarische Politik auszuwirken vermag, eben darum weil Mission und Politik zweierlei Dinge sind. Wer mit Gefühlen Politik machen will, stiftet nur Verwirrung.

10. Kapitel

Das Aufkommen des Islams

Ein »modus vivendi« des Westens mit der Sowjetunion würde noch keineswegs das Ende jener Krisen bedeuten, die sich auf den Frieden weltweit störend auswirken. Die Lage bliebe weiterhin unsicher. Auch außerhalb Europas bedrohen zahlreiche Krisenherde ähnlich schlummernden Vulkanen unsere Sicherheit. Vor allem ist die Entwicklung im Mittelmeerbecken und im Orient für Westeuropa von vorrangiger Bedeutung. Ein Blick auf die Weltkarte genügt, um festzustellen, daß das Mittelmeer seinen Namen wohl verdient hat. Es liegt zwischen drei Kontinenten – Europa, Afrika, Asien – und verbindet das Morgenland mit dem Abendland, während die kürzeste Seeroute nach Ostasien über den Suezkanal führt. Das Mittelmeerbecken ist auch ein Raum, wo verschiedene Welten, westliche Demokratien, reiche Ölstaaten und arme arabische Entwicklungsländer in enger Nachbarschaft leben.

Bis in die fünfziger Jahre stand Nordafrika eindeutig unter europäischem Einfluß. Geographisch bilden die Staaten des Maghreb[1] nur einen engen, wirtschaftlich nutzbaren Küstenstreifen, hinter dem sich in einer Tiefe von mehreren hundert Kilometern die unfruchtbare Wüste der Sahara erstreckt. Während die Geburtenzahl der Völker Westeuropas rückläufig ist, beträgt sie in den arabischen Staaten nahezu drei Prozent. Selbst in Ägypten bildet den landwirtschaftlich nutzbaren Teil nur das enge Niltal, das im Osten und Westen an Wüsten grenzt. In Marokko verdoppelt sich die Einwohnerzahl alle 21, in Algerien alle 20 und in Tunesien alle 28 Jahre. Heute zählt die Bevölkerung Nordafrikas, also der Raum zwischen der Atlantischen Küste Marokkos im Westen bis zum Suezkanal im Osten 116 Millionen Menschen, die beim gegenwärtigen Geburtenzuwachs bis zum Jahre 2000 auf über 160–170 Millionen anwachsen werden.

Allmählich entlastet sich der Druck der Überbevölkerung auf die

---

[1] Unter Maghrebstaaten versteht man Mauretanien, Marokko, Algerien, Tunesien und Libyen.

nördliche Küste des Mittelmeeres und macht sich in Form einer schleichenden Infiltration besonders in Frankreich schon jetzt bemerkbar, wo nach dem Katholizismus der Islam zur zweitgrößten Religionsgemeinschaft geworden ist. Da viele Nordafrikaner der französischen Sprache mächtig sind, ist Frankreich ihr bevorzugtes Einwanderungsland, wo bereits drei Millionen Moslems ansässig sind, die Hälfte davon Algerier. Die Grauziffer für Spanien mag etwa bei einer Million liegen, in der Mehrheit Marokkaner. In Italien schätzen die Behörden die meist illegal arbeitenden Nordafrikaner auf 1,8 Millionen. In der Bundesrepublik gehören 1,7 Millionen Personen der islamischen Religionsgemeinschaft an, meist Türken.

Die Unfähigkeit, den rapiden Bevölkerungsstrom der arabischen Völker in den Griff zu bekommen, zählt zu den Hauptursachen ihres Elends. Alle Versuche, durch Aufklärung und Pille die Menschenflut einzudämmen, scheiterten am Verbot des islamischen Glaubens, der Geburtenkontrolle ablehnt. Mit dieser Entwicklung, die kaum geändert werden kann, wird der Westen auch in Zukunft rechnen müssen. Gemeinsam allen Maghrebländern ist schließlich auch ihre hohe Verschuldung, die bei Jahresende 1988 die Summe von 100,1 Milliarden Dollar erreicht hat.

Die geostrategische Bedeutung des Mittelmeeres blieb von Moskau nicht unbemerkt. Seit den fünfziger Jahren unterhält die Sowjetunion hier ein Geschwader, die III. Eskadra, der die VI. US-Flotte gegenübersteht. Doch trotz aller Bemühungen waren in Nordafrika die Machenschaften kommunistischer Mächte nicht so erfolgreich, wie sie es erhofft hatten. Zunehmend stellte sich heraus, daß die Lehren Mohammeds und Lenins unvereinbar sind. Der Islam verkündet eine traditionelle Lebensart, der Kommunismus eine bisher wenig erfolgreiche neue Gesellschaftsordnung. Gefährlicher als die marxistische Bedrohung erweisen sich für den Westen allmählich die islamischen Erneuerungsbewegungen, die von der marokkanischen Küste des Atlantischen Ozeans bis zu den Dschungelgebieten Bengalens und Indonesiens zu spüren sind.

Der erste Infiltrationsversuch der Ostblockstaaten in Nordafrika erfolgte in den sechziger Jahren in Marokko, das den westlichen Eckpfeiler des afrikanischen Kontinents bildet und die Gegenküste zum strategisch wichtigen Gibraltar stellt. Die Sowjets lieferten den königlichen Streitkräften für 30 Millionen Dollar Flugzeuge und Panzer, die seither längst verrostet sind, womit hier der erste kommunistische Infiltrationsversuch zum Scheitern kam. Das in anderen Ländern angewandte Rezept, durch Waffenlieferungen politischen Einfluß zu gewinnen, hat auch in diesem Fall eindeutig versagt. Erfreulicher ist die merkliche Annäherung Marokkos an den Westen. Sie findet einerseits in der wieder erwachten »Haßliebe« zwischen Rabat und Paris ihren Ausdruck. Andererseits wurde zwischen König Hassan und den Vereinigten Staaten im Mai 1982 ein Abkommen über Landungsrechte der amerikanischen Luftwaffe auf marokkanischen Stützpunkten sowie die Ausrüstung der Streitkräfte mit westlichem Kriegsmaterial vereinbart.

Ebenso wie in Marokko haben sich die Hoffnungen der Sowjets auch in Algerien bei weitem nicht erfüllt. Obwohl nach errungener Selbständigkeit die Streitkräfte des Landes ausschließlich von den Warschauer-Pakt-Staaten ausgerüstet und von sowjetischen Beratern ausgebildet wurden, zeichnet sich allmählich auch hier eine Wende ab. Zielbewußt bekämpfte Algeriens Regierung jedwelche kommunistische Regung. Die Chancen des marxistischen Leninismus waren ohnehin nie so groß gewesen, um das Regime der »Nationalen Befreiungsfront« ernsthaft gefährden zu können. Für sie bildet der islamische Fundamentalismus und der stürmische Geburtenzuwachs eine größere Gefahr als der Kommunismus. Einem zunehmenden Teil der Algerier genügt es nicht, daß der Islam als Staatsreligion anerkannt wurde. Sie wollen, daß sich der algerische Sozialismus eher auf die Lehren von Mohammed als auf Marx beruft. Die vorsichtige Öffnung, die sich auch im Willen zur Zusammenarbeit mit Frankreich andeutet, erscheint allerdings den islamischen Extremisten als Verwestlichung.

Während das Nationalprodukt jährlich um ein Prozent wächst, vermehrt sich die Zahl der Einwohner mindestens dreimal stärker. Die Landwirtschaft, die unter französischer Verwaltung eine wichtige Quelle des Reichtuns war, ist nach zahlreichen sozialistischen Bodenreformen verkümmert. Einst Exportland für Agrarprodukte, ist Algerien heute auf Importe angewiesen. Die Getreideversorgung kommt zu 60 Prozent aus dem Ausland. Verheerend wirkte sich auch das Fallen der Ölpreise aus, wobei die Ölfelder nahezu ausgepumpt sind. Nachteilig wirkt ferner, daß sich Algerien hauptsächlich auf Anregungen der Ostblockstaaten auf eine überhastete und unrentable Industrialisierung einließ, die zu Lasten der Landwirtschaft ging. Kein Wunder, wenn die islamischen Fundamentalisten – in Nordafrika meist Integristen genannt – angesichts der herrschenden Misere in steigendem Maße Anhänger finden. Im Oktober 1988 kam es zum offenen Aufstand, dessen Niederschlagung durch die Armee mehrere hundert Todesopfer gefordert hatte. Im letzten Jahr der französischen Herrschaft 1962 zählte Algerien 8,8 Millionen Einwohner, davon rund 1,2 Millionen Franzosen, die inzwischen bis auf wenige Ausnahmen vertrieben worden sind. Seither erhöhte sich die Bevölkerungszahl auf 25 Millionen, von denen 75 Prozent jünger als dreißig Jahre sind. Um die Jahrtausendwende dürfte Algerien bereits an die 30 Millionen Einwohner zählen. Erschwerend neben der Bevölkerungsexplosion wirkt auch der historisch bedingte Gegensatz zwischen dem arabischen und dem kabylischen Völkerteil.

Wenn sich auch das Regime weiterhin sozialistisch und revolutionär bezeichnet, versucht es nunmehr durch einen neuen Kurs gemäßigter zu wirken. Doch weiterhin leistet der linke Flügel der »Nationalen Befreiungsfront« (FLN), insbesondere die alten Kämpfer des Befreiungskrieges, harten Widerstand gegen die Lokkerung des revolutionären Systems. Fraglich bleibt, ob die neue Verfassung vom Februar 1989 grundsätzliche Änderungen herbeiführen wird. Nach wie vor bildet Algerien an der Küste Nordafrikas ein Land voller Unsicherheiten. Angesichts des stürmischen Bevölkerungszuwachses wäre es auch einer vortrefflich organisierten Wirtschaftsordnung kaum möglich, befriedigende Lebensverhältnisse zu schaffen, von denen man in diesem Lande weit entfernt ist.

Die strategische Bedeutung des an Algerien angrenzenden Tunesiens ist offensichtlich. Die Sizilienstraße teilt das Mittelmeer in ein östliches und westliches Becken. Durch sie führt die Verbindungslinie der NATO zu Griechenland und der Türkei sowie die Seeverbindung in Richtung des Suezkanals. Obwohl auch Tunesien nicht von Unruhen verschont bleibt, bildet es bisher zwischen den Maghrebstaaten eine Insel verhältnismäßiger Ordnung. Mit Hilfe von westlichen Investitionen wird vor allem eine planmäßige Industrialisierung vorangetrieben und somit die wirtschaftliche Entwicklung gefördert. Wenn auch hier Arbeitslosigkeit und Unterbeschäftigung herrschen, so wird das Handelsdefizit durch Einnahmen aus dem Tourismus und der im Ausland arbeitenden Tunesier gemildert. Mit 2,1 Prozent hat dieses Land die kleinste Zuwachsrate an

Bevölkerung zwischen den Maghrebstaaten. Dennoch finden allmählich auch in Tunesien die islamischen Fundamentalisten bei den breiten Volksmassen, besonders aber der Jugend, beträchtlichen Zulauf.

Das Bild Tunesiens steht im scharfen Kontrast zu seinem östlichen Nachbarstaat Libyen, dessen Präsident, Oberst Muammar Khadhafi, von der amerikanischen Presse als der gefährlichste Unruhestifter bezeichnet wird. Der Ölreichtum, der 60 Prozent des Volkseinkommens erwirtschaftet, bildet bisher die Geldquelle der subversiven Strategie von Libyens Staatschef. Angeblich fördert Khadhafi an die 45 »Freiheitsbewegungen«, darunter die »Black Muslims« in Chicago, die muselmanischen Rebellen auf den Philippinen und in Thailand sowie auch die SWAPO in Südafrika. Mit seinen Geldern wurde der Umsturz in Teheran mitfinanziert. Sogar die irische Rebellenarmee (IRA) erhielt Waffen aus Libyen. In speziellen Lagern werden nicht nur Angehörige arabischer Länder und Schwarzafrikaner, sondern auch kaledonische Rebellen ausgebildet.

Für Sondereinsätze unterhält Khadhafi die »Panafrikanische Legion« in Stärke von 2500 Mann. Die Streitkräfte des Landes verfügen über Waffenbestände, die weit über die Bedürfnisse rein defensiver Absichten hinausreichen. Fremde Spezialisten, darunter etwa 2000 Sowjetberater, sorgen für die Wartung moderner Kriegsgeräte. Indessen wird Libyens Staatsführer von den Sowjets als unberechenbar und daher eher als ein unzuverlässiger Partner betrachtet, der sie leicht in riskante Abenteuer verwickeln könnte. Das Mißtrauen scheint gegenseitig zu sein. Denn bisher weigerte sich Khadhafi, der sowjetischen Mittelmeerflotte Hafenrechte einzuräumen.

Libyens Revolutionsrat, der immer wieder erklärt, weder mit dem Kommunismus noch mit dem westlichen »Imperialismus« zu tun haben zu wollen, versucht, eine Föderation arabischer Staaten in die Welt zu setzen, wobei Khadhafi, der die Nachfolge des verstorbenen Nassers anstrebt, bisher nur wenig Erfolg zu verzeichnen hatte. Die ideologische Grundlage dieses Staatenbundes soll der Islam sein, der über Libyens Grenzen hinaus alle arabischen Völker zusammenführt. Nicht ohne Mißtrauen betrachten die anderen Maghrebstaaten Khadhafis Machenschaften. Um sich einen Ausgleich für seine politischen Rückschläge zu schaffen, versucht Libyens Staatschef, schwarzafrikanische Länder mit islamischer Bevölkerung auf die Linie seiner Revolution zu bringen.

Das tief nach Süden sich ausdehnende Libyen bildet ein vorzügliches Sprungbrett in Richtung des Schwarzen Erdteiles, in dessen geostrategischem Zentrum das Tschadgebiet liegt. Von besonderem Interesse ist der in der tschadischen Hauptstadt N'Djamena (Fort Lamy) von den Franzosen erbaute Flugplatz, der eine Drehscheibe in Richtung aller mittelafrikanischen Staaten bildet. Hinzu kommen die von Khadhafi begehrten Uranvorkommen, die im nördlichen Tschadgebiet und in der benachbarten Republik Niger liegen. Ein Teil dieser Uranproduktion geht nach Pakistan, wo, von Libyen mitfinanziert, angeblich eine »islamische Bombe« hergestellt werden soll.

Man braucht wirklich nicht viel Phantasie, um sich vorzustellen, welche Bedrohung raketenbeförderte Atomwaffen in der Hand eines Khadhafi als Mittel politischer Erpressung darstellen würden. Seit 1988 steht Libyens Staatschef in Verdacht, eine Großanlage für die Produktion von Kampfgasen zu bauen. Nach einer Meldung der Agentur Reuter vom 8. Oktober 1989 sollen angeblich etwa hundert deutsche Techniker in der Oase Sabha an der Entwicklung von Raketen mit einer Reichweite bis zu 700 Kilometer beteiligt sein.

Im Februar 1989 wurde im marokkanischen Marrakesch die »Arabische Maghreb Union« proklamiert, die sich aus fünf Staaten – Algerien, Marokko, Mauretanien, Tunesien und Libyen – zusammensetzt. Sie soll mit ihren heute 62 Millionen und bei Jahrtausendwende nahezu 100 Millionen Einwohnern nach dem Vorbild der europäischen Gemeinschaft gebildet werden und dieser gegenüber politisch einheitlich auftreten.

Vier der genannten Länder stehen noch heute stark unter französischem Kultureinfluß, während die Ansichten des Staatschefs Libyens in mehreren Fragen von denen der anderen abweichen. Mauretanien und Tunesien sympathisieren mit der Volksbefreiungsfront »Polisario«, die die Schaffung eines Staates im früheren spanischen Rio de Oro anstrebt und sich mit Marokko im Kriegszustand befindet. Grenzstreitigkeiten kennzeichnen die Lage zwischen Marokko und Algerien. Jedenfalls ist es bisher ungewiß, ob die verkündigte »Arabische Maghreb Union« ihre angestrebten Ziele auch erreichen wird.

Ägypten – Mittelpunkt der Arabischen Welt

Libyens östlicher Nachbar, Ägypten, liegt in der Mitte der arabischen Welt und bildet die Nordostecke des afrikanischen Kontinents. Das Land hat die Größe Frankreichs, besteht aber zu neunzig Prozent aus Wüste, während sich auf den restlichen zehn Prozent 52 Millionen Menschen, die jährlich um 850000 zunehmen, drängen. Der von der Sowjetunion gebaute Assuandamm am Nil, durch den neue Gebiete fruchtbar gemacht werden sollten, reicht bei dem enormen Bevölkerungszuwachs gerade aus, das gegenwärtige niedrige Lebensniveau zu erhalten. Kenner der Lage Ägyptens weisen darauf hin, daß das Land an sich nicht arm ist. Doch riesige Guthaben einiger Reicher liegen auf ausländischen Konten. Eine allmächtige Bürokratie und Korruption, die bis in die obersten Ränge des Regimes reicht, scheinen eines der Haupthindernisse fortschrittlicher wirtschaftlicher Entwicklung zu sein.

Die sowjetisch-ägyptische Zusammenarbeit schien ihren Höhepunkt im Mai 1961 durch den Abschluß eines Vertrages über »Freundschaft und Zusammenarbeit« erreicht zu haben. Zwischen 17000 und 20000 militärische Berater der Sowjets kontrollierten alle Luft- und Seestützpunkte. Allmählich wurde man sich aber in Kairo bewußt, daß das Interesse Moskaus damals offenkundig darin bestand, den Nahostkonflikt »ad infinitum« durch Wühlarbeit weiterschwelen zu lassen und wo immer nur möglich, neue Krisen anzuzetteln, um den sowjetischen Machteinfluß weiter auszubauen.

Nach Nassers Tod änderte sein Nachfolger Sadat Ägyptens Politik um hundertachtzig Grad. Im Juli 1972 wurden die sowjetischen Militärberater trotz des Freundschaftsvertrages (er wurde erst 1976 offiziell gekündigt) ausgewiesen und die von ihnen besetzten Luftstützpunkte und Ankerplätze von ägyptischen Streitkräften übernommen. Damit haben sich die hochgespannten Erwartungen Moskaus, sich im Zentrum der arabischen Welt, in Kairo und am Suezkanal, zu etablieren, verflüchtigt.

Inzwischen kam es zwischen Arabern und Israelis zu drei Waffengängen. Während des Yom-Kippur-Krieges im Oktober 1973 setzten die arabischen Staaten auf Initiative Saudiarabiens das Erdöl als politische Waffe ein. Durch Produktionsstopp und Embargo sollten die Westmächte, vor allem die Amerikaner, gezwungen werden, die militärische Unterstützung der Israelis aufzugeben. In Wirklichkeit waren aber weder Moskau noch Washington an einer bewaffneten Intervention interessiert. Beide verfolgten im Grunde dasselbe Ziel. Der UdSSR war vornehmlich daran gelegen, eine neue Niederlage der Araber zu verhindern, während die USA die Israelis von einem überwältigenden Sieg – wie dem von 1967 – zurückhielten. Eine weitere Schlappe der Araber hätte Amerikas Erwartungen auf die damals erhofften Friedensverhandlungen zunichte gemacht.

Nach vielem Hin und Her kam es durch amerikanische Vermittlung zwischen dem damaligen ägyptischen Staatspräsidenten Sadat und dem israelischen Ministerpräsidenten Begin zum Rahmenabkommen von Camp David als Grundlage für ägyptisch-israelische Friedensverhandlungen und schließlich am 26. März 1979 zum Friedensvertrag zwischen beiden verfeindeten Staaten. Die meisten arabischen Regierungen empfanden Sadats Frontwechsel, der am 6. Oktober 1981 einem Attentat extremer Moslems zum Opfer fiel, als Verrat. Die Hauptsorge des Ermordeten war, die Einkreisung und schließlich die Beherrschung der Ölgebiete durch Moskau zu verhindern. Dies erklärte auch die engen Beziehungen, die sich seinerzeit zwischen dem inzwischen verstorbenen iranischen Schah und Ägyptens damaligem Staatschef entwickelten. Sein Nachfolger Mubarak blieb dem Vermächtnis Sadats treu. Seit seiner Amtsübernahme hat der neue Staatspräsident im Unterschied zu seinem Vorgänger abwegige Auseinandersetzungen mit anderen arabischen Regierungen vermieden und die Rechte der Palästinenser bei Verhandlungen stärker als Sadat bekräftigt.

Die meisten arabischen Staaten, die im übrigen auch zu Lebzeiten Sadats die Beziehungen zu Kairo nie völlig abgebrochen hatten, sehen in Mubarak einen Politiker, mit dem man sprechen kann. Schrittweise ist Ägypten wieder ins Zentrum der arabischen Welt gerückt. Fast alle Mitglieder der »Arabischen Liga«[1] erkennen weiterhin Ägypten als ihren Seniorpartner an. Allerdings unterliegt wie in allen arabischen Ländern auch Ägypten der Spannung, die sich bei den islamischen Massen aus Protest gegen die Begegnung mit dem Westen erhebt. Daraus entstehen Verunsicherungen und Zweifel an der eigenen Identität. Ägypten hat keine politische Struktur entwik-

[1] Die »Arabische Liga«, gegründet 1945 in Kairo, umfaßt 22 Staaten und verfolgt das Ziel enger Zusammenarbeit innerhalb der arabischen Welt.

kelt, in der sich eine neue Gesellschaftsordnung artikulieren und entfalten könnte. Diese Funktion erfüllt einzig der Islam.
Ist es die innere Lage, die unheimliche Nachbarschaft zu Khadhafis Libyen, der Bürgerkrieg in Sudan oder der labile Friedenszustand mit Israel, was Ägypten dazu veranlaßt, 448000 Mann starke, modern ausgerüstete Streitkräfte zu unterhalten? Angeblich wandte das Land allein im Finanzjahr 1986/87 an Militärausgaben 5,2 Milliarden Dollar auf. Die Mittel, die in die Verteidigung investiert werden, fehlen bei der zivilen Industrialisierung und für lebenswichtige Importe wie Konsumwaren, Nahrungsmittel und Rohstoffe. Bis zum Jahre 1988 erreichte die Auslandsverschuldung Ägyptens die Höhe von 36,6 Milliarden Dollar. Die Vereinigten Staaten honorieren die Friedenspflicht Kairos gegenüber Israel auch mit Weizenlieferungen und billigen Dollarkrediten.
Die gegenwärtige Ruhe in Kairo mag trügerisch sein. Mittlerweile hat sich Mubarak im Kampf gegen die radikalen muslimischen Sekten, die seinen Vorgänger auf dem Gewissen haben, geschickt verhalten. Doch vieles deutet darauf hin, daß es ihn noch große Mühe kosten wird, in Ägypten den auch in anderen islamischen Ländern wachsenden religiösen Übereifer zu bremsen. Obwohl sich das Verhältnis zwischen Kairo und Moskau wieder normalisiert hat, ist ein sowjetischer Einfluß im früheren Sinne unwahrscheinlich.

Der Nahe Osten

Nach der Suezkrise 1956 richtete sich Moskaus Aufmerksamkeit neben Kairo auch auf Damaskus. Ebenso wie in Ägypten und anderen Drittweltländern begann die sowjetisch-syrische Zusammenarbeit ebenfalls mit Waffenlieferungen. Als Gegenleistung erhielt Moskau das Recht auf Liegeplätze und Versorgungsbasen für seine Kriegsmarine. Auch wurden der sowjetischen Luftwaffe auf syrischen Flughäfen Nutzungsrechte eingeräumt. Jahrelang weigerte sich jedoch Damaskus, einen ähnlichen Freundschaftspakt mit der Sowjetunion abzuschließen, wie der einst mit Kairo unterzeichnete, einen Pakt, der Syriens außenpolitische Handlungsfreiheit eingeschränkt haben würde. Daß es im Oktober 1981 dennoch geschah, war hauptsächlich auf die sich zunehmend verschlechternde politische Lage innerhalb des Landes zurückzuführen, während Moskau für die verlorene Position am Suezkanal in Damaskus einen Ersatz zu finden hoffte.

Die Sowjetunion rüstete die Streitkräfte Syriens reichlich mit Kriegsmaterial aus. Israelischen Informationen nach wurden auch Raketenstellungen errichtet, die den Luftraum Libanons und Israels deckten. Um den wirksamen Einsatz dieser Waffen zu sichern, werden sie angeblich von sowjetischem Personal bedient. Gestützt auf seine Armee hält das keineswegs auf festen Beinen stehende Regime Damaskus einerseits die eigenen unruhigen Bevölkerungen in Schach, andererseits untermauert es die ehrgeizige Außenpolitik des gegenwärtigen syrischen Staatschefs. Mit Iran befreundet, dem Irak und Israel verfeindet und mit Ägypten im Wettkampf um die Vorherrschaft im Nahen Orient, bietet Damaskus geradezu ein Musterbeispiel von Schaukelpolitik zwischen der Sowjetunion und den Westmächten.

Syrien bildet die geostrategische Ausgangsstellung in Richtung des Irak, Jordaniens, Israels und schließlich auch zum Libanon, wo der seit 1974 tobende Bürgerkrieg die Lage schier unübersichtlich macht. Über die Ursachen der anhaltenden Kämpfe gehen die Meinungen je nach politischem Standort auseinander. Allem Anschein nach wissen viele selbst nicht, wofür eigentlich gekämpft wird. Angeblich sind es rund siebzehn verschiedene nationale, politische und konfessionelle Gruppen und ihre bewaffneten Milizen, die abwechselnd Seite an Seite und dann wiederum gegeneinander verfeindet kämpfen. Im Hintergrund steht Damaskus' Ambition der Bildung eines großsyrischen Reiches, das heißt die Einverleibung Libanons, Palästinas und möglicherweise auch Jordaniens sowie Israels.

Im Libanon scheint die Wut der Selbstzerstörung ihren Höhepunkt erreicht zu haben. Die Tragödie, deren Opfer das Land wurde, ist viel zu kompliziert, um sie in einigen Zeilen darstellen zu können. Die französische Mandatsmacht hatte vor ihrem Abzug nach dem Zweiten Weltkrieg aus der Levante den christlichen Maroniten die tatsächliche Vorherrschaft in die Hände gespielt, wodurch sie diese zu einer sich allmählich entwickelnden Gegnerschaft zu den verschiedenen Bevölkerungsteilen muslimischen Glaubens brachte. Dabei intrigierten selbst die christlichen Konfessionen gegeneinander. Die Muslims des Libanon fanden in den aus Israel nach 1949 vertriebenen 400000 Palästinensern – eine Geschichte, auf die wir noch zurück-

kommen werden – willkommene Verbündete und entdeckten erst viel später, daß sie zur PLO[1] in Abhängigkeit geraten waren.
Allmählich hatte sich in der einst »friedlichen Schweiz des Orients« ein Sprengstoff angehäuft, der 1974 in einen nie enden wollenden Bürgerkrieg explodierte. Die radikalen Pan-Araber, verschiedene Organisationen militanter Muslims und die Drusen hatten sich zusammen mit den Palästinensern gegen die maronitische Vorherrschaft erhoben, wobei die Palästinenser in der Hoffnung, vom Libanon aus den Kampf um ihre verlorene Heimat, das heißt gegen Israel, weiterführen zu können, die Aufwiegler waren. All das deutet darauf hin, daß die Aussichten für eine friedliche Entwicklung düster sind. Die innerlibanesischen und oft von auswärts angeheizten Gegensätze, die sich, wie es die Ereignisse täglich beweisen, in blutigen Auseinandersetzungen entladen, sind bei weitem nicht ausgetragen.
Um der palästinensischen Bewegung einen organisatorischen Rahmen zu verleihen, wurde 1964 auf der ersten panarabischen Gipfelkonferenz in Kairo die PLO gegründet. Die politische Karriere ihres gegenwärtigen Vorsitzenden Yassir Arafat begann mit der vernichtenden arabischen Niederlage im Junikrieg 1967. Die Palästinenser sahen sich von ihren Verbündeten betrogen. Ihr Vertrauen in die Kampfkraft und den Siegeswillen der von den Israelis geschlagenen Ägypter, Syrier und Jordanier war geschwunden. Arafat meinte, daß Israel mit konventionellen Mitteln nicht besiegt werden könne und die Palästinenser daher einen Partisanenkampf auf weltweiter Ebene führen müßten, was sich unter anderem auch in den zahlreichen Flugzeugentführungen und Geiselnahmen ausdrückte. Dieser »Volkskrieg« könne aber – so Arafat – nur unter der Bedingung politischer Unabhängigkeit der PLO von den unter sich zerstrittenen und innerlich instabilen arabischen Regierungen geführt werden. Zunehmend rückte Arafat von der radikalen Forderung der Zerschlagung des Staates Israel ab und begann allmählich die realistischer erscheinende Zielvorstellung der Gründung eines palästinensischen Staates auf dem von Israel 1967 besetzten arabischen Gebiet ins Auge zu fassen. Im November 1974 eröffnete Arafat die Palästina-Debatte der Generalversammlung der Vereinten Nationen mit

[1] »Palestinian Liberation Organization« – Organisation der Befreiung Palästinas. Yassir Arafat, geboren 1924, gründete 1959 die nationale Befreiungsarmee für Palästina.

einer Rede, in der er die Schaffung eines eigenen Staates forderte. Mehr als hundert Regierungen, zumeist von Drittweltstaaten, nahmen halb offizielle Beziehungen zur PLO auf.
Die wichtigste Guerillaorganisation ist die von Yassir Arafat gegründete »Al Fatah«. Sie verfolgt trotz ihrer Uneinigkeit eine streng nationalistisch orientierte Richtung und wird von den reichen Öllländern, hauptsächlich Saudi-Arabien und Kuweit, finanziert.
In der Hoffnung, mit der PLO endgültig aufräumen zu können, ist am 6. Juni 1982 Israels Armee mit 85000 Mann und 1000 Panzern im Libanon eingefallen. In Beirut trotzte die kleine Schar eingekesselter PLO-Kämpfer, ohne Luft- und Panzerwaffe, über zwei Monate einem hochgerüsteten Gegner, der nach Belieben frische Kräfte in den Kampf werfen konnte und andererseits die Zufuhr von Wasser, Lebensmitteln und Strom an die Belagerten drosselte. In harten Straßenkämpfen von Haus zu Haus mußten die PLO-Trupps in ihren Verstecken und Bunkern bekämpft werden, eine Kampfart, für die die bisher verwöhnte »Tschahal« – wie die Israelis ihre Armee nennen – überhaupt nicht geschaffen war.
Darauf eingestellt, den Feind in schnellen Operationen mechanisierter Verbände, ohne allzu große eigene Verluste, zu überrumpeln, sahen sich die Belagerer von den Palästinensern in einen Verschleißkrieg verstrickt, in dem sie mehr und mehr unter Zeitdruck geraten waren. Der mit unerhörter Brutalität erzwungene militärische Erfolg der Israelis, die Bombenangriffe auf die Wohnviertel von Beirut ohne Rücksicht auf die Zivilbevölkerung haben Israels Ansehen enorm geschadet.
Die Massaker in den beiden palästinensischen Flüchtlingslagern Schatila und Sabra, wofür die Israelis mitverantwortlich waren, und wo 400 Menschen (nach anderen Angaben über 800), darunter Frauen und Kinder, zumeist zurückgelassene Familienmitglieder von PLO-Kämpfern, ums Leben kamen, empörten die Welt. Verstört sahen die Juden, daß man sie mit Moralurteilen bedachte, die Israel ausschließlich für seine eigenen Leiden reserviert glaubte: Ausrottungskrieg, Völkermord, Holocaust. Inzwischen hat die Welt auch bemerkt, daß die Palästinenser gewiß nicht ganz im Unrecht sind. Daher Jerusalems Zustimmung zur Evakuierung der PLO-Kämpfer, nicht nur um zu große eigene Verluste, sondern auch weitere Einbuße an Ansehen zu vermeiden.
Die Israelis hofften, die Gefährdung ihres Landes durch die Palästi-

nenser endgültig auszuschalten und sie, wie einst die Römer die Juden, in alle Welt vertreiben zu können, was jedoch mißlungen ist. Von den ursprünglich 12000 bis 15000 Kämpfern sind unter internationaler Aufsicht 5520 evakuiert worden, während die anderen, gedeckt von der syrischen Armee, weiterhin in den nördlichen Gebieten Libanons verblieben sind. Inzwischen ist der größte Teil der Verbannten wieder nach Libanon zurückgekehrt und der Bürgerkrieg tobt nach wie vor weiter.

Das Stillhalten Moskaus während dieser Ereignisse löste manches Rätselraten aus. Man sprach von Schwierigkeiten der Sowjets in Afghanistan und Polen sowie der schlechten Wirtschaftslage innerhalb der UdSSR. Manchen Beobachtern der politischen Szene schien es wiederum, als hätten die Sowjets die Geduld mit den Arabern verloren. Allerdings sah sich die syrische Regierung in der letzten Zeit gezwungen, von ihrem ehrgeizigen Programm Abstriche zu machen, die in erster Linie auf die Neubestimmung der sowjetischen Außenpolitik zurückgeführt werden. Damaskus muß künftig sowjetische Rüstungsgüter in harter Währung bezahlen. Das strategische Gleichgewicht zwischen Syrien und Israel sei nicht zu erreichen, erklärte der sowjetische Botschafter in Damaskus zur Verärgerung der dortigen Führung. Moskau betrachtet die Syrer als unfähig, die Israelis zu bekämpfen oder mit ihnen zu verhandeln. Übrigens paßte diese Abkühlung gut in das politische Konzept Mubaraks. Sie begünstigte die zur Schau gestellte Distanzierung zum unbequemen Friedenspartner Israel und den lange angestrebten Brückenbau zwischen Ägypten und der wegen des Friedensschlusses von 1979 zwischen Kairo und Jerusalem verärgerten arabischen Welt.

Israel – gestern, heute und morgen

Das Problem Israel, wo sich Juden und Araber gegenüberstehen und beide um ihre Existenz ringen, gehört zum Erbe des Ersten Weltkrieges. Nur wer Geschichte kennt, kann sich hier ein sachliches und unvoreingenommenes Urteil erlauben. Einen Staat Palästina hat es in der Geschichte nie gegeben. Die Bezeichnung für dieses Gebiet stellt eher einen geographischen Ausdruck dar, der sich im Laufe der Zeit stets geändert hat: Jordanien, Westjordanland, Judäa, Samaria

und Galiläa sind die drei Teillandschaften des Ganzen, und Erez-Israel ein alttestamentarischer Begriff für Groß-Israel.
Die Palästinenser sind die Urbewohner dieses Gebietes. Das arabische Wort »Falastin« bedeutet »Land der Philister«, die bei der Wanderung der sogenannten Seevölker gegen 1200 v. Chr. an der Ostküste des Mittelmeeres landeten und sich dort mit semitischen Stämmen vermischten. Heute lebt der größere Teil der etwa 4,5 Millionen Palästinenser in Israel, den Gebieten Gaza und Westjordanland sowie im haschemitischen Königreich Jordanien, wo ihnen die Engländer und der frühere Völkerbund eine im Grunde fremde Dynastie aufgedrängt hatten, die es seither meisterhaft verstanden hat, zwischen allen Konflikten zu schaukeln.
Die israelischen Stämme besiedelten um 900 v. Chr. Palästina, das Land, in dem »Milch und Honig fließen«, wie Moses es beschrieb. Ihr Reich umfaßte zeitweise den Raum vom heutigen Aquaba am Roten Meer bis Sidon im Libanon. Nach einem goldenen Zeitalter unter den Königen David und Salomon zerfiel der Judenstaat in zwei Teile – Israel und Juda –, die später von den Römern erobert wurden. Die meisten Juden sind von den Römern vertrieben worden und die Verbliebenen ließ zum Großteil Kaiser Hadrian (117–138 n. Chr.) beim Bar-Kochba-Aufstand in Jerusalem niedermachen.
Im Laufe der Jahrhunderte vermischten sich die Palästinenser mit aus der Wüste zugewanderten Nomaden. Islamisiert wurde Palästina durch die arabischen Eroberer, die um 634 ins Land einfielen. Dann kamen die Kreuzfahrer, gegen die sich Palästinas Araber und die wenigen dort verbliebenen Juden gemeinsam wehrten. Da die Kreuzfahrer das Heilige Land nicht halten konnten, folgten die Mameluk-ken und schließlich 1515 die Osmanen. Unter den Türken bewahrte das Land seine islamisch-arabische Identität. Die Juden zählten damals nur wenig mehr als tausend Familien, die in den heiligen Städten lebten – Jerusalem, Hebron, Tiberias und Safed.
Es ist nicht ganz unnütz, all dies in Erinnerung zu bringen. Gewiß ist Palästina einst die Heimat der Juden gewesen. Das war aber vor über tausend Jahren, und wie bei jedem Recht, so gibt es auch beim Heimatrecht eine Verjährungsfrist. Die Rückwanderung der Juden begann zumeist als Folge der Pogrome in Rußland und Polen Mitte des vorigen Jahrhunderts. Zwar stellten sie 1880 in der Stadt Jerusalem die Mehrheit, doch wie es zu jener Zeit ein Chronist bemerkte, »war Palästina ebenso jüdisch wie Nordamerika indianisch«. Insge-

samt gab es damals 24000 Juden im Lande, das heißt fünf Prozent der Bevölkerung, während die arabische Einwohnerschaft 470000 Menschen zählte.

Die sogenannte »Balfour Declaration«[1] vom 2. November 1917 bildet das eigentliche Urdokument des Staates Israel. Es bestimmte die Errichtung einer nationalen Heimstätte für die Juden, »ohne die Rechte nichtjüdischer Gruppen zu beeinträchtigen«. Allerdings lebten 1917 neben 1,3 Millionen Arabern und Christen nur 56000 Juden in Palästina. Gemäß der Meinung des inzwischen verstorbenen jüdischen Schriftstellers Arthur Koestler war die Balfour-Erklärung ein Danaergeschenk, indem eine Nation einer zweiten Nation das Land einer dritten schenkte.

In Wirklichkeit handelte es sich um etwas ganz anderes. Im Jahre 1917 war die Kriegslage für die Alliierten besonders kritisch. Durch die russische Revolution war im Osten das Zarenreich als Verbündeter ausgefallen. Rumänien und Serbien wurden von deutschen und österreich-ungarischen Truppen erobert. An der Westfront meuterten ganze französische Armeekorps und weigerten sich, weiterzukämpfen. Die Italiener wurden bei Caporetto in die Flucht geschlagen. Zwischen Februar und Dezember 1917 versenkten die deutschen U-Boote 6141000 BRT Schiffsraum der Alliierten. Auch war das Geld zur weiteren Kriegführung knapp geworden. Daher ging es bei der Balfour-Erklärung vornehmlich darum, angesichts der kritischen Lage die in Amerika besonders finanzstarken jüdischen Kreise für einen stärkeren Kriegseinsatz zu mobilisieren. Nachher sollte allerdings die Balfour-Erklärung auch den Briten kein Glück bringen.

Seit dem Ersten Weltkrieg hatte Palästina eine bewegte Geschichte. Da das Land sowohl den Arabern als auch den Juden versprochen worden war, erklärte England, um sich aus der selbst geschaffenen Klemme zu befreien, Palästina zum britischen Mandatsgebiet und bekämpfte, um die Gunst der Araber zu gewinnen, besonders während der Hitlerzeit die Einwanderung der Juden oft mit brutalsten Methoden. Dennoch gelang es zwischen 1919 und 1947 etwa 717000 Juden, in dem ihnen zugesagten Gebiet zu landen.

Ihre Terroristen bekämpften einerseits die Militärmacht der Engländer, andererseits den Widerstand der mehrheitlich arabischen Bevölkerung. Ähnlich wie in Nordirland ist die britische Besatzungstruppe

[1] Arthur James Earl of Balfour (1848–1930), britischer Außenminister 1916–1918.

von jüdischen Kampforganisationen der »Irgun« und »Haganah« sowie der »Sternbande« jahrelang angegriffen worden. Der Vertreter der Vereinten Nationen, der schwedische Graf Folke Bernadotte, wurde von jüdischen Terroristen am 19. September 1948 ermordet. Die Feindschaft zwischen Juden, Arabern und Briten verwandelte das Land in einen Hexenkessel.

Soweit die kurz gefaßte Vorgeschichte der heutigen Lage in Palästina, über das die Briten 1947 ihr Mandat aufgegeben und die Lösung des Palästinaproblems den Vereinten Nationen anvertraut hatten, die dann in einer Sondersitzung am 29. November 1947 die Teilung in einen palästinensischen und einen jüdischen Staat beschlossen. Am 14. Mai 1948 wurde von Ben Gurion in Tel-Aviv der Staat Israel ausgerufen, was bei der alt ansässigen Bevölkerung und in den Nachbarländern auf schärfsten Widerstand stieß.

Um sich die Mehrheit zu sichern, wurden von den Juden rund 800000 Palästinenser, davon 400000 nach Libanon, 350000 nach Westjordanien und 50000 in den Gazastreifen vertrieben. Es kostete die Israelis vier Kriege – 1948, 1956, 1967 und 1973 –, in denen sie ihren Staat offensiv verteidigten. Dabei erwiesen sich die jüdischen Streitkräfte in Organisation, Führung und Einsatzbereitschaft ihrer Soldaten als erstklassige, ihrem Gegner weit überlegene Kämpfer. Sie zählen heute 141000 Männer und Frauen und können kurzfristig durch Mobilisierung auf 645000 Mann erhöht werden. Die Israelis verfügen über 3794 Kampfpanzer, 676 Kampfflugzeuge und eine moderne Marine mit zahlreichen Raketenschnellbooten und anderen kleineren Kriegsschiffen.

Nach Angaben des Londoner Internationalen Institutes für strategische Studien aus dem Jahre 1988 soll Israel angeblich über etwa hundert nukleare Sprengkörper verfügen, die von Flugzeugen aus oder mit Mittelstreckenraketen »Jericho«, deren Reichweite 850 km beträgt, in kritischen Lagen eingesetzt werden könnten.[1] Diese Vermutung wirkt weniger erstaunlich, wenn man bedenkt, daß an der Entwicklung von Kernwaffen in den Vereinigten Staaten zahlreiche jüdische Wissenschaftler mitgewirkt haben. Wenige Angaben liegen über die israelischen Atomversuche vor, von denen einer in Zusammenarbeit mit Südafrika im Südatlantik im September 1979 erfolgt

---

[1] Die »Österreichische Militärische Zeitschrift« berichtet in ihrem Heft Nr. 1/1990, daß die Israelis bereits über Raketen mit Reichweiten von 1300 km verfügen.

sein soll. Argwöhnisch verfolgen die Israelis die Bemühungen der arabischen Staaten, sich Kernwaffen zu beschaffen. Sie sind entschlossen, den Bau von Atomwerken in arabischen Ländern mit allen Mitteln zu verhindern. Dabei nehmen die Israelis selbst die Verletzung des Völkerrechts in Kauf, wie es ihr Luftangriff gegen die irakische Kernzentrale Tamuz im Juni 1981 bewiesen hat. Merkwürdig ist, daß die Vereinigten Staaten, die nicht müde werden, gegen die Atomrüstung Indiens und Pakistans zu protestieren, im Falle Israels bisher kein Veto erhoben haben.

Das heutige Staatsgebiet Israels wurde durch das Waffenstillstandsabkommen mit Ägypten, Libanon und Syrien am 24. Februar 1949 festgelegt. Einen Friedensvertrag gab es nicht und die Frontlinie der Feuereinstellung ist keine Grenze. Mit Syrien, Libanon und Jordanien befindet sich Israel »de jure« weiterhin im Kriegszustand. Die Folge ist, daß der Judenstaat bisher keine völkerrechtlich anerkannten Grenzen hat mit Ausnahme zu Ägypten auf Grund des Friedensvertrages von Camp David 1979.

Israel bildet ohne die besetzten Gebiete eine strategische Mißgeburt. Es besteht aus einem nördlichen und südlichen Landesteil, die ein etwa 100 km langer und an einer Stelle nur 20 km breiter Korridor miteinander verbindet. Um die militärische Lage ihres Staates merklich zu verbessern, klammern sich die Israelis hartnäckig an die besetzten Gebiete, Westjordanien, die Golanhöhen, den Gazastreifen und den Ostteil Jerusalems – die dritte heilige Stadt des Islams nach Mekka und Medina. Zu bemerken ist, daß es gerade diese Territorien sind, in denen ein Großteil der seit 1948 vertriebenen Palästinenser Zuflucht gefunden hatte. Mit diesem Hintergrund im Auge wollen wir nun die Gegenwart betrachten. Die Palästinenser fordern nach wie vor das Rückkehrrecht in die Gebiete, aus denen sie vertrieben worden sind, also auch in den israelischen Kernstaat von 1948. Die Anerkennung eines solchen Rechtes würde das Ende des jüdischen Staates bedeuten.

Wie immer stark auch die bewaffnete Macht die Grenzen Israels zu sichern imstande ist, die Schwäche dieses Staates ist und bleibt vor allem die »demographische Bombe«. Zur Zeit der Staatsgründung 1948 bildeten die Juden eine Minderheit von rund 800000 Personen. Da die Statistiken politisch verfärbt sind, gibt es über die Einwohnerschaft Israels keine verläßlichen Aussagen. Nach israelischen Quellen lebten 1988 im Judenstaat 4,4 Millionen Menschen, davon

3640000 Juden, 760000 Araber und 75000 Kurden. In den besetzten Gebieten Westjordaniens sind gegenwärtig 840000, im Gazastreifen 400000 Palästinenser ansässig. Sollte es Israel gelingen, diese Gebiete zu annektieren, dann stünden den 3640000 Juden an die 2000000 Araber gegenüber.

Ursprünglich waren im ehemaligen britischen Mandatsgebiet 1,3 Millionen Araber ansässig. Von diesen wurden gemäß des Bulletins der Vereinten Nationen vom 11. Mai 1951 die schon erwähnten 800000 vertrieben[1], die infolge eines israelischen Gesetzes vom 7. November 1961 in ihre Urheimat nicht zurückkehren dürfen. Auf dem Staatsgebiet verblieben 1950 nur noch 156000 Araber, die seither auf 760000 angewachsen sind. Seit der Gründung Israels hat sich die verbliebene arabische Bevölkerung mehr als vervierfacht.

Auf eine weitere Einwanderung von Juden gibt es wenig Hoffnung. Von tausend aus der Sowjetunion emigrierten Juden ziehen es in der letzten Zeit durchschnittlich achtzig Prozent vor, in Österreich oder Italien die Erteilung eines Einreisevisums in die Vereinigten Staaten, Kanada oder Australien monatelang abzuwarten. Am 3. März 1989 berichtete die französische Zeitung »Quotidien de Paris«, daß von 2616 im Januar desselben Jahres aus der Sowjetunion emigrierten Juden nur 119 nach Israel ausgewandert sind. Da der Geburtenzuwachs der Araber mit über drei Prozent höher liegt als der der Juden mit zwei Prozent, dürfte Palästina im Jahre 2010 von einer gleichen Anzahl beider Rassen bevölkert sein. Die Hoffnung auf ihre friedliche Koexistenz ist gering. Wie in allen Ländern des Orients nimmt auch im Gazastreifen und Cisjordanien der Einfluß des fanatischen Islams zu. Die Zahl der Moscheen verdoppelte sich in zwanzig Jahren. Ob die in der letzten Zeit großzügiger gehandhabte Auswanderung der russischen Juden diese Lage wesentlich verändern wird, bleibt indessen fraglich.

Nicht viel erfreulicher ist das Bild des Judenstaates in wirtschaftlicher Hinsicht. Jerusalem wurde 1988 von der amerikanischen Regierung mit 3,5 Milliarden Dollar unterstützt, davon gemäß der Zeitschrift »Jane's Defense Weekly« 1,8 Milliarden Militärhilfe. Gleichzeitig werden Israel »äußerst wertvolle« industrielle Produktionsmethoden unentgeltlich überlassen und es genießt im Handel mit den USA Privilegien. Die Finanzhilfe beträgt etwa zwanzig Prozent der israelischen Bruttoproduktion. Die Handelsvorteile machen ungefähr wei-

[1] Siehe »Weltgeschichte der Nachkriegszeit«, Verlag Plötz, Würzburg, S. 217.

tere zehn Prozent aus. Zusammen mit den Einnahmen aus den besetzten Gebieten ergeben diese amerikanischen Hilfen insgesamt etwa 35 Prozent des Volkseinkommens. Israel hat keine wirtschaftliche Grundlage geschaffen, die sich selbst trägt, sondern ist in entscheidendem Maße von ausländischer, vor allem amerikanischer Finanzhilfe, abhängig.

Diese These hat der amerikanische Ökonom Tom Stauffer, Professor für die Wirtschaft des Nahen Ostens an der Georgetown University in Washington über die wirtschaftliche Lebensfähigkeit Israels vertreten. Er bezweifelt ferner, ob der Judenstaat auch in Zukunft mit amerikanischer Hilfe im bisherigen Umfang rechnen kann. Als Gründe führte er nicht nur das gewaltige Defizit des amerikanischen Staatshaushalts an, sondern auch einen möglichen politischen Stimmungsumschwung in den Vereinigten Staaten[1].

Insgesamt wurden seit 1967 in den besetzten Gebieten 139 jüdische Siedlungen errichtet. Bereits 52 Prozent des Bodens befinden sich in jüdischen Händen. Dieser hohe Anteil ist nicht nur das Ergebnis von Enteignungen, sondern dazu gehören auch alle Ländereien, die in jordanischer und zuvor britischer Zeit die jeweiligen Staaten als »herrenloses« Eigentum inne hatten. Diesen Besitz hat Israel inzwischen für sich eingetragen, ohne daß nach Völkerrecht Westjordanien und der Gazastreifen zum Staatsgebiet Israels gehören würden.

In den kommenden Jahren sollen in den besetzten Gebieten weitere 35 Siedlungen entstehen und die derzeitige Zahl von 74000 Juden mehr als 100000 erreichen. Dabei bewohnen diese Gebiete noch immer 1,2 Millionen Palästinenser, denen Jerusalem jede Form von Staatlichkeit vorenthält. Praktisch betrachten die Israelis Westjordanien und den Gazastreifen als bereits annektierte Gebiete, aus denen die Palästinenser allmählich zum Abwandern gedrängt werden. Durch ein enges Straßennetz sowie die Schaffung wirtschaftlicher Abhängigkeit und andere Maßnahmen versuchen die Israelis, die 5900 Quadratkilometer umfassenden besetzten Gebiete an sich zu binden und somit einen vollendeten Tatbestand zu schaffen, der das Entstehen eines palästinensischen Staates verhindern soll. Die »Jewish Agency« hat bis 1988 bereits 2,4 Milliarden Dollar in die Infrastruktur der jüdischen Besiedlungen investiert. Davon profitierte allerdings auch die palästinensische Bevölkerung. Ihr National-

[1] »Frankfurter Allgemeine Zeitung« (Wirtschaftsteil) vom 13. Februar 1989.

bruttoprodukt stieg um etwa neun Prozent. Die Juden verbesserten die Sozialleistungen und das Schulsystem. In den israelischen Unternehmen verdienen 261000 Palästinenser ihr Brot.

Doch für die Einheimischen zählen materielle Vorteile weniger als ihr Wunsch, sich von den »Kolonialisten« zu befreien. Seit Ende 1987 befindet sich die Jugend in den besetzten Gebieten im offenen Konflikt, genannt »Intifada«, mit den israelischen Streitkräften. Ihre Unterdrückung ist schonungslos und wird nicht nur in den westlichen Ländern, sondern auch von manchen israelischen Kreisen selbst scharf verurteilt. Die Zahl der in Lagern inhaftierten Palästinenser betrug im August 1988 achtzehntausend.

Die israelische Regierung rechtfertigt die Existenz von Konzentrationslagern damit, daß diese zur Abschreckung gedacht seien und solange bestehen würden, wie der Aufstand in den besetzten Gebieten fortwähre. Die Haltung der Israelis hat selbst die Aufmerksamkeit der Vereinten Nationen (UNO) geweckt. Im November 1988 verurteilte die Generalversammlung mit 130 gegen zwei Stimmen – die der USA und Israel – die Handlungen Jerusalems. Sechzehn Staaten enthielten sich der Stimmen. Die Israelis wurden aufgefordert, sich an die Genfer Konvention über die Behandlung der Zivilbevölkerung in militärisch besetzten Gebieten zu halten. Durch seine Repressionspolitik verlor Israel nicht nur an Ansehen in der Welt. Der Truppeneinsatz kostet etwa eine Million Dollar täglich. Infolge des Arbeitsausfalls eingezogener Reservisten und des Rückganges des Tourismus um dreißig Prozent entstehen weitere Verluste.

Der Aufstand der Jugend in den besetzten Gebieten hat die Weltöffentlichkeit mehr als alle Terrorakte der PLO auf die Frage Palästina gelenkt und viele Freunde Israels in Zwiespalt gebracht. Einen Wendepunkt der Palästinenser im Kampf gegen Israel bildete die im November 1988 unter der Schirmherrschaft Algeriens und in Anwesenheit zahlreicher offizieller Vertreter arabischer Staaten erfolgte Proklamierung eines palästinensischen Staates. Der in Algier vollzogene Staatsakt wurde umgehend von 23 meist islamischen Ländern anerkannt. Die PLO rechnet, daß weitere 75 Staaten den gefällten Entschluß ebenfalls bestätigen werden und haben ihre 93 Vertretungen in aller Welt angewiesen, mit den jeweiligen Regierungen in diesem Sinne Verhandlungen aufzunehmen.

Das Haupthindernis auf dem Wege der Schaffung eines palästinensischen Staates bilden die Amerikaner, die eine Debatte der Vereinten

Nationen über die Zukunft der besetzten Gebiete und der »Intifada« bisher blockieren. Damit haben die Vereinigten Staaten, die sich weigern, das von ihnen zum Dogma erhobene Selbstbestimmungsrecht der Völker anzuerkennen, das seit jeher einen der Grundsätze ihrer Außenpolitik bildete, wie auch schon früher in manchen anderen Fällen sich disqualifiziert.

Was die arabische Staatenwelt anbelangt, so ist es häufig weniger ihre Sympathie für die Palästinenser, die sie dazu motiviert, sich für eine Regelung im Sinne der PLO einzusetzen, sondern die Sorge, daß eine Art von »Intifada« auf die eigene Politik überschwappen und somit ihre staatliche Struktur ins Wanken bringen könnte. Sollten die USA die israelische Regierung weiterhin dabei unterstützen, Verhandlungen mit der PLO abzulehnen, anstatt sie zu unterstützen, dann ist es nicht auszuschließen, daß die radikalen Islamisten noch mehr an Einfluß gewinnen.

Das scheint man endlich auch in Washington zu begreifen, nachdem auf niedriger diplomatischer Ebene zwischen einem Vertreter des »State Department« und der PLO in Tunis, allerdings ohne greifbaren Erfolg, bereits Verhandlungen stattgefunden haben. Gleichzeitig bekundete auch Moskau sein Interesse, an der Regelung der Palästinafrage mitzuwirken. Ende Februar 1989 empfing Ägyptens Staatschef Mubarak den für die sowjetische Außenpolitik zuständigen Minister Schewardnadse zu einer Unterredung und hatte anschließend ein langes Gespräch mit dem Vorsitzenden der PLO Arafat sowie auch mit dem israelischen Außenminister Moshe Arens. Daraufhin hat nun auch Washington den Israelis geraten, mit der PLO direkte Verhandlungen aufzunehmen. Vorschläge der israelischen Regierung, in den besetzten Gebieten Wahlen zuzulassen, ohne diese vorher militärisch zu räumen, sind unseriös.

Die völkerrechtliche Grundlage der Bildung eines souveränen palästinensischen Staates beruht auf Entscheidungen, die von den Vereinten Nationen getroffen wurden. Vieles deutet darauf hin, daß die weltweit entfesselte Kampagne gegen den früheren Generalsekretär der UNO (1972–1981), Kurt Waldheim, später österreichischer Bundespräsident, den Grund in seiner standhaften Haltung zu den Beschlüssen der Zweistaatenthese der Vereinten Nationen hatte. Wie schon erwähnt, hatten diese bereits 1947 die Teilung Palästinas in einen jüdischen und einen arabischen Staat beschlossen. Gleichzeitig beruft sich der Nationalrat der PLO auf die Resolution 242 des

Sicherheitsrates aus dem Jahre 1967 und die Entscheidung 338 von 1973. Beide Resolutionen enthielten das Verbot des Erwerbs von Gebieten durch kriegerische Handlungen.
Dennoch weigert sich Israel hartnäckig, sich auf die ungünstige strategische Demarkationslinie von 1967 zurückzuziehen und hofft noch immer, die besetzten Gebiete einem Staat Großisrael einverleiben zu können. Andererseits würde auch die von den Vereinten Nationen befürwortete Teilung Palästinas in zwei Staaten – einen jüdischen und einen arabischen – kaum eine lebensfähige Lösung bieten. Sie bedeutete lediglich die Schaffung zweier staatlicher Fehlkonstruktionen. Man kann nicht Staaten einfach auf der Landkarte bilden. In den besetzten Gebieten gibt es keine Industrie, keine Infrastruktur, keine für die Industrie geschulte Bevölkerung und keine entwickelte Landwirtschaft, um die Einwohner zu ernähren. Weiterhin müßte man die Menschen mit ausländischen Hilfsprogrammen am Leben erhalten. Der unversöhnliche islamische Fundamentalismus und der jüdisch-zionistische Nationalismus eskalieren immer weiter in Dimensionen hinein, in denen eine friedliche Koexistenz kaum Chancen hat, sich zu verwirklichen.
Israel wirkt wie ein Stachel im arabischen Körper. Werden ihn die schon heute 175 und bald 250 oder mehr Millionen Araber auf die Dauer hinnehmen? Bisher verdankte der jüdische Staat seine Existenz einerseits der bereits erwähnten amerikanischen Unterstützung und andererseits der Uneinigkeit der arabischen Völker. Dies könnte sich allerdings eines Tages ändern und somit viele Fragen aufwerfen, die das Problem Israels zu einem weltpolitischen Konflikt entfachen, der er eigentlich schon ist. Wie würden die beiden Supermächte – die USA und die UdSSR – im Falle eines arabischen Großangriffes auf Jerusalem reagieren? Wie würde sich ein militärisch impotentes Westeuropa verhalten, wenn Israel in Notwehr Atomwaffen einsetzt oder die schon heute überrüsteten Araber von Kampfgasen Gebrauch machen? Wenn auch vielleicht frühzeitig, scheint es dennoch nicht unnötig zu sein, sich schon jetzt mit solchen Prognosen zu befassen. Wahrscheinlich ist, daß die Amerikaner das Schicksal Israels nicht unberührt ließe.
Die Lage, in der sich der israelische Staat befindet, ist äußerst prekär. Die Gründe, daß sich die Israelis weigern, angesichts der geschilderten Sachlage einer internationalen Konferenz über den Mittleren Osten zuzustimmen, sind verständlich. All dies festzustellen, gehört

jedoch zu jenen Tabus, die trotz aller Demokratie verschwiegen werden, weil sie unangenehm sind, und über sie zu reden oder zu schreiben manchmal sogar riskant ist. Doch ihre Verheimlichung führt gewiß nicht zu einer Lösung. Sich von unerwarteten Entwicklungen überraschen zu lassen, könnte ärgere Folgen haben als das Kundmachen peinlicher Tatsachen.

11. Kapitel

Allah im Mittleren Osten

Zwei Regionen verleihen dem Morgenland seine politische Bedeutung: die Suezkanalzone im Norden, der Persische Golf im Osten der arabischen Halbinsel. Im ersten Fall handelt es sich um die Beherrschung der kürzeren, immer noch wichtigen Verbindung zwischen dem Mittelmeer und dem Indischen Ozean, im zweiten um die arabischen Ölgebiete, in denen sich etwa die Hälfte der bisher entdeckten Ölvorräte der Erde befinden. Gegenwärtig importieren die Vereinigten Staaten 5 Prozent, Westeuropa 48 Prozent und Japan 35 Prozent ihres Ölbedarfs aus dem persischen Golfgebiet. Schon aus diesen Zahlen ergibt sich die Bedeutung des Mittleren Ostens für die westliche Industriewelt. Jede Preisfluktuation des Öls wirkt sich automatisch auf alle Wirtschaftsbereiche der Erde aus.
Die Verbindung »Erdöl und Rüstung« zusammen mit der strategischen Bedeutung, die dem Raum zwischen Nil und Persischem Golf zufällt, zeigt die besondere Verknüpfung zwischen dem Rüstungswettlauf im Mittleren Osten und der Gefahr eines Krieges, von dem auch Europa nicht unberührt bliebe. Die Bedrohung, die hinter dieser Anhäufung von Waffen steckt, ist eindeutig. Die Westmächte fördern den Rüstungswettlauf nicht nur aus offensichtlichen Geschäftsinteressen, sondern auch mit der Absicht, die ihnen freundlich gesinnten Staaten militärisch zu stärken. Doch die eigentliche Gefährdung der Regime des Mittleren Ostens liegt im Innern und sie wird häufig von außen gesteuert. Es ist fraglich, ob durch eine gegenseitige Abschreckungsstrategie der Frieden im Mittleren Osten gesichert werden kann.
Hinzu kommen auch noch andere Faktoren, die die westliche Welt in eine schwerwiegende Abhängigkeit von den Ölstaaten brachten. Der plötzlich erworbene Reichtum machte die arabischen Staaten zu unentbehrlichen Klienten der Industrieländer. Für die europäische Wirtschaft ist der Mittlere Osten zu einem der größten Handelspartner geworden. Gleichzeitig lassen die Ölländer ihre Geldüberschüsse auch im Westen arbeiten. Die von ihnen akkumulierten Geldmassen

verhalten sich jedoch wie loser Ballast, dessen Schwankungen das Schiff der Weltwirtschaft auf dem ohnehin stürmischen Meer der Weltlage leicht zum Kentern bringen könnten. Wie begrüßenswert arabische Investitionen im Westen auch sein mögen, sie sind, abgesehen davon, daß sie auf eine Neokolonisierung früherer »Kolonialherren« hinauslaufen, keineswegs risikolos. Ein gutes Beispiel bietet das Ölland Kuweit, das aus seinen Auslandsinvestitionen bereits mehr Einkommen abgeschöpft hat als durch Ölausfuhr.

Eine Umdisponierung seitens der launenhaften Araber könnte dieses oder jenes Land des Westens leicht in finanzielle Schwierigkeiten bringen. Wie dem auch sei, Öl ist weitgehend die Ursache dafür, daß sich die wirtschaftlichen und somit auch die politischen Gewichte in der Welt verschoben haben. Mancher Staat, der vor fünfzig Jahren noch arm war, ist heute reich geworden, und viele Staaten der Dritten Welt noch ärmer, als sie es früher gewesen sind. All das führte dazu, daß der Ölreichtum hauptsächlich dem persischen Golfgebiet einen neuen Stellenwert in den internationalen Beziehungen eintrug. Diese Lage wird sich in absehbarer Zeit kaum ändern. Denn wie immer die Ölländer auch in Krisen geraten mögen, der Westen wird noch lange auf ihre Lieferungen angewiesen sein.

Das Königreich Saudi-Arabien umfaßt mit etwa 2,4 Millionen Quadratkilometern die größte Fläche der arabischen Halbinsel und besitzt die reichsten Ölfelder. Aber auch in anderer Hinsicht ist es eines der wichtigsten Länder der arabischen Welt, einmal als Hüter der heiligen Städte des Islams, Mekka und Medina, zum anderen, weil es auf Grund seiner Geldreserven noch immer in der Lage ist, arabische Regierungen zu unterstützen und hierdurch ihre Politik zu beeinflussen. Hinzu kommt, drittens, daß Saudi-Arabiens Ölfelder für die westlichen Industriestaaten unentbehrlicher sind als die jedes anderen Landes der Welt. In dieser Hinsicht sind auch in absehbarer Zeit kaum wesentliche Veränderungen zu erwarten.

Angesichts dieser Sachlage sind die westlichen Industrieländer weitgehend in eine Abhängigkeit von einem Familienkonzern geraten: dem Könighaus von Saudi-Arabien. Selten hing so viel von so wenigen ab, das heißt von sechzig häufig untereinander hadernden Prinzen. Diese bilden den inneren Kern der saudischen Königsfamilie, die insgesamt auf 3000 männliche Angehörige geschätzt wird. Besorgniserregend wirkt dabei, daß Saudi-Arabien, wo sich der

Beharrungsdrang eines Regimes von Tausendundeiner Nacht mit der Unterstützung revolutionärer Bewegungen wie der PLO seltsam überkreuzt, trotz amerikanischer Präsenz gegen Subversion keineswegs immun ist. Der Widerspruch zwischen der Erhaltung einer mittelalterlichen Gesellschaftsordnung einerseits und dem Drang nach schneller Modernisierung andererseits, steht in krassem Gegensatz zueinander und schafft zwangsläufig tiefe und häufig nur schwer überbrückbare Differenzen.

Zu den traditionellen Rivalitäten innerhalb des Königshauses gesellt sich der Zwiespalt zwischen der älteren Generation, die zäh an den Überlieferungen festzuhalten sucht, und den im Westen, vornehmlich in Amerika, ausgebildeten jungen Fachleuten. Sie bilden eine neue Klasse für sich, die umwälzende Reformen der bestehenden Ordnung fordert, eine Einstellung, die übrigens auch andere nachwachsende Fachleute und Intellektuelle in Drittweltstaaten von ihrem Auslandaufenthalt mitbringen. Schließlich herrscht auch hier eine unversöhnliche Gegnerschaft zum Judenstaat. Saudi-Arabiens König weigert sich, das für die islamische Welt heilige Jerusalem als die Hauptstadt Israels anzuerkennen.

Nicht viel tröstlicher sieht es bei den Streitkräften aus, deren junge Offiziere eine Befreiung des Landes von der Bevormundung durch die Amerikaner fordern. Seit 1977 wurden über zehn Umsturzversuche, hauptsächlich der Luft- und Panzerwaffe, die man der Welt, nicht aber dem israelischen Nachrichtendienst gegenüber verheimlichen konnte, im letzten Moment verhindert. Im August 1979 rebellierten erstmals auch Soldaten der Nationalgarde, die bis dahin als loyal galt, was zur Folge hatte, daß der damalige König Khadeh für mehrere Wochen in der Schweiz Zuflucht suchte. Im September desselben Jahres haben gegen einige Mitglieder der königlichen Familie, die in die Verschwörungen verwickelt waren, Gerichtsverfahren stattgefunden. Sie wurden zu Haftstrafen verurteilt, während siebzig Offiziere exekutiert worden waren.

Auch die Besetzung der Moschee in Mekka am 20. November 1979 war keine Tat religiöser Einzelgänger, wie es die Regierung in Riad behauptete, sondern eine von langer Hand vorbereitete Erhebung, bei der auch Teile der Armee mitgewirkt hatten. Die Rebellen forderten die Abschaffung der Monarchie, die Reduzierung der Ölproduktion, die drastische Erhöhung der Ölpreise und die Ausweisung westlicher Militärexperten aus Saudi-Arabien. Gekämpft wurde nicht nur in Mekka, sondern auch in Medina und in der königlichen Sommerresidenz Taif.

Gewiß erlaubte der Geldüberschuß den Saudis, ihre Streitkräfte zeitgemäß und vorzüglich auszurüsten. Doch gegen innere revolutionäre Bedrohungen sind noch so moderne Waffen nur vorbehaltlich wirksam. Daran dürfte auch der Umstand nichts ändern, daß nach israelischen Meldungen die großen Flughäfen und andere strategisch wichtige Punkte des Landes von Amerikanern »überwacht« werden. Diese gelten nicht als Militärs, sondern als Zivilangestellte, die als ausgediente Soldaten von Agenturen in den USA angeworben wurden.

Zu den schon angeführten Gegensätzen innerhalb der führenden Schichten stellt auch in Saudi-Arabien die Bevölkerungsfrage schwerwiegende Probleme, die, wie in allen Staaten des Orients, hier ebenfalls ein ziemlich buntes Mosaik aufweist. Trotz anders lautenden offiziellen Zahlen dürfte Saudi-Arabien nicht mehr als acht Millionen Einwohner zählen. Dazu kommen 2,5 Millionen Fremdarbeiter verschiedener Herkunft, die oft in armseligen Slums hausen, darunter 100000 Palästinenser. Auf verschiedenen Baustellen sind 80000 Pakistani und 33000 Inder tätig. Einen Teil der Fremdarbeiter stellen etwa 41000 Nordafrikaner, die südlich Jiddah einen neuen Marinestützpunkt bauen und den strategischen Flughafen von Al Hufuf in der saudischen Wüste fertigstellen. Wie viele Muslims unterschiedlicher Sekten aus den benachbarten Ländern in Saudi-Arabien Unterkunft fanden, ist nicht festzustellen. Insbesonders die Palästinenser betätigen sich politisch, und es ist nicht ohne Grund, daß die Regierung Saudi-Arabiens von der Anwesenheit so vieler Fremder beunruhigt ist.

Mittlerweile haben die Vereinigten Staaten im Mittleren Osten in den letzten Jahren viel an Ansehen verloren. Ihr Abzug aus Vietnam enttäuschte die Saudis. Das amerikanische Verhalten dem iranischen Schah gegenüber hat die Prinzen empört. Daß Washington auf die Besetzung seiner Botschaft in Teheran 1979 eher nur mit Aufregung anstatt entschlossenem Handeln reagiert hat, wurde in Riad mit ungläubigem Staunen aufgenommen. Unfaßlich war für die Saudis auch die schwache Auflehnung der westlichen Führungsmacht gegen den sowjetischen Einmarsch 1979 in Afghanistan. Schließlich wurden den Amerikanern die ausweichenden Manöver Washingtons auf das sowjetische Eingreifen in Äthiopien, Angola und Jemen angekrei-

det. Die Saudis haben sich das Verhalten einer Großmacht im Weltgeschehen anders vorgestellt.
Zum Abschluß unserer Betrachtungen über Saudi-Arabien sei noch folgendes bemerkt: Vieles spricht dafür, daß radikale Reformen ebenso zum Untergang der Dynastie führen könnten wie im Iran die Demokratisierung, die dem durchaus aufgeschlossenen Schah vom Westen aufgezwungen wurde und die dem psychologischen Klima eines orientalischen Landes gar nicht entsprochen hatte. Wird die Massenhysterie der islamischen »Wiedergeburt« (oder wie immer man es auch nennen mag) vor Saudi-Arabien haltmachen? Der Westen muß ernsthaft damit rechnen, daß der Sturz der saudischen Dynastie nicht nur eine Frage des Ob, sondern auch eine Frage des Wann ist.

Sturz des iranischen Kaiserreiches

Der ölreiche Persische Golf liegt im Zentrum des Mittleren Ostens zwischen vier Staaten: Irak, Kuweit, Oman und Iran. Wie schon oft hat die amerikanische Diplomatie auch im Fall Irans rundum versagt. Bei den ersten Zeichen von Unruhen entzog das Weiße Haus dem Schah eiligst die psychologische Unterstützung, den iranischen Militärs wurde dringend absolute Zurückhaltung empfohlen. Monatelang ließ der Schah seine Soldaten Gewehr bei Fuß stehen und vom fanatisierten Plebs demütigen, was man einer Armee nicht ungestraft zumuten kann. Die zwangsweise auferlegte Untätigkeit der Militärs, wie auch die ständig zunehmenden Unruhen im Lande, führten schließlich zum Zerfall der Streitkräfte. Sogar die kaiserliche Garde zeigte Auflösungserscheinungen, ein Prozeß, der sich beschleunigte, als der Schah am 16. Januar 1979 sein Land verließ.
Anstatt auf seinen Botschafter zu hören, hatte der damalige Präsident Amerikas Carter aus Stuttgart den US-General Huyser als persönlichen Beauftragten nach Teheran zum »fact finding« entsandt. Sogar nach Abreise des Schahs meldete der amerikanische General im Februar 1979, daß zu besonderen Befürchtungen und daher auch zu Maßnahmen kein Anlaß bestünde. Manches spricht dafür, daß der frühere Präsident des Weißen Hauses, anstatt dem Schah beizustehen, ihn eher fallen ließ. Nachdem Moskau verkündet

hatte, daß jede Intervention einer fremden Macht im Iran als Gefährdung sowjetischer Interessen gelten würde, erklärte Jimmy Carter bereits im Dezember 1978, zu einer Zeit, als der Schah noch an der Macht war, daß die Vereinigten Staaten in keiner Weise in die Entwicklung des Iran eingreifen würden. Doch Amerikas Hoffnung, mit den revolutionären Nachfolgern ebensogut im Geschäft bleiben zu können wie mit ihrem konservativen Vorgänger, entpuppte sich, wie schon in anderen ähnlichen Fällen, als eine Fehlkalkulation.

Getragen von einer pazifistischen Nach-Vietnam-Stimmung regierte Präsident Carter über ein Amerika, das auf der weltpolitischen Bühne nirgendwo mehr agierte – nicht einmal mehr reagierte, bis am 4. November 1979 die Besetzung der US-Botschaft in Teheran durch Studenten und die Geiselnahme von 62 Amerikanern den Riesen aus dem Tiefschlaf aufschreckte. Die Angreifer forderten die Auslieferung des Schahs, der sich zu einem Krankenhausaufenthalt in die Vereinigten Staaten begeben hatte, sowie die Aushändigung seines Privatvermögens.

Anstatt sich zu einer der Supermacht Amerika entsprechenden Haltung zu entschließen, wandte sich Präsident Carter an den Sicherheitsrat der Vereinten Nationen und an den Vatikan. Erst einen Monat später, im Dezember 1979, verabschiedete die UNO einen Beschluß, der die Regierung Irans dringend aufforderte, das in Teheran festgehaltene amerikanische Botschaftspersonal sofort freizulassen. Hingewiesen wurde dabei auf die Einhaltung der Wiener Konvention über diplomatische Beziehungen von 1961. Nach diesen Bestimmungen wäre die iranische Regierung nicht nur völkerrechtlich verpflichtet, die Immunität von Botschaftspersonal als geschützte Personen zu gewährleisten, sondern sogar die Täter, die eine solche verletzen, zu bestrafen.

Diese auch den Iran verpflichtende Konvention mißachtend, blieben die Geiseln weiter in Haft. Unterdessen wurden Gegenmaßnahmen von den Vereinigten Staaten nur zögernd ergriffen, darunter das Einfrieren des iranischen staatlichen Guthabens auf amerikanischen Banken. Anstatt auf den unerhörten Rechtsbruch mit einem scharfen Ultimatum zu antworten, spielte Carter auf Zeit. Den Überfall auf die amerikanische Botschaft in Teheran und anschließend den sowjetischen Einfall in Afghanistan zu Weihnachten 1979 beantworteten die Amerikaner mit einer Großkonzentration ihrer Kriegsmarine im Indischen Ozean. Insgesamt befanden sich 1980 zur Zeit des Höhepunktes der Geiselkrise 37 amerikanische, 14 französische, 8 britische und 5 australische Kampf- beziehungsweise Versorgungsschiffe in den Gewässern des Indischen Ozeans, wo die sowjetische Kriegsmarine damals 32 Einheiten unterhielt.

Während die Flotten der großen Seemächte im Indischen Ozean auf und ab kreuzten, hatte sich die frühere Ordnung in Iran aufgelöst. Galoppierende Inflation verringerte die Kaufkraft des Geldes. Ein Drittel der zwölf Millionen Werktätigen blieb ohne Arbeit. Ihre Zahl vermehrte sich durch 1,5 Millionen Flüchtlinge aus Afghanistan. Die Öleinkommen fielen um siebzig Prozent zurück. Eine Million Iraner, meist Angehörige der gebildeten Schichten, die zum Wiederaufbau unabkömmlich gewesen wären, haben das Land verlassen. Massenweise wurden die Gegner des Regimes verhaftet. Über die Zahl der Hingerichteten gibt es keine verläßlichen Angaben. Man schätzt sie jedoch auf mehrere Zehntausend.

Indessen hat der Schah für sein Volk alles getan, was sich ein asiatischer Herrscher an Fortschritt erträumen kann. Nach der drastischen Erhöhung des Erdölpreises durch die OPEC-Länder[1] 1973 nahm die wirtschaftliche Entwicklung Irans geradezu atemberaubende Formen an. Kein islamisches Land hatte einen so steilen Aufstieg zu verzeichnen wie der Iran unter der Regierung des Schahs. Daß es dennoch zum Zusammenbruch kam, beweist, daß es auch in unserem technischen Zeitalter durchaus möglich ist, mit religiöser Ekstase primitive Massen gegen den Fortschritt aufzuwiegeln. Entscheidend erwies sich dabei der Fanatismus der Mullahs gegen die vom Schah betriebene Modernisierung. Eine unheilige Allianz aus reaktionären Geistlichen und revolutionären Linken hatte sich gegen die Herrschaft des Schahs verschworen. Den einen ging die reformistische Politik nicht weit genug, in den Augen der anderen erschütterte sie die hergebrachten Strukturen des Landes.

Zu viele heute noch wohl gehütete Geheimnisse verschleiern die Umstände, die zum Zusammenbruch des persischen Kaiserreiches geführt haben. »Hilf Dir selbst, so hilft Dir Gott«, ist ein altes Sprichwort, das vom Schah zum Schaden Irans nicht befolgt wurde. Washington befahl eine Politik des Abwartens, bis es zu spät wurde.

---

[1] »Organization of Petroleum Exporting Countries« = Organisation Petroleum ausführender Länder, gegründet 1960, kontrolliert rund 40 Prozent der Welterdölförderung.

Die Unsicherheit, die die Vereinigten Staaten während der Iran-Krise an den Tag legten, und der hieraus resultierende Wegfall Teherans als zuverlässiger Verbündeter des Westens hat die Sowjetunion mit Sicherheit ermutigt, in Afghanistan einzumarschieren.
Die modern ausgerüsteten Streitkräfte des Kaiserreiches, von amerikanischen Instrukteuren ausgebildet, waren die stärksten im Mittleren Osten. Die »US-Military Advisory Group« (MAG = Gruppe für militärische Hilfe und Beratung) hatte zeitweise eine Personalstärke von 15000 bis 20000 Personen, also praktisch ebensoviel, wie die Sowjetunion unter Nasser in Ägypten unterhielt. Irans kaiserliche Kriegmarine herrschte nicht nur im Persischen Golf, sondern räumlich bis tief in die Gewässer des Indischen Ozeans hinein. Die ursprüngliche Planung amerikanischer Strategie, Iran solle in Richtung Nord-Süd einen Puffer zwischen den Interessen der Sowjetunion und jenen des Westens im Golfgebiet bilden, ist 1979 durch den Umsturz in Teheran zunichte gemacht worden. Die Landbarriere zwischen der Sowjetunion und dem Indischen Ozean war in ihrem zentralen und stärksten Stück geborsten, und somit auch das Gleichgewicht am Persischen Golf zerstört.
Die Gegensätze zwischen der Ost- und Westküste des Persischen Golfes – die eine von Iran, die andere von Irak beherrscht –, sind so alt wie die Geschichte. Auch zur Zeit des Schah-Regimes gab es viele Gründe zu Spannungen zwischen Bagdad und Teheran. Irans Anspruch auf die machtpolitische Vorherrschaft im Persischen Golf, seine Forderung, die Ölinsel Bahrein zu annektieren, die Sicherung der von Irak häufig gestörten Schiffahrt durch den Shatt-el-Arab zu den Ölraffinierien und Einladehäfen der irakischen Ölkompanie in Abadan sind lediglich die wichtigsten. Kein Wunder, wenn sich Moskaus Diplomatie in diesen Krisenherd einzuschalten versuchte. Während das Kaiserreich Iran sich auf die Amerikaner stützte, wurde Irak von der Sowjetunion gefördert.
Im Mai 1968 besuchten ein Raketenkreuzer und zwei Zerstörer der sowjetischen Fernostflotte den irakischen Hafen Umm Qasr. Es war das erste Auftreten der Roten Seemacht in den Gewässern des Persischen Golfes. Im Jahre 1972 wurde zwischen Moskau und Bagdad ein Freundschaftsvertrag abgeschlossen, der hauptsächlich auf die Ausschaltung der westlichen Ölgesellschaften abzielte. Dabei hatte die UdSSR selbst tief in die Tasche gegriffen, um die

Ölförderungen im Süden Iraks, in den Feldern von Rumeilah, zu ermöglichen und den Hafen von Basra auszubauen.

Als die Araber im Nahostkrieg 1973 die Ölpreise drastisch erhöhten, verfügte Bagdad, der damals sechstgrößte Ölproduzent der Welt, plötzlich über große Devisenreserven. Sie ermöglichten den Irakern, Waren dort zu kaufen, wo sie qualitätsmäßig besser und preiswerter waren. Wie in anderen Fällen erwies sich auch hier der technologische Rückstand des Ostblocks als schwerer Nachteil. Vor dem Golfkrieg 1981 kamen die fünf größten Handelspartner Iraks aus dem Westen. Das sowjetische Kulturinstitut in Bagdad mußte schließen und die kleine kommunistische Partei wurde streng überwacht. Der Plan, im Hafen Umm Qasr einen sowjetischen Stützpunkt zu errichten, ist längst vergessen. Obwohl die irakischen Streitkräfte weiterhin hautpsächlich mit sowjetischem Kriegsmaterial ausgerüstet wurden, versagten Moskaus Versuche, das Land politisch zu infiltrieren. Übrig blieben lediglich 600 sowjetische Militärberater zur Wartung der Waffen.

Schrittweise verbesserte sich das Verhältnis Iraks nicht nur zum Westen, sondern auch zum Kaiserreich Iran. Bei einer Gipfelkonferenz der Staatsoberhäupter der OPEC-Länder 1975 in Algier kam es zu einer Vereinbarung zwischen Irak und dem persischen Schah über die Beilegung aller Streitigkeiten zwischen den beiden benachbarten Erdölstaaten. Wichtig ist zu bemerken, daß diese Abmachung ohne Rücksicht auf die Interessenlage Moskaus im persischen Golfgebiet und den sowjetisch-irakischen Vertrag über »Freundschaft und Zusammenarbeit« von 1972 getroffen wurde. Denn gemäß den Zielen und Prinzipien dieses Abkommens waren »die hohen vertragschließenden Seiten im Falle von Handlungen oder Maßnahmen, die sich gegen die Interessen des anderen Vertragspartners richteten, zu laufenden Konsultationen verpflichtet«.

Wie immer man auch über das iranische Kaiserreich denken mag, alles deutet darauf hin, daß durch den Sturz des Schahs die unverkennbare Entwicklung des Landes für lange Zeit zum Stillstand gekommen ist. Das politische Delirium in Iran hat Kräfte an die Macht gebracht, die den westlichen Interessen gewiß unfreundlicher gegenüberstehen als das Schah-Regime. Ob der »islamische Fundamentalismus«, dessen Grundlage die Gesetze des Koran bilden, sich fortschrittfördernd erweisen wird, ist eher mit Zweifel abzuwarten. Der Ruf der Muezzin dürfte kaum ausreichen, die Inflation einzudämmen, die Arbeitslosigkeit zu verringern und den Produktionsapparat wieder auf den früheren Stand zu bringen. Die »Islamische Republik Iran« bedeutet gegenwärtig für viele Perser eine schlimmere Unfreiheit als ehemals die Herrschaft des Schahs.

Der Golfkrieg und seine Folgen

Durch den Umsturz in Teheran 1979 änderte sich die Lage für den Westen von Grund auf. An die Stelle der Ordnungsmacht Iran ist ein strategisches Vakuum getreten. Das Abkommen, das der Schah und die Arabische Republik Irak 1975 abgeschlossen hatten, konnte die seit Jahrzehnten bestehenden Differenzen nur oberflächlich überdecken. Zu diesen alten Gegensätzen kam ein neuer, der durch den Machtwechsel in Teheran an Potenz alle früheren bei weitem überragt. Khomeinis Ziel, die Bildung eines schiitisch-islamischen Staates am Persischen Golf, hoffte Iraks Staatschef Hussein dadurch verhindern zu können, daß das Gebiet des persischen Vielvölkerreiches in Kleinstaaten aufgeteilt wird und somit Khomeinis Ambitionen durchkreuzt werden. Dabei sollten die an Irak grenzende, von Arabern bewohnte iranische Provinz Khusistan sowie die kurdischen Gebiete Irans von Bagdad annektiert werden.
Angesichts des allgemeinen Chaos, das nach dem Sturz des Schahs in Teheran herrschte, und der Zerfallserscheinungen der iranischen Streitkräfte glaubte man in Bagdad, daß die Stunde nun geschlagen habe, die offensichtliche Schwäche der revolutionären Regierung der fanatischen Schiiten auszunutzen. Doch der irakische Staatschef hatte den Feind in Teheran unterschätzt. Sein Vorhaben, den geschwächten Iran im September 1981 blitzartig zu besiegen, ist mißlungen. Nach anfänglichen Erfolgen ist die irakische Offensive zum Stehen gekommen, während es zu Lande beim »Sitzkrieg« blieb. Grabenkämpfe, Offensiven und Gegenoffensiven, die mit dem Ziel geführt worden sind, die feindliche Front zu durchbrechen, wurden nach einigen Quadratkilometern Geländegewinn zum Stehen gebracht. Häufig erinnerte das Kriegsbild an die Durchbruchschlachten des Ersten Weltkrieges, wobei sogar Kampfgase, wie bei Ypern 1916, eingesetzt wurden. Skrupellos bombardierten beide Gegner

mit Fernkampfraketen ihre Städte – vornehmlich Teheran und Bagdad – gegenseitig.

Allmählich verlagerten sich die Kampfhandlungen auf Luftangriffe, deren Hauptziele die Anlagen der Ölindustrien und Tankschiffe waren, zumal die Öleinnahmen die hauptsächliche Geldquelle der kriegführenden Parteien bildeten. Beide Seiten erweiterten ihre Angriffe auf die Handelsschiffahrt im Golf. Laufend wurden Frachter gestoppt und ihre Ladung durchsucht. Die Angriffe richteten sich zunehmend auch auf Schiffe neutraler Staaten. Während des Krieges wurden im Golf über 230 Schiffe angegriffen und etwa 90 versenkt. Der Irak hatte im Februar 1984 eine Angriffszone von 90 km um die iranische Verladestation Kharg deklariert, die später auf 130 km erweitert wurde. Gleichzeitig dehnte die irakische Luftwaffe ihre Angriffe auch auf Ausweichverladestellen im östlichen Teil des Golfes aus, wofür vor allem französische Kampfflugzeuge »Mirage F-1« eingesetzt wurden. Zum Stören der Öltransporte wurden im Persischen Golf Minen gelegt.

Um die Freiheit der Seefahrt zu sichern, war die VII. US-Flotte, unterstützt von britischen, französischen und Kriegsschiffen anderer westlicher Nationalitäten, wie 1979 während der Geiselkrise nochmals aufgekreuzt. Die USA unterhielten zur Sicherung des Schiffsverkehrs im Golf fünf bis sieben Fregatten und Zerstörer sowie einige Minensuchboote. Gleichzeitig sorgten mit amerikanischem Personal bemannte AWACS-Frühwarnflugzeuge von Saudi-Arabien aus für eine großräumige Luftüberwachung im Golfgebiet. Die Flugzeugträgergruppe »Kitty Hawk« befand sich samt ihren fünf großen Kampfschiffen vor dem Eingang des Persischen Golfes in Bereitschaft. Großbritannien war mit zwei bis drei Zerstörern und Fregatten anwesend. Frankreich entsandte ebenfalls fallweise ein bis zwei Zerstörer und Minensuchboote. Zu einem schweren Zwischenfall kam es am 17. Mai 1987, als eine irakische »Mirage F-1« die amerikanische Lenkwaffenfregatte »Stark« versehentlich mit zwei »Exocet«-Raketen angriff und schwer beschädigte.

Zur Sicherung seiner Schiffe ersuchte Kuweit die Weltmächte um Schutz. Sie fuhren zum Großteil unter amerikanischer Flagge. Auch die Sowjetunion hat sich diesem Verlangen angeschlossen. Kuweit charterte von Moskau drei Öltanker, die von zwei Zerstörern und einem Minensucher begleitet wurden. Zum ersten Mal wirkte die amerikanische Kriegsmarine mit demselben Auftrag Seite an Seite

mit der sowjetischen. Indessen werden die durch den Krieg entstandenen Schäden der Ölförderungsindustrien in Iran auf 28, in Irak auf 8 Milliarden Dollar geschätzt.
Die Feindseligkeiten, die fast acht Jahre dauerten, sind ohne Sieger und Besiegten durch einen Waffenstillstand in Genf am 20. August 1988 eingestellt worden. Einige Niederlagen der Iraner führten schließlich dazu, daß Teheran die Waffenstillstandsresolution 598 der Vereinten Nationen akzeptierte. Seitdem schweigen die Waffen. Aber die Verhandlungen über den Frieden kommen nur schleppend voran. Die Anrainer am Golf bleiben gewappnet, weil sie dem Frieden noch nicht trauen.
Der Golfkrieg hat die politische Landschaft der arabischen Welt vollends geändert. Staaten, die untereinander in Spannung gelebt haben, sahen sich infolge der gemeinsamen Bedrohung durch Teheran gezwungen, ihre Politik zu revidieren. Während Syrien für den Iran Partei ergriff, unterstützte das konservative Saudi-Arabien angesichts der Gefahr des schiitischen Islams das »fortschrittliche atheistische Regime« Bagdads, fürchtete aber zugleich eine irakische Vorherrschaft am Persischen Golf. Im breiteren Sinne behelligt aber der islamische Fundamentalismus alle Länder der mohammedanischen Welt einschließlich der muselmanischen Republiken der Sowjetunion. Das Wiederaufleben des Islams, der heute am explosivsten in Iran zutage tritt, ist nicht nur das Aufbegehren einer Religionsgemeinschaft gegen fremde Einflüsse. Es ist ein Teil einer globalen historischen Entwicklung, eines weltgeschichtlichen Moments, in dem Urkräfte aufgestanden sind, um die Imperative der westlichen Zivilisation in Frage zu stellen.
Im Mittleren Osten gesellt sich nunmehr zu der israelisch-palästinensischen Frage das Problem der inneren Ruhe der als konservativ geltenden Regierungen dieses Raumes: Saudi-Arabien, Jordanien, Ägypten, Kuweit und andere. Eindeutig haben den Konflikt zwischen Iran und Irak sowohl religiöse als auch machtpolitische Motive ausgelöst, aber keine marxistischen Merkmale gekennzeichnet. Einerseits war es ein Kampf zwischen dem weltlichen arabischen Nationalismus der irakischen Baath-Partei und dem revolutionären Islam Khomeinis. Andererseits handelte es sich aber auch um die schon erwähnte Vorherrschaft im Golfgebiet. Beide Zielsetzungen – die religiösen und die machtpolitischen – standen in engster Verbindung. Wie sich der Tod des reaktionären »Patriarchen« Ayatollah Kho-

meini auf die Zukunft Irans auswirken wird, ist ungewiß. Es war seine Autorität, die das Staatsgefüge bisher trotz allem Versagen zusammenhielt. Bis heute hat der Islam die Lehren von Karl Marx und Lenin abgestoßen. Auch wirkt die ökonomische Dauerkrise unter den Moslems des Ostblocks nicht gerade als Werbung für den Marxismus. Doch wäre es zu früh, schon heute darüber zu rätseln, welche Kräfte nach Khomeini die Macht ausüben werden. Es könnte dabei durchaus zu einer Milderung, aber ebensogut zu einer Steigerung des Radikalismus kommen. Jedenfalls gibt es keine Rückkehr zu den politischen Verhältnissen von 1980. Der Krieg und der schiitische Fundamentalismus haben inzwischen in Iran tiefe Folgen hinterlassen.

Zwar hat der neue Machthaber Rafsandschani bei weitem nicht die magische Ausstrahlung seines Vorgängers, doch seine Regierungsbildung bedeutet keineswegs, daß die radikalen Elemente gänzlich ausgeschaltet wären. Anhänger des »Exports der islamischen Revolution« und kollektivistischer Modelle in der Wirtschaft gehören weiterhin zu den Machthabern des neuen Regimes. Zu rechnen hat Irans Präsident allerdings auch mit den Pasdaran, einer Art Volksmiliz, die sich als Speerspitze der islamischen Revolutin begreift und die zu Rafsandschani in mehr oder weniger fanatischer Opposition steht.

Eine breitere Basis im Widerstand scheinen nur die Volks-Muhadschedins zu haben, deren Organisation mit den nach dem Westen entkommenen, allerdings untereinander zerstrittenen Emigranten, zusammenarbeitet. Die Auflösung der sowjetfreundlichen kommunistischen Tudeh-Partei wurde mit der für die islamische Revolution üblichen Grausamkeit vollzogen. Zwar hatte sie in Iran zeitweise viel Einfluß, war aber selbst vielen Linken zu moskauhörig, um auf die Dauer Erfolg haben zu können. Islamische Nationalisten waren und sind bereit, mit der Sowjetunion zusammenzuwirken, wenn es gegen Israel oder Araber anderer politischer Gesinnung geht. Doch Sympathie für den Marxismus bedeutet dies noch keineswegs.

»Weder Ost noch West – sondern Islam« ist wohl die eingängigste Parole aller islamischen Revolutionäre. Amerika und der Westen liegen weit weg von Iran. Die Sowjetunion bleibt aber ein übermächtiger Nachbar, was Persien in diesem Jahrhundert schon öfter schmerzhaft zu spüren bekam. Da empfiehlt es sich, kritische Töne leiser anzustimmen, um sich zugänglicher zu zeigen. Die Amerikaner können mit ihren Kernwaffen und Kriegschiffen drohen, aber nicht in Teheran einmarschieren, wozu die sowjetischen Divisionen durchaus in der Lage wären.

Andererseits hat auch Moskau ein Interesse daran, den Zorn der Ayatollas nicht gar zu sehr herauszufordern, gerade wegen der islamischen Bevölkerungen innerhalb der Sowjetunion, deren religiöse Überzeugungen, Sitten und Gebräuche keineswegs verschwunden sind, wie es die Propheten des Marxismus-Leninismus gehofft hatten. Fraglich bleibt jedenfalls, ob die Sowjetunion angesichts der in Afghanistan gemachten schlimmen Erfahrungen es nochmals riskieren würde, ihre Finger in ein Wespennest fanatisierter Islamisten zu stecken.

Zu den religiösen Fragen kommt als weiterer den Frieden möglicherweise störender Umstand, daß der 42 Millionen Einwohner zählende Iran ein Vielvölkerstaat ist, der mehrere nationale Minderheiten umfaßt: im Norden die Aserbeidschaner, im Westen die Kurden und im Osten die Belutschen. Ungewiß bleibt auch die Zukunft des südwestpersischen Erdölgebietes Khusistan, dessen sunnitische Bevölkerung zum arabischen Sprachraum gehört. Auch an der Ostgrenze Persiens wächst die politische Unrast, wo die Stämme der Belutschen seit dem Sturz des Schahs laufend mit Waffen aus dem afghanischen und pakistanischen Belutschengebiet beliefert werden.

Wie im Nordwesten Persiens die zwischen der Türkei, Irak und Syrien getrennt lebenden zwölf bis 15 Millionen Kurden von einem unabhängigen Staatswesen träumen, so streben die über das Ländereieck zwischen Iran, Afghanistan und Pakistan verteilten Stämme der Belutschen nach Zusammenschluß und Souveränität. Ein weiterer Unruheherd ist das von Turkmenenstämmen besiedelte Gebiet östlich der persischen Pilgerstadt Meschhed. Die Turkmenen Irans ebenso wie die Mehrheit der Bevölkerung Afghanistans sind sunnitische Muslims, während der weit überwiegende Teil der Bevölkerung Irans zur schiitischen Glaubensrichtung des Islams gehört. Seit Jahren wird im persischen Grenzgebiet östlich von Meschhed eine von Afghanistan geschürte Agitation unter den Stämmen betrieben.

Ungefährdet von separatistischen Tendenzen bleibt nur das Kerngebiet des iranischen Staates, das fast ausschließlich von persisch sprechenden Schiiten besiedelte Hochplateau zwischen den Städten Teheran, Isfahan und Shiraz. Das Entstehen verschiedener »Freiheitsbewegungen«, ein Zerfall der islamischen Repulik in eine Reihe von Kleinstaaten, ist langfristig nicht auszuschließen. Abschließend sei noch bemerkt, daß auch in Irak, dessen 15 Millionen Einwohner zu unterschiedlichen Völkerschaften gehören, die sich dazu auch noch zu verschiedenen Religionen bekennen, die innere Sicherheit des Staates zwangsläufig ebenfalls auf einer labilen Basis ruht. Fast die Hälfte der Iraker sind Schiiten, das heißt desselben Glaubens wie die bei weitem überwiegende Mehrheit der Iraner.

Tummelplatz des Waffenhandels

Die Lage im Mittleren Osten und im weiteren Sinne auch in vielen Teilen der Welt ist kaum zu verstehen, ohne sich auch mit der Frage der militärischen Rüstungen auseinanderzusetzen. Der Rüstungswettlauf, anfänglich nur auf die westlichen Industrieländer beschränkt, erweiterte sich im Laufe der letzten Jahrzehnte weltweit und wirkt sich prägend auf die zwischenstaatlichen Beziehungen aus. Waffenhandel ist eins der größten Geschäfte geworden. Allein in die Staaten des Mittleren Ostens sind zwischen 1970 und 1979, also noch vor dem Golfkrieg , 43,3 Prozent Kriegsmaterial des Welt-Waffenexportes geliefert worden. Gegenwärtig verfügen die Staaten des Nahen und Mittleren Ostens gemäß dem Londoner IISS über insgesamt 19528 Panzer und 2899 Kampfflugzeuge. Was diese unheimliche Anhäufung von Kriegsmaterial für den Weltfrieden bedeutet, wird klarer, wenn man die soeben genannten Zahlen mit dem Rüstungsstand der westeuropäischen NATO-Länder vergleicht, die zusammen 12700 Panzer und 1297 Kampfflugzeuge besitzen. Es ist absurd, in Wien und Genf über Abrüstung zu verhandeln und gleichzeitig untereinander zu wetteifern, Krisenherde mit modernsten Waffensystemen in Pulverfässer zu verwandeln, ohne Rücksicht darauf, gegen wen all diese Kriegsgeräte eines Tages – vielleicht gegen uns selbst – eingesetzt werden könnten.

Allerdings sind, ebenso wie beim Rauschgifthandel, die Schleichwege, deren sich die Regierungen oder verschiedene Vermittler beim Waffenschmuggel bedienen, nur schwer erforschbar. Jedenfalls haben sich die Industrieländer selbst in eine Zwangslage versetzt. Im Falle von Absagen würde es kaum an Konkurrenten fehlen, die Rüstungsaufträge bereitwillig zu erfüllen. Dazu kommt die Frage der

Arbeitsplätze. Allein in Frankreichs Rüstungsindustrien sind einschließlich der Zubringerbetriebe 350000 Arbeitnehmer tätig. In der Bundesrepublik produzieren rund tausend Unternehmen Verteidigungsgüter und beschäftigen in der Wehrtechnik etwa 300000 Mitarbeiter. Nicht anders dürfte es auch in anderen Industrieländern sein. Außerdem dient ein Teil der Erträge auch der Wehrforschung und Materialversorgung der eigenen Streitkräfte, deren Ausrüstung anders nicht zu finanzieren wäre.

Bis noch vor zwanzig Jahren zählten zu den exportierten Rüstungsgütern hauptsächlich »klassische« Kriegsgeräte, wie Panzer, Flugzeuge oder Geschütze. Das änderte sich, nachdem heute auch Drittweltländer an der Lieferung hochentwickelter Waffensysteme interessiert sind, an denen selbst in den NATO-Armeen Mangel herrscht. Raketen, die weit übers eigene Land hinaus eingesetzt werden können, sind nicht mehr Exklusivität der Westländer, sondern werden von Drittweltstaaten erworben, und manchmal mit Hilfe westlicher Techniker weiterentwickelt oder in eigener Produktion hergestellt. Saudi-Arabien übernahm sogar Teile der Entwicklungskosten von Waffensystemen, die im Westen erst in Erprobung waren. Obwohl die technischen Grundlagen zur Erhaltung moderner Streitkräfte in den meisten Ländern der Dritten Welt offenbar fehlen, zeigt sich dennoch überall das Begehren nach immer komplizierteren Rüstungsgütern. Als militärisch absurd erscheint mitunter, was da so alles angeschafft wird.

Die Reichweiten der von der Sowjetunion an den Irak gelieferten taktischen SCUD-Raketen wurden mit Hilfe westeuropäischer Spezialisten gesteigert, um sie gegen Teheran einsetzen zu können. Bagdad ist wiederum mit chinesischen Flugkörpern »Silkworm« bombardiert worden. Was Mittelstreckenraketen anrichten können, selbst wenn sie nur mit konventionellen Sprengköpfen ausgestattet sind, hat der Krieg der Städte zwischen Irak und Iran bewiesen. Nicht ohne Sorge verfolgen die Vereinigten Staaten den Raketenbau Argentiniens, an dem ägyptischen Techniker mitarbeiten, und der angeblich von Irak mitfinanziert wird. Die zweistufige »Condor«-Rakete hat eine Reichweite von 950 km und kann eine Sprengladung von 350 kg tragen. Nach amerikanischen Angaben soll sie in den Mittleren Osten exportiert werden. Einige von den Chinesen an Saudi-Arabien geheim gelieferte Raketen haben sogar eine Reichweite von 10000 km und können sowohl mit konventionellen als auch mit nuklearen Mehrfachsprengkörpern ausgerüstet werden. Allerdings dementierte China die Belieferung der Saudis mit Raketen. Angenommen wird jedoch, daß der Transfer über Nordkorea abgewickelt wurde. Dem nah- und mittelöstlichen »Raketenclub« gehören bereits neben Irak und Iran sowie Saudi-Arabien auch Israel, Syrien und Ägypten an.

Unter den arabischen Staaten dürfte der Irak die weitesten Fortschritte in der Entwicklung von Kernwaffen erzielt haben. Auf Grund eines Abkommens mit Frankreich Ende 1976 kam es zur Errichtung eines hochentwickelten »Osiris«-Reaktors, der zur Verwendung eines zu 93 Prozent angereicherten Urans dienen sollte. Am 6. Juni 1979 wurden wichtige Bauteile des für Irak bestimmten Reaktors kurz vor deren Verschiffung in Marseille von anonymen Tätern – vermutlich Israelis – zerstört. Im Sommer 1980 lieferte Frankreich eine unbekannte Menge angereicherten Urans an den Irak mit der Begründung, daß diese für Forschung und Versuchszwecke bestimmt wäre und nur friedlichen Zwecken diene.

Die Inbetriebnahme des Reaktors Tamuz südlich von Bagdad sollte in der zweiten Jahreshälfte 1981 erfolgen, wurde aber, wie schon erwähnt, von der israelischen Luftwaffe im Sommer 1981 zusammen mit dem Forschungszentrum El Tuweita zerstört. Indessen hatte Teheran 1980 die Pläne der Schah-Regierung auf nuklearem Gebiet zumindest für unbestimmte Zeit aufgegeben. Dennoch kann unter geänderten Umständen eine Wiederaufnahme der Nuklearpolitik nicht ausgeschlossen werden. Eine ähnliche Position nimmt Syrien ein, das derzeitig die größte Bedrohung Israels im Nahen Osten darstellt. Wie der syrische Verteidigungsminister im Dezember 1981 erklärte, wäre ein künftiger Erwerb von Kernwaffen möglich. Die Sowjetunion hatte Syrien im Oktober 1985 atomare Unterstützung angeboten, falls das Land von Israel nuklear bedroht werde. Was Ägypten anbelangt, so unterzeichnete noch Präsident Sadat im Februar 1981 ein Abkommen mit Frankreich, das den Bau von zwei Wasserdruckreaktoren mit französischer Hilfe beinhaltet. Insgesamt beabsichtigt Kairo, acht Kernenergieanlagen bis zur Jahrtausendwende zu errichten. Doch über Atomwaffen verfügt im Nahen und Mittleren Osten bisher nur Israel.

Der Kreis der Besitzer chemischer Kampfstoffe ist größer. Allgemein werden sie als die »Kernwaffen armer Staaten« betrachtet, zumal ihre Erzeugung, wie bereits in einem anderen Zusammenhang er-

wähnt wurde, einfach und billig ist. Die Beschaffung der zu ihrer Herstellung notwendigen Grundstoffe ist verhältnismäßig leicht, da sie gleichzeitig zur Schädlingsbekämpfung in der Landwirtschaft dienen und die Umstellung von der Pestizid- auf Kampfstofferzeugung keine besonderen Schwierigkeiten bereitet.
Im iranisch-irakischen Krieg wurde der Einsatz von Gaskampfstoffen besonders durch den Irak zu einer Angriffsart, die sich nicht mehr auf Einzelfälle beschränkt hat. Ermöglicht wurde sie durch den Aufbau der Produktionsanlagen im Raum Samarra südöstlich von Bagdad. Die staatseigene Firma »State Establishment for Pesticide Production« (SEEPP) erzeugte während des Golfkrieges monatlich 60 Tonnen Senfgas, 4 Tonnen Sarin und 4 Tonnen Tabun. Auch in Syrien ist die Produktion chemischer Waffen im Gange. Die Anlagen zur Erzeugung von Kampfstoffen befinden sich im Raum von Damaskus und Homs. Israel verfügt schon seit langem über Vorräte an Gaswaffen, während der Bau einer Kampfgasanlage im libyschen Rabta, an dem sich angeblich auch die bundesdeutsche Chemieindustrie beteiligt hat, in der Weltpresse Furore erweckte. Diskreter war die Aufregung, als am 10. März 1989 die »New York Times« über die Errichtung einer Giftgasfabrik nördlich von Kairo berichtete, für die die ägyptische Regierung die notwendigen Einrichtungen aus der Schweiz besorgt hatte. Allerdings bildet das Werk in Abu Saabal Teil eines großen amerikanisch-ägyptischen Unternehmens zur Montage der amerikanischen Panzer »Abrams M-1«.
Daß die Israelis ihre eigene Rüstungsindustrie besitzen, die Panzer, Kampfflugzeuge und Raketenwaffen nicht nur für den eigenen Bedarf, sondern auch für Exportzwecke produziert, ist schon seit den sechziger Jahren bekannt. Unterdessen verfügen auch die meisten arabischen Staaten über Fabriken, die konventionelle Munition erzeugen und nur noch auf den Import spezieller Geschoßarten, hauptsächlich Lenkraketen, angewiesen sind. Ägypten besitzt 26 Rüstungswerke, in denen bereits Kampfflugzeuge »Alpha-Jet«, »Gazelle«-Hubschrauber, Luft- und Panzerabwehrraketen sowie Schützenpanzer erzeugt werden und demnächst auch der moderen US-Kampfpanzer »Abrams M-1« in Lizenz gebaut werden soll. Waffenausstellungen in Kairo zeigen jedes Jahr interessierten arabischen und afrikanischen Kunden, was Ägypten in seinen Arsenalen an Neuigkeiten anzubieten hat. Ähnliche Beispiele ließen sich auch bei Indien, Brasilien, China, Nordkorea und manch anderen Ländern

anführen. Vieles deutet darauf hin, daß die Zeit, in der die westlichen Industriestaaten die Rüstungsmärkte konkurrenzlos beherrschten, allmählich zu Ende geht. Besonders gefährlich ist, daß der Rüstungswettlauf in der Dritten Welt in eine neue Phase getreten ist. Es werden nunmehr nicht nur fertige Waffen geliefert, sondern, was schlimmer ist, ganze Fabrikanlagen, in welchen diese erzeugt werden können.

Nicht zu übersehen ist schließlich der praktisch unkontrollierbare florierende Handel mit ausrangiertem Kriegsmaterial, der, von politisch interessierten Regierungen mitfinanziert, über den privaten Rüstungshandel die Hauptquelle der »Befreiungsfronten« bildet. Daß die Umsätze dabei nicht klein sind, beweisen der seit Jahren im Libanon tobende Bürgerkrieg sowie die Guerillabewegungen in vielen Drittweltländern, die alle zwar vorgeben, für eine »bessere Zukunft und Freiheit« ihres Volkes zu kämpfen, in Wirklichkeit aber eher ein räuberisches Bandenwesen betreiben. Übrigens erwies sich bei diesen kriegerischen Auseinandersetzungen, daß technisch komplizierte Kriegsgeräte im Kampf gegen das Einfache nur selten die Hoffnungen erfüllen, die in sie gesetzt werden.

Während des nahezu acht Jahre andauernden Golfkrieges erlebte der Rüstungshandel im Mittleren Osten seine Hochkonjunktur. Beim Ausbruch des Konfliktes verhielt sich Moskau trotz seines Freundschaftsvertrages mit Bagdad zunächst abwartend. Erst nach einigen Monaten sind aus der Sowjetunion erneut Waffen in den Irak exportiert worden, hauptsächlich Kampfflugzeuge und Panzer, letztere sogar in größeren Stückzahlen. Wertvoll sind für den Irak die von Saudi-Arabien finanzierten Waffenlieferungen Kairos gewesen. Zu Nassers Zeiten waren die ägyptischen Streitkräfte vornehmlich mit sowjetischem Material ausgerüstet und unter Sadat auf westliche Kriegsgeräte umgerüstet worden. Panzer und Ersatzteile sowie große Mengen von Munition sowjetischer Herkunft, die Ägypten nicht mehr benötigte, wurden nun von Saudi-Arabien aufgekauft und an Irak weitergeleitet.

Obwohl Teheran bei Kriegsanfang reichlich über Devisen verfügt hatte, bereitete die Beschaffung von Ersatzteilen für seine ausschließlich aus dem Westen stammenden Waffensysteme Schwierigkeiten. Nachdem die Vereinigten Staaten als Hauptlieferanten ausfielen, waren die Iraner gezwungen, Kriegsmaterial westlicher Herkunft durch den internationalen Waffenmarkt zu beziehen. Während bei Kriegsbeginn die Israelis trotz Khomeinis Feindschaft Teheran amerikanische Muniton lieferten, versorgte indirekt auch Moskau den Iran durch seine Verbündeten oder Satelliten mit Kriegsmaterial. Der Transport wurde meist von Jumbos der »Iran Air Company« besorgt. Ihre Riesenflugzeuge wurden in der DDR beladen und brachten ihre Fracht über Polen und die Sowjetunion nach Teheran. Libyens Khadhafi belieferte den Iran ebenfalls auf dem Luftwege von Tripolis aus über Griechenland, Bulgarien und das Schwarze Meer. Auch China und Nordkorea gehörten zu den Lieferstaaten Irans. Sogar Frankreich, das den Irak zu seinen Hauptkunden zählte, war durchaus willens, auch den Iran mit schwerer Artilleriemunition zu versorgen.

Während des zähen und blutigen Krieges am Persischen Golf sind nach Berechnungen des »Stockholmer Internationalen Friedensforschungsinstitutes« (SIPRI) allein an die beiden kriegführenden Staaten Iran und Irak Großwaffen für etwa 82 Milliarden Dollar geliefert worden – die großen Mengen an Handfeuerwaffen, Munition und Ersatzteilen nicht gerechnet. Die gesamten Kriegsausgaben beider Länder während des fast acht Jahre dauernden Krieges schätzt das Institut auf insgesamt 168,5 bis 203,6 Milliarden Dollar. Nach den Unterlagen des Stockholmer Institutes, das wahrscheinlich über die beste Datenbank des internationalen Waffenhandels verfügt, erwarb der Irak in den vergangenen acht Jahren Kriegsgerät für 24 Milliarden Dollar, wobei die Sowjetunion mit Lieferungen von 11,5 Milliarden Dollar und Frankreich mit 6,8 Milliarden die wichtigsten Versorgungsländer waren.

Iran kaufte, wie es ebenfalls die SIPRI-Forscher festgestellt haben, auch von China Waffen für etwa drei Milliarden Dollar, gefolgt von Nordkorea. China versorgte beide Gegner mit Flugzeugkopien der sowjetischen MIG-19 und MIG-21, außerdem mit Panzergeschützen und Raketen.

Staaten, die sich mit Waffenexporten nicht direkt kompromittieren wollten – zum Beispiel die Bundesrepublik, Italien, Spanien –, belieferten die Länder der Golfregion, vor allem Saudi-Arabien und Kuweit, die zwischen 1980 und 1988 insgesamt 20 Milliarden Dollar für Rüstung aufwandten, die sie zum Großteil dem Irak überlassen haben.

Wichtige Lieferländer waren laut SIPRI auch die Vereinigten Staaten mit Waffenexporten im Werte von 9,2 Milliarden Dollar, Groß-

britannien mit 2,3 Milliarden und die Bundesrepublik Deutschland mit 900 Millionen Dollar[1]. Ohne Bedenken auf die Folgen haben die Industriestaaten den Mittleren Osten in ein Pulverfaß verwandelt, das nun im Persischen Golf zu explodieren droht.
Während man in Europa abrüstet, blüht das Waffengeschäft und die Aufrüstung in vielen Teilen der Welt weiter. Es ist nicht auszuschließen, daß die Abrüstung in Europa dem Waffenhandel neuen Aufschwung verleiht. Manche Staaten der NATO und des früheren Warschauer Paktes dürften es vorziehen, ihre Rüstungsgüter, anstatt sie zu verschrotten, um Schleuderpreise zu verkaufen. Wie es der »Quotidien de Paris« am 27. Juli 1990 auf Grund eines Berichtes des britischen UNO-Botschafters Sir Crispin Tickel meldete, wurden Waffenbestände der Deutschen Nationalen Volksarmee, darunter Panzerketten, über Polen nach Libyen verschifft und von dort auf dem Luftwege nach Bagdad weiter befördert, worüber sich die britische Presse mit Recht empörte. Dies mag nur ein Einzelfall gewesen sein, der aber sehr leicht Nachahmer finden könnte.

Saddams Heiliger Krieg

Während sich Bagdad und Teheran »de jure« stets noch im Kriegszustand befinden, geht das Rüsten am Golf weiter. Einerseits sucht Iran seine materialbedingte Unterlegenheit zu beseitigen. Nach Angaben der britischen Militärzeitung »Jane's Defence Weekly« soll Peking Teheran bei der Errichtung einer Montagefabrik für Boden-Boden-Raketen Hilfe leisten und gleichzeitig auch einen Aufklärungssatelliten liefern. Andererseits will auch Irak seine militärische Überlegenheit nicht preisgeben. Aber nicht nur die früheren Kriegsgegner Iran und Irak, füllen ihre Arsenale mit neuen Waffen, auch andere Länder, vor allem die Saudis, sind dabei, ihre Streitkräfte zu modernisieren. Während der Kriegsjahre hatten die Kuweiter Bagdad unterstützt und ihre Häfen für den irakischen Nachschub zur Verfügung gestellt, womit sie sich den Zorn Teherans zugezogen haben. Eingedenk dieser Hilfe, die sie in Gefahr gebracht hatte, hofften die Kuweiter, von Bagdad Dankbarkeit erwarten zu können. Nun kam

---

1 »Frankfurter Allgemeiner Zeitung« vom 18. August 1988.

es aber anders. Als Sieger im Krieg gegen Iran betrachtet Saddam Hussein sein Land nunmehr als regionale Vormacht im persischen Golfgebiet, was auch bei den Saudis und den anderen kleineren Ölstaaten wachsendes Mißtrauen erregt.

Die gegenwärtige Staatenordnung im Mittleren Osten ist aus der Erbmasse des 1918 aufgelösten Osmanischen Reiches entstanden und von den Engländern nach dem Motto »divide et impera« errichtet worden, wobei ihr Interesse an ölreichen Gebieten ausschlaggebend war. Mit dem Zerfall des britischen Weltreiches hat sich aber Londons Einfluß allmählich verflüchtigt. Nach und nach ist die ölreiche arabische Halbinsel in die Interessensphäre der Vereinigten Staaten gerückt. Doch leichtfertig ließen sie 1969 den persischen Schah fallen, dessen Reich das natürliche Gegengewicht zu Irak bildete, was der eigentliche Urgrund der gegenwärtigen Krise im Golfgebiet ist.

Das 1918 von der türkischen Herrschaft befreite Irak, wo von den Briten, ebenso wie in Jordanien, die Dynastie der Haschemiten auf den Thron gesetzt worden ist, war wie andere ölreiche Länder des Mittleren Ostens eine Schöpfung der Londoner Großbanken. Zum Irak gehörte damals auch Kuweit und beide waren britische Mandatsgebiete. Die an den Tag gelegte Eigenwilligkeit Bagdads bewirkte 1922 die Abtrennung von Kuweit, nachdem auf dessen Gebiet reiche Ölquellen entdeckt worden waren. Beide Länder – Irak und Kuweit – wurden 1961 aus dem britischen Mandatsverhältnis entlassen und zu selbständigen Staaten erklärt. Unter dem Emir Ahmad Al Sabah bildete das kleine Ölreich Kuweit einen Stadtstaat, der vornehmlich von Mitgliedern seiner Familie regiert wurde. Von den 1,19 Millionen Einwohnern des Landes waren nur 40 Prozent Einheimische, die anderen meist Fremdarbeiter in den verschiedenen Industrien. Während sich Kuweit allmählich zum reichsten Staat der arabischen Welt entwickelte, hatte Irak eine bewegte Geschichte hinter sich, darunter den Krieg mit Iran, der acht Jahre dauerte und zu einer Verschuldung führte, die auf 60–80 Milliarden Dollar geschätzt wird.

Vom Reichtum des benachbarten Zwergstaates angelockt, besetzten irakische Truppen am 2. August 1990 Kuweit. Hierdurch hoffte Saddam, nicht nur einen Teil seines Schuldenberges leichter abtragen zu können. Gleichzeitig bemächtigte er sich eines etwa 200 km langen Küstenstreifens mit einem modernen Hafen für seine Ölausfuhr, die sich, wie er hofft, von 2,64 Millionen auf nun 3,68 Millionen Faß täglich (ein Faß = 159 Liter) erhöhen würde. Fast einstimmig verurteilte der Sicherheitsrat der UNO Iraks Aggression. Washington ripostierte mit der Entsendung eines Expeditionskorps. Indessen haben sich die Vereinten Nationen in anderen Fällen, wie zum Beispiel Israels Angriff auf Jordanien, Syrien oder Libanon, geweigert, den Überfall zu beanstanden. Nun besitzt aber keines dieser Länder Petroleum.

Gewiß bildet die machtneurotische Persönlichkeit des irakischen Führers Saddam Hussein eine Gefahr für die gesamte Industriewelt. Fraglich ist nämlich, ob sich seine Ambitionen auf den Besitz Kuweits beschränken würden. Angesichts der in Saudi-Arabien herrschenden inneren Unsicherheit ist es durchaus nicht auszuschließen, daß er auf subversiven Wegen sich auch dieses Landes bemächtigt. Mit 8,2 Millionen Ölbarrels täglich könnte er dann die gesamte Industriewelt beliebig manipulieren und sie in eine schwere Wirtschaftskrise stürzen, um hieraus machtpolitisch zu profitieren. Diese Gefahr wurde von den Industrieländern eindeutig erkannt, allerdings zu spät, ohne ihr nun ohne größere Opfer entgegenwirken zu können. Sie werden für die Lockerung ihrer Wachsamkeit schwer bezahlen müssen. Über die Hälfte der Erzeugnisse, mit denen wir täglich in Berührung kommen, sind mit Öl oder aus Öl hergestellt, eine Tatsache, an der sich in absehbarer Zukunft wenig ändern dürfte. Leichtfertig gab die westliche Welt ihren früheren Einfluß über jene Energiequellen auf, die sie selbst entdeckt und entwickelt hatte und die ihre Motoren bewegt.

Seeblockaden oder Embargos, mit denen man den Diktator in Bagdad zu bezwingen hofft, haben sich im allgemeinen wegen ihres Bumerangeffektes als zweischneidig erwiesen. Sie bewirken meist einerseits den Verlust früherer Geschäftsverbindungen und ermöglichen andererseits neuen Lieferanten, auf Schleichwegen, die es trotz aller Vorkehrungen immer gibt, den Markt zu erobern. Schaden erleidet nicht nur das blockierte Land – in diesem Falle Irak –, sondern auch jene Staaten, die sich an der Blockade beteiligen. Die Schließung derÖlleitung zum Mittelmeer bezahlt die Türkei mit dem Verlust von mehreren Milliarden Dollar. Die Sperrung des Rotmeerhafens Aquaba droht das Königreich Jordanien in eine schwere Wirtschaftskrise zu bringen und könnte das Land leicht in eine Revolution stürzen. Wird sich das benachbarte Israel dann auf die Rolle eines Zuschauers beschränken? Durch eine eventuelle Öffnung der etwa 1200 km langen Grenze zwischen Iran und Irak würde die Blockade der Industrieländer gegenüber Bagdad die Wirksamkeit weitgehend verlieren.

Übrig bliebe also eine militärische Aktion. Zum dritten Mal seit dem Ende des Zweiten Weltkrieges üben die Marinen der Westmächte im Persischen Golf ihre »Flottenparaden«, die gewiß wirksamer wären, wenn sie in Bagdad mit Großkampfschiffen »einmarschieren« könnten. Den möglichen Einsatz von nuklearen Waffen hat Saddam durch das Festhalten von Geiseln entschäft[1]. Ein Gebrauch atomarer Kriegsmittel würde übrigens die empörte Weltmeinung eindeutig gegen die Vereinigten Staaten aufbringen. Durch eine Luftschlacht mit konventionellen Flugzeugen, die die technisch überlegenen Amerikaner wahrscheinlich gewinnen könnten, wäre das Problem noch nicht gelöst, zumal der Krieg zu Lande weiterginge. Er würde die US-Army und ihre Verbündeten gegen einen fanatischen Gegner in Wüstenkämpfen mit unsicherem Ausgang hart auf die Probe stellen, zumal hier die technische Überlegenheit moderner Kampfmittel viel von ihrer Wirksamkeit verlieren dürfte. Auch die Versorgung zahlenmäßig starker Streitkräfte auf eine Entfernung von über 10000 Kilometer von ihren Industriebasen scheint angesichts der Insellage des amerikanischen Kontinents trotz modernster Transportmittel nur schwer lösbare Probleme zu schaffen. Nur eine Revolution, die aber nicht in Sicht ist, könnte Saddam unschädlich machen.

Die Gefahr einer Versandung der Golfkrise ist durchaus möglich, sobald sich in den zerbrechlichen westlichen Demokratien Überdruß breitmacht. Saddam Hussein wird bei der Manipulierung der arabischen Völker mehr Geschick an den Tag legen als umgekehrt. Unübersehbar sind die psychologischen Auswirkungen, die die Aktion Bagdads in der islamischen Welt auslösen könnte. Saddams Aufruf zum Heiligen Krieg unter dem Motto, daß die »ungläubigen Amerikaner« nun die heiligen Städte Mekka und Medina »beherrschen«, ließe die muselmanischen Massen gewiß nicht unberührt. In diesem Ringen wächst Saddam Hussein allmählich zu ihrem Idol heran.

Die Machtbasis der meisten arabischen Herrscher ist ziemlich wacke-

[1] Gemäß des »Quotidien de Paris« vom 15. 9. 1990 befanden sich Mitte September 1990 6165 Staatsbürger von westlichen Industrieländern in Saddams Hand.

lig. Sie könnten von den fanatisierten Völkermassen leicht gestürzt werden. Die Legitimitätsgrundlagen vieler Staatsoberhäupter, ob Könige, Scheichs oder Präsidenten, die die Ölstaaten regieren, sind labil und würden, selbst wenn sie ihre »Selbständigkeit« behielten, sich dem Einfluß Iraks kaum entziehen können. Saddam wäre der Herr über die größten Ölreserven der Welt und somit die die OPEC beherrschende Figur. Übrigens präsentiert sich der irakische Führer nicht nur als Verteidiger der Interessen seines Volkes, sondern der gesamten islamischen Welt, und gibt zugleich seinen Führungsanspruch zu erkennen. Die Sicherung der »Stabilität« am Golf ist beim Verbleib Saddams an der Macht nur ein frommer Wunsch, von dem Rückzug aus Kuweit ganz zu schweigen. Nachdem Öl das eigentliche Lebenselixier der Industriestaaten bildet, ist die Golfkrise die größte Kraftprobe, die die westliche Welt seit der Berliner Blockade 1948 zu bestehen hat.

Fraglich ist, ob der Golfkrieg nicht auch andere Länder in seinen Strudel mitreißen wird, vor allem Israel. Obwohl man es zu verneinen sucht, Tatsache ist, daß die Probleme des Mittleren Ostens in enger Wechselwirkung zueinander stehen und voneinander untrennbar sind. Auch wenn Saddam Kuweit wieder freigäbe, wäre der Frieden nicht gesichert. Die Welt müßte weiterhin einen subversiven Angriff auf die saudischen Ölfelder und den Griff nach der Atombombe fürchten. Nachteilige wirtschaftliche Auswirkungen auf Europa und Unruhen innerhalb der muselmanischen Welt wären unvermeidbar. So wie die Dinge stehen, mehr als die Hoffnung, daß alles doch gut verlaufen wird, läßt sich gegenwärtig kaum aussprechen. Wie immer der Golfkrieg auch ausgeht, umfassende Änderungen – das Ende der Gegenwart – wird dieser in jedem Fall mit sich bringen.

12. Kapitel

Elend und Aufstieg in Asien

Der Raum des indischen Subkontinentes, dessen politische Verlängerungen bis nach Mittelasien reichen, umfaßt die Länder Afghanistan, Pakistan und die Republik Indien, die aber näher besehen eher geographische Begriffe als Staaten im üblichen Sinne sind. Die vorherrschenden inneren Spannungen und Gegensätze verleihen ihnen einen dauerhaft unsteten Charakter. Zutiefst undemokratische Stammesfehden, religiöse Ekstase sowie stark divergierende Interessen unterschiedlicher Völkerschaften machen es in diesen Räumen schwierig, stabile Verhältnisse zu schaffen. Erschwerend wirkt ferner, daß Bevölkerungen gleicher Volkszugehörigkeit, durch willkürlich gezogene Grenzen getrennt, verschiedenen Souveränitäten unterstellt wurden. Kurz gefaßt: Indien, Pakistan oder Afghanistan sind Namen von Staaten, aber nicht von Völkern, die sie besiedeln. Mit diesem in großen Rissen skizzierten Hintergrund wollen wir nun zuerst das Problem Afghanistans betrachten, auf dessen Gebiet acht verschiedene Völkerschaften beheimatet sind[1].

Während die Blicke der Welt auf den Zusammenbruch des persischen Kaiserreiches und seine Folgen gerichtet waren, marschierte die sowjetische Armee im Dezember 1979 in Kabul ein. Kundige Beobachter des Weltgeschehens waren davon kaum überrascht. Moskaus Schritt lag in der Logik sowjetischer und sogar, in historischer Perspektive gesehen, zaristischer Politik. Rußland hätte Afghanistan schon im 19. Jahrhundert annektiert, wäre nicht Großbritannien in zwei Waffengängen dazwischen getreten. Nachdem Russen und Engländer 1907 vertraglich die gegenseitigen Einflußsphären im persischen Golfgebiet und in Mittelasien abgesteckt hatten, wurde Afghanistan zu einem Pufferstaat zwischen dem Zarenreich und dem britischen Imperium. Genausowenig wie heute ging es auch damals nicht um Afghanistan selbst. Das bitterarme Land mit seinen 14 bis

[1] Pachtunen, Belutschen, Tadschiken, Kirgisen, Nuristani, Turkmenen, Usbeken, Hazara.

15 Millionen Einwohnern hat seinem Eroberer keine Reichtümer zu bieten, aber es nimmt eine strategische Schlüsselstellung in der Region ein, heute mehr als im 19. Jahrhundert. Afghanistan bildet die Drehscheibe zwischen China im Osten, dem Iran im Westen und via Pakistan und Indien im Süden.

Obwohl nominell unabhängig, war der russische Einfluß hierzulande von jeher vorwiegend und jedenfalls spürbarer als der anderer Mächte. Schon lange vor dem Einmarsch waren in Afghanistan sowjetische Militärberater tätig. Überdies war die Abhängigkeit Afghanistans von der Sowjetunion auf wirtschaftlichem und technischem Gebiet ebenfalls eindeutig. Die Hälfte des gesamten Außenhandels lief über die Sowjets. Im Lande selbst funktionierte in der Verwaltung und bei Entwicklungsprojekten ohne ausländische Berater fast nichts, und diese Berater waren meistens Russen oder Vertreter anderer Ostblockstaaten. Ein bezeichnendes Licht auf die Verhältnisse im militärischen Bereich warf das Bemühen der Sowjetunion, die von ihr ausgerüstete und ausgebildete afghanische Armee am kurzen Zügel zu führen.

Die Behauptung, daß die Sowjetunion mit ihrem Einmarsch in Afghanistan, das sich zu den blockfreien Staaten erklärte, zum ersten Mal seit 1945 ihren Machtbereich mit militärischer Gewalt erweitert hatte, stimmte also nur bedingt. Um was es der Sowjetunion ging, war die Wahrung ihres Machteinflusses angesichts der Gefahr einer Schaukelpolitik Kabuls zwischen Moskau und Peking. Einen anderen, ebenfalls wichtigen Grund für den Einmarsch bildete der Verdacht, daß die iranische Revolution des islamischen Fundamentalismus auch auf Afghanistan und von hier aus auf die benachbarten Gebiete der Sowjetunion übergreifen könnte, deren Bevölkerungen – besonders in den vier Unionsrepubliken, die turkmenische, usbekische, tadschikische und kirgisische SSR – mit jenen Afghanistans verwandt sind. Zweifellos verfolgte die Sowjetunion mit ihrem Einmarsch auch ihr traditionelles Ziel, langfristig über Afghanistan eine Landverbindung zum Arabischen Meer und dem Indischen Ozean zu schaffen.

Im Mai 1978 wurde Staatspräsident Daud, auch »roter Prinz« genannt, in Kabul ermordet. Die Macht ging in die Hände der Kommunisten über, die jedoch in zwei Fraktionen gespalten waren: die sogenannte »Chalq-Partei«, eher pro-chinesisch, während die »Parcham-Partei« eindeutig moskauhörig war. Die weitere innenpolitische Entwicklung war ein erbitterter Machtkampf zwischen beiden kommunistischen Fraktionen. Am 5. Dezember 1978 unterzeichneten die Sowjetunion und Afghanistan einen Vertrag über Zusammenarbeit, gute Nachbarschaft und Freundschaft, der eine für Krisenzeiten gedachte, sehr dehnbare Konsultationsklausel mit folgendem Wortlaut enthielt: »Die hohen vertragschließenden Parteien werden im Geiste ihrer Tradition und guten Nachbarschaft, Konsultation zur Gewährleistung der Sicherheit, Unabhängigkeit und der territorialen Integrität beider Länder aufnehmen und im Einverständnis beider Seiten entsprechende Maßnahmen ergreifen.«

Die Lage der von den Sowjets in den Sattel gehobenen Regierung Kabuls wurde immer kritischer. Auf ihr Ersuchen und in Erfüllung des vorher zitierten Beistandsvertrages erfolgte dann die militärische Intervention Moskaus. Allerdings hatte die Sowjetunion es unterlassen, den Sicherheitsrat der UNO vorher zu konsultieren, was sie hätte tun müssen. Der ursprünglich als Einmarsch geplante Waffengang entwickelte sich zu einem jahrelangen mörderischen Bürgerkrieg. Die Stärke der jeweils eingesetzten sowjetischen Heerestruppen erreichte bis 120000 Mann, die Luftwaffe 10000, die technischen und Versorgungsdienste etwa 50000 Mann.

Die anfangs nur dürftig ausgerüsteten Muhadschedin erhielten allmählich Waffen über Pakistan. Teile der an Islamabad geleisteten amerikanischen Militärhilfe landeten über die unkontrollierbare Gebirgsgrenze in Afghanistan. Gleichzeitig gelangte aber auch einst von der Sowjetunion an Ägypten geliefertes Kriegsmaterial, das von den Saudis aufgekauft wurde, hier zum Einsatz. Wie in allen Guerillakriegen hat sich auch in Afghanistan die einfache Rüstung der Muhadschedin gegen das schwere Kriegsgerät der Sowjets als äußerst wirksam erwiesen.

Der seit 1979 dauernde blutige Kampf verwandelte Afghanistan in eine Trümmerlandschaft, deren weite Gebiete von Minen verseucht worden sind. Die amtliche Zeitung »Prawda« vom 17. August 1989 gibt die Verluste der rund 180000 Mann zählenden sowjetischen Invasionsarmee während den acht Kriegsjahren mit 13833 Mann an, was viel zu wenig ist, um glaubhaft zu sein. Die Kosten des Krieges wurden für Moskau auf 100 Milliarden Dollar geschätzt[1].

Die Afghanen verloren über eine Million Tote, Schwerverletzte und

---

[1] »Österreichische Militärische Zeitschrift«, Heft 3, 1989.

Verstümmelte. Die Zahl der Flüchtlinge betrug angeblich fünf Millionen, davon 3,8 in Pakistan, wo sie bei ihren paschtunischen Landsleuten Aufnahme gefunden haben, während 1,2 Millionen Belutschen schiitischen Glaubens von den in Iran lebenden Volksgenossen aufgenommen worden sind. Die westliche Welt betrachtete den Aufstand der afghanischen Muhadschedin mit naiver überschwelliger Sympathie, weil sie gegen die Sowjets für »ihre Freiheit«, das heißt für eine andere Art von Unterdrückung, diesmal durch den islamischen Fundamentalismus, kämpften. Sie meint weiterhin, daß die Muhadschedin unsere demokratischen Verbündeten sind.

Das neue Regime Gorbatschows wurde sich der Sinnlosigkeit des Krieges in Mittelasien bald bewußt. Im April 1988 verpflichtete sich die Sowjetunion in Genf zu einer friedlichen Lösung des Konfliktes und zum Rückzug ihrer Truppen aus Afghanistan innerhalb von neun Monaten, das heißt bis zum 15. Februar 1989, was auch geschehen ist. Sowjetische Diplomaten bemühten sich unterdessen, zwischen der Regierung in Kabul und den Aufständischen einen »modus vivendi« zu schaffen und verhandelten sogar mit dem 1973 abgesetzten und seither in Rom lebenden früheren Exilkönig Zahir, was in der Geschichte des Marxismus-Leninismus wohl einmalig sein dürfte. Gleichzeitig nahmen Moskaus Vertreter mit den nach Pakistan geflüchteten verschiedenen Organisationen der Aufständischen Kontakt auf. Ihre Angebote für eine gemeinsame Regierungsbildung wurden jedoch abgelehnt. Rund fünfzehn untereinander uneinige Widerstandsgruppen beanspruchen einen Machtanteil in Kabul. Acht von ihnen haben ihre Basis in Iran, die anderen sieben in Pakistan. In ihnen spiegelt sich auch der Konflikt zwischen Sunniten und Schiiten wider. Letztere sprechen von einem schiitischen Anteil von 25 Prozent der Bevölkerung. Die sunnitischen Widerstandsgruppen räumen ihnen aber nur 15 Prozent und damit eine entsprechende Relativierung an der Machtausübung ein.

Nicht zu übersehen sind schließlich die politischen Vorstellungen und die Stärke der eigenwillig handelnden Feldkommandanten der einzelnen Kampfgruppen der Muhadschedin, die nun reichlich über Waffen verfügen, und der Strom des Nachschubs scheint nicht abzureißen. Unterdessen dauert der Bürgerkrieg trotz des sowjetischen Rückzugs an. Ein Ende und welches ist zur Zeit nicht abzusehen. Es besteht die Gefahr, daß die militärischen Erfolge der Muhadschedin von den untereinander zerstrittenen Politikern und Militärs wieder verspielt werden.

Einigkeit besteht zwischen den Aufständischen eigentlich nur in einem Punkte: Das von ihnen geschaffene neue Afghanistan soll die Kommunisten aus der Regierung ausschließen und ein islamischer Staat werden. Einen gemeinsamen Friedensplan gibt es ansonsten nicht. Ein Kompromiß zwischen den verschiedenen Vorstellungen der Aufständischen einerseits und den Forderungen der Regierung in Kabul andererseits hat wenig Aussicht auf Erfolg. Und wenn, dann könnte ein solcherart zustande gekommenes Abkommen kaum eine stabile Grundlage eines dauerhaften Frieden sein. Meist wird übersehen, daß der Bürgerkrieg in Afghanistan eine Konfrontation zwischen den Ideologien des Marxismus und des Islams ist, die beide monolithisch und intolerant sind.

Die gar nicht getarnte militärische Unterstützung der Muhadschedin durch den am 19. August 1988 bei einem Flugzeugunfall umgekommenen pakistanischen Staatschef General Ziaul-Haq, die Errichtung von Waffendepots und Ausbildungslagern in seinem Lande geschah nicht ohne Hintergedanken. Im afghanischen Bürgerkrieg sah Zia die Gelegenheit, seine Grenzen in Richtung Norden vorzuschieben und die in seinem Lande lebenden acht Millionen Paschtunen mit den ebenfalls acht Millionen Paschtunen Afghanistans zu vereinigen und somit unter seine Souveränität zu bringen. Ähnliche Hoffnungen hegen auch die zwischen Pakistan, Iran und Afghanistan getrennt lebenden Belutschen – die übrigens mit den Kurden verwandt sind –, sich eines Tages in einem Großbelutschistan vereinigen zu können. Außer den Paschtunen verhielten sich auch die Belutschen mindestens viermal nach der pakistanischen Unabhängigkeit von 1947 rebellisch. Beide – Paschtunen und Belutschen – stehen im Ruf einer kriegerischen Stammesgesellschaft. Die Bevölkerungszahl der Belutschen in Pakistan wird auf 1,3 Millionen, in Afghanistan auf 300000 und in Iran auf ungefähr eine Million geschätzt.

Ebenso wie Afghanistan ist Pakistan seit seiner Gründung sowohl innerlich als auch nach außen hin ein ungefestigter Staat. Durch den Zusammenbruch des persischen Kaiserreiches hat die Regierung in Islamabad seine wichtigste Stütze verloren. Pakistans Armee erlitt gegenüber ihrem Hauptfeind Indien vier Niederlagen und verlor dabei die Provinz Ostpakistan, das heutige Bangladesch. Die außenpolitischen Streitpunkte betreffen ferner die Gegnerschaft zu Indien wegen der territorialen Ansprüche Pakistans auf die Gebiete von Kaschmir und Jammo, die überwiegend von Moslems bevölkert sind. Trotz der außergewöhnlichen wirtschaftlichen und sozialen Schwierigkeiten, denen Pakistan und Indien gegenüberstehen, verfolgen beide Staaten einen Kurs, der offenkundig Züge regionaler Machtpolitik trägt. Da auch China als Anrainerstaat auftritt und territoriale Ansprüche gegenüber Indien, besonders im Ladakh-Gebiet, stellt, kommt es zur Überschneidung vielschichtiger Machtinteressen, die von tiefem gegenseitigen Mißtrauen gekennzeichnet sind.

Dafür spricht auch der nukleare Rüstungswettlauf zwischen Indien und Pakistan, wobei Indien seit seinem erfolgreichen Atomversuch vom 19. Mai 1974 im Vorteil liegt. Daher die großen Anstrengungen Pakistans, den Vorsprung Indiens in der Nukleartechnik einzuholen. Mehrfache Versuche Libyens zur Unterstützung Pakistans ließen den Verdacht entstehen, daß Islamabad eine islamische Atombome entwickelt. Pakistan verfügt über zwei Anlagen zur Wiederaufarbeitung von Brennelementen. Ein kleines Forschungszentrum steht in Sihala bei Islamabad, ein größeres bei Kahuta, 40 Kilometer von Islamabad entfernt.

Wissen um Technik zum Bau von Kernwaffen haben sich die Pakistani im Ausland angeeignet. Bemerkt sei, daß man zur Herstellung einer einfachen Bombe mit 50 kg Uran-235 oder 10 kg Plutonium-239 auskommt. Im Bericht einer Kommission des amerikanischen »Carnegie-Institutes für Friedensforschung« heißt es, daß bis 1991 Pakistan über fünfzehn und Indien über hundert atomare Sprengsätze der Stärke einer Hiroshimabombe verfügen könnten. Beide Länder sind seinerzeit dem Atomsperrvertrag nicht beigetreten. Frau Bhutto, die sich im Juni 1989 zu ihrem ersten offiziellen Besuch in den Vereinigten Staaten aufhielt, erklärte zwar Präsident Bush, daß Pakistan nicht die Absicht habe, eine Atombome zu bauen. Doch zum Widerlegen dieser Äußerung fehlen die Beweise.

In einem Land wie Pakistan mit übermäßigem Bevölkerungszuwachs, bescheidenen eigenen Energiequellen und großen ethnischen Unterschieden sowie einer Fülle von außenpolitischen Problemen dürfte sich in absehbarer Zeit nicht viel ändern, auch nicht unter der Regierung von Frau Benazir Bhutto. Sie konnte nur wenig oder vielleicht sogar nichts von dem verwirklichen, was sie sich vorgenommen hat. Viele Reformen waren schon deswegen nur schwer zu verwirklichen, da der Großteil der Einnahmen dieses Staates der Schuldentilgung dient und das Militärbudget nicht gekürzt werden kann, weil die Regierung sonst ihren Sturz riskieren würde. Wie in den meisten Ländern der Dritten Welt, deren Bevölkerungen noch zum Großteil in einer primitiven tribalen, auf Stammesinteressen ausgerichteten Gesellschaftsordnung leben, bildet auch in Pakistan das Militär als einzig organisierte Macht das bindende Element zwischen den ansonsten sich streitsüchtig gegenüberstehenden Völkerschaften. Inzwischen wurde Frau Benazir Bhutto von der Armee entmachtet und die Folge ist eine neue Zuspitzung der Spannung zwischen Pakistan und Indien.

Indien als regionale Großmacht

Die Außenpolitik des neuen Regimes der Sowjetunion hat nicht nur die vertrauten Denkmuster des nordatlantischen Bündnisses durcheinandergebracht, sie hat auch für politische Veränderungen in Asien gesorgt.

Aufmerksam verfolgt man diese Wandlungen in Indien, das eher einem Subkontinent als einem Staat im herkömmlichen Sinne gleicht. Seine ethnisch unterschiedliche, 784 Millionen zählende Bevölkerung, die sich jährlich um 16 bis 18 Millionen Menschen vermehrt, spricht 720 Dialekte, von denen 24 als Hauptsprachen anerkannt werden. Ansonsten gilt Englisch als Umgangssprache, das der überwiegende Teil der Inder jedoch gar nicht versteht.

Für ständige Unruhen sorgen auch die meist sunnitischen Moslems und die 1,9 Millionen kriegerischen Sikhs, die die nördlichen Himalayagebiete des Landes besiedeln. Übrigens beten von den 784 Millionen Einwohner der Indischen Union zehn Prozent zu Allah. Hinderlich wirkt ferner auf die Entwicklung Indiens die religiös begründete Gesellschaftsordnung, die die Bevölkerung nach wie vor in Kasten einteilt.

Zwar sah der Siebente Fünfjahresplan, der den Zeitraum 1985 bis 1990 umfaßte, ein jährliches Wirtschaftswachstum von 5,5 Prozent vor, wobei die landwirtschaftliche Produktion um vier Prozent und die der Industrie um acht Prozent steigen sollte. Da aber die Auslandsverschuldung mehr als 35 Milliarden Dollar ausmacht, erhöhte sich der Schuldendienst bei einem Bruttosozialprodukt von 213,44 Milliarden Dollar 1988 auf 27 Prozent[1].

Die Republik Indien, offiziell »Indian Union« genannt, umfaßt 25 Staaten und neun autonome Gebiete. Alle haben zwar ihre eigenen Parlamente – eigentlich nur Scheinparlamente –, unterstehen jedoch formell dem Staatenrat, der das entscheidende Sagen hat. Um diese heterogene Völkergemeinschaft zusammenzuhalten, wachsen die indischen Streitkräfte immer mehr in die Rolle einer Schutzmacht im Innern hinein. Sicherlich hat sich viel in der letzten Zeit geändert. Zwar ist die mittelalterliche Gesellschaft des Kastensystems zum Teil reformiert worden, bestimmt aber weiterhin das Leben der indischen Massen. Trotz aller bemerkenswerten Bemühungen ist der bisherige Fortschritt unzureichend, um mit dem Bevölkerungszuwachs Schritt zu halten.

Obwohl sich trotz widriger Umstände die Getreideerzeugung innerhalb der letzten zwei Jahrzehnte verdoppelt hat, nähert sich das Land in vielen Gegenden immer mehr der Grenze, welche die allgemeine Unterernährung von der Hungersnot trennt. Entscheidend wirkt, daß die leidenden Millionenmassen, davon 64 Prozent Analphabeten, offenbar aus ihrer überlieferten Apathie und traditionellen Lebensweise nicht herauszureißen sind. Um diese Lage in absehbarer Zeit zu verbessern, fehlt Indien eine zahlenmäßig stärkere Intelligenzschicht und vor allem eine viel breitere Mittelklasse. Dabei verfügt Indien über etliche hervorragende Wissenschaftler und Forscher, von denen aber viele angesichts der in ihrem Lande herrschenden Verhältnisse in Amerika oder England ein lohnenderes Tätigkeitsfeld finden.

Ungeachtet dieser schwierigen gesellschaftspolitischen und wirtschaftlichen Lage beansprucht Indien ein Mitspracherecht in der Weltpolitik. Der Auftakt hierzu ergab sich in den sechziger Jahren aus dem zunehmenden Gegensatz zwischen Moskau und Peking. Indiens Beziehungen zum Kreml wurden hauptsächlich von der gemeinsamen Interessenlage gegenüber China bestimmt. Als Folge der Auseinandersetzungen mit dem »Reich der Mitte«, wie die Chinesen ihr Land nennen, betrieb die Sowjetunion in Asien gegenüber Peking eine Einkreisungspolitik, wobei sich diese hauptsächlich

---

[1] Diese und die auf den folgenden Seiten angeführten Zahlenangaben wurden »Knaurs Weltspiegel« 1989 (Knaur Verlag, München) entnommen.

auf zwei Gegengewichte zu stützen versuchte: im Westen auf Indien und im Osten auf Vietnam.
In den siebziger Jahren spielte Moskau eine zunehmende Rolle in der indischen Außen- und Sicherheitspolitik. Die besonderen Beziehungen zwischen beiden Staaten wurden im Freundschaftsvertrag vom August 1971 festgelegt. Mit der Zeit ist Moskau zum wichtigsten Waffenlieferer Indiens geworden, obwohl die indischen Streitkräfte weiterhin auch westliche Waffensysteme führen und sogar neue bestellen, vermutlich um nicht in eine einseitige Abhängigkeit von Moskau zu geraten.
Diesem Streben scheint auch der beschleunigte Ausbau einer eigenen Rüstungsindustrie zu entsprechen. Dabei blieb es aber bisher meist bei Lizenzbauten von sowjetischem Kriegsmaterial, darunter des Kampfpanzers »Vijayanta«. Im Januar 1983 fand der erste Versuch des in Eigenproduktion hergestellten Kampfflugzeuges MIG-21 statt, das als Rückgrat der Jagdabwehr dienen sollte. Meldungen, in naher Zukunft Kampfflugzeuge vom Typ MIG-27 zu erzeugen, erhielten bisher keine Bestätigung. Unterdessen erfuhr man aber, daß 1988 in Indien gebaute MIG-Düsenjäger abgestürzt sind, davon acht aus technischen Gründen[1].
Aufmerksam überwachen die Inder die bereits erwähnte nukleare Aufrüstung Pakistans. Als Beweis friedlicher Absichten weist die indische Regierung darauf hin, daß es seit 1974 in ihrem Land keine Kernexplosion mehr gegeben habe und daß das indische Atomprogramm von Zivilisten kontrolliert wird, während sich die einschlägigen Anlagen in Pakistan unter der Leitung von Militärs befänden. Eine indische Boden-Boden-Rakete mit Reichweite von 300 Kilometern ist bereits einsatzbereit und ein Waffensystem, das bis an die 3000 Kilometer reicht, befindet sich in Erprobung. Auch ist Delhi entschlossen, eine eigenständige Aufklärungskapazität mittels Satelliten im Weltraum zu entwickeln.
Die militärische Intervention auf der Insel Sri Lanka (früher Ceylon) beweist, daß Indien den Ehrgeiz besitzt, als regionale Führungskraft aufzutreten. Trotz der schwierigen Wirtschaftslage unterhält Indien mit einer Stärke von 1,4 Millionen Mann die viertgrößten Streitkräfte der Welt. Es besitzt nach Japan und China die stärkste Kriegsflotte in Asien und beabsichtigt sogar, atombetriebene U-Boote mit Mittel-

[1] »Frankfurter Allgemeine Zeitung« vom 2. Mai 1989.

streckenraketen zu bauen. Noch ist offen, ob die Seerüstung Indiens die an eine Küstenmarine gestellten Anforderungen sprengt und Ehrgeiz in Richtung des Baus einer Hochseeflotte entfaltet, die im Großmächtekonzert im Indischen Ozean mit von der Partie sein will. Eine »Seemacht« mit ozeanischem Anspruch zu werden, kann kaum den Interessen Indiens entsprechen, das näherliegende fundamentale Existenzsorgen hat. Jedenfalls bleibt die Rüstungsindustrie dieses Landes noch lange auf die Mitarbeit fremder Spezialisten angewiesen. Dennoch läßt die laufende Entwicklung durchaus die Möglichkeit zu, daß Indien früher oder später in den Rüstungsexport großen Stils eintritt.

Lange schien es, als würde das beiderseitige schlechte Verhältnis zu China und das hier wie dort gegen Amerika vorhandene Mißtrauen beide Mächte – die UdSSR und Indien – zu natürlichen Verbündeten machen. Inzwischen sind jedoch in Indien manche in den Sozialismus gehegten Illusionen verflogen. Das sowjetische Modell ist auch hier nicht mehr attraktiv. Aber auch in Moskau beginnt man allmählich zu spüren, daß das mit Massenarmut und Bevölkerungsexplosion sowie revolutionären Unruhen ringende Delhi für die Sowjetunion kein solider Partner sein kann. Andererseits verfolgten die Inder den sowjetischen Einmarsch in Afghanistan mit Mißtrauen. Nicht ohne Bedenken beobachteten sie die Waffenlieferungen der USA an die afghanischen Aufständischen und fürchten noch heute, daß der dort tobende Bürgerkrieg für Indien nachteilige Folgen haben könnte.

Infolge der Veränderungen in Peking hat die ursprüngliche Spannung zwischen China und Indien von ihrer früheren Schärfe allmählich verloren. Auch der Besuch der inzwischen ermordeten indischen Ministerpräsidentin Indira Gandhi in Washington im Juli 1982 wurde in vielen politischen Kreisen als ein Versuch gewertet, Indiens bisherige pro-sowjetische Politik lockern zu wollen. Jedenfalls wurde mit den Vereinigten Staaten eine Vereinbarung zur Verstärkung der indisch-amerikanischen Beziehungen unterzeichnet. Beide Seiten sprachen von einer »wiederentdeckten Freundschaft«. Der 1989 abgewählte Staatschef Indiens, Indiras Sohn, schien den von seiner Mutter eingeschlagenen Weg fortzusetzen. Bei einem Besuch in Peking im Dezember 1988 hat er sich ernsthaft bemüht, die Streitfragen zwischen Indien und China ebenfalls abzubauen. Gleichzeitig versuchte Gandhi, die Nachfolgerin Zias in Pakistan zu veranlassen, ihre Unterstützung der in Indien beheimateten muselmanischen

Minderheiten, besonders der aufständischen Sikhs, zu beenden. Außer der Bekundung der gemeinsamen friedlichen Absichten wurden jedoch bisher kaum bemerkenswerte Fortschritte erreicht. Ob Gandhis Nachfolger angesichts der praktisch unlösbaren Probleme Indiens mehr Glück haben wird, ist eine Frage, die nur die Zukunft beantworten kann.

Asiens Armenhäuser

Zwangsläufig hat die chinesisch-sowjetische Auseinandersetzung auch die politische Szene der Dschungelländer Hinterindiens merklich beeinflußt. Verschiedene »Freiheitsbewegungen«, in denen sich meist die Nachfolgen des Gegensatzes zwischen Moskau und Peking widerspiegeln, kennzeichneten bis in die achtziger Jahre die Lage in den Staaten Hinterindiens, deren innere Sicherheit von Guerillabanden und Rauschgifthändlern weiterhin destabilisiert wird. Dazu trägt ferner ihr hoher Geburtenzuwachs von 2,5 bis 3 Prozent bei. Schon heute beträgt die Bevölkerungszahl Südasiens einschließlich Indiens und Indonesiens 1240 Millionen, die sich innerhalb der nächsten zwei Jahrzehnte zu verdoppeln droht. Zweifellos fehlen in all diesen Ländern, wie übrigens auch in vielen anderen der Dritten Welt, die Voraussetzungen zu einer demokratisch parlamentarischen Regierungsform. Fast überall in Asien lebt die Masse der Bevölkerung – und das sind vorwiegend Bauern – völlig abseits der Staatspolitik. Auch von den Städtern ist nur eine kleine Oberschicht politisch aktiv und verantwortungsbewußt.

Das von Naturkatastrophen häufig heimgesuchte Bangladesch ist eines der ärmsten Länder der Welt. Von seinen 106 Millionen Einwohnern leben 80 Prozent unter der sogenannten Armutsgrenze, etwa 30 Prozent sind ohne Arbeit. Der Reisanbau reicht kaum zur Selbstversorgung aus und an Export hat es außer Juteprodukten, Tee und Fischen nur wenig zu bieten. Im östlichen Nachbarland Birma mit 61 Millionen Menschen, das nur um wenig reicher ist als Bangladesch, fristet die Bevölkerung ebenfalls ein dürftiges Dasein, hauptsächlich vom Raubbau seiner Urwälder und der Ausfuhr landwirtschaftlicher Produkte. In dieser bunten und konfusen Staatenwelt von Armenhäusern bildet nur Thailand eine Insel verhältnismäßiger

Stabilität. Dieses Königreich hat trotz gelegentlicher politischer Krisen in der letzten Zeit dank des Zustroms von Investitionen aus Japan, Korea und den Vereinigten Staaten einen intensiven Aufstieg zu verzeichnen. Seine wirtschaftliche Dynamik ist eindrucksvoll und auf dem Wege zur politischen Stabilität sind ebenfalls Fortschritte gemacht worden.

Breschnews 1969 lanciertes Vorhaben, alle diese Länder einschließlich Indiens, Vietnams und Indonesiens in ein kollektives Sicherheitssystem einzubinden, das zur Einkreisung des »Reiches der Mitte« gedacht war, ist durch die Entwicklung überholt worden. Die während des Vietnamkrieges gehegten Hoffnungen, nach der Befreiung von der französischen Kolonialherrschaft und dem Sieg über die Amerikaner in der Südostecke Asiens ein kommunistisches Großreich gegenüber China zu bilden, das außer Vietnam auch Kambodscha, Laos, eventuell sogar Thailand umfaßt, blieben unerfüllt. Allmählich machen sich in Hanoi nach Jahrzehnten andauernder militärischer Konflikte Zeichen der Kriegsmüdigkeit bemerkbar. Die Spannung mit China scheint ebenfalls nachzulassen.

Der letzte Parteitag der Kommunisten Vietnams leitete eine Politik der Öffnung, größerer Liberalität und mehr wirtschaftlicher Effizienz ein. Seit den Kolonialkriegen ist vor allem eine neue Elite herangewachsen. Die Jugend, die 60 Prozent der Bevölkerung ausmacht, will keine Ideologie mehr. Sie sucht nach neuen Modellen, um besser leben zu können. Ungeachtet seiner Zugehörigkeit zum »Rat für gegenseitige Wirtschaftshilfe« der kommunistischen Staaten (COMECON), sowjetischer Entwicklungsgelder, der Präsenz von 2500 militärischen Beratern (1989) und Einräumung von Stützpunktrechten für die sowjetische Pazifikflotte sucht Vietnam seit etwa 1988 den Anschluß an die wirtschaftlich fortgeschritteneren Staaten der »Organisation Südostasiatischer Länder« (Association of the South East Asian Nations = ASEAN), die mit der europäischen Wirtschaftsgemeinschaft ein umfassendes Kooperationsabkommen geschlossen hat und auch mit Japan sowie den Vereinigten Staaten regen Handel betreibt.

Heute zählen die wirtschaftlichen Wachstumsraten der fünf ASEAN-Partner – Indonesien, Malaysia, die Philippinen, Singapur und Thailand – zu den verhältnismäßig höchsten der Dritten Welt. Durch gemeinsame Handelspolitik spricht diese Großregion mit ihren über 300 Millionen Menschen in der Weltwirtschaft ein gewichtigeres

Wort mit als bisher. Als Wirtschaftswunderland der ASEAN-Gruppe gilt der nur 2,7 Millionen Einwohner zählende Stadtstaat Singapur, der sich neben Tokio und Hongkong zum bedeutendsten Bankplatz Asiens entwickelte. Singapur besitzt gemäß umgeschlagener Tonnage den zweitgrößten Erdölhafen nach Rotterdam und das drittgrößte Raffineriezentrum der Welt. Während die anderen ASEAN-Staaten meist noch Agrar- und Rohstoffländer geblieben sind, ist Singapur in die Reihe der Industriestaaten hineingewachsen, deren wichtigste Produkte elektronische Bauelemente sind. Mit 29 Milliarden Dollar im Jahre 1988 erreichten die 2,6 Millionen Einwohner Singapurs den höchsten Lebensstandard neben Japan in Asien.
Das aus dem britischen Kolonialerbe 1957 als unabhängiger ASEAN-Staat entstandene Malaysia bietet zwar nach außen hin ein Bild von Ruhe und Ordnung, doch das Grundproblem dieses Landes, die Verschmelzung der verschiedenen Rassen in ein einheitliches Staatsvolk, bleibt weiterhin ungelöst. Nach wie vor machen der Regierung die Aktivitäten der aus den Dschungeln operierenden Guerillabanden zu schaffen. Den dynamischen und geschäftstüchtigen Chinesen, die nahezu vierzig Prozent der Gesamtbevölkerung von 16,5 Millionen stellen, stehen die Urbewohner, die Malayen, mit mißtrauischer Distanz gegenüber. Doch wird der unausgetragene Rassenkonflikt dadurch in Grenzen gehalten, daß Malaysia ein für asiatische Verhältnisse reiches Land ist und eine von den Briten hinterlassene funktionsfähige Verwaltung besitzt.
Das größte Inselreich der Welt, Indonesien, das sich über 5000 Kilometer in der Länge und 2000 Kilometer in der Breite erstreckt, ist mit seiner 173 Millionen zählenden Bevölkerung gleichzeitig auch das größte Land der ASEAN. Es liegt zwischen zwei Ozeanen, dem Pazifischen und dem Indischen, und zwischen zwei Kontinenten, Asien und Australien. Dies gibt Indonesien eine geostrategische Schlüsselstellung in beiden Richtungen. Es beherrscht die Seewege zwischen den östlichen Gewässern des Indischen Ozeans und dem Westpazifik wie auch die Verbindungen zwischen dem ostasiatischen Festland und Australien. Von den Meeresengen zwischen dem Indischen und Pazifischen Ozean fällt der von Indonesien, Malaysia und Singapur flankierten Malakka-Straße eine besondere Bedeutung zu.
Die Streitkräfte Indonesiens, deren Macht weit in zivile Bereiche hineinreicht, spielen im Lande eine militärisch-ökonomische Dop-

pelfunktion[1]. Durch die Liberalisierung der Wirtschaftspolitik hat Indonesien in den letzten Jahren einen beachtlichen Aufschwung erreicht. Begünstigt wurde dies in erster Linie durch die planmäßige Nutzung der vorhandenen Rohstoffe, vor allem des Erdöls und leider, so wie es auch in den meisten anderen Ländern Ostasiens der Fall ist, durch den Raubbau an seinen Urwäldern. Nachteilig wirkt, daß sich gleichzeitig die Kluft zwischen dem städtischen Wohlstand und wachsender Armut auf dem Land vergrößert hat, wo noch immer drei Viertel der Indonesier leben, die sich jährlich um 2,3 Prozent vermehren. Die Insel Java, wo die Bevölkerungsdichte per Quadratkilometer bis 700 Menschen zählt, ähnelt einem brodelnden Kessel mit Überdruck.

Ein weiteres schwerwiegendes Problem bildet die Auslandsverschuldung in Höhe von 42,4 Milliarden Dollar. Mehrfache Versuche der Sowjetunion und der Volksrepublik China, sich in Indonesien einzunisten, scheiterten. Die schlechten Erfahrungen mit der japanischen Besatzungsmacht während des Zweiten Weltkrieges ändern nichts daran, daß Indonesien in wachsendem Maße vom japanischen Markt abhängig wird, der 61 Prozent der indonesischen Ölexporte aufnimmt und auch sonst Indonesiens wichtigster Handelspartner geworden ist.

Während die anderen ASEAN-Staaten, wenn auch von inneren Unruhen gelegentlich gestört, Fortschritte zu verzeichnen haben, gefährden auf den weiter nördlich liegenden Philippinen revolutionäre Kräfte ernsthaft das Regime der Präsidentin Corazon Aquino. Wie die weit überwiegende Zahl der Drittweltländer leiden auch die Philippinen unter starker Inflation, hoher Arbeitslosigkeit und sinkenden Löhnen. Die Ungeduld wächst nicht zuletzt auf an Universitäten, wo es häufig zu Massendemonstrationen kommt.

Das frühere Regime Marcos konnte sich noch auf die Streitkräfte verlassen, doch das heutige Regime wird selbst von diesen befehdet. Eine von China unterstützte sogenannte Volksarmee von »Friedenskämpfern« bildet den militärischen Arm der oppositionellen Kräfte, die in zunehmendem Maße von Studenten und Landarbeitern Zulauf erhalten. Nach ihrem Rückzug aus Vietnam unterhalten die Verei-

---

[1] Die aktiven Streitkräfte Indonesiens zählen 284600 Mann, etwa 100 leichte Panzer, 70 Kampfflugzeuge, 15 Kampfschiffe und 2 U-Boote; die Militärpolizei verfügt über 115000, die Miliz über 300000 Mann.

nigten Staaten auf den Philippinen weiterhin die Flottenbasis Subic Bay und den Luftstützpunkt Clark Airfield. Beide liegen nahe Manila im Zentrum des »Reiches der siebentausend Inseln«, wie man häufig die Philippinen zu nennen pflegt. Sie verleihen der ansonsten labilen Ordnung ein gewisses Rückgrat.

Die Neureichen Ostasiens

Als im November 1941 die Japaner die amerikanische Flotte in Pearl Harbor überfallen hatten, verfolgten sie zwei Kriegsziele. Einmal ging es Tokio darum, den westlichen Einfluß in Ostasien zurückzudrängen. Zweitens wollte Japan die schmale Energie- und Rohstoffbasis seines übervölkerten Inselreiches dadurch sichern und verbreitern, daß viele Teile Asiens dauerhaft unter japanische Kontrolle kommen sollten. Mit dem Schlachtruf »Asien den Asiaten« bemächtigten sich die japanischen Streitkräfte in Blitzfeldzügen zuerst der Mandschurei[1], dann Nordchinas, der Philippinen, Französisch-Indochinas, Niederländisch-Indiens (das heutige Indonesien), des britischen Hongkongs, Singapurs und Malayas. Die bedingungslose Kapitulation Japans 1945 vor den Amerikanern änderte diese Lage von Grund auf. Während die europäischen Kolonialmächte in Asien ihren früheren Einfluß nachhaltig verloren hatten, stiegen die Vereinigten Staaten zur führenden Macht im ostasiatischen Raum und im westlichen Pazifik auf.
In den fünfziger Jahren erreichten die Amerikaner als Weltmacht ihren Höhepunkt. Im Koreakrieg 1950–1953, den sie mit einem Waffenstillstand abgebrochen hatten, der zwar die Kämpfe beendete, ohne jedoch das Problem zu lösen, erlitt ihr weltweites Ansehen die erste Einbuße. Die sowjetische Atomrüstung steckte damals in den Kinderschuhen. Die Russen hätten sich kaum gerührt, zumal sie noch mit ihrem Nachkriegsaufbau voll beschäftigt waren. Den in den Vereinigten Staaten höchst unpopulären Koreakrieg beendete General Eisenhower 1953, der mit seinem Wahlslogan »I bring the boys home« zum Präsidenten gewählt wurde.

---

[1] Die Mandschurei war seit 1931 von Japan besetzt und wurde 1934 Kaiserreich von Japans Gnaden.

Kaum einige Jahre später, nach dem Abzug der Franzosen 1954 aus Indochina, begann 1959 die militärische Intervention der Amerikaner in Vietnam. Sie dauerte vierzehn Jahre und entwickelte sich von anfänglich einigen US-Militärberatern mit der Zeit zum Einsatz eines mit allen technischen Mitteln ausgerüsteten Expeditionskorps. Das Einholen des Sternenbanners 1973 in Vietnam hat den Vereinigten Staaten ihren bisher größten Mißerfolg eingebracht. Die Tatsache, daß sie in Südostasien ihr ganzes Prestige investierten und es dennoch nicht geschafft haben, erfolgreich zu sein, versetzte ihnen einen schwer korrigierbaren Schlag[1].

Skrupel amerikanischer Außenpolitik, Risiken, ohne die es keine klare Entscheidung geben kann, einzugehen, ihre Furcht vor Komplikationen mit den Russen, die sich zwar aufgeregt, aber kaum offen interveniert hätten, sind die eigentlichen Ursachen dafür, daß die Vereinigten Staaten in Südostasien die Gefangenen einer Lage wurden, die sie sicherlich nicht gewollt und dennoch durch ihre zaghafte Politik selbst verschuldet hatten. Ähnlich dem Riesen Gulliver ließen sich die Amerikaner von Zwergen in Dschungelkämpfen in einem Krieg fesseln, dessen Belastungen ihre Streitkräfte weder psychologisch noch gliederungs- und rüstungsmäßig gewachsen waren. Amerikas großer Soldat, General MacArthur, der auf Grund der Erfahrungen des koreanischen Krieges vor einer militärischen Intervention auf dem asiatischen Festland ausdrücklich gewarnt hatte, sollte recht behalten.

Trotz modernster Kriegstechnik und dem Einsatz einer dreimal höheren Bombenlast als der Menge, die die anglo-amerikanischen Luftwaffen im Laufe des Zweiten Weltkrieges auf den europäischen Kriegschauplätzen abgeworfen hatten, blieb ihnen der Endsieg versagt. Die Zahl der eingesetzten amerikanischen Soldaten betrug 542000 Mann, von welchen 53000 gefallen oder vermißt sind. Ohne die beträchtlichen Nachfolgekosten beliefen sich die Kriegsausgaben auf 125 Milliarden damalige Dollar. Die Amerikaner durchliefen den schweren Weg von überheblicher Siegesgewißheit bis hin zum totalen Debakel. Die auf die öffentliche Meinung schockgleich wirkende Niederlage der Vereinigten Staaten in Vietnam paralysierte jahre-

[1] Zwei Jahre später, am 30. April 1975, ist Saigon gefallen und die Republik Südvietnam wurde mit der kommunistischen Volksrepublik Nordvietnam vereinigt.

lang Washingtons Außenpolitik und beeinflußt sie eigentlich bis heute. Nach wie vor leiden die Amerikaner unter dem Trauma ihres verlorenen Krieges in Vietnam.

Zweifel an der Rolle und der Macht der Vereinigten Staaten, ihr Gesichtsverlust bewirkte die Entwicklung einer neuen politischen Konstellation in Asien. Das zu den Kriegsschauplätzen näher liegende Japan wurde zum Hauptlieferanten kriegswichtiger Ausrüstungen und Versorgungsgüter aller Art und somit gewissermaßen der eigentliche Nutznießer beider ostasiatischer Kriege Amerikas – Korea und Vietnam –, deren Profite den Auftakt zum stürmischen wirtschaftlichen Emporkommen Tokios bildeten. Trotz der bedingungslosen Kapitulation im verlorenen Krieg 1945 gegen die Amerikaner erreichte Japan inzwischen lautlos und ohne Waffengewalt sein ursprüngliches Kriegsziel, die Bildung eines großasiatischen Wirtschaftsraumes. Das »Land der aufgehenden Sonne« – wie man Japan nennt – hat innerhalb der letzten zweieinhalb Jahrzehnte einen unglaublichen Aufstieg erlebt und ist nach den Vereinigten Staaten zur unumstrittenen zweitgrößten Wirtschaftsmacht der Welt geworden.

Für viele asiatische Länder ist Japan nicht nur der wichtigste Handelspartner, sondern auch deren bedeutendster Mäzen geworden. Im sogenannten »Nakasone Paket« waren bis 1990 von seinen Handelsbilanzüberschüssen die Auszahlung von 30 Milliarden Dollar an Entwicklungsgeldern geplant. Das »Land der aufgehenden Sonne« sieht eine seiner wichtigsten Aufgaben darin, durch den Tokioter Finanzmarkt die asiatischen Schwellenländer mit Kapital zu versorgen. Während die Vereinigten Staaten mit einem Handelsdefizit in Höhe von etwa 400 Milliarden Dollar heute zu einer der größten Schuldnernationen geworden sind, ist Japan der größte Kreditgeber der Welt. Sein Auslandsvermögen stieg von 25 Milliarden Dollar im Jahre 1982 auf über 250 Milliarden Dollar 1988 und könnte sich nach Meinung von Experten im kommenden Jahrzehnt auf 500 Milliarden Dollar erhöhen. Nach den Vereinigten Staaten mit 294 Milliarden Dollar war Japan 1988 mit 231 Milliarden der zweitgrößte Exporteur der Welt. Im Jahre 1989 erreichte sein Wirtschaftswachstum 4,75 Prozent. Nach Ansicht der OECD (Organization for Economic Cooperation and Development = Organisation für wirtschaftliche Zusammenarbeit und Entwicklung) dürfte der japanische Leistungsüberschuß rund 82 Milliarden Dollar ausmachen und 1990 auf 83 Milliarden anwachsen[1].

Während 1980 unter den zehn größten Banken der Welt nur eine japanisch war, sind es inzwischen zehn geworden. Doch nicht nur auf dem wirtschaftlichen Sektor, auch in technischer Forschung und Entwicklung hat Japan in manchen Bereichen, vor allem in dem der Elektronik und Automatik, die Vereinigten Staaten bereits überholt. In Japan arbeiten zehnmal mehr industrielle Roboter als in den USA. Rund vierzig Prozent der Hochschulabgänger kommen aus technischen und naturwissenschaftlichen Studienrichtungen, in den Vereinigten Staaten sind es nur sechzehn Prozent.

Seit Anfang der achtziger Jahre belasten ökonomische und technische Probleme in zunehmendem Maße die Beziehungen zwischen Washington und Tokio. Das Klima zwischen beiden Mächten ist rauher geworden. Bis heute wissen die Japaner nicht, wohin sie gehören. Noch suchen sie den Schutz in der Nähe der Amerikaner, was allerdings kaum von ewiger Dauer sein wird, zumal es den Vereinigten Staaten an einer gut definierten Asienpolitik fehlt. Amerikas oft scharf vorgebrachte Forderungen, die auf eine Reduzierung der japanischen Expansion hinausliefen, blieben häufig unbeantwortet. Sollte der Aufstieg Japans wie gegenwärtig andauern, dann entwickelt sich das »Land der aufgehenden Sonne« zwangsläufig zum Rivalen der Vereinigten Staaten. Dabei wird es kaum zu vermeiden sein, daß Japan auf Grund seiner Wirtschaftskraft im Laufe der nächsten Jahrzehnte auch zu einer politischen und militärischen Großmacht aufsteigt, die in Asien und im westpazifischen Raum die bisherige »pax americana« durch die »pax nipponica« ablösen wird.

Noch werden die im Zweiten Weltkrieg erworbenen strategischen Positionen der Vereinigten Staaten von den US-Streitkräften gesichert[2]. Ihre Präsenz ruht aber kaum mehr auf so festen Beinen wie noch vor einigen Jahren. Sie sind in Korea von der Mehrzahl der Bevölkerung unerwünscht, wie auch von den Japanern, die für vierzig Prozent der Stationierungskosten aufkommen. Auch werden die Amerikaner ihren Marinestützpunkt Subic Bay und Clark Air-

---

1 »Frankfurter Allgemeine Zeitung« vom 15. Mai 1989.

2 Im ostasiatischen Raum zählten 1989 die US-Streitkräfte: In Japan 68700, Korea 40300, Philippinen 16400, insgesamt 125400 Mann ohne die Schiffsbesatzungen. Die im Pazifik stationierte VII. US-Flotte zählt weitere 70000 Mann, 90 Schiffe und 550 Flugzeuge.

field auf den Philippinen, für die sie schwere Pachtgebühren entrichten müssen, nicht ewig halten können.

Inzwischen sind sich auch die Amerikaner bewußt geworden, daß ihre militärische Präsenz in Ostasien Mitte der neunziger Jahre anders aussehen wird als Ende der achtziger Jahre. Dinge, die bisher als unantastbar galten, werden allmählich in Frage gestellt. Alles in allem ist schon heute abzusehen, daß es bei den amerikanischen Streitkräften in den nächsten Jahren zu großen Veränderungen kommen wird. Der Vertrag über die amerikanischen Marine- und Luftwaffenbasen auf den Philippinen läuft 1991 ab. Ernsthaft denken die Amerikaner daran, sich in Singapur zu installieren, wo ihnen der Stadtrat bereits Stützpunktrechte angeboten hat[1].

Diese Aussichten veranlaßten die Regierung Japans, ihre Verteidigung zu modernisieren. Der Schwerpunkt der Rüstung liegt auf dem Ausbau der Kriegsmarine und der Luftwaffe. Gegenwärtig zählen Japans Streitkräfte 245000 Mann (45000 Reservisten) und verfügen über 1170 Kampfpanzer, 340 Kampfflugzeuge, 61 Kampfschiffe und 14 U-Boote. Ungeachtet der Einbindung in das amerikanische Verteidigungssystem wird Japan still und leise zu einer eigenständigen militärischen Macht. Der in Tokio diskutierte Gedanke, Flugzeugträger zu bauen, läßt in Korea, auf den Philippinen und in anderen Ländern Ostasiens Befürchtungen aufkommen. Sie werden jedoch dadurch gedämpft, in immer stärkerem Maße von den japanischen Investitionen abhängig zu sein. Auch die Herstellung von weitreichenden Kampfraketen und Kernwaffen dürfte für die hoch entwikkelte Industrie Japans kaum ein Problem sein.

Für das auf Exporte angewiesene »Land der aufgehenden Sonne« ist die Sicherung der Absatzmärkte und das Offenhalten der Verbindungslinien ein oberstes Gebot seiner Sicherheitspolitik. Um das Problem zu erfassen, genügt es, daran zu erinnern, daß Japan 98 Prozent des Öls, 70 Prozent der Eisenerze, 80 Prozent des Kupfers und fast 100 Prozent seiner sonstigen Rohmaterialien importieren muß. Insbesondere Südostasien ist als Rohstoffquelle, Markt und Durchgangstraße von Import und Export durch die Meeresengen für Tokio lebenswichtig.

Um die Bedeutung des ostasiatischen Raumes weltpolitisch richtig

---

[1] Singapur war bis April 1957 der Hauptstützpunkt der britischen Marine und Luftwaffe in Südostasien, deren Einrichtungen seither instand gehalten worden sind.

einschätzen zu können, muß dieser in seiner geopolitischen Gesamtheit erfaßt werden. Das Bild des wirtschaftlichen Emporkommens wäre unvollständig, ohne auch die vier sogenannten »kleinen Tiger« zu erwähnen, die dem großen Tiger Japan auf den Spuren folgen und von dem sie, wenn auch in unterschiedlichem Maße, abhängig sind. Zu diesen zählen außer dem bereits erwähnten Singapur, die national-chinesische Insel Taiwan, deren Beziehungen zur Volksrepublik China sich vermutlich mit der Zeit normalisieren werden und sich in ein Verhältnis wie etwa das zwischen der Bundesrepublik und Österreich bestehende umwandeln könnten. Taiwan[1], dessen Jahresexport 1988 auf 54 Milliarden Dollar anstieg, folgt Hongkong, mit 48 Milliarden Dollar einer der wichtigsten Börsenplätze, das 1997 unter die Souveränität Pekings kommen soll.

Südkorea, das 1988 eine Warenausfuhr von 47 Milliarden Dollar verbuchte, bildet das vierte Land der vier »kleinen Tiger«. Mit Japan zusammen erreichen die industriellen Neukommer Ostasiens oder, wie man sie respektvoll nennt, »the newly industrialized countries«, das ansehnliche Exportvolumen von 408 Milliarden Dollar, das sind 124 Milliarden Dollar mehr als der Export der Vereinigten Staaten. Der Staatsbesuch des nordkoreanischen Ministerpräsidenten im September 1990 in der Hauptstadt Südkoreas deutet die kommende Wiedervereinigung dieses seit Kriegsende ebenfalls geteilten Landes an.

Im Jahre 1988 lag die Wachstumsrate der neureichen Industrieländer Ostasiens weit höher als die der Staaten der westlichen Welt. Dadurch erwächst den herkömmlichen Industrieländern eine scharf ansteigende Konkurrenz. Die Billiglohn-Länder Ostasiens ziehen nicht nur die Herstellung arbeitsintensiver Produkte wie Textilien an sich. Einbrüche sind auch in den angestammten Domänen des Westens, wie Schiff-, Fahrzeug- und Maschinenbau sowie im Bereiche der Elektronik zu verzeichnen. Aus den einstigen Rohstoffländern, später Lizenzbauer westlicher Technik, werden allmählich »Entwickler« und wir ihre Kunden.

Die genannten Staaten Ostasiens und des Westpazifiks erhöhten ihre Produktionskapazität in einem Maße, daß sie auf den Weltmärkten zu potentiellen Konkurrenten der westlichen Industrieländer geworden sind. Welcher Zukunft steuern letztere entgegen in einer Welt, in

---

[1] Taiwans Streitkräfte zählen 405500 Mann, 584 Kampfpanzer, rund 500 Kampfflugzeuge, 36 Kampfschiffe und 4 U-Boote.

der zu viele billiger erzeugen können, wo eine geregelte Aufteilung der Märkte und Rohstoffe immer schwieriger sein und in welcher angesichts des stürmischen Bevölkerungszuwachses der großen Mehrheit der Menschheit die Kaufkraft fehlen wird?

Das Reich der Mitte

Ganz entscheidend werden sich auf die weitere Entwicklung des ostasiatischen Großraumes die zukünftigen Beziehungen zwischen Japan und China auswirken. Beide, auch geographisch naheliegende Mächte, ergänzen sich naturmäßig, indem die eine über das verfügt, was der anderen fehlt – Hochtechnologie einerseits, Rohstoffe andererseits. Der japanisch-chinesische Friedensvertrag vom November 1978 weist in diese Richtung. Es ist ein Ereignis, das möglicherweise eine weltpolitische Wende darstellt. Sein Abschluß war trotz sowjetischen Einspruches gegen die sogenannte »Antihegemonialklausel« eindeutig gegen die UdSSR gerichtet und wurde von Moskau als ein Affront empfunden. Nicht nur alle Hoffnungen der Russen, mit japanischen Investitionen Sibirien entwickeln zu können, sind infolge dieses Vertrages dahingeschwunden, auch der einst von Breschnew propagierte und schon erwähnte Plan eines kollektiven Sicherheitssystems für Asien mußte zu den Akten gelegt werden.
Japaner und Chinesen waren in ihrer mehrtausend Jahre alten Geschichte nicht immer nur Feinde, sondern häufig auch Freunde. Jahrhundertelang haben die Japaner China als ihren Lehrmeister angesehen. Trotz aller Konflikte blieben zwischen beiden Völkern traditionelle Bindungen lebendig. Auch der Gründer der chinesischen Republik von 1912, Sun Yat-sen, sah die Zukunft Chinas in enger Anlehnung an Japan. Kein Wunder, wenn viele Japaner ihren Blick wieder auf das asiatische Festland werfen, wo ein neues China entsteht, das mit seinen heute bereits über einer Milliarde Menschen die größte Arbeitskräftemasse darstellt und deren Bodenschätze weitgehend noch unerforscht sind. Sollte die Industriemacht Japan zum Entwicklungshelfer des »Reiches der Mitte« werden, dann würde China sehr bald in die Reihe der modernen Industrienationen vorrücken.
Japan reformierte seine veralteten Strukturen auf Grund eines kaiserlichen Dekrets von 1868 und war bereits im Jahre 1905 in der Lage,

die Großmacht Rußland militärisch zu besiegen. In unserem hektischen Zeitalter geht alles viel schneller vor sich. Übrigens besitzen wie die Japaner auch die Chinesen zur Entwicklung einer modernen technischen Gesellschaft sämtliche hierzu notwendigen Eigenschaften: Intelligenz, Ausdauer und Fleiß.

Das, was heute an überlieferter Fähigkeit aus der chinesischen Vergangenheit aufsteigt, ist kaum erstaunlich, wenn man bedenkt, daß vom 5. Jahrhundert vor Christus bis ins 15. Jahrhundert unserer Zeitrechnung das »Reich der Mitte« in vielen Bereichen einen bedeutenden Vorsprung gegenüber der übrigen Welt besaß. Von allen Mächten gelang es China am schnellsten, eine eigene Atomrüstung zu entwickeln. Während die Franzosen neun Jahre brauchten, um ihre erste Hydrogenbombe zu zünden, schafften es die Chinesen in der Wüste Lop-Nor trotz aller Kulturrevolutionen der Mao-Ära innerhalb von vier Jahren. Angesichts des Erwartungsdrucks der jüngeren Generation kam es im Frühjahr 1989 zum Studentenaufstand in Peking. Die Theorien Marx' und Lenins haben auch aus China ein armes Entwicklungsland gemacht. So erreichte das »Reich der Mitte« ein Sozialprodukt, das nur ein Zehntel des Wertes ausmacht, der von den »vier kleinen Tigern« – Taiwan, Hongkong, Singapur und Südkorea – erwirtschaftet wird. Gerade Taiwan war und ist für viele Chinesen ein Paradebeispiel dafür, daß es im Bereich der Ökonomie auch anders geht als auf Marx' und Lenins Wegen. In den letzten Jahren ist die Wirtschaftsreform, die nach Maos Ableben in Gang kam und die vielversprechend begann, in Schwierigkeiten geraten. Die Inflation nahm zu, ebenso auch eine sich schrankenlos ausbreitende Korruption, von der die gesamte Partei und Verwaltung durchsetzt ist.

Trotzdem war ein gewisser Fortschritt im Vergleich zu früher nicht zu übersehen. Der Warenaustausch mit China ist im Zeitraum der letzten zehn Jahre von einer Milliarde auf vierzehn Milliarden Dollar gestiegen und mit einer weiteren Steigerung wurde allgemein gerechnet. In den Jahren 1979–1988 hat Japan insgesamt 20,3 Milliarden Dollar in der Volksrepublik investiert. Mehr als 400 amerikanische Firmen unterhielten Tochtergesellschaften auf chinesischem Boden. Westeuropäische Unternehmen haben sich ebenfalls an der Entwicklung Chinas beteiligt.

Infolge des Studentenaufstandes zwischen April und Juni 1989 ist der aufkeimende China-Boom merklich gebremst, aber nicht unterbrochen worden. Um erfolgreich zu sein, fehlte der Studentenbewegung strategische Voraussicht. Nicht nur die konservativen Kräfte und die Regierung wurden durch den explosionsartigen Verlauf der Ereignisse überrannt, auch die Führung der Studenten hatte kein Programm, das mit den anwachsenden Dimensionen der Demokratiebewegung Schritt halten konnte. Auf die Revolte reagierte Pekings Regierung brutal, nachdem der Aufstand ihre langfristig ausgelegten Pläne durcheinanderzubringen drohte. Indessen setzt die amerikanische ebenso wie die japanische Regierung, wenn auch diskret, alles daran, die wirtschaftlichen Beziehungen aufrechtzuerhalten, während private Investoren aller Nationen nach dem Massaker in Peking das kaufmännische Prinzip der Vorsicht walten lassen.

Die vorübergehende Störung der Zentralmacht kann zwar zu zeitweiligen Schwierigkeiten in China führen. Doch es besteht auch die Chance, daß sich aus einer solchen turbulenten Situation ein freiheitlicheres Gesellschaftssystem entwickelt. Nichts ist heute vorauszusagen oder auszuschließen in einem Land, das seiner Außenwelt schon in ruhigen Zeiten immer wieder Rätsel aufgab. Jedenfalls ist der Widerspruch der chinesischen Regierung, sich einerseits zum Kommunismus zu bekennen und andererseits das Lebensniveau des Volkes verbessern zu wollen, offensichtlich.

Die fast ausschließlich nach materiellem Gewinn motivierte Tüchtigkeit der Chinesen hat Mao Tse-tung im »Reich der Mitte« vergeblich durch ein ideologisch begründetes sozialistisches und nationalistisches Pflichtbewußtsein ersetzen wollen. Aber nach den Plänen seiner pragmatischer gesinnten Nachfolger könnte das Taiwan von heute ein Modell für China werden. Wenn man dazu die japanische Wirtschaftskraft addiert und eine weitere Milliarde Asiaten sowohl als Produzenten wie als Konsumenten in die Zukunftsperspektive Europas mit einbezieht, dann könnten sich nach ein paar Jahrzehnten die wirtschaftlichen und weltpolitischen Schwergewichte von dem gegenwärtig immer noch vorherrschenden Westen nach Ostasien verlagern. Dann müßte man allerdings auch die Sowjetunion zum Westen zählen.

In einem völlig anderen Licht als die Lage zwischen dem »Land der aufgehenden Sonne« und dem »Reich der Mitte« zeigt sich das Verhältnis zwischen Moskau und Peking. Auch im Kreml dürfte Napoleons Spruch »Quand la Chine se réveille, l'Europe tremblera«[1]

[1] Wenn China erwacht, wird Europa zittern.

bekannt sein. Russen und Chinesen betrachteten einander stets mit Mißtrauen. Sie waren nie Freunde, nicht einmal zur Zeit, als beide Mächte dem gleichen klassischen Marxismus-Leninismus huldigten. Ihre Beziehungen waren stets reserviert. Übrigens haben sich Russen und Chinesen gegenseitig nicht viel zu bieten. Sie sind ferner auch durch rassistische Gegensätze belastet. In Asien werden die Chinesen allgemein als Wucherer betrachtet. Sie verpönen die Weißen als »Langnasen«, zu denen auch die Russen zählen.

An diesen Tatbeständen werden Verhandlungen zwischen beiden Mächten grundsätzlich kaum rütteln können. Jedenfalls ist es nur schwer vorstellbar, daß trotz allen Bemühungen beiderseits zwischen China und Rußland ein solider und dauerhafter »modus vivendi« zustande kommen könnte. Historisch gesehen geht der russisch-chinesische Gegensatz in das 16. Jahrhundert zurück, als sich die Zaren zum ersten Mal Gebiete bemächtigten, die jahrhundertelang zum »Reiche der Mitte« gehörten: die Mongolei, Sibirien und Teile Turkestans. Bezeichnend ist, daß das an der pazifischen Küste liegende Wladiwostok auf chinesischen Karten weiterhin als Hais-Hein-Wei bezeichnet wird.

Entlang einer Grenze von 7200 Kilometern, vom Hindukusch bis zum Stillen Ozean, ist die Sowjetunion auf Beharrung und Erhaltung ihres Besitzstandes bedacht, China hingegen zum Wachstum und Erwerb verurteilt. Die Russen fühlen, daß jenseits ihrer heutigen Grenzen ein immer selbstbewußter werdendes China, das sich seit jeher als Vormacht aller asiatischen Völker gefühlt hat, auch für sie eines Tages bedrohlich werden könnte.

Obwohl das Gebiet der Sowjetunion zu gut zwei Dritteln in Asien liegt, weigerten sich die Drittweltländer, darunter 23 Staaten Asiens, Moskau im April 1955 zur Bandung-Konferenz zuzulassen[1], wodurch sie den Status der Sowjetunion als asiatische Macht in Frage stellten. Andererseits mußten auch die Chinesen feststellen, daß Moskau keineswegs willens ist, das »Reich der Mitte« als die historisch und geopolitisch prädestinierte Vormacht Asiens anzuerkennen.

Inzwischen sind die transuralischen Gebiete Moskaus mit dem europäischen Rußland eng zusammengewachsen und bis zum Pazifischen Ozean durch die 1901 gebaute, 9000 Kilometer lange transsibirische Eisenbahn verbunden. Etliche Großstädte Sibiriens wie Wladiwo-

---

[1] Es war die erste antikoloniale Konferenz der Drittweltländer.

stok, Chabarowsk, Komsomsk, Blagowjestschenk, Alma-Ata, Semipalatinsk und andere sowie wichtige Industriezentren der UdSSR liegen auf früher chinesischem Gebiet. Emsig bemüht sich Moskau, die weiträumig unterbevölkerten Gebiete östlich des Urals zu besiedeln, ohne jedoch mit dem Bevölkerungszuwachs des benachbarten China Schritt halten zu können.

Gleichzeitig mit der industriellen Entwicklung beschleunigte China die Modernisierung seiner Streitkräfte. Im Jahre 1989 zählten sie 3200000 Mann und könnten im Kriegsfalle weitere 1200000 Reservisten mobilisieren. Die Volksmiliz umfaßt weitere vier bis fünf Millionen Mann. China besitzt 9000 Kampfpanzer und 6900 Kampfflugzeuge. Wenn auch die chinesische Kernwaffenrüstung sowohl in Stärke als auch in Treffsicherheit mit der sowjetischen kaum vergleichbar ist, bleibt doch festzustellen, daß sie wohl in der Lage wäre, den Russen so schweren Schaden zuzufügen, daß sie sich wohl hüten würden, von ihren Kernwaffen den Erstgebrauch zu machen.

Schließlich sei noch erwähnt, daß die chinesische Kriegsmarine aus 42 Kampfschiffen und 115 U-Booten besteht, davon drei atomare, deren ballistische Raketen eine Reichweite von 2200 bis 3000 Kilometer haben. Vermutlich wird China etwa zwanzig Jahre brauchen, um seine Kriegsindustrien voll zu entwickeln und auf dem Waffenmarkt als noch rücksichtsloserer Lieferant in Erscheinung zu treten als gegenwärtig. Doch wie die Dinge heute liegen, bilden weniger die technischen Qualitäten der Streitkräfte, sondern die Menschenmassen, über die Peking verfügt, die unheimliche Stärke des »Reiches der Mitte«.

Zur Sicherung seiner Grenzen in Asien gegenüber China unterhält die Sowjetunion 56 Divisionen, darunter 7 Panzerdivisionen mit insgesamt 13900 Panzern, unterstützt von 1100 Kampfflugzeugen. Gut ein Viertel der nuklearen Mittel- und Fernkampfraketen ist östlich des Urals mit Schießrichtung auf China und Japan stationiert. Die sowjetische Hochseeflotte im Pazifik mit 160000 Mann, deren Hauptstützpunkt in Wladiwostok liegt, besteht aus 73 Großkampfschiffen und 112 U-Booten, darunter 56 atombetriebene, die zum Teil mit weitreichenden Raketen ausgerüstet sind. Zur pazifischen Flotte gehören ferner 320 Kampfflugzeuge, 110 Hubschrauber und eine Division Marineinfanterie mit 7000 Mann für Landungsoperationen.

Zur Verbesserung der Beziehungen zwischen China und der Sowjetunion stellt Peking drei Bedingungen: (1) die Räumung von Afghanistan, (2) keine Unterstützung der vietnamesischen Besatzung Kambodschas, (3) Verringerung der Truppenstärke an der Nordgrenze mit China und Rückzug aus der Außenmongolei. Während die erste Voraussetzung bereits erfüllt wurde, scheint die zweite in Kambodscha ebenfalls in die Wege geleitet zu sein. Ende September 1989 haben die letzten 50000 von den ursprünglich 120000 vietnamesischen Soldaten das Land verlassen. Wird aber China dann ebenfalls mit der Unterstützung der Roten Khmer und ihres Führers, des Massenmörders Pol-Pot aufhören? Zwar verlor der Kambodschakonflikt viel von seiner früheren Schärfe. Wie es sich aber bei der Pariser Konferenz im August 1989 herausstellte, ist er bei weitem nicht beendet. Kaum hatten die vietnamesischen Truppen Kambodscha geräumt, als die Kämpfe mit den Roten Khmer wieder ausgebrochen sind.

Offen bleibt die Regelung der dritten Bedingung. Bei seinem Besuch in Peking im Mai 1989 erklärte der sowjetische Staatschef, bis Ende 1990 die östlich des Urals stationierten Streitkräfte um 200000 Mann zu reduzieren. Das Niveau der Truppenstärke soll entlang der gemeinsamen Grenze mit China lediglich der Erfüllung von »routinemäßigen Grenzschutzaufgaben« entsprechen. Obwohl sich die sowjetischen Truppen aus der Außenmongolei allmählich zurückziehen, ist es fraglich, ob sich Moskau angesichts der unsicher gewordenen Lage in Peking einen zu weitreichenden Abbau seiner militärischen Stärke in Sibirien demnächst erlauben könnte. Der Verdacht, daß die drei vorgebrachten Bedingungen Pekings lediglich die Vorhut weiterer Forderungen bilden, ist nicht von der Hand zu weisen. Für den, der die Chinesen kennt, wäre es keine Überraschung.

Moskau hat manchen Grund dazu, in der Modernisierung Chinas das Entstehen eines Nebenbuhlers zu empfinden. Jedenfalls ist ein expansives »Reich der Mitte« für die Sowjetunion kein angenehmer Nachbar. Das Verhältnis zwischen Chinesen und Russen ist nicht nur von den bereits erwähnten alten Ressentiments belastet. Eine dauerhafte Regelung wirft die Lösung zahlreicher verschiedenartiger Probleme auf, von Handelsbeziehungen bis zur Abrüstung und Rüstungskontrolle, die in zahlreichen engen Wechselwirkungen zueinander stehen und nicht durch übliche »handshakings« zwischen sich lächelnd fotografieren lassenden Staatsmännern gelöst werden können. Die Antwort auf die Frage, ob Verhandlungen selbst auf allerhöchster Ebene so tief verankerte Divergenzen, wie die zwischen Moskau und Peking bestehenden, für immer aus der Welt schaffen können, bleibt der Zukunft vorbehalten.

Zusammenfassend sei bemerkt, daß Asien ein Kontinent großer Gegensätze und zahlreicher Konflikte ist und es allem Anschein nach auch weiterhin bleiben wird. Sie reichen von den »Armenhäusern« wie Bangladesch, Birma oder Vietnam bis zu der Industriegroßmacht Japan oder den übervölkerten Riesenstaaten China und Indien. Asien ist ein unruhiger Kontinent und stets in Bewegung mit vielen zum Teil historisch bedingten rassischen und religiösen Animositäten. Sie bilden Unsicherheitsfaktoren, deren Auswirkungen sich nicht abschätzen lassen.

Trotz der stürmischen industriellen Entwicklung mancher Länder hat Asien zu viele Menschen ohne Kaufkraft, deren Lebensniveau und Fortschritt zum Teil von der jeweiligen Entwicklung der Rohstoffpreise auf den Weltmärkten abhängt. Der Sozialismus, besser gesagt die zentral verwalteten Wirtschaftssysteme, haben auch hier wie in den meisten Ländern der Dritten Welt als Vorbilder weitgehend ausgedient. Die Entwicklung deutet eher darauf hin, daß Mohammed, Brahma und Konfuzius Marx und Lenin überleben werden.

Während aber autoritäre Regierungsformen die herrschenden Machthaber leicht zu Korruption verleiten, führen Liberalisierungen, die den Massen die Schranken öffnen, allzu leicht zur Destabilisierung der bestehenden Staatsordnungen. Wichtig ist zu bemerken, daß die Zukunft des asiatischen Kontinents, auf dem bereits heute über die Hälfte der Weltbevölkerung lebt, letzten Endes von der politischen Entwicklung zwischen und innerhalb der Vereinigten Staaten, Japan, China, Westeuropa und der Sowjetunion abhängen wird.

Die Perspektive, daß die Weltordnung, deren Mittelpunkt seit der altrömischen Zeit einst Europa war und nach dem Zweiten Weltkrieg Amerika wurde, von dynamischeren Völkern aus den Fugen gerissen wird, und daß für Europa und Amerika dann nur noch eine periphere Rolle am Rande des Weltgeschehens übrig bleibt, ist nicht auszuschließen. Nun wollen wir aber nach unserer »tour d'horizon« in den Ländern Asiens den Pazifischen Ozean überspringen und einen forschenden Blick auf Amerika werfen.

13. Kapitel

Lichtblick auf die Neue Welt

Die Lage der Vereinigten Staaten in der Welt wandelt sich, weil sich die Welt gewandelt hat. Die transatlantischen Beziehungen zu Europa und das Verhältnis der Amerikaner zu Japan bleiben davon nicht unberührt. Die in der Nachkriegszeit entstandene Partnerschaft – der Atlantische Pakt – funktioniert nicht mehr reibungslos. Es wäre einmalig in der Geschichte, wenn ein nahezu vor einem halben Jahrhundert abgeschlossener Vertrag in einer Welt voll von Umwälzungen seine Geltung ohne grundsätzliche Änderungen wahren könnte. Nachdem der Ost-West-Gegensatz seine prägende Kraft in der internationalen Politik zu verlieren scheint, lockert sich das Paktsystem gemeinsamer Sicherheit. Washingtons Führungsanspruch in Europa wird nicht mehr ohne weiteres hingenommen. Zu weit klaffen offenbar die Interessen, oder was man dafür hält, auseinander.

Auch in den Vereinigten Staaten selbst hat sich seit dem Zweiten Weltkrieg manches verändert, vor allem das innenpolitische Klima. Der verlorene Vietnamkrieg, eine Reihe öffentlicher Skandale, die von den Massenmedien oft in tendenziöser Weise und nicht ohne politische Hintergedanken hochgespielt worden sind, brachten die öffentliche Meinung Amerikas in Unsicherheit und Zweifel. Es ist nicht leicht, die Vielfalt der Einflüsse richtig abzuschätzen, die im Endeffekt die Handlungen der Vereinigten Staaten bestimmen. Amerika liegt in einer anderen Welt und seine Geschichte und Entwicklung kann kaum mit der Europas verglichen werden. Daher ist die in eigenen pragmatischen Denksystemen befangene Politik Washingtons anders verankert und allzu häufig verhindert, die Interessen anderer Nationen zu verstehen und sie anzuerkennen. Die Außenpolitik der Vereinigten Staaten neigt zu einer simplen Schwarz-weiß-Einteilung. Die bipolare Weltsicht der Amerikaner taugt aber kaum als Grundlage für eine mit Fingerspitzen zu betreibende Diplomatie.

Die amerikanische Art von Demokratie ähnelt einer dogmatischen

Religion, die mit der Neigung verbunden ist, Andersdenkende als Abtrünnige zu betrachten. Sie möchte ihre Ideale, »the american way of life«, überall realisiert sehen ohne Rücksicht darauf, daß die Lebensweise anderer Völker, ihre Traditionen und Temperamente, damit unvereinbar sind. Stoßen Amerikaner auf Widerstand, bemühen sie sich, »periphere Gemeinsamkeiten« mit ihrem Widersacher aufzuspüren und die Lösung der zentralen Streitpunkte hinauszuzögern, ohne zu bemerken, daß naturwidrige Kompromisse den Keim eines Meinungsunterschiedes weiterhin in sich tragen. Anstatt sie zu lösen, halbieren sie die Probleme. Typisch war in dieser Hinsicht die Aufteilung Berlins in vier Sektoren, die Teilung Koreas entlang des 38. und die Vietnams längs des 17. Breitengrades. Anstatt kleine Konflikte rechtzeitig zu ersticken, lassen sie sie zu großen heranreifen. Selbst in Fällen, in denen sich die Amerikaner zu Gegenmaßnahmen aufraffen, erfolgen diese häufig zu spät.

Verständlicher werden die Wesenszüge amerikanischer Politik, wenn man die heterogene Bevölkerung der Vereinigten Staaten berücksichtigt, die eher eine Gemeinschaft von Siedlern und keine durch Tradition geschichtlich zusammengewachsene nationale Einheit bildet. Von den 245 Millionen Menschen der Vereinigten Staaten sind zwar 82 Prozent weißer Hautfarbe, aber nur noch 22 Prozent englischer und irischer Herkunft. Die anderen sind Einwanderer verschiedener Länder Europas. Die Zahl der Farbigen beträgt 29,9 Millionen, und ihr Geburtenzuwachs liegt höher als der der Weißen. Außerdem leben in den Vereinigten Staaten zwölf Millionen Lateinamerikaner, davon acht Millionen eingebürgerte und vier Millionen meist mittellose Asylanten. Die Armutsrate lag 1988 bei 13 Prozent der Gesamtbevölkerung. Besonders die Farbigen fristen ihr Leben in Not.

Die Sorge um die Wählerstimmen der einzelnen Völkergruppen, ihre Einstellung zu den beiden großen Parteien – Republikaner und Demokraten – beherrschen maßgeblich das politische Leben der USA, wobei gleichzeitig auch auf die untereinander konkurrierenden Interessen der Großindustrien und der Hochfinanz Rücksicht genommen werden muß. Es ist kein Geheimnis, sondern es gehört einfach zur Wahrheitsfindung festzustellen, daß in den Vereinigten Staaten der 5,9 Millionen zählende jüdische Bevölkerungsanteil Amerikas Nahostpolitik übermäßig beeinflußt. Auch andere Völkergruppen, hauptsächlich die 8,4 Millionen Polen, unterhalten rege

Kontakte zu ihrem früheren Heimatland innerhalb von politisch aktiven Vereinen. In den Vereinigten Staaten hat sich die frühere konservativ-puritanische Ordnung merklich aufgelockert, Symptome von Libertinage und Mondialismus, die dort als modischer Ausdruck der »Freiheit« hingenommen werden, wirken auf die allgemeine Moral zersetzend. Zu bedauern ist, daß diese Gepflogenheiten auch einen Großteil der Jugend Europas erfaßt haben, die Amerika als Vorbild betrachtet.

Die innenpolitischen Verhältnisse widerspiegeln sich selbstverständlich in den außenpolitischen Handlungen der Vereinigten Staaten. Für den Präsidenten Amerikas ist das Regieren keineswegs einfach. Es ist für ihn gewiß nicht leicht, insbesondere seit der Einschränkung seiner Machtbefugnisse nach dem Vietnamkrieg, sich einem meist zerstrittenen Senat gegenüber durchzusetzen. Angesichts all dieser Gegebenheiten erinnert Washingtons häufig zwischen Widersprüchen hin und her gerissene Politik an Grillparzers Spruch über den Fluch des noblen Hauses Habsburg: »Mit halben Mitteln und zur halben Tat auf halben Wegen zauderhaft zu streben.«

Sicherlich sind die Amerikaner nicht zu beneiden. Denn es ist seltsamerweise ihr Schicksal geworden, der Sündenbock und Prügelknabe jeder bankrotten Nation und unfähigen Regierung zu sein, eine wahrlich tragische Lage für ein Volk, das im Grunde stets das Beste will, leidenschaftlich geliebt sein möchte und es kaum irgendwo ist.

Wie dem auch sei, sicherlich mag dabei auch Eifersucht im Spiele sein. Jedenfalls ernten die Amerikaner nur selten Dank für die 14,6 Milliarden Dollar, die sie jährlich großzügig als Hilfe an notleidende Völker leisten.

Nordamerikas Ballast im Süden

Auch in ihrer eigenen Hemisphäre müssen die Vereinigten Staaten nunmehr in zunehmendem Maße gegen stürmische Winde segeln. Lateinamerika ist – ebenso wie Afrika und Asien – ein brodelnder Kontinent und soziale Gegensätze im Innern der einzelnen Staaten sowie das Mißtrauen gegen die Nordamerikaner verleihen der vielfältigen Politik der ibero-amerikanischen Welt den gemeinsamen Nenner. Mit Recht wird Lateinamerika als ein Kontinent der Staatsstreiche und Revolutionen betrachtet.

Beunruhigender als die zwischenstaatlichen Beziehungen der südamerikanischen Republiken untereinander ist die Bedrohung ihres Friedens infolge der inneren sozialpolitischen Lage. Die Bevölkerung der fünfundzwanzig lateinamerikanischen Republiken ist von 60 Millionen zu Beginn des Jahrhunderts im Jahre 1950 auf 160 Millionen angewachsen und erreichte seither die Zahl von 560 Millionen. Die durchschnittliche Steigerung der Produktion beträgt aber nur 1,2 Prozent jährlich, während das Bevölkerungswachstum, je nach den einzelnen Staaten Südamerikas, zwischen zwei und drei Prozent liegt. In vielen Hütten Brasiliens werden sechs Kinder geboren.

Für die Probleme Lateinamerikas wird es in absehbarer Zeit keine befriedigende Lösung geben können. Agrarreformen bedeuten nicht einfach, den Boden aufzuteilen, sondern die Beschaffung von Krediten, Saatgut, die Errichtung von Straßen und nicht zuletzt die Erziehung der Massen zu systematischer Arbeit. In manchen Ländern Südamerikas bilden Militärdiktaturen das einzige Gegenstück zu anarchistisch-revolutionären Bewegungen. Volksfronten, wie es bereits in Chile unter Allende der Fall war, bieten ebenfalls keine Lösung, da sie sich, wie in Nicaragua zum Beispiel, bald als marxistische Diktaturen entpuppen.

In Staaten, in denen es einerseits eine Minderheit von Überreichen gibt, während andererseits der überwiegende Teil der disparaten Bevölkerung ein miserables Dasein fristet, können keine soliden Demokratien entstehen. Zwangsläufig entwickeln sie sich in autoritäre Regime, ob linker oder rechter Prägung. Hunderte von Millionen Bauern Lateinamerikas sind ohne Land. Sechzig Millionen leben in Elendsvierteln und über hundert Millionen sind Analphabeten. In keiner der lateinamerikanischen Republiken sind ausreichende Ansätze zur Überwindung der sozialen Misere zu verzeichnen. Kennzeichnend für die Lage der südamerikanischen Staaten ist ihre gewaltige Auslandsverschuldung. Sie betrug nach Angaben der Weltbankstatistik Ende 1988 im Falle Mexikos 105, Venezuelas 34, Brasiliens 104, Argentiniens 50 und Chiles 17,1 Milliarden Dollar.

Trotz der herrschenden Misere zündet in Lateinamerika der Marxismus-Leninismus nur wenig, zumal das Modell der kubanischen Revolution auf die Länder dieses Subkontinents nur schwer übertragbar wäre. In vielen Staaten sind die kommunistischen Parteien verboten oder lediglich stillschweigend geduldet. Zu bemerken ist ferner, daß sich die kommunistischen Parteien von jenen Europas wesentlich unterscheiden. Obwohl sie sich auf Marx und Lenin oder ähnliche Größen berufen, überwiegen bei den lateinamerikanischen Kommunisten anarchistische Wesenszüge. In den sechziger und Anfang der siebziger Jahre entstanden in mehreren Ländern Südamerikas Guerillabewegungen, von denen manche von den Kirchen mitgetragen werden. Es hieß, daß der Zeitpunkt nun gekommen sei, verkrustete politische, soziale und wirtschaftliche Strukturen mit Waffengewalt zu durchbrechen. Übrigens gab es in den südamerikanischen Staaten schon immer ein politisches Banditentum, das sich nicht sonderlich von den heutigen Aktivitäten der Guerillas unterscheidet. Es äußert sich in Raub, Entführung, Mord und Rauschgifthandel.

Als so manche »Freiheitsbewegungen« in die Nähe der Kriminalität rückten und ihre konfusen politischen Ziele mit nacktem Terror durchzusetzen versuchten, verloren sie die Unterstützung der Massen. In vielen Fällen werden durch die terroristischen Handlungen jene Kräfte gestärkt, die für »law and order« eintreten. Das sind in der Regel die Militärs, die häufig wenig Verständnis für demokratische Spielregeln aufbringen. Übrigens wird die Rolle der Armeen in Südamerika oft von Vorurteilen belastet. Man übersieht, daß sie nicht nur zur Aufrechterhaltung der Staatssicherheit dienen. In vielen Ländern sind sie die wahre Schule der Nation, in der das Analphabetentum bekämpft wird, während in ihren technischen Diensten Militärangehörige für Zivilberufe ausgebildet werden.

Das einzige Land, in dem eine Volksfrontregierung durch demokratische Wahlen an die Macht kam, war Chile. Eine Einflußnahme Moskaus war hier eher möglich, weil im Unterschied zu den meisten Staaten Lateinamerikas der chilenische Marxismus auf eine gewisse Tradition zurückblicken konnte. Das Programm des marxistischen Führers Allende »Sozialismus in Freiheit«, das heißt die Verwirklichung von Reformen und die Beendigung der Herrschaft ausländischer Monopolkapitalisten – die meisten Bergwerke sind noch heute in Händen nordamerikanischer Konzerne – sollte zur Bildung einer sozialistischen Volksrepublik führen. Nach anfänglichen Erfolgen entstanden jedoch wachsende Schwierigkeiten infolge von Streiks, die allmählich in Straßenschlachten ausarteten. Angesichts der chaotischen Zustände und der Lebensmittelknappheit mußte die Regierung die Nahrungsmittelrationierung anordnen. Nicht nur die Arbeitslosigkeit, sondern auch die Inflation stieg und betrug 1973 über 300 Prozent.

Angesichts dieser Zustände forderte eine Armee-Junta Allende zum Rücktritt auf, was er jedoch ablehnte. Darauf erstürmten am 11. September 1973 Armee-Einheiten den Präsidentenpalast, wobei Allende, angeblich durch Selbstmord, umkam. In den ersten Jahren der Machtübernahme erzielte die Militärregierung von General Pinochet beachtliche Erfolge. Chiles Militärs wußten natürlich, daß man mit Bajonetten auf die Dauer nicht regieren kann. Auf dem Höhepunkt des erstaunlichen Aufschwungs bezeichnete der internationale Währungsfond im Unterschied zu den »fortschrittlichen« Massenmedien das »Modell Chile« als vorbildlich. Das hat sich seither geändert, nachdem Krisensymptome und Fehlentwicklungen viel zu lange von der Regierung geduldet und nicht beseitigt worden sind.

Seit der Machtübernahme durch das Militär betreibt Chile eine Politik der Marktwirtschaft. Auf diese Weise gelang es der Militärjunta, die Inflation unter Kontrolle zu halten. Seit 1984 setzte ein neuer wirtschaftlicher Aufschwung ein. Im ersten Halbjahr 1989 lag das Wachstum bei stabilen Preisen um 10,5 Prozent[1]. Gleichzeitig konnte auch die Arbeitslosigkeit beträchtlich verringert werden. Doch anstatt diese für Lateinamerika erfolgreichen Leistungen anzuerkennen, gelang es den Marxisten und ihren Mitläufern, das Versagen ihrer gescheiterten Experimente in Chile weltweit in eine internationale Propagandahetze gegen General Pinochet umzumünzen, die nicht ganz erfolglos ist. Ob es sein Nachfolger besser schaffen wird und verhindern kann, daß Chile in die Verhältnisse Allendes zurückfällt, ist abzuwarten.

Indessen bleibt die Lage in den meisten südamerikanischen Ländern, so auch in den Großstaaten Brasilien und Argentinien, äußerst gespannt. Hinderlich wirkt, daß, was auch immer die Nordamerikaner in Südamerika an Hilfe unternehmen, auf sie stets der Schatten zweifacher Beschuldigung fällt: Wennn sie Geld geben, verdächtigt man sie, Lateinamerika kaufen zu wollen, und wenn sie kein Geld geben, behauptet man, daß sie eine ausbeuterische Politik betreiben. Das Kreuz, das Washington tragen muß, ist wahrlich nicht leicht.

---

[1] »Frankfurter Allgemeine Zeitung«, Wirtschaftsteil, vom 12. 9. 1989.

Kuba und Mittelamerika

Im Jahre 1960 gelang es der Sowjetunion, ihren Einfluß über den Atlantischen Ozean hinweg bis an die Pforten der Vereinigten Staaten auf Kuba auszudehnen. Es schien, als wäre die von US-Präsident James Monroe 1823 verkündete Doktrin gegen die Einmischung europäischer Mächte auf dem amerikanischen Kontinent in Vergessenheit geraten. Wirtschaftliche Misere, polizeistaatliche Methoden und Korruption unter dem Diktator Fulgencio E. Batista y Zalvidar waren die Ursachen, die 1959 zu Fidel Castros Machtübernahme in Kuba, anfänglich mit amerikanischer Hilfe, führten. Castros Programm war damals durchaus demokratisch und human-sozialistisch. Zu seinem Umschwung kam es erst später.
Der Grund für die Zuspitzung der Beziehungen zwischen den Vereinigten Staaten und Kuba war die Nationalisierung zahlreicher amerikanischer Großunternehmen, was praktisch auf die wirtschaftliche Entkolonisierung Kubas hinauslief. Um sich Washington gegenüber behaupten zu können, brauchte Castro eine Stütze. Die Folge war seine schrittweise Annäherung an die Sowjetunion, die Kuba in eine zunehmende Abhängigkeit brachte. Die ursprüngliche »Einheitspartei sozialistischer Revolution« wechselte ihren Namen 1965 und heißt nunmehr »Kommunistische Partei Kubas« (Partido Communista de Cuba = PCC). Seit 1972 ist Kuba Mitglied des COMECON[1] gewesen. Das Land war weitgehend von sowjetischer Hilfe abhängig, die angeblich jährlich drei bis vier Milliarden Dollar betrug.
Trotz der offensichtlichen Gefahren, die sich für die Vereinigten Staaten durch das Fußfassen der Sowjets in unmittelbarer Nähe der nordamerikanischen Küste und in der Karibik ergeben könnten, handelte Washington mit einem unfaßbaren »laisser faire«, was seine Ursachen weitgehend in der politischen Unsicherheit der Vereinigten Staaten hatte. Es war die Folge des sich allmählich anbahnenden Engagements in Vietnam, der Watergate-Affaire und schließlich der Niederlage in Südostasien. Als Castro der Sowjetunion im September 1962 Ankerrechte für die sowjetische »Fischereiflotte« in kubanischen Häfen gewährt hatte, verhängte Washington eine Seeblokkade, die jedoch nur lückenhaft durchgeführt wurde.

[1] COMECON = Rat für gegenseitige Wirtschaftshilfe der sozialistischen Staaten.

Zu einer ernsten Auseinandersetzung zwischen Moskau und Washington kam es im Oktober 1962. Was damals zwischen Kennedy und Chruschtschow gespielt wurde, ist noch heute ungeklärt. Unbeantwortet bleibt vor allem die Frage, warum die Sowjetunion die Vereinigten Staaten überhaupt hätte atomar angreifen sollen, wohl wissend, daß sie dadurch die Amerikaner zu einem atomaren Vernichtungsschlag auf die Sowjetunion herausfordern würde. Zu den Erklärungen, die sich anbieten, gehört, daß sich Washington zunächst weigerte, die in Griechenland und der Türkei mit hohem Kostenaufwand 1958 errichteten amerikanischen Raketenbasen abzubauen. Daraufhin versuchten die Sowjets, in unmittelbarer Nähe der Vereinigten Staaten atomare Waffensysteme zu installieren, um hierdurch die Amerikaner zum Rückzug ihrer Raketen aus der Nachbarschaft der Sowjetunion zu erpressen, wie es dann diskret auch geschah. Der mit viel Propaganda hochgespielte strategische Erfolg Kennedys war also lediglich ein Tauschgeschäft und keineswegs der große Sieg, als der er gefeiert wurde.

Die sowjetische Militärhilfe an die Zuckerinsel begann 1960. Kubas Streitkräfte zählen 180000 Mann mit 650 Panzern. Die Luftwaffe umfaßt 22000 Mann und 176 Kampfflugzeuge. Die Seestreitkräfte verfügen über drei ehemalige sowjetische U-Boote, drei Fregatten und etwa 58 Patrouillenboote, davon 18 mit Lenkwaffen. Die Zahl der außerhalb Kubas eingesetzten Einheiten, hauptsächlich in Afrika, wird nach der »Military Balance« 1989 auf 58400 Mann geschätzt. Gemäß derselben Quelle befinden sich auf Kuba 8000 sowjetische Militärs. Sie bilden einmal eine 2800 Mann starke Kampfbrigade, die übrigen dienen als Berater. Auch die Amerikaner besitzen auf dem Ostzipfel Kubas in Guantanamo einen Marine- und Luftwaffenstützpunkt mit 2000 Mann Besatzung. Ob nun die Geschichte mit Moskaus Kampfbrigade stimmt oder nicht, sicher ist, daß die sowjetische Kriegsmarine, einschließlich atomarer U-Boote, »Heimatrechte« in den Kriegshäfen Cienfuegos und Manzanillo genießt. Die Landungsbahnen mehrerer Flugplätze wurden für moderne Kampfflugzeuge und Großtransporter ausgebaut. Piloten der sowjetischen Luftwaffe, deren Flugzeuge kubanische Hoheitszeichen führen, überwachen weite Seegebiete in der Karibik sowie auch Teile der mittelamerikanischen Republiken.

Gemäß eines Artikels in der Beilage der »Frankfurter Allgemeinen Zeitung« vom 31. Dezember 1988 erfolgte die Unterstützung der marxistischen Regierung in Angola durch kubanische Truppen ohne vorherige Absprache mit der Sowjetunion. Angeblich wurde auch bei der Hilfe Castros an die sandinistischen Guerillas in Nicaragua Moskau nicht konsultiert. Kuba bietet den aus ihren Ländern geflüchteten oder vertriebenen Guerilleros Aufenthalt und Ausbildung, hält sich aber in allem zurück, was eine größere Intervention der Vereinigten Staaten in Mittelamerika hervorrufen oder rechtfertigen könnte.

Wie bereits erwähnt, ist das Modell Kuba bei den meisten linken Parteien Lateinamerikas kein Vorbild mehr. Andererseits wird Castros Konfrontation mit den Vereinigten Staaten selbst in konservativen Kreisen des südlichen Halbkontinents als eine gemeinsame lateinamerikanische Angelegenheit empfunden. Hin und wieder erlaubt er sich sogar, eigenmächtige Meinungsverschiedenheiten mit der Sowjetunion zu riskieren. So geschah es vermeintlich beim Besuch Gorbatschows im Mai 1989 auf Kuba in einer Diskussion über die »Perestroika«, als Castro meinte, er hätte die Berichtigung von Irrtümern und negativen Entwicklungen schon vor Jahren durchgeführt. Heute, nach dreißigjähriger Machtausübung, scheint der inzwischen alt gewordene Castro manches von seinem revolutionären Elan verloren zu haben.

In Havanna wird nicht ausgeschlossen, daß Castro angesichts seiner zunehmenden Isolierung und unter dem Druck beider Supermächte – die USA und die UdSSR – zumindest optisch eine Neuorientierung seiner Außenpolitik in Richtung auf eine Zugehörigkeit zum Lager der Blockfreien suchen wird. Das Verbot von zwei sowjetischen Zeitungen »Novedades de Moscu« und »Sputnik« auf Kuba rechtfertigte Castro damit, daß in ihnen der positive Beitrag des Marxismus für die Geschichte geleugnet worden sei. Jedenfalls möchte der »Maximo Leader« seine Beziehungen zu den Vereinigten Staaten verbessern und erklärte sich zu Gesprächen bereit. Allerdings wolle Havanna sich keinem »Diktat« aus Washington unterwerfen und bestehe auf einer Behandlung von »gleich zu gleich«. Wenn die Sowjetunion von der Breschnew-Doktrin Abschied genommen habe, müsse auch Washington seine Beziehungen zu anderen Ländern überdenken, meinte Castro. Er behauptete, daß man seinen Einfluß auf die marxistischen Guerillabewegungen in Mittelamerika überschätze und daß diese unabhängig von der kubanischen Regierung handeln.

Ähnlich den aufgereihten Perlen einer Kette liegen die Staaten Mittelamerikas zwischen Nord- und Südamerika und bilden die Landbrücke zwischen beiden Halbkontinenten der Neuen Welt. Unruhen und revolutionäre Vorgänge haben auch hier Tradition. Abgesehen von Staatsstreichen und Putschvorgängen, bei denen sich Diktaturen ablösen, gab es stets Aufstände und Revolten, die persönliche Rivalitäten und soziale Unzufriedenheit zur Ursache hatten und bis in die Breschnew-Ära hinein auch noch durch die weltweite Konfrontation der beiden Supermächte – die USA und die UdSSR – angeheizt wurden.

Nordamerikanische Investitionen hatten zwar in den mittelamerikanischen Ländern moderne Großplantagen geschaffen und förderten auch die Nutzbarmachung von Bodenschätzen. Doch der überwiegenden Masse der einfachen Bevölkerung konnte und kann auch heute noch wegen ihrer Resignation nur schwer, wenn überhaupt, geholfen werden. Auch Mittelamerikas Probleme gleichen im großen und ganzen jenen, die die Lage in den Ländern Südamerikas kennzeichnen: Landflucht, Ballungen in Slums von Großstädten und ein nicht absorbierbarer Bevölkerungszuwachs. Keine Gesellschaftsordnung ist imstande, diese Lage zu meistern, schon gar nicht links stehende Revolutionäre, die im Namen der Freiheit in Scheindemokratien autoritär herrschen.

Trotz der anarchistischen Lage in Mittelamerika gehen in Washington die Meinungen darüber, was geschehen sollte, erheblich auseinander. Selbst im Pentagon herrscht wenig Begeisterung für den Einsatz von Streitkräften irgendwo in Lateinamerika, zumal die Stimmung der Kongreßmehrheit gegen die Entsendung von US-Truppen in überseeische Gebiete ist. Größere Machtdemonstrationen in Zentralamerika werden in Washington für gefährlich gehalten. Auch fürchtet man, daß militärische Aktionen gegen Kuba, Nicaragua oder gegen irgendeine andere der Mini-Republiken dieses Raumes nationalistische Solidarisierungseffekte bei den traditionell anti-amerikanischen Ibero-Amerikanern provozieren und die Vereinigten Staaten in eine politische Isolierung treiben könnten.

Seit neun Jahren sind zwei der mittelamerikanischen Staaten, Nicaragua und Salvador, Schauplätze blutiger Guerillakämpfe, und es ist noch offen, ob diese durch den Regierungswechsel 1990 in Managua ein Ende finden werden. In Washington werden diese Vorgänge aufmerksam und mit Sorge registriert. Vorsichtshalber unterhalten die Amerikaner in dem mit ihnen bisher noch befreundeten Honduras zu »Übungszwecken« eine ständige Truppenpräsenz. Zu ihrer eventuellen schnellen Verstärkung sind drei Flugplätze für Großtransporter gebaut worden. Die bereits vom früheren Präsidenten Jimmy Carter 1979 gegründete »Caribbean-Task-Force« hat ihr Hauptquartier in Key West. Zwar wurden diesem Stabe keine Land-, Luft- oder Seestreitkräfte unmittelbar unterstellt, aber sein Befehlshaber kann im Spannungsfall die Zuteilung von Marineeinheiten sowie Heeres-, Luftlande- und Luftwaffenverbände anfordern. Der auf der Halbinsel Florida liegende Marinestützpunkt Key West wurde in der letzten Zeit erheblich vergrößert und modernisiert. Zwei Flugzeugträgergruppen werden für die Karibik in Bereitschaft gehalten.

Eine Frage, die sich im Zusammenhang mit einer möglichen militärischen Intervention nordamerikanischer Kräfte stellt, ist, woher eigentlich die Truppen, für deren Landung die Flugplätze gebaut wurden, kommen sollten. Es ist kein Geheimnis, daß die US-Streitkräfte seit der Abschaffung der Wehrpflicht an Personalmangel leiden. Verfehlt wäre, eine militärische Intervention in Mittelamerika mit der britischen Landung auf den Falkland-Inseln zu vergleichen, da eine solche Expedition grundsätzlich andere strategische Merkmale hätte.

Oft wird übersehen, daß die »kleinen Bananenrepubliken« gebietsmäßig im Durchschnitt zweimal größer sind als beispielsweise Belgien. Allzu leicht könnte sich eine nordamerikanische Intervention zu einem langwierigen Guerillakrieg entwickeln, der eher der sowjetischen Intervention in Afghanistan als der der Briten auf den Falkland-Inseln ähneln würde. Fraglich ist überhaupt, ob es möglich wäre, eine US-Expedition in Lateinamerika begrenzt zu halten. Große Teile dieser Gebiete sind mit schwer zugänglichen Urwäldern und Sumpfgebieten bedeckt, die sich vorzüglich für Guerillakriegführung eignen. Mit modernem Kriegsgerät, außer Hubschraubern, wäre auf einem mittelamerikanischen Kriegsschauplatz wenig auszurichten. Auf was es hier ankommt, ist der Einsatz von Kampftruppen in erheblicher Zahl, die den US-Streitkräften fehlen.

Für die Amerikaner bildet die bisher unter ihrer formellen Vormundschaft stehende Republik Panama, durch die der 1914 eröffnete Kanal gleichen Namens führt, der den Atlantischen mit dem Pazifischen Ozean verbindet, den empfindlichsten Punkt in Mittelamerika.

Eine der vielen Mythen, die sich um den Kanal ranken und die besonders die Phantasie der Lateinamerikaner anregen, ist die Vorstellung, daß die Vereinigten Staaten als Herrscher dieser Seestraße Riesengelder verdienen würden, während die einheimische Bevölkerung in Armut vegetiert. Der Panamakanal liegt am schmalsten Stück der mittelamerikanischen Landbrücke, teilt aber das Land, das nach voller Souveränität strebt, in der Mitte in zwei Hälften. Durch den Kanal führt die um zwei Drittel kürzere Seeroute, die die Ostküste mit der Westküste der nordamerikanischen Staaten verbindet. Seine Bedeutung wird durch die Tatsache belegt, daß ihn 13000 Schiffe 1988 durchquert haben.
Bis zum Ende des Jahres 1999 haben die Vereinigten Staaten das Recht, den Panamakanal zu verwalten, zu betreiben und zu unterhalten. In den Carter-Torrijos-Verträgen aus dem Jahre 1977 ist festgelegt worden, daß den Vereinigten Staaten bis 1999 auch die Verantwortung für den militärischen Schutz des Kanals zukommt. Die Bestimmungen über seine Verteidigung beziehen sich in erster Linie auf eine Bedrohung durch einen dritten Staat. Rechtlich gesehen könnten sich aber die Vereinigten Staaten auch dann auf die Verträge berufen, wenn ein Angriff von Panama selbst ausginge. In diesem Falle stünde den Vereinigten Staaten das Recht auf Selbstverteidigung zu. Zur Sicherung dieser wichtigen Seestraße des Weltverkehrs unterhalten die Vereinigten Staaten in der sogenannten »Kanalzone« an militärischer Präsenz 10200 Mann Heerestruppen, 130 Kampfflugzeuge und einige Kampfboote. Angesichts des Verlangens Panamas nach voller Selbständigkeit bleibt es jedoch fraglich, ob die Amerikaner ihre vertraglich gesicherten Rechte, ob mit Anwendung von Gewalt oder ohne, auf die Dauer bewahren können. Im Hinblick auf diese Sachlage war die militärische Intervention der Vereinigten Staaten 1989, obwohl völkerrechtlich zweifelhaft, politisch durchaus verständlich.
Im Norden der mittelamerikanischen Landbrücke bildet Mexiko mit seinen 82 Millionen Einwohnern, entlang einer 3200 Kilometer langen, nur schwer kontrollierbaren Grenze, für die Vereinigten Staaten gewiß keinen angenehmen Nachbarn. Heute steckt dieses noch vor einigen Jahren vielgerühmte Wirtschaftswunderland, viertgrößter Ölproduzent der Erde, in einer tiefen Krise. Mit 105 Milliarden Dollar Auslandsschulden gehört Mexiko zu den höchst verschuldeten Entwicklungsländern der Welt und ist auf Gedeih und Verderb

vom Weltwährungsfonds und ausländischen Banken abhängig. Die 2,7 Millionen Barrel Ölförderung der »Petroleos Mexicanos« (PEMEX) pro Tag reichen gerade für die Bezahlung der Zinsen aus.
Für »Tierra y Libertade« (für Land und Freiheit) haben die Mexikaner in einem siebenjährigen Bürgerkrieg gekämpft. Nun ist aber die siegreich daraus hervorgegangene »Partido Revolucionario Institucional« (PRI) schon seit 1929 an der Macht. Die innenpolitische Lage Mexikos leidet darunter, daß ihre sozialrevolutionären Ziele auf der Strecke geblieben sind. Die rund acht Millionen PRI-Mitglieder werden von einer korrupten Clique geführt. Der Großteil des Riesenlandes gehört weiterhin etwa 1500 Großgrundbesitzern, und noch immer warten Millionen Bauern ohne Land, die unter der Armutsgrenze leben, auf die versprochene Zuteilung von Boden.
Viele suchen in den Slums der bereits 19,4 Millionen Bewohner zählenden Hauptstadt Mexiko-City Zuflucht in der praktisch aussichtslosen Hoffnung, hier Fuß fassen zu können. Andere ziehen es in ihrer Not vor, die Grenze zu den Vereinigten Staaten illegal zu überschreiten, wo ihre Zahl bereits an die vier Millionen reicht. Viele leben hier vom Rauschgifthandel. Sie fühlen sich in den Südstaaten der USA allein schon deswegen eher geborgen, da von diesen Kalifornien, Arizona, Neumexiko und Texas früher zu Mexiko gehörten und erst 1848 von den Nordamerikanern in einem blutigen Krieg erworben worden sind.
Indessen wird Mexiko von ständigen revolutionsartigen Unruhen verunsichert und für Washington kann es nicht gleichgültig sein, welche politische Ordnung in diesem Lande, das den »Hinterhof« der Vereinigten Staaten bildet, die Oberhand gewinnt. Nicht zu Unrecht befürchten die Amerikaner eines Tages, hier in eine ernste kriegerische Auseinandersetzung verwickelt zu werden, die unvergleichlich höhere militärische Ansprüche an sie stellen würde als die stets »kochenden« Probleme der kleinen mittelamerikanischen Bananenrepubliken«.
Besonders ein Bürgerkrieg im benachbarten Mexiko dürfte die Vereinigten Staaten unmittelbar betreffen. Es gehört wirklich nicht viel Phantasie dazu, sich vorzustellen, wie sich ein eventuelles militärisches Eingreifen der USA, diesmal in einem lateinamerikanischen Großstaat, weltweit auswirken könnte. Vermutlich würde ein Bürgerkrieg in Mexiko ganz Lateinamerika in Aufruhr versetzen. Würde in einer solchen Situation nicht die öffentliche Meinung in den

Vereinigten Staaten eher mit den Problemen des eigenen Kontinents beschäftigt sein und sein Interesse von Europa abwenden?
An Versuchen, Mexiko gegen die Vereinigten Staaten aufzubringen, hat es nie gefehlt. Es wäre gewiß die größte Kraftprobe, die Amerika zu bestehen hätte. Die Bekämpfung einer Guerillabewegung in disem zum Großteil mit Sümpfen und Urwäldern bedeckten Landes, das achtmal größer ist als die Bundesrepublik, würde den Einsatz von Kampftruppen in Stärke von mehreren hunderttausend Mann erfordern und dennoch jahrelang dauern. Die im Süden der Vereinigten Staaten ansässigen Mexikaner könnten dabei als »Fünfte Kolonne«[1] dienen, und auch an Waffenlieferanten für die Aufständischen dürfte es kaum fehlen. Ebenso wie in den mittelamerikanischen Bananenrepubliken wäre auch hier mit modernem Kriegsgerät wenig auszurichten und der Einsatz von Kernwaffen liefe auf dasselbe hinaus, als wolle man zur Löwenjagd schwere Geschütze auffahren. Dieser möglichen Gefahr sind sich die Amerikaner wohl bewußt. Ihr großzügiges Schuldenarrangement von 1989 beweist, wie sehr ihnen daran gelegen ist, in Mexiko, wo die Weißen in Minderheit sind, trotz der drohenden Bevölkerungsexplosion die bestehenden sozialen Schwierigkeiten zu mildern.

Die Bevölkerungsexplosion

Welches sind die Schlußfolgerungen, die sich aus unserer »tour d'horizon« auf vier der fünf Kontinente – Europa, Afrika, Asien und Amerika – ergeben? Ein aufmerksamer Beobachter des Weltgeschehens ist heute bereits in der Lage, die einst von Oswald Spengler in seinem Buche »Der Untergang des Abendlandes« verkündeten Prophezeiungen auf einer Weltkarte nachzuvollziehen. Unwahrscheinlich ist, daß die Menschheit friedlichen Zeiten entgegengeht. Die Weltgeschichte wäre gar nicht zu verstehen, wenn die Historiker die Kriege auslassen wollten. Die Menschheit hat bisher noch keinen Weg und wird auch in Zukunft keinen finden, um Konflikte ohne

[1] Der Ausdruck »Fünfte Kolonne« stammt aus dem spanischen Bürgerkrieg und bezog sich auf Geheimorganisationen, die im Lager des Gegners unterirdisch tätig waren.

Drohung mit Gewalt oder ihre Anwendung zu lösen. »*Homo homini lupus.*« (Der Mensch ist des Menschen Wolf.) Dieser alte Spruch der Römer gilt noch heute.

Seit 1945 waren achtundachtzig Staaten in 145 bewaffnete Konflikte verwickelt. Sie kosteten schätzungsweise fünfzig Millionen Menschen das Leben – also ebenso viele, wie der Zweite Weltkrieg gefordert hatte –, von denen allerdings der Großteil nicht in Kämpfen, sondern durch Hunger und in Massakern umgekommen ist. Neben einer Anzahl von zwischenstaatlichen Kriegen, wie die zwischen Pakistan und Indien, die Feldzüge der Israelis, der Golfkrieg, stehen im überwiegenden Ausmaß solche Konflikte, die sich in Form von Guerillakämpfen oft über längere Zeiträume hinzogen. Die Kriege in Indochina dauerten über zwanzig Jahre, der Algerienkrieg sechs Jahre. In Angola wird seit dem Abzug der Portugiesen 1975 gekämpft, während im Libanon seit 1974 Bürgerkrieg herrscht.

Kriegführung von heute entspricht kaum mehr der Vorstellung, die man sich oft noch vom Kriege macht. In der Regel ist dieses Bild durch eine Kriegserklärung gekennzeichnet, welcher der Aufmarsch der Armeen folgt, die in einer Reihe von Schlachten aufeinanderprallen. Kriegsziel ist das Besiegen des Gegners, um ihm den eigenen Willen in einem Friedensvertrag aufzwingen zu können. Diese klare Unterscheidung zwischen Krieg und Frieden widerspricht der Komplexität der Vorgänge in unserer heutigen Welt, die vielfältiger sind, als daß sie eine derartige Unterscheidung zwischen Kriegs- und Friedenszustand zulassen würden. Was wir erleben, ist ein Dauerzustand von Spannungen und revolutionären Auseinandersetzungen, ein Krieg, der keiner zu sein scheint und doch einer ist. In den Wetterzonen der Weltpolitik erhält die revolutionäre Strategie ein immer größeres Gewicht gegenüber den konventionellen Formen der Kriegführung. Und alles deutet darauf hin, daß sich diese Tendenz in den kommenden Jahrzehnten eher verstärken als verringern wird.

Streitigkeiten, deren Motive oft kaum verständlich sind, werden das Weltbild in zunehmendem Maße prägen. Dies ergibt sich allein schon aus dem Bevölkerungszuwachs, den wir in der Dritten Welt in den nächsten Jahrzehnten zu erwarten haben. Zur Zeit leben 5,3 Milliarden Menschen auf der Erde. Während in den westlichen Industriestaaten die Bevölkerung gegenwärtig im Durchschnitt nur um 0,5

Prozent wächst[1], liegen in den Drittweltländern die Geburtsraten zwischen zwei und drei Prozent. Nur in den Vereinigten Staaten wächst die Bevölkerung um drei Millionen je Jahr – davon allerdings über die Hälfte Farbige –, was keineswegs ausreicht, mit Europa zusammen gegenüber Asien, Afrika und Lateinamerika ein Gegengewicht zu bilden. Bei den viel höheren Geburtsquoten in den meisten Ländern der Dritten Welt werden in der verhältnismäßig kurzen Zeit von etwa dreißig Jahren von hundert Menschen der Erde kaum noch zehn bis zwölf Weiße sein.[2]

Zwar versichern uns manche Agrarwissenschaftler, daß auf der Erde noch viel Platz sei und daß es durchaus möglich wäre, die Ernährung von sogar zehn Milliarden Menschen zu sichern. Dies mag theoretisch durchaus stimmen, vorausgesetzt daß für alle Weltbewohner die Voraussetzungen so günstig sind wie in den entwickelten Ländern. Schon heute werden ganze Völker Afrikas und Asiens von uns gratis ernährt. Doch der Mensch lebt nicht von Brot allein. Er braucht auch eine Behausung, Kleidung, Schulung und vor allem Beschäftigung. Woher all das nehmen für immer mehr Menschen? Außerdem verteilt sich das Wachstum der Erdbevölkerung nicht gleichmäßig über den Globus, sondern es konzentriert sich in gewissen Räumen. Von den 90 Millionen, um die sich die Weltbevölkerung jährlich vermehrt, leben 84 Prozent in Entwicklungsländern und davon wiederum 30 Millionen, möglicherweise sogar mehr, in zwei Staaten, in China und Indien. Kurz gefaßt, nicht die Atomexplosion, sondern die Bevölkerungsexplosion dürfte die größere Gefahr bilden, die die Grundlagen der weißen Welt zu erschüttern droht, eine Gefährdung, die mit Waffen gar nicht zu bekämpfen wäre.

Vieles deutet darauf hin, daß trotz aller spektakulären Erfindungen es nicht die Technik sein wird, die sich auf die Gestaltung der Zukunft entscheidend auswirkt, sondern hauptsächlich der sprunghafte Bevölkerungszuwachs, der viele Länder der unterentwickelten Welt vor Aufgaben stellt, die trotz aller technischen Entwicklung kaum in der erforderlichen Zeitspanne in ausreichendem Maße zu bewältigen sind. Um beim gegenwärtigen Bevölkerungszuwachs zumindest den heutigen Miserezustand zu erhalten, müßte innerhalb des kommen-

---

[1] Die Zuwachsrate in Europa entstand auch dadurch, daß sich die Lebenserwartung auf über 60 Jahre erhöht hat.

[2] Gemäß der Bevölkerungsstatistik der Vereinten Nationen (UNFPA) 1987.

den Jahrzehnts die Weltproduktion in einem Maße gesteigert werden, das nicht erreichbar zu sein scheint. Im Wettlauf zwischen Entwicklung und Hunger wird fatalerweise der Hunger siegen, was die Zukunft keineswegs friedlicher macht. Mit der Bevölkerungsexplosion ist ein in der Menschengeschichte neues Phänomen in noch nie dagewesenen Dimensionen entstanden. Demographische Fragen sind daher heute Gegenstand umfangreicher Untersuchungen und betreffen sehr aktuell auch die Vernichtung der Wälder in Afrika, Südasien und Lateinamerika – Holz ist ein wichtiger Devisenbringer –, deren Langzeitfolgen auf die Umweltveränderung unausbleiblich sind.

Parallel mit dem Geburtenzuwachs wächst nicht nur die Misere, sondern auch die Verschuldung der Dritten Welt. Bei der Konferenz der »blockfreien Staaten«, die im September 1989 in Belgrad stattgefunden hat, wurde ihre Gesamtverschuldung 1988 mit 1042 Milliarden Dollar beziffert, die jährlich weiterwächst, nachdem der Nettokapitaltransfer aus der Dritten Welt in die Industriestaaten in demselben Jahr bei 43 Millionen Dollar lag. Viele Länder sind weiterhin nicht einmal in der Lage, die Zinsen für das ihnen geliehene Geld aufzubringen. Das Erlassen von Schulden oder Moratorien werden dieses Problem, das die westliche Finanzwelt schwer belastet, ja sogar gefährdet, kaum zu einer langfristigen und befriedigenden Lösung führen.

In Belgrad haben sich die meisten Delegierten der »blockfreien Bewegung«, die immerhin 102 Mitgliedstaaten zählt, und somit rund drei Viertel der Erdbevölkerung repräsentiert, eher mit ideologischen Fragen als mit der Lösung ihrer wirtschaftlichen Probleme befaßt. Nach wie vor war ihr Hauptthema der Kampf gegen den Imperialismus, Neokolonialismus und bei den Arabern gegen den Zionismus. Sie sehen den Grund ihres Elends nicht in eigener Unfähigkeit, Korruption und Nepotismus, schuld an ihrer Armut ist die ungerechte Verteilung des Welteinkommens und sie fordern Schuldenentlastung. Doch nur wenige sind bereit, gleichzeitig ihren Beitrag in Form einer vertrauenerweckenden Wirtschaftspolitik zu leisten. Sie verurteilen die Industrieländer, betteln aber gleichzeitig eben diese Staaten um Wirtschaftshilfe an, die dann in einem Faß ohne Boden verschwindet.

Ob man es nun wahrhaben will oder nicht, zweifellos wird der stürmische Bevölkerungszuwachs jene motorische Kraft bilden, die

die weltpolitische Entwicklung in den kommenden Jahrzehnten bestimmt. Das Abendland befindet sich vor der größten Kraftprobe seines langen Daseins, denn:

1. Die rapide technische Entwicklung hat die früher große Erde verkleinert, wodurch eine enge Verzahnung des Weltgeschehens bewirkt wurde.
2. Die Folge ist, daß revolutionäre Gärungen sozialen und rassischen Ursprungs mehrere Kontinente gleichzeitig in einem gewaltigen Ausmaß erfaßt haben.
3. Diese Entwicklung zu meistern, ist um so schwerer, als der krasse Unterschied zwischen reichen und armen Völkern kaum jemals so deutlich sichtbar war wie in unserem Zeitalter.[1]

Die Tatsache, daß wir, die Weißen des Westens, um das Vielfache wohlhabender sind als vier Fünftel der Erdbevölkerung, bildet allmählich die Ursache einer schleichenden Revolution, die bei der zunehmenden Not vieler Völker der Dritten Welt immer brutalere Formen anzunehmen droht. Da die letzteren überwiegend anderer Hautfarbe sind, wird es kaum vermeidbar sein, daß Konflikte wesentlich sozialer Natur zwangsläufig in rassische Ressentiments umschlagen. Die Geschichte kannte dynastische und Religionskriege, Konflikte, deren Ursachen wirtschaftlicher Natur waren, schließlich ideologische Kriege. Stehen wir nicht an der Schwelle eines Zeitalters interkontinentaler Rassenkriege, die nicht etwa deswegen ausbrechen, weil wir die Guten und die anderen die Bösen sind, sondern lediglich, weil die Übervölkerung Probleme schafft, die einfach nicht zu meistern sind? Wir werden die Gehaßten sein, also Gefühle gegen uns stehen haben, deren Ursprung im ewigen Neid der Armen gegenüber den Reichen liegt. Daher ist es nicht sinnvoll, das von Natur aus bedingte Rassenproblem als Tabu zu behandeln.

Die Scharmützel dieser oft religiös gefärbten Rassenkriege haben augenscheinlich bereits begonnen. Verzweifelt ringen in Südafrika Weiße um ihre Existenz. Im Libanon bekämpfen sich christliche Maroniten und islamische Fundamentalisten, im übervölkerten Sri Lanka Singhalesen und Tamilen, die beide unterschiedlichen Richtungen des Buddhismus angehören – um nur einige Beispiele von

---

[1] Nach Angaben des OECD (Organisation für wirtschaftliche Zusammenarbeit und Entwicklung) verteilt sich das Welteinkommen wie folgt: 64,5 Prozent entfallen auf die sieben Industriegroßstaaten mit 623 Millionen Einwohnern und nur 35,5 Prozent auf 4677 Millionen Menschen.

vielen anderen möglichen zu erwähnen. Die sich verbreitenden Terroraktionen, Bombenattentate und Geiselnahmen, die weltweite Dimensionen angenommen haben, und häufig sogar von Regierungen unterstützt werden, scheinen ebenfalls zu diesem »Szenario« zu gehören. Die islamischen Kolonien in Westeuropa sind das Rekrutierungsfeld für Terroristen, die gegen Einrichtungen und Personen der Industriestaaten eingesetzt werden. In diesen sich in völlig ungewohnten Formen anbahnenden Auseinandersetzungen wird uns auch unsere noch vorhandene technische Überlegenheit kaum nützen können, nachdem wir sie großzügig und ohne Bedenken der ganzen Welt zur Verfügung gestellt haben. In welcher Lage wird sich dann der Westen befinden, der die ganze Welt wahllos mit Waffen versorgt, selbst aber nur noch an Abrüstung denkt? Die Abendländer laden ihre Angreifer von morgen geradezu ein, sich an den wohlhabenden Industrieländern mittels Waffengewalt zu sanieren.

Man mag es noch so bedauern oder verwerfen, Tatsache ist, daß Eifersucht, Rassengegnerschaft und religiöse Animosität zu den angeborenen menschlichen Wesenszügen gehören, die uns von der Natur auferlegt wurden. Gewiß sind die Menschen biologisch gleich gestaltet, dennoch gibt es zwischen ihnen friedliche, kriegerische, intelligente und indolente Rassen. Was die Völker unterscheidet, ist weniger die Hautfarbe als ihre Veranlagung, die wiederum von der Kultur und der Religionsgemeinschaft, in der sie leben, suggestiv vorbestimmt wird. Mit anderen Worten, Menschen sind Produkte ihrer Umwelt, in der sie geboren und aufgewachsen sind.

Abgesehen von dem noch immer ungeklärten Verhältnis zwischen der NATO und den Warschauer-Pakt-Mächten in Europa, besteht zusätzlich die Gefahr, daß wir in einigen Jahrzehnten, wenn nicht früher, mit der ungeheuren Dynamik des Islams in Konflikt geraten, unabhängig davon, ob es sich um Sunniten oder Schiiten handelt. Nicht nur ihr Selbstbewußtsein, auch ihr Zusammengehörigkeitsgefühl befindet sich allmählich im Wachsen. Seit etwa zwanzig Jahren nimmt die Neigung der Moslems zum Fundamentalismus zu. Heute leben 984 Millionen Muselmanen auf der Welt. Gemäß eines Berichts des »Population Reference Bureau« der Vereinten Nationen werden es im Jahre 2000 bereits 1470 Millionen sein und rund ein Viertel der Erdbevölkerung stellen. Ihre größten Missionserfolge haben sie in Afrika. Gleichzeitig verbreiten sie sich aber auch in Südostasien bis nach Indonesien und den Philippinen. Zum Vergleich: Gegenwärtig gibt es auf der ganzen Welt verstreut rund 1,4 Milliarden Christen, 670 Millionen Hindus, 300 Millionen Buddhisten und 18 Millionen Juden.

Derartige Behauptungen haben nichts mit irgendwelchen rassischen oder sonstigen Theorien zu tun. Es geht lediglich um die eisernen Gesetze, die das biologische Dasein der Menschheit seit Ewigkeit bestimmen. Viele Idealisten glauben, gewisse Dinge geschähen nicht, einfach weil sie nicht geschehen dürfen, denn sie stürzten sie selbst in Zweifel und nähmen dem, was sie gestern noch taten oder glaubten, den Sinn. Sie jonglieren mit Argumenten, deren Richtigkeit sich gar nicht beweisen läßt. Die Staatskunst des Westens leidet unter dem Einfluß wohltönender Klischees, die kaum realistische Rezepte zur Lösung jener Probleme bieten, die die Welt von morgen beunruhigen werden. Leider gehört es zu den Merkmalen unserer Zeit, daß man mit Begriffen spielt, ohne sich ihres eigentlichen Inhalts bewußt zu sein. Nicht Vernunft und Klugheit regieren die Welt, sondern gefährliche Emotionen, die je nach Bedarf durch Meinungsmache erzeugt und manipuliert werden.

Das vielgepriesene »Weltgewissen« ist lediglich ein scheinheiliges Schlagwort, zu dem die Feigen und Schwachen Zuflucht nehmen, um das sich aber politische Amokläufer, von denen es heutzutage wimmelt, kaum kümmern. Der Pazifist ist zum Tode verurteilt in einer Welt, in der die anderen keine Pazifisten sind. Nichts kann an der Tatsache rütteln, daß Wille zum Kampf stets einer der tragenden Pfeiler großer Kulturen war. Nun sind aber die Dinge bereits so weit, daß man die Gefahr weniger in den wachsenden Forderungen unseres möglichen Gegners sieht als in der Bereitschaft jener wenigen »Störenfriede«, die das Erworbene zu verteidigen bereit sind. Ist aber menschliches Recht nicht immer das Recht des Stärkeren gewesen, das der Schwächere zu befolgen hat? *»Oderint, dum metuant«*, (»Mögen sie uns hassen – sofern sie uns nur fürchten«) hieß es bei den alten Römern.

Doch der westliche Mensch scheint vor den Tatsachen in eine Welt technischer Systeme, abstrakter Prinzipien und künstlicher Schemen fliehen zu wollen – in irgendeinen Glauben; in ein Dasein ohne Krieg, ohne Unterschied zwischen Rassen, Völkern, Staaten, Religionen, ohne politische Abenteurer, ohne Konflikte, ohne Haß und Rache. Er lebt im Traum vom ewigen Wohlstand und dauernder Seligkeit, in einem Wirtschaftswunderparadies, in dem der Mensch aufgehört hat, das größte Raubtier zu sein. Die Wirklichkeit ist aber unbarmherzig. Sie kümmert sich nicht um Träume und Wünsche oder Nachzügler. Leben ist fortdauernde Bewegung. Daher kann es keinen permanenten *»status quo«* geben. Jede neue Kraftentfaltung bewirkt neue Konstellationen. Zivilisationen, die sich der Entwicklung nicht anzupassen vermögen, gehen an Verkalkung zugrunde.

14. Kapitel

Quo vadis Europa?

Seit dem Ende des letzten Weltkrieges hat es kaum ein Jahr gegeben, das reicher an bewegenden Ereignissen gewesen wäre als 1989. Nicht nur daß die Veränderungen, Ausbrüche und Umstürze in unerhört schnellem Wechsel einander folgten, sie spielten sich auch dort ab, wo sie nach vierzig Jahren *status quo* am wenigsten erwartet wurden. Die großen Wandlungen, die infolge der Perestroika in der Sowjetunion stattgefunden haben, veränderten die politische Landschaft Europas wie nie vorher seit Generationen.

Das Kriegsszenario der NATO und des Warschauer Paktes wird immer unwahrscheinlicher. Ein nuklearer Zusammenstoß auf dem alten Kontinent ist ebenso schwer vorstellbar, wie ein interkontinentaler Schlagabtausch zwischen der USA und der UdSSR. Beide Atomgiganten wissen, daß die Gefahren von morgen weit mehr in der Dritten Welt liegen, deren Ausrüstung mit modernen Raketen und chemischen Waffen Konflikte heraufbeschwören könnte, deren Verhinderung eine gemeinsame Zukunftsaufgabe von Ost und West sein wird. Die Gefahren des kalten Krieges mit der Sowjetunion weichen der Sorge um den weiter schwelenden Nord-Süd-Konflikt. Somit wird sowohl der Warschauer Pakt als auch die NATO vor neue militärische Aufgaben gestellt.

Weder das eine noch das andere Bündnis der beiden Supermächte ist heute noch das, was es vor einigen Jahren war. Doch Einstimmigkeit zwischen den sechzehn souveränen Staaten der atlantischen Allianz zu erreichen, ist ebenso schwierig, wie sich auch Moskau auf seine Verbündeten kaum noch verlassen kann. Beide Blöcke müssen sich auf neue Entwicklungen umstellen. Während sich für die Sowjetunion die Frage stellt, was ihr Satellitenreich strategisch heute noch ist und wie sie dessen völlige Auflösung verhindern kann, muß auch der Westen daran denken, eine neue Sicherheitsstruktur voranzutreiben. Westeuropa kann nicht mit seinen 320 Millionen Menschen und seinen industriell hoch entwickelten Ländern angesichts der bevorstehenden Verteilung des Welteinkommens für alle Zukunft ohne machtpolitisches Eigengewicht ein peripherer Brückenkopf der Vereinigten Staaten auf der östlichen Hemisphäre bleiben. Es muß auf eigenen Beinen stehen können, wenn es ein gleichberechtigter Partner sowohl der Amerikaner als eines Tages auch der Russen werden soll.

Die Notwendigkeit einer eigenständigen handlungsfähigen europäischen Strategie ist offensichtlich, zumal im gigantischen Wandlungsprozeß unseres Zeitalters sich allmählich auch eigene europäische Interessen entwickeln. Haben aber die westeuropäischen Länder genügend Vertrauen zu sich selbst, um die unerläßlich gewordenen Veränderungen zu wünschen und mehr auf sich zu zählen als auf den Schutz der Amerikaner, an den sie sich gewöhnt haben und den sie mit der Zeit als selbstverständlich empfinden? Der Sprung aus der warmen Geborgenheit der NATO in die rauhe Luft einer eigenen Bewegungspolitik scheint den meisten Westeuropäern nicht sehr sympathisch zu sein, bleibt ihnen jedoch nicht erspart. Unvermeidlich kommt der Tag – vielleicht eher als man denkt –, an dem Europa durch die Ereignisse gezwungen sein wird, Entscheidungen treffen zu müssen, ohne dabei auf die Unterstützung Amerikas rechnen zu können.

Negativer Antiamerikanismus ist keine positive Europapolitik. Worauf es entscheidend ankommt, ist endlich einmal klare Ideen darüber zu entwickeln, wie ein neues, ausgewogenes Bündnissystem aufgebaut werden müßte. Die Frage ist gestellt, wie sich Westeuropa reorganisieren soll. Das Schicksal der westlichen Gemeinschaft hängt davon ab, ob wir die Kraft finden, dem Atlantischen Pakt einen neuen Inhalt zu geben, das heißt dem Bündnis des Westens eine der zukünftigen Weltlage entsprechende Gestalt zu verleihen. Das Weiterfahren auf den alten Geleisen, die einfache Beibehaltung der westlichen Allianz in ihrer bisherigen Form oder das Begnügen mit simplen Strukturänderungen dürfte der kommenden Ära kaum gerecht werden. Mögen die Vereinigten Staaten noch so mächtig sein, sie liegen von uns weit entfernt und können schon wegen ihrer zahlreichen Verpflichtungen nicht überall anwesend sein. Der Tag wird kommen, an dem Amerika, wenn nicht alles täuscht, in zunehmendem Maße allmählich seinen lateinamerikanischen Problemen den Vorrang einräumen muß.

Der Atlantische Pakt, der sechzehn Mitgliedstaaten umfaßt, deren Interessen häufig divergieren, leidet zwangsläufig an zahlreichen

Hemmungen. Zwar werden auf jeder Konferenz der NATO ernsthaft die schwierigsten Fragen beraten, aber mit Kleinmut Entscheidungen getroffen, die dann häufig nicht ausgeführt werden. Übrigens trägt jede Koalition den Keim heimlichen Betruges in sich, indem ein jeder Mitgliedstaat von seinen Verbündeten das Eingehen von Risiken erwartet, die er selbst für andere im Ernstfall kaum auf sich nehmen würde.

Um Bismarck noch einmal zu wiederholen: »Die besten Bündnisse versagen den Dienst, den man beim Abschluß von ihnen erwartet, wenn die Stimmung und Überzeugung, unter der sie geschlossen sind, zur Zeit des *casus foederis* erloschen ist.« Besonders in einer Allianz, die im Ernstfall auf den Gebrauch von Kernwaffen angewiesen wäre, geraten Politik und Strategie unvermeidlich in Widerspruch zueinander. Jedenfalls ist es nur schwer vorstellbar, daß sich zum Beispiel die Bundesrepublik wegen der Türkei oder Griechenland wegen Frankreich in einen Atomkrieg hineinziehen ließe, wozu sie Artikel 3 und 5 des Atlantischen Paktes eigentlich verpflichten würden. Dasselbe gilt vermutlich auch für den Einsatz amerikanischer Kernwaffen in Verteidigung von Interessen europäischer Staaten.

Angesichts der Weltlage müßte in Zukunft ein lebensfähiger Atlantischer Pakt ein Bündnis zwischen beiden Kontinenten sein, das heißt nicht eine Allianz von Staat zu Staat, sondern zwischen den Vereinigten Staaten von Nordamerika und den Vereinigten Staaten Europas. Es wäre also ein Pakt zwischen zwei gleichgroßen Partnern, von denen jeder, bei gleichzeitiger Verpflichtung zu gegenseitiger Hilfeleistung, mit Schwergewicht vor allem in seinem eigenen politischen Kraftraum wirkt: Westeuropa im afrikanischen Raum und dem Orient, die Vereinigten Staaten in Ostasien und Südamerika.

Bei den gigantischen Verschiebungen der Maßstäbe, die sich in der Welt rapide vollziehen, ist kein europäisches Land mehr auf die Dauer allein lebensfähig. Die Zeiten der Nationalstaaten sind ebenso vorbei, wie vor über hundert Jahren die kleinen Herzogtümer Deutschlands und Italiens zu Anachronismen wurden. Auch sie haben damals ihre Selbständigkeit nicht leichten Herzens aufgegeben, mußten sich aber der unvermeidlichen Entwicklung fügen. Nur wirkliche Weltmächte sind heute imstande, ihren Völkern die Pforten einer stabilen Zukunft zu öffnen.

Die Alternative zu dem gegenwärtigen Zustand Westeuropas liegt also in der Schaffung der Vereinigten Staaten von Europa. Es gibt keine andere ernste Lösung zum Zusammenschluß Westeuropas in einen integrierten Großstaat, der einer souveränen Exekutive untersteht und dank seines Gewichtes sowie einer einheitlichen Außenpolitik fähig ist, in allen Bereichen, im politischen wie im militärischen als auch auf dem Gebiete der Wirtschaft und Wissenschaft, auf weltpolitischer Ebene eine eigenständige Rolle zu spielen.

Den ursprünglichen Anlaß zur Vereinigung der Staaten Westeuropas bildete die Angst vor einer sowjetischen Invasion. Gemäß des nach vielen Verhandlungen am 25. März 1957 in Rom unterzeichneten EWG-Vertrages sollte durch die Schaffung einer Europäischen Wirtschaftsgemeinschaft die europäische Integration entscheidend gefördert werden. Das Ziel war, die Bundesrepublik Deutschland, Frankreich, Italien und die drei Beneluxländer fortschreitend in einen einheitlichen Markt mit binnenmarktähnlichen Verhältnissen zusammenzuschließen und damit einen Wirtschaftsraum mit damals etwa 170 Millionen Menschen zu schaffen, der allmählich zu einem Staatenbund ausgebaut werden sollte.

Es würde viel zu weit führen, über die zahlreichen Verhandlungen und Konferenzen, die seither stattgefunden haben, eingehend berichten zu wollen. Anstatt für ein übergeordnetes Ziel gewisse Nachteile vorübergehend in Kauf zu nehmen, räumten die meisten Regierungen Westeuropas kurzfristigen Interessen den Vorrang ein. Der Grund hierfür lag im internen Druck und in Zwangssituationen, das heißt weitgehend im innenpolitischen Primat, deren zahlreiche Gegensätze sich zwangsläufig auch auf die Beziehungen der westeuropäischen Staaten untereinander auswirkten. Die hauptsächlichen Schwierigkeiten entstanden wegen der wirtschaftlichen Eigeninteressen einzelner Staaten.

Gewiß hat sich das Verhältnis im Laufe der letzten dreißig Jahre zwischen den Völkern Westeuropas grundsätzlich geändert. Das Kriegsbeil zwischen Franzosen und Deutschen scheint begraben zu sein. Nicht patriotische Leidenschaften, vielmehr gemeinsame Interessen kennzeichnen wenn auch ihre nicht immer ungetrübte Zusammenarbeit. Was die Briten anbelangt, die sich dem von ihnen meist verpönten »Continent« nur zögernd genähert haben, so bildet ihre Geschichte überhaupt ein Kapitel für sich. Leidenschaftlich agierte London gegen die Europäische Gemeinschaft in den fünfziger Jahren und gründete 1960 die »European Free Trade Association« mit

Österreich, Island, Portugal, Schweden und der Schweiz als Gegenstück zur EWG, der es sich »nolens volens« erst 1973 dennoch angeschlossen hat. Nun versuchen die Briten nach wie vor, bei allen Konferenzen stets nach ihrem Motto »more equal than others« zu handeln. General de Gaulle, einst unbestrittener Gegner eines englischen Beitritts, wird heute von jenen besser verstanden, die zu seiner Zeit auf eine englische Mitgliedschaft in einem vereinten Westeuropa auf keinen Fall verzichten wollten.

Wie dem auch sei, in Bonn wurde ebenfalls so manches getan, was die Pariser verärgern mußte. Die Präambel, durch welche ohne Befragung Frankreichs der deutsch-französische Freundschaftsvertrag von 1963 zwischen de Gaulle und Adenauer vom Bundesparlament nachträglich ergänzt wurde, hat diesen seines eigentlichen Sinnes beraubt. Jedenfalls wäre damals ein Kleineuropa als Kernstück, dem sich stufenweise andere Länder angeschlossen hätten, realistischer gewesen als die Schaffung eines Großeuropas mit zwölf Mitgliedern.

Die Vereinigung Europas ist ein langer und mühsamer Prozeß. Sie zu fordern, ist leichter, als sie zu verwirklichen. Gewiß ist das große Vorhaben der Europäischen Gemeinschaft (EG), bis 1992 einen Binnenmarkt zu schaffen, in dem sich Kapital und Güter unbehindert von nationalen Grenzen frei bewegen können, seiner Verwirklichung ein großes Stück näher gerückt. Tatsache ist aber auch, daß man sich bisher nur über das Ziel einig ist, keineswegs aber über die Methoden und die vielen Hindernisse, die noch zu überwinden sind, damit der Binnenmarkt zu einer Realität werde. Unbestreitbar bildet die monetäre Gleichschaltung Westeuropas eine wichtige Voraussetzung seiner politischen und wirtschaftlichen Vereinigung. Nun sind aber nicht alle westeuropäischen Völker im gleichen Maße reich und fleißig, und es ist nicht leicht, von den einen zu erwarten, ihren in härterer Arbeit erworbenen Wohlstand mit weniger arbeitsfreudigen und ärmeren Völkern zu teilen.

Die Befugnisse des Europaparlaments in Straßburg sind begrenzt und sein Einfluß auf nationale Entscheidungen gering. Anormal ist auch, daß im Europaparlament Parteien vertreten sind, wie die französische »Front National«, die deutschen Republikaner und die französischen Grünen, die in ihren nationalen Parlamenten über keine Mandate verfügen. Zwar kann das Europaparlament Vorschläge unterbreiten, entscheidend bleiben aber weiterhin die Beschlüsse der nationalen Regierungen. Schließlich ist es auch fraglich, ob angesichts der geringen Wahlbeteiligung bei der Europawahl 1989, die in manchen Ländern unter fünfzig Prozent lag, das Straßburger Parlament als demokratisch repräsentativ betrachtet werden kann.

Die Bildung einer zentralen souveränen Exekutive, der die Regierungen der einzelnen Staaten nur noch als Landesregierungen unterstehen würden, liegt noch immer in weiter Ferne. Zu weit haben sich die Völker in den vergangenen Jahrhunderten auseinandergelebt, um den Weg in eine gemeinsame Zukunft leicht zu finden. Ihre Interessen überschneiden sich nicht nur im außenpolitischen Bereich, sondern auch in den unterschiedlichen Strukturen ihrer Verwaltungen, ihrer Rechts- und Steuersysteme, ihrer Sicherheitspolitik und auf manch anderen Gebieten. Mit Zähigkeit versuchen die nationalen Regierungen der westeuropäischen Staaten, ihre Souveränität und ihre Privilegien möglichst zu bewahren. Zwangsläufig wäre in einem vereinten Westeuropa ein sich jahrelang hinziehendes Durcheinander zu erwarten, bevor sich die verschiedenen Strukturen der einzelnen Mitgliedsländer untereinander oder aufeinander einspielen.

Zwar hat de Gaulle öfter von einem Europa vom Atlantik bis zum Ural gesprochen, in Wirklichkeit lag ihm aber damals ein Kleineuropa näher. Seiner Meinung nach sollte es aus Frankreich, der Bundesrepublik, den drei Beneluxländern und Italien bestehen, deren damals 170 Millionen Einwohner sich in ihrer Kultur und Lebensweise nahe stehen. Frankreichs Vorhaben scheiterte, nachdem der deutsche Bundestag die vergoldeten Ketten des Yankee-Protektorats von Belastungen und Wagnissen der europäischen Unabhängigkeit vorgezogen und in de Gaulles Politik – gewiß nicht ganz zu Unrecht – auch das Streben nach einer Vormachtstellung Frankreichs gewittert hatten.

Politisch einflußreiche Kreise in den Vereinigten Staaten, die in den fünfziger Jahren die Vereinigungsbestrebungen Westeuropas als Entlastung ihrer eingegangenen Verpflichtungen gegenüber der alten Welt durchaus begrüßt haben, sind nachher zurückhaltender geworden, nachdem sie in einem vereinten Europa einen Konkurrenten witterten, der ihnen wirtschaftlich lästig werden könnte. Was die Sowjetunion anbelangt, so betrachtete sie noch zu Breschnews Zeiten die NATO nicht nur als ein militärisches Gegengewicht, sondern

auch als ein Hindernis Moskaus weltpolitischer Ambitionen in der Dritten Welt, die die UdSSR heute nicht mehr wahrnehmen kann.
Wie immer man auch die Weltlage betrachten mag, Tatsache ist, daß die Länder Westeuropas, jedes für sich, zu klein sind, um die Voraussetzungen ihres Wohlstandes in Zukunft im Alleingang sichern zu können. Was soll aus den früheren Großmächten werden, die nunmehr Kleinstaaten geworden sind in einer Welt, in der bereits heute 284 Millionen Sowjetbürger, 1120 Millionen Chinesen, 790 Millionen Inder, 245 Millionen Nordamerikaner und 517 Millionen Afrikaner die Weltpolitik mitbestimmen? Noch bilden in diesem Spiel der Kräfte von morgen nicht die peripheren Vereinigten Staaten, sondern Westeuropa die geopolitische Drehscheibe zwischen Amerika, Vorderasien und Afrika. Ohne sich rechtzeitig zu vereinigen, ohne den neuen Machtverhältnissen entsprechend ebenfalls ein Kraftzentrum zu bilden, riskiert Westeuropa auch noch seinen Resteinfluß zu verlieren und wird sich in den kommenden Stürmen des Weltgeschehens kaum behaupten können.

Identitätsverlust der Völker Westeuropas

Quo vadis Europa? Zu dieser Frage gehört auch der zunehmende Strom uns kulturell und religiös fremder Emigranten. Während die Europabürokraten in Brüssel und die Parlamentarier in Straßburg ihre Pläne der Vereinigung Westeuropas schmieden, scheinen sie sich kaum darüber Sorgen zu machen, daß in ihrem Rücken schleichend eine neue Gefahr heranwächst. Es sind nicht mehr die Atombomben und die Panzerarmeen des Ostens, sondern der Andrang kulturfremder Elemente. Allmählich werden die westeuropäischen Staaten zu Einwanderungsländern infolge des wachsenden Bevölkerungsüberschusses und der hungrigen Massen der Dritten Welt.
Während die Zahl der einheimischen Bevölkerungen Westeuropas rückläufig ist, liegt der Geburtenzuwachs kaum assimilierbarer Emigranten um das Vielfache höher. Sollte ihr Zustrom weiter andauern, dann wird es sich nicht vermeiden lassen, daß sich in Westeuropa nationale und religiöse Minderheiten niederlassen, die in einigen Jahren eingebürgert, zum Nachteil der altansässigen Bevölkerung Ansprüche erheben. Allmählich würden wir zu Geiseln einer Ent-

wicklung werden, die schließlich unserem Griff entgleitet und die wir dann kaum noch zu steuern vermögen. Von »Gastarbeitern« ist nicht mehr die Rede, auch nicht mehr von wirklich verfolgten Asylsuchenden, sondern von »Wirtschafsflüchtlingen«, was immer man unter dieser Bezeichnung im Hinblick auf ihre Ursprungsländer und die dort herrschenden Zustände verstehen mag. In den meisten Staaten Westeuropas wird ihre gesellschaftliche Gleichberechtigung »unter Wahrung der eigenen kulturellen Identität« nicht nur anerkannt, sondern behördlich sogar gefördert.

Die Entfremdung der Völker Westeuropas nimmt allmählich beängstigende Maßstäbe an. Wie hoch die Zahl der Einwanderer liegt, läßt sich kaum noch feststellen. Viele sind bereits naturalisiert und werden statistisch als Staatsbürger erfaßt. Die Zahl der illegalen Immigranten erreicht in manchen Staaten Westeuropas bereits die Höhe von mehreren Hunderttausenden. Trotz der Bemühungen der Behörden, durch die Einführung der Visapflicht die Einreise zu erschweren, wurde zum Beispiel in der Bundesrepublik für das Jahr 1989 mit einer Asylbewerberzahl von mehr als 120000 Personen gerechnet. Nach Mitteilung des Innenministeriums in Bonn hielten sich 1989 mehr als 800000 abgelehnte Asylbewerber und sogenannte »de facto Flüchtlinge« in der Bundesrepublik auf, für die mehr als drei Milliarden Deutsche Mark an Sozialhilfekosten aufgewandt wurden.

Während in der Bundesrepublik allerlei Vereine und Organisationen von Einwanderern – Türken, Kurden, Libanesen und andere – ihre politischen Fehden untereinander häufig blutig austragen, werden die Grundsätze der Toleranz und der Freiheit, die Paris im Jubiläumsjahr der Französischen Revolution 1989 voll Stolz aufpoliert hatte, auch in Frankreich auf die Probe gestellt. Das »Recht auf Andersartigkeit«, das von militanten Gruppen lautstark proklamiert wird, zeigt unerwartete Auswirkungen. Dahinter steht die Befürchtung, daß die zunehmende Zahl von Einwanderern aus Afrika, die im Jahre 1988 bei 280000 lag, die Situation weiter verschlimmern wird. Mit Genugtuung verzeichnen französische Statistiker den Bevölkerungszuwachs in ihrem Lande, wobei es aber zum Großteil um eingebürgerte Afrikaner und ihre Kinderscharen geht.

In manchen Gemeinden Frankreichs sind bereits ein Drittel der Einwohner Moslems. Anstatt sich zu assimilieren, wie es irrtümlich erhofft wurde, isolieren sie sich in »Ghettos«, in denen die Zahl der

Moscheen wächst. Ganze Stadtteile entwickeln sich zu Schlupfwinkeln von kriminellen Elementen, politischem Terrorismus und Drogenhandel. Marseille in Frankreich und Kreuzberg in Berlin bieten hierfür unter vielen anderen besonders bezeichnende Beispiele. Wie New York hat auch Paris bereits sein »China-Town«. In der Oberschule der Kleinstadt Creil sind von 876 Schülern und Schülerinnen mehr als 500 Moslems. Letztere fordern mit hintergründig politischen Motiven für islamische Mädchen im traditionell katholischen Frankreich das Recht, Kopftücher zu tragen, die der Koran den Frauen als Verhüllung vorschreibt. Daraufhin verlangen jüdische Gemeinden die Heiligung des Sabbats, das heißt das Fernbleiben vom Samstagunterricht. Beide Forderungen, die der Moslems und der Juden, stehen im krassen Widerspruch zur staatlichen Schulpolitik, die keine religiösen Unterschiede und Gegensätze duldet, die leicht zu Konflikten zwischen den Schülern führen könnten.

Mehrere tausend Studenten, die es vorziehen, nach der Beendigung ihres Studiums nicht in ihre Heimat – wo sie dringend gebraucht werden – zurückzukehren, müssen ebenfalls als nur schwer assimilierbare Fremdelemente betrachtet werden. Dazu kommt, daß Fremdarbeiter eine willkommene, leicht manövrierbare Masse politisch links orientierter Gewerkschaften bilden, die am laufenden Band soziale Unruhen stiften, wobei jährlich mehrere Millionen Arbeitstage verstreikt werden. Rapide verbreitet sich unter den Eingewanderten, selbst bei den bereits eingebürgerten Moslems, der islamische Fundamentalismus. Sollte es so weitergehen, dann wird auch Frankreich früher oder später seine Muhadschedins haben. Die Siege der Franken in der Schlacht bei Poitiers 732 gegen die Invasion der Araber und die Verteidigung von Wien 1683 gegen Kara Mustafa verlören ihren Sinn, wenn wir den Zustrom von Asylanten weiterhin fahrlässig hinnähmen. Es wäre Zeit zu erkennen, daß der Drang von Emigranten nach Europa die Vorhut der in vielen Teilen der Dritten Welt herrschenden Bevölkerungsexplosion bildet.[1]

Auch Großbritannien ist vom Emigrantenstrom nicht verschont geblieben. Außer Indern, Afrikanern und Schwarzen aus den karibischen Ländern des Commonwealth leben in England heute etwa zwei Millionen Muslims, meist Pakistani, bereits als britische Staatsbür-

[1] Die Bevölkerungsdichte pro Quadratkilometer beträgt in Frankreich 100,7, in der Bundesrepublik 246.

ger, die zunehmend und zielbewußt Sonderrechte fordern. In erzenglischen Städten wie Burmingham, Leeds oder Bedford wiegen ihre Stimmen in den Gemeinderäten oft entscheidend und bilden häufig das Zünglein an der Waagschale wichtiger Beschlüsse. Sie verlangen für ihre Kinder Lehrer, die Urdu und Punjabi sprechen können. Die »Islamic Party of Britain« hofft in fünf Jahren, eine Viertelmillion Mitglieder anzuziehen und Kandidaten nicht nur bei den Gemeindewahlen, sondern sogar für das Parlament aufzustellen. Zwar »akzeptiert« die Partei das britische politische System als »Ausgangspunkt«, will aber in Großbritannien für sich die Grundsätze des Korans verwirklichen. In den Niederlanden lebende Türken und Indonesier treten ebenfalls in der Lokalpolitik in Erscheinung. Nachdem die Einwohner von Macao de jure portugiesische Staatsbürger sind und auch viele Hongkong-Chinesen nach Großbritannien auswandern werden, könnten in den neunziger Jahren Hunderttausende von Chinesen mit EG-Pässen in Europa auftauchen.

Die Gefahr, daß sich die früheren Nationalstaaten Westeuropas allmählich in Vielvölkerstaaten mit starken Minderheiten entwikkeln, was zwangsläufig mit der alteingesessenen Bevölkerung zu kaum vermeidbaren Rivalitäten führen würde, ist durchaus ernst. Als vollwertigen Staatsbürgern wäre es schwer, Ansprüche der Eingewanderten auf verantwortliche Positionen in der Politik oder im Verwaltungswesen abzulehnen. Fraglich ist, ob sich die politisch und administrativ verantwortlichen Behörden Westeuropas darüber überhaupt Gedanken machen, wie gefährlich ihr leichtfertiges Umgehen in Emigrationsfragen ist.

Die Bevölkerungsexplosion gefährdet die europäischen Nationen nicht nur von außen, das heißt von der Dritten Welt aus, sondern auch schon von innen. Gemäß den Angaben des »United Nations Population Reference Bureau« (1988) wird die Anzahl der kulturfremden Elemente samt Geburtenzuwachs innerhalb von 25 Jahren in den Ländern Westeuropas bereits ein Viertel der Bevölkerungen ausmachen. Bemerkt sei dazu, daß der Untergang des antiken Roms ebenfalls mit dem Spartakus-Aufstand der Sklaven (73–71 v. Chr.) angefangen hat. Auch die Abwehr der Bevölkerungsexplosion, sowohl der von innen wie auch der von der Dritten Welt drohenden, kann nur im Rahmen eines vereinten Europas gemeistert werden.

Wiedervereinigung und Selbstbestimmungsrecht

Die Perestroika in der Sowjetunion und die daraus sich ergebenden Umwälzungsprozesse in Ost-Mittel-Europa, die Überwindung der Berliner Mauer am 9. November 1989 bedeuteten das Ende der Gegenwart und den Anfang einer neuen Ära. Von der sowjetischen Militärmacht allein gelassen – ohne blutige Kämpfe mit Ausnahme in Rumänien –, auf sich selbst gestellt, haben sich die Völker des Ostens von der Alleinherrschaft des Kommunismus getrennt. Allerdings wäre es unverantwortlich, den Gärungs- und Wandlungsprozeß im Osten durch große Worte anzufeuern. Dadurch entstünden Erwartungen, die der Westen allein schon in wirtschaftlicher Hinsicht nicht erfüllen kann. Westlicherseits bleibt zu wünschen, daß in allen Ländern des »real existierenden Sozialismus« der »wissenschaftliche Marxismus-Leninismus« nach einem Leben der Gewalt sanft und friedlich stirbt und uns als Erbschaft die deutsche Wiedervereinigung hinterläßt, die somit in den Mittelpunkt westeuropäischer Politik gerückt ist.

Daß dieser Prozeß glatt verlaufen könnte, ist keineswegs sicher. Die Umschaltung vom kommunistischen System zu einer demokratischen Gesellschaftsordnung ist nicht mit einer Hebelbewegung zu bewirken und es wird noch Jahre dauern, bevor die entkommunisierten Staaten des Ostens für den Westen heiratsfähige Partner sein werden. Dazu gehört: der Umbau ihres gesamten Staatsapparates, die Umschaltung des Wirtschaftssystems auf freie Marktwirtschaft, die Rechtsangleichung, Anpassung der Sozialstrukturen, die Heranbildung einer neuen Beamtenschaft und noch manches andere, vor allem aber die Schaffung eines neuen Staatsbewußtseins. Ehe die früheren Satellitenländer Moskaus als gleichberechtigte EG-Partner anerkannt werden, muß der Westen wohl darauf achten, daß der zweite Schritt nicht vor dem ersten gemacht wird.

Auch die Lösung der militärischen Probleme, die sich aus dem Zerfall der Blöcke und der daraus folgenden Wiedervereinigung Deutschlands ergeben, ist nicht einfach. Während die europäischen Westmächte die Stationierung ihrer Truppen eher als eine finanzielle Belastung empfinden, deutet alles darauf hin, daß sich die Sowjetunion die Evakuierung ihrer Streitkräfte aus Deutschland schwer bezahlen läßt. Für eine Besoldung in DM und Heimführung sowie den Bau von Unterkünften in Rußland, schließlich auch für die Umschulung entlassener Berufsmilitärs wird die Bundesrepublik noch Jahre aufkommen müssen. Keine besonderen strategischen Probleme dürfte indessen die Räumung Ungarns und der Tschechoslowakei den sowjetischen Truppen stellen. In einem anderen Licht zeigt sich allerdings ihr Abzug aus Polen, durch das die Verbindungslinie der in Deutschland stets noch stationierten sowjetischen Armeegruppe verläuft.

Die Truppenverträge mit der Tschechoslowakei und Ungarn von 1990 haben eine entscheidende Veränderung im militärischen Potential der Sowjetmacht in Ost-Mitteleuropa bewirkt. Zusammen mit den Umgliederungs- und Reduktionsmaßnahmen der nicht sowjetischen Armeen in den früheren Ostblockstaaten bietet das Bild eine tiefgreifende Lageänderung, die vorher kaum vorstellbar gewesen wäre. Dazu kommt der Auflösungsprozeß der NVA in der früheren DDR, die den wichtigsten militärischen Partner der UdSSR im Vorfeld gegenüber der NATO bildete. Von ihren einst 172000 Mann, davon 70000 Zeit- und Berufssoldaten, sollen etwa 25000 von der Bundeswehr übernommen, die anderen umgeschult werden. Alle früheren Satellitenländer Moskaus, die Tschecho-Slowakei, Ungarn, sogar auch Polen, befassen sich ernsthaft mit dem Abbau ihrer Streitkräfte.

Ende Mai 1990 unterhielt die Sowjetunion nach Angaben der »Österreichischen Militärischen Zeitschrift« in Ost-Mitteleuropa 464500 Mann, davon 363000 in der DDR. Für Moskau bildet das Festhalten der sowjetischen Armeegruppe auf deutschem Boden weiterhin die Chance, über ein Faustpfand zu verfügen, um die Endlösung der deutschen Frage zu beeinflussen. Ihnen gegenüber zählten zur selben Zeit die in der Bundesrepublik stationierten NATO-Truppen – ohne die Bundeswehr zu rechnen – 409000 Mann, davon 243000 Amerikaner. Gemäß den Verhandlungen vom Februar 1990 in Ottawa sollen beide Blöcke ihre Truppenstärken in Deutschland auf je 195000 Mann herabsetzen. Dies bedeutete eine Verringerung der sowjetischen Armeegruppe auf dem Gebiet der früheren DDR um 168000 Mann und die der nicht deutschen Truppen in der Bundesrepublik, einschließlich Frankreich, um 198000 Mann. Wie viele davon Amerikaner wären, läßt sich schwer feststellen, zumal ihre Zahl von dem Abbau der anderen in der Bundesrepublik stationierten NATO-Streitkräfte abhängen würde. Jedenfalls dürften die Amerikaner selbst im Falle der Reduktion ihrer Truppen in Deutschland weitere 30000 Mann in Europa stationieren. Nicht auszuschließen ist ferner, daß die USA angesichts der Krise im Persischen Golf Teile ihrer Truppen und Material aus Deutschland eher abziehen werden, als es bei der Konferenz in Ottawa geplant worden ist.

Inzwischen haben Belgien und die Niederlande den schrittweisen Abzug ihrer Streitkräfte aus der Bundesrepublik angekündigt. Gemäß einer Erklärung vom Juli 1990 soll die »Britisch Army on the Rhine« von etwa 67000 auf 25000 bis 20000 Mann verkleinert werden. Zwei der vier Stützpunkte der englischen Luftwaffe in der Bundesrepublik werden geschlossen und alte Flugzeuge außer Dienst gestellt. Ein Auftrag über 35 »Tornado«-Jagdbomber ist gestrichen worden. Die Kriegsmarine verliert acht ihrer Zerstörer.

Wie schon in einem anderen Zusammenhang erwähnt, befaßt sich auch Frankreich ernsthaft mit dem Gedanken des militärischen Abbaus außer der nuklearen Komponente. Die Wehrpflicht soll von zwölf Monaten auf zehn verkürzt und die 50000 Mann der Rheinarmee in Deutschland innerhalb von fünf Jahren abgezogen werden. In der Bundesrepublik wird die Senkung der Wehrpflicht ebenfalls erwogen. Die Stärke der Bundeswehr soll von gegenwärtig 495000 Mann auf 370000 beziehungsweise nach anderen Planungen sogar auf 250000 Mann verringert werden. Jedenfalls ist es nur schwer vorstellbar, daß ein vereintes Deutschland ewig von fremden Truppen besetzt bleibt.

Die Mehrheit der Bevölkerungen Westeuropas reagierte mit Freude auf die Öffnung der Mauer, in der sie das Ende des kalten Krieges zwischen Ost und West sah. Umfragen haben ergeben, daß in den wichtigsten Partnerländern der Bundesrepublik die überwiegende Mehrheit der Bevölkerung die deutsche Wiedervereinigung befürwortet. In den USA sind es gegen 70 Prozent, in Großbritannien und Frankreich über 60 Prozent und in den kleinen – und in bezug auf die Deutschen besonders sensiblen – Benelux-Staaten über 50 Prozent. Diese erstaunlichen Ergebnisse deuten darauf hin, daß der Mann auf der Straße zunächst weniger in Kategorien der Machtpolitik von Regierungen, sondern in den Dimensionen der natürlichen Vernunft denkt.

Anders war allerdings das Verhalten vieler politischer Kreise, wo die Vorbehalte gegen die Wiedervereinigung weiter bestehen. Während sich Washington gegenüber den Deutschen ziemlich loyal verhält, betreiben die meisten NATO-Regierungen ein rhetorisches Verwirr- und Doppelspiel, das schlecht zu ihrer lang gepflegten Freundschaft paßt, zumal kein anderes europäisches Land so viel zu der Vereinigung Westeuropas beigetragen hat wie die Bundesrepublik. Viele politische Kreise betrachten ein Zusammenwachsen der beiden deutschen Staaten als eine »Durchkreuzung ihrer Kalküls«. Auch zahlreiche westeuropäische Medien haben nach einer euphorischen Phase der Berichterstattung auf Kritik und Sorge umgestellt.

Die überraschend eingetretenen Änderungen in Mittel- und Osteuropa haben auch manche Pläne der Brüsseler Institutionen und des Straßburger Parlaments durcheinandergebracht. Seit Jahrzehnten hat sich der Westen an den bestehenden *status quo* der Teilung Europas durch die Jalta-Konferenz von 1945 gewöhnt. Er wurde sogar in manchen politischen Kreisen als angenehm empfunden, da er erlaubt hatte, heiklen Problemen auszuweichen, oder ihre Lösung auf die lange Bank zu schieben. Und nun – wo soll das neue Europa enden? An der Elbe, an der Oder und Donau oder am Ural? Schlafende Hunde weckt man nicht, schon gar nicht nach einem halben Jahrhundert friedlicher Koexistenz. Noli me tangere. So denken viele Staatsmänner.

Überrascht aus ihrem Schlaf gerissen, rieben sich viele westliche Politiker erstaunt die Augen, für die die deutsche Frage längst erledigt war und die nicht müde wurden, ihr Sterbelied zu singen. Die jahrzehntelang betriebene deutschfeindliche Propaganda, die in gewissen Kreisen andauert, trägt natürlich ihre bösen Früchte weiter. Je aktueller die deutsche Frage wurde, desto mehr wuchsen die Skrupel gegen ihre Lösung auch bei den westlichen Alliierten, die plötzlich das Zusammenwachsen der beiden deutschen Staaten als eine Gefahr für die Stabilität Europas betrachtet haben.

Präsident Bush mußte solche Bedenken ebenfalls zur Kenntnis nehmen wie auch die Warnungen des kommunistischen Generalstabes, von denen eine hieß, »an dem Tag, wo es zu einer Vereinigung beider deutschen Staaten komme, werde die Perestroika von einer Militärdiktatur abgelöst«. Vorsichtiger äußerte sich am 30. Januar 1990 Gorbatschow, indem er meinte, daß es die Geschichte sein wird, die über die Einheit Deutschlands entscheiden werde und fügte hinzu: »Ich glaube, daß sie schon ihre Korrekturen anbringen wird.« Hingegen meinen manche westliche Staatsmänner, die sich leidenschaftlich selbst für das Selbstbestimmungsrecht von Negerstämmen einsetzen, daß dem deutschen Volk der Weg seiner natürlichen Entwicklung versperrt werden müsse. Zynisch bemerkte der bekannte französische Schriftsteller François Mauriac: »J'aime tellemant l'Allemagne que je souhaite qu'il y en ait deux.« (Ich liebe Deutschland so sehr, daß ich mir wünsche, daß es davon zwei gibt).

Die Bedenken vieler Staatsmänner, wenn auch nicht aller, wurden von den Massenmedien verstärkt. Im Pariser Hörfunk meinte der frühere französische Präsident Giscard d'Estaing am 13. September 1989, daß »die Vereinigung Deutschlands ein sehr großes Problem für die Europäische Gemeinschaft, aber ebenso für die Sicherheit der Sowjetunion darstellen würde«. Seine Aussage ist ein anmaßendes Bekenntnis zu einer »divide et impera«-Politik von einem Staatsmann, dessen Land das Anrecht auf das Patent der Charta der Menschenrechte beansprucht, die übrigens bereits dreizehn Jahre vor Frankreich in der Verfassung der Vereinigten Staaten (1776) verkündet worden waren. Der Bürgermeister von Paris und ehemalige Ministerpräsident Frankreichs, Chirac, setzte sich wiederum für eine Friedenskonferenz zwischen den früheren Siegermächten und den zwei deutschen Staaten ein. Was da durchschimmerte, war ein Hauch der Hoffnung auf ein neues »Mini-Versailles«. Eine ähnliche Meinung vertritt auch die englische Ministerpräsidentin Margaret Thatcher.

Erfreulich ist allerdings, daß nicht alle Franzosen und Briten derartige Ansichten teilen. In einem Leitartikel der führenden Pariser Tageszeitung »Le Figaro« vom 1. Oktober 1989 hieß es: »Sollten wir uns schon wieder von der Furcht vor der Wiedervereinigung unseres wiedererstarkten Nachbarn hinreißen lassen, der gestern noch unser größter Feind war und heute einer unserer treuesten Verbündeten bei dem Ausbau des gemeinsamen Gutes ist, das wir Europa nennen? ... Darin eine Gefahr, anstatt eine neue Kraft zu sehen, stünde im Widerspruch zum Lauf der Geschichte.«

Die soeben erwähnte »rührende Sorge« des früheren französischen Staatspräsidenten Giscard d'Estaing für das Sicherheitsbedürfnis der Sowjetunion ist gegenstandslos, da die UdSSR als nukleare Großmacht vollkaskoversichert ist, während die Bundesrepublik über keine atomaren Waffen verfügen darf. Langfristig gesehen, hat die deutsche Frage für Moskau andere Aspekte. Im Unterschied zu den Ländern Westeuropas, die in einem vereinten Deutschland einen lästigen wirtschaftlichen Konkurrenten wittern, könnte ein »neues

Rußland« vom Zusammenschluß beider deutscher Staaten als Handelspartner mit Vorteilen für beide Seiten nur profitieren.

Auch in den britischen Medien tauchten Melodien auf, die man längst für vergessen hielt. So schrieb die Sonntagszeitung »Sunday Correspondent«: »Wir müssen jetzt *ehrlich* über die deutsche Frage sein, so unbequem sie auch für die Deutschen, für unsere internationalen Partner und uns selbst sein mag... Die Frage bleibt in der Essenz die gleiche. Nicht, wie wir es verhindern, daß deutsche Panzer über die Oder oder Marne rollen, sondern wie Europa mit einem Volk fertig wird, dessen Zahl, Talent und Effizienz es zu unserer regionalen Supermacht werden läßt. Wir sind 1939 nicht in den Krieg eingetreten, um Deutschland vor Hitler oder die Juden vor Auschwitz oder den Kontinent vor dem Faschismus zu retten. Wie 1914 sind wir für den nicht weniger *edlen* Grund in den Krieg eingetreten, daß wir eine deutsche Vorherrschaft in Europa nicht akzeptieren konnten.« Ähnliches erklärte der aus der Karpato-Ukraine stammende Engländer Robert Maxwell – heute Inhaber eines internationalen Medienkonzerns – im Hörfunk der »British Broadcasting Corporation«: »Wir in Britannien und Europa wollen, daß es bei zwei Deutschlands bleibt.«

Noch schärfere Töne schlug in der weltberühmten und allgemein für seriös gehaltenen Zeitung »London Times« am 18. November 1989 Conor Cruise O'Brien an. Seiner Meinung nach würden die wiedervereinten Deutschen in einer »Explosion nationalistischer Begeisterung« alles zurückweisen, was ihnen die »siegreichen Alliierten« aufgezwungen hätten, die NATO und den Warschauer Pakt, selbst die Idee der Republik, »die mit Niederlage und dem Emporkommen fremder Werte verbunden sei«. Ein »Viertes Reich« unter der schwarzweißroten Flagge der Hohenzollern werde entstehen nach der »Rehabilitierung des Nationalsozialismus«. Eine vernünftigere Meinung äußerte am 7. September 1989 die allerdings weniger bekannte Zeitung »Independent«, in der es heißt, daß »anstatt Wege zur Verhinderung der deutschen Einheit zu suchen, sollten wir an Wege denken, sie auf friedlichem Wege zu erreichen. Es gibt für die Staaten Westeuropas keine bessere Beruhigung ihrer Besorgnisse wegen der Wiedervereinigung Deutschlands, als sich selbst so tief wie möglich auf die europäische Einigung einzulassen.« Soweit einige kennzeichnende Meinungen als Beispiele von zahlreichen anderen möglichen.

Wollen wir aber noch mal auf Frankreich zurückkommen, dessen Verhältnis zur Bundesrepublik das Kernproblem Westeuropas Vereinigung bildet, eines Europas, in dem Paris die Führungsrolle zu spielen hofft. In Kreisen der sozialistischen französischen Regierung ist man sich darüber klar, daß man das Selbstbestimmungsrecht der Deutschen nicht offen attackieren darf, ohne allen schönen Deklarationen der letzten Jahrzehnte über Selbstbestimmungsrecht der Völker und Menschenrechte zu widersprechen.

Dennoch hat Frankreich in der Frage der Wiedervereinigung in einem »Zick-Zack-Kurs« zugleich mehrere Deutschlandpolitiken verfolgt. Da gab es Stimmen gegen einen raschen Zusammenschluß beider deutscher Staaten für die Gegner der Einheit und Lippenbekenntnisse für das Selbstbestimmungsrecht für den deutschen Bedarf. Der gegenwärtige Präsident Frankreichs äußerte sich am 8. Oktober 1989 in einer Pressekonferenz. Zwar lag seiner Meinung nach die Wiedervereinigung in der Logik der Geschichte, er fügte aber hinzu, daß sie nicht erfüllt werden kann, indem die »Realität« umgangen wird. Voraussetzung wäre eine demokratische Befragung der Siegermächte, das heißt der früheren Alliierten, bei einer internationalen Konferenz. Von der Sorge geplagt, daß über die Wiedervereinigung die beiden Supermächte – die USA und die UdSSR – allein entscheiden könnten, eilte Mitterrand nach Kiew, um sich mit Gorbatschow zu beraten. Anschließend empfing er im Elysée-Palast den polnischen Präsidenten Wojciech Jaruzelsky mit Lech Walesa. Seinen Außenminister Roland Dumas hat er eiligst nach Prag und Bukarest beordert, wo Frankreich seine verlorene »lateinische Schwester« wiederzufinden hoffte. Dachte Mitterand vielleicht daran, eine Einkreisung Deutschlands wieder beleben zu können?

Allmählich, doch mißmutig haben die Siegermächte die bittere Pille geschluckt und sich inzwischen »nolens volens« mit dem Zusammenschluß beider deutschen Staaten abgefunden. Doch noch im Juli 1990, acht Monate nach dem Fall der Berliner Mauer, blies der britische Wirtschaftsminister Ridleys erneut zum Sturmangriff gegen die Wiedervereinigung, und auch die Ministerpräsidentin Margaret Thatcher scheint seine Meinung zu teilen, allerdings ohne durchschlagenden Erfolg. Neuerdings hoffen manche politische und wirtschaftliche Kreise im Westen, daß die hohen Kosten der Wiedervereinigung sie von der »Diktatur der DM« befreien werden. Der wahre Grund aller Vorbehalte gegen eine deutsche Wiedervereinigung ist allerdings anderswo zu suchen. Zwangsläufig würde ein vereintes Deutschland mit seiner industriell hoch entwickelten und fleißigen Bevölkerung von 78 Millionen – selbst wenn es nicht wollte – Westeuropas erster Staat mit Ausstrahlung nach dem Osten, vor allem in die Donauländer, sein. Die Folge wäre, daß das neue Europa von der Mitte aus entstehen würde. Gewissermaßen käme es zu einer Wiederbelebung von Bismarcks Leitideen, vor allem zum Vorteil Rußlands.

Trotz aller Hindernisse von außen und Schwierigkeiten im Innern bleibt die Anziehungskraft beider deutschen Staaten eine unumgehbare Tatsache, und es war unrealistisch, sie auf die Dauer geteilt halten zu wollen. Allerdings fordert der Weg in die Zukunft von der Bundesrepublik Geduld, Augenmaß und Sinn für das Mögliche. Jede Tendenz zu radikalen Aktionen wäre ebenso schädlich wie die Unterstützung von Reformen, die einer sozialistischen Gesellschaftsordnung förderlich sein würden. Wirtschaftshilfen müssen der Normalisierung und Umgestaltung dienen mit dem Ziel, eine geräuschlose und friedliche Verschmelzung beider deutschen Staaten herbeizuführen.

Erforderlich ist die Anpassung an die Normen, die innerhalb der demokratischen Welt überall gelten: Freiheit, Rechtsstaat, Privateigentum, auch der Produktionsmittel, mit mehr oder weniger großem Staatsanteil. Andererseits müßte die Bundesrepublik angesichts ihrer gefürchteten politischen Dominanz sich bindend verpflichten, daß Deutschland innerhalb der EG keine größere Repräsentanz in den politischen Institutionen – Parlament und Kommissionen – fordern wird und die Parität mit Frankreich, Großbritannien und Italien respektiert.

Als Abschluß unserer Betrachtungen über die Probleme, die die Frage der deutschen Wiedervereinigung aufwirft, sei noch folgendes bemerkt: Unveränderlichkeit von Grenzen und Selbstbestimmungsrecht sind zwei miteinander unvereinbare Begriffe, da der Zweck letzterer gerade darin besteht, daß Völker in freien Wahlen darüber entscheiden können, zu welchem Staat sie gehören wollen. Natürlich muß man beim Selbstbestimmungsrecht wie in einem gemeinsamen Wohnhaus auch die Interessen der Nachbarparteien berücksichtigen. Keinesfalls darf aber das für sakrosankt erklärte Selbstbestimmungsrecht der Völker zu einem Fremdbestimmungsrecht entarten.

In dieser Hinsicht ist sowohl der Wortlaut der Charta der Vereinten

Nationen als auch der der Schlußakte der Helsinki-Konferenz von 1975 über Sicherheit und Zusammenarbeit in Europa (KSZE) bindend. Diese wurde von 35 Staaten, darunter alle NATO- und Warschauer-Pakt-Staaten, vereinbart und unterzeichnet. Der Text der Schlußakte ist eindeutig und lautet: »Kraft des Prinzips der Gleichberechtigung und des Selbstbestimmungsrechts der Völker haben alle Völker jederzeit das Recht, in voller Freiheit, wann und wie sie es wünschen, ihren inneren und äußeren politischen Status ohne äußere Einmischung zu bestimmen und ihre politische, wirtschaftliche, soziale und kulturelle Entwicklung nach eigenen Wünschen zu verfolgen.« Staatsmänner und Regierungen, die anders denken oder handeln, verlieren das Anrecht, als Demokraten zu gelten.

Der Abbruch der Berliner Mauer hat zwar die Tür zur wirtschaftlichen Vereinigung geöffnet, die allmählich jedoch auf eine Entwicklungshilfe hinausläuft. Der Weg zum politischen Zusammenschluß beider deutschen Staaten scheint allerdings lang und steinig zu sein, voll von Fallen, von denen viele von vermeintlichen Freunden der Bundesrepublik gestellt werden. Zahlreiche konkurrierende Interessen kreuzen sich auf dem Gebiete Deutschlands, die einer gerechten Lösung der deutschen Frage im Wege stehen.

Letzten Endes hängt die Wiedervereinigung von der Lageentwicklung zwischen den beiden Supermächten – USA und UdSSR – ab. Solange die beiden Hälften Deutschlands, die östliche von sowjetischen und die westliche von Truppen der Siegermächte – unter welchem Titel auch immer –, besetzt sind, kann Deutschland in voller Freiheit nicht vereint werden. Fraglich ist auch, ob ein solches unnatürliches Gebilde in die europäische Staatenwelt überhaupt passen würde. Wie lange soll das deutsche Volk – fast ein halbes Jahrhundert nach Kriegsende – weiterhin an der Leine geführt werden? Was es benötigt, sind nicht auf wackeligen Füßen stehende Provisorien, sondern eine Dauerlösung, um zu wissen, woran es überhaupt ist.

Eng mit dem Problem der Wiedervereinigung ist auch die heikle Frage der Anerkennung der polnischen Westgrenze verbunden. Wie immer auch das Verhältnis zwischen Polen und Deutschland geregelt wird, eine vorbehaltlose Bestätigung der Oder-Neiße-Linie, die die Mitschuld Polens am Kriegsausbruch ignoriert, würde einen Präzedenzfall dafür schaffen, daß Völkermord, Raub und die Vertreibung einheimischer Bevölkerungen als Mittel der Politik mit erfolgreichem Abschluß völkerrechtlich legalisiert werden und somit ein

Europa von morgen auf der Grundlage von Kriegsverbrechen und ihren Ergebnissen gestalten. Laut der Konvention der Vereinten Nationen vom 27. November 1968 wird im Artikel I festgelegt, daß sich das Verbrechen der Vertreibung von Bevölkerungen durch Okkupation nicht verjähre.

Auch kann Polens Anspruch nicht damit gerechtfertigt werden, daß die östlich der Oder-Neiße-Linie liegenden früheren Reichsgebiete als Entschädigung für die an die Sowjetunion im Geheimprotokoll Ribbentrop-Molotow 1939 abgetretenen Teile Ostpolens gelten. Wie schon erwähnt, waren die damals an die UdSSR angeschlossenen Gebiete mit Ausnahme der Baltenstaaten mehrheitlich von Ukrainern und Weißrussen besiedelt und gehörten vor dem Ersten Weltkrieg zum russischen Zarenreich, dessen Rechtsnachfolger die Sowjetunion war. Ihr Besitz wurde durch den Friedensvertag von Riga im März 1921 von den Polen erpreßt.

Kaum jemand würde behaupten, daß Churchill ein Freund der Deutschen war. In seinem Buch über den Zweiten Weltkrieg, für das er den Nobelpreis erhalten hat, schreibt er zur Frage der polnischen Westgrenze folgendes: »Hier ist ein Unrecht im Werden, gegen das unter dem Gesichtspunkt der künftigen Befriedung Europas Elsaß-Lothringen und der polnische Korridor nicht viel mehr als eine Kleinigkeit waren. Eines Tages würden die Deutschen diese Gebiete zurückverlangen.«

Nach einer Meldung der »Agence France Presse« (AFP) berichtete die führende französische Zeitung »Le Figaro« am 4. April 1990 folgendes: »In einem Interview, das gestern in der niederländischen Wochenzeitung ›Elsevier‹ veröffentlicht wurde, erklärte der Friedensnobelpreisträger Lech Walesa, daß er allen Grund habe, sich wegen der deutschen Vereinigung Sorgen zu machen. ›Ich schrecke selbst nicht vor einer Erklärung zurück, die mich in Deutschland unpopulär macht. Wenn die Deutschen erneut Europa in der einen oder anderen Art destabilisieren, sollte man nicht mehr zu einer Aufteilung Zuflucht nehmen, sondern dieses Land einfach von der Landkarte ausradieren. Der Osten und der Westen besitzen die notwendige fortgeschrittene Technologie, um diesen Urteilsspruch durchzuführen.‹[1]« Auffallend erinnern Walesas Erklärungen an jene mancher polnischer Staatsmänner und Generale der Vorkriegszeit.

---

1 »Frankfurter Allgemeine Zeitung« vom 7. April und 6. Juni 1990.

15. Kapitel

Rußland und der Westen

Kein Volk kann über seinen eigenen Schatten springen. Auch die Russen sind in ihrer Masse nur das, was sie von Natur aus sind. So hat sie schon Dostojewski treffend geschildert: Weder gut noch böse, schlau, schwankend in ihren Stimmungen, nicht besonders zuverlässig, nicht gerade fleißig, sentimental, groß und zäh im Ertragen von Leiden, aber passiv wie Schafe, die sich von einer Herde von Schäferhunden treiben lassen. Mit diesem ewigen Rußland, das 1945 zur zweiten Weltmacht wurde, muß der Westen zu einem *»modus vivendi«* kommen.

Nach über siebzig Jahren marxistischer Diktatur im Kreml ist eine neue Generation an die Macht gekommen. Doch für viele scheint sich im Mutterland des Kommunismus zu wenig geändert zu haben. Indessen sind die Wandlungen, die dort im Laufe der letzten Zeit stattgefunden haben, gemessen mit früheren Maßstäben, nicht zu übersehen. Parteitheoretisch betrachtet, geschah in Moskau Ungewöhnliches. Eine neue sozialistische Ordnung wird angepeilt. Zwar ist die militärische Macht der Sowjetunion noch immer erdrückend, sie hat aber aufgehört, eine ideologische Bedrohung zu sein.

Noch vor einigen Jahren versuchte der Kommunismus, ungeachtet aller Opfer und Verbrechen, sich als Heilsidee über die Welt auszubreiten. Er versprach die Beseitigung von Klassenunterschieden und nationalen Konflikten, Ausbeutung, Korruption, Armut und vieles mehr. In einem Marasmus ohne Beispiel sind alle diese Verheißungen versunken. Wo immer der Kommunismus die Macht eroberte, ist er keinen seiner Ideale auch nur nahe gekommen. Nirgendwo gab es so offene Klassenunterschiede wie im real existierenden Sozialismus mit Nomenklatura, doppelter Währung, nirgendwo soviel Mangel. Was immer auch aus dem in Gang gekommenen Gärungsprozeß werden mag, als Idee wird der Kommunismus nicht mehr die Überzeugungskraft zurückgewinnen, die ihn lange trug und seinem Machthunger die Farbe einer Religion verschaffte.

Das Weltgeschehen entwickelte sich anders, als es Lenin vorsah. Die subversive Tätigkeit Moskaus hat in der Dritten Welt in den letzten Jahren ebenfalls merklich nachgelassen. Es besteht die Hoffnung, daß sich General de Gaulles prophetischer Spruch »Un jour même les Russes finiront par comprendre qu'ils sont des Blancs« (eines Tages werden selbst die Russen feststellen, daß sie Weiße sind) bewahrheitet. Auf Grund der veränderten internationalen Lage kann man die Entwicklung nicht mehr vom Standpunkt des Kampfes zweier gegensätzlicher Systeme sehen.

Wollen wir in diesem Zusammenhang den verstorbenen, nur mit Adenauer und de Gaulle vergleichbaren, großen Staatsmann Franz Josef Strauß hören: »In meinen Reden, Interviews und Artikeln habe ich schon zur Amtszeit von Generalsekretär Breschnew immer wieder hervorgehoben, daß ich der sowjetischen Führung nicht die Absicht unterstelle, einen großen Krieg auszulösen oder auch nur das Risiko eines solchen Krieges auf sich zu nehmen... Meine vielen und eingehenden Gespräche in Moskau haben mich davon überzeugt, daß Gorbatschow nach innen wirkliche Reformen will – schon allein deshalb, weil das mißliche wirtschaftliche Erbe, das er von seinen Vorgängern übernehmen mußte, gar keinen anderen Weg zuläßt.[1] Man sollte sich jedoch hüten, in Gorbatschows Begriffe Perestroika oder Glasnost falsche, nämlich westliche Inhalte und Maßstäbe hineinzuträumen. Gorbatschow geht es nicht darum, das marxistisch-leninistische System zu überwinden und aufzugeben, sondern es wirtschaftlich effizienter zu machen, veraltete und verkrustete Strukturen aufzubrechen und ein neues Verantwortungsbewußtsein aller in der sowjetischen Wirtschaft Tätigen zu wecken.«[2]

Ob Gorbatschows damalige Erklärungen noch heute stimmen, ist inzwischen fraglich geworden. Tatsache ist, daß dies zu schaffen, nicht leicht wäre. Es ist jedenfalls nur schwer vorstellbar, daß es auch ein »bißchen« Kommunismus geben könnte. Reformen innerhalb marxistisch regierter Länder können nicht isoliert verwirklicht werden. Um wirksam zu sein, müssen sie mit Freiheit untrennbar verknüpft werden. Wie immer einleuchtend auch derartige Ideen klingen mögen, angesichts der in der Sowjetunion herrschenden

[1] Ende 1988 betrug die Auslandsverschuldung der UdSSR gegenüber den westlichen Staaten 45 Milliarden Dollar und sie stand sogar bei einigen der Satellitenländer in der Kreide. (»Österreichische Militärische Zeitschrift«, Heft 3, 1989.)

[2] Interview in der Zeitschrift »Die Bunte« vom 16. 1. 1988.

Lage sind sie gewiß nicht im Handumdrehen und ohne viel politische Umsicht zu verwirklichen.

Nach wie vor klafft im wirtschaftlichen Alltag zwischen Wunsch und Wirklichkeit ein tiefer Graben. Das Wirtschaftsleben kann sich nicht entfalten, solange das Verbot des Privateigentums an Produktionsmitteln jegliches Interesse am wirtschaftlichen Erfolg im Keim erstickt. Nur in Fällen, wo Arbeiter und Angestellte von den neuen Möglichkeiten Gebrauch machen konnten, einen ganzen Betrieb oder auch nur Teilbereiche zu pachten, sind Fortschritte zu verzeichnen. Der Erfolg der Wirtschaftsreformen der Regierung hängt letztlich davon ab, inwieweit es gelingt, in den Industriebetrieben selbständige Entscheidungen und neue Strukturen zuzulassen. Allerdings muß dort, wo neue Mechanismen wirksam werden, zunächst vieles umgebaut werden, damit technisch und qualitativ bessere Ergebnisse erbracht werden können. All dies verdeutlicht die Schwierigkeiten, denen die Reformer in der Sowjetunion zur Zeit gegenüberstehen.

Übrigens sind auch die Streitkräfte von der Perestroika nicht unberührt geblieben. Das Militär ist auf Grund der Unfähigkeit, in zehn Jahren in Afghanistan eine politisch-militärische Lösung zugunsten Moskaus herbeizuführen, von der Partei und der Öffentlichkeit scharf kritisiert und sein politischer Einfluß stark reduziert worden. Auch die einst mächtige Industriekommission hat erheblich an Einfluß verloren. Moderne Rüstungsgüter können auf Grund der hohen Kosten die alten Waffensysteme nicht mehr eins zu eins ersetzen. Ein mengenmäßiger Rückgang bei der Rüstung ist daher unausweichlich. In der letzten Zeit erschienen in den Massenmedien, merkwürdigerweise sogar in der offiziellen Armeezeitung »Krasnaja Swesda« (12. 2. 1989), immer häufiger Berichte, die zu Fragen einer Heeresreform Stellung nehmen. Das Armeeorgan meint in einem aufsehenerregenden Artikel, daß es notwendig sei, die Streitkräfte in eine Milizarmee oder zumindest in eine gemischte, das heißt eine Kader-Milizarmee, zu überführen. Das Ergänzungswesen sollte nicht auf Grundlage der allgemeinen Wehrpflicht, sondern im Sinne freiwilliger Anwerbung erfolgen. Anstatt einer Massenarmee wird eine Berufsarmee vorgeschlagen. Zu bemerken sei dazu, daß noch vor einigen Jahren in der Sowjetunion ähnliche Diskussionen unvorstellbar gewesen wären.[1]

---

1 Bericht der »Österreichischen Militärischen Zeitschrift«, Heft 3, 1989.

Der Marxismus-Leninismus gleicht einer Religion, aus der man nicht einzelne Dogmen entfernen kann, ohne das Risiko einzugehen, daß das ganze Lehrgebäude mit großem Getöse zusammenfällt. Wie bei jedem Glauben ist es nicht einfach, seine Götter – auch falsche – von einem Tag zum anderen von den Sockeln ihrer Denkmäler zu stürzen. So ist es auch mit Lenin, der zwar die Weltbühne als Verkünder einer Heilslehre betreten hat, dem aber auch die Züge eines falschen Propheten und eines »terrible simplificateur« anhafteten.

Ohne Zweifel war Lenin eine Persönlichkeit von unbeugsamer Willenskraft und überragender, allerdings auch einseitiger Intelligenz. Die Schwäche seiner Lehre lag in der Unterschätzung der Bedürfnisse des Individuums und einer rigorosen Unterordnung einer weltverbessernden Ideologie. Bis in die Breschnew-Ära beherrschte die Sowjetunion der Glaube an den Weltkommunismus. Heute scheint die Erhaltung der staatlichen Einheit wichtiger zu sein als die Unterstützung irgendwelcher »Freiheitsfronten« in der Dritten Welt, wo der Kommunismus als Staatsideologie ohnehin zum Großteil seine Glaubwürdigkeit verloren hat.

Selbst wenn man sich in Moskau noch jahrelang auf Lenin berufen wird, ihn schon heute in Frage zu stellen, liefe auf dasselbe hinaus, als wolle man vom Papst verlangen, Jesus als Sohn Gottes zu verleugnen. Brüskes Handeln könnte leicht in Chaos ausarten. So wie die Dinge liegen, kann der Westen an einem revolutionären Zusammenbruch kaum Interesse haben. Ebenso falsch wäre aber eine sich in die Länge ziehende Reformpolitik.[1] Jedenfalls hätte sich jede frühere Sowjetregierung schon vor Jahren dreier Tatsachen bewußt werden müssen:

1. Daß der Marxismus-Leninismus als staatliche Gesellschaftsordnung weltweit einschließlich in der UdSSR versagt hat;
2. daß die in der Sowjetunion herrschende politische Gesellschaftskrise nur mit Hilfe der von den Kommunisten längst tot gesagten kapitalistischen Welt beseitigt werden kann;
3. daß die Entwicklung Probleme aufwirft, besonders im Bereich der Bevölkerungsexplosion und des Islams, die nur in Zusammenarbeit mit dem Westen gemeistert werden können.

Die nur schwer überwindbaren Hindernisse der Verwirklichung ideologischer Veränderungen sind offensichtlich. Zu viele sich wider-

[1] Sachverständige schätzen die notwendige Übergangszeit auf 15 Jahre.

sprechende Interessen sind aus eigennützigen Gründen reformfeindlich Eingestellter im Spiele. Vor allem die allmächtige Nomenklatura – etwa 18 Millionen Personen –, die sich nach und nach zu einer neuen Aristokratie entwickelt hat, wehrt sich hartnäckig dagegen, ihre Machtstellung widerstandslos aufzugeben. Dogmatiker werden nicht müde, vor einer Zersetzung kommunistischer Ideale und Methoden zu warnen.

Andererseits stoßen Gorbatschows Vorschläge auch bei den Massen nicht immer auf Verständnis. Für die von ihm ausgegebene Parole, der Bauer müsse wieder Herr über den Boden werden und diesen für die Dauer von fünfzig Jahren pachten können, zeichnet sich kaum Interesse ab, weil der herkömmliche Bauernstand in der Sowjetunion vor Generationen buchstäblich liquidiert worden ist. Umstritten ist ferner, wie weit aus marxistisch-leninistischer Sicht die private Landverpachtung an Bauern gehen kann. Die Versorgung der Bevölkerung mit Lebensmitteln und Konsumgütern wurde seit Beginn der Perestroika nicht besser, sondern schlechter. Ein Fünftel der Lebensmittel gehen durch unfachmännische Verarbeitung, mangelhafte Verpackung und infolge dürftiger Transportverhältnisse verloren. Nun will man mit vielfältigen Eigentumsreformen und neuen Verwaltungsmethoden der Not zu Leibe rücken. Auch wird daran gedacht, daß das Militär der Landwirtschaft moderne Anlagen zur Verfügung stellen soll.

Voreilig wäre allerdings, schon jetzt über die neuen Machthaber ein Urteil fällen zu wollen. Noch liegen Erfolg oder Mißerfolg Gorbatschows in der Zukunft verborgen. Wie sich die Lage in der Sowjetunion weiter entwickeln wird, entzieht sich jeder Voraussicht. Tatsache bleibt jedoch, daß mit der Perestroika die Nachkriegszeit unwiderruflich zu Ende geht und die Zukunft nur vage und unsicher vorskizziert werden kann. Hervorzuheben bleibt, daß in der russischen Seele der traditionell panslawistische Nationalismus tiefer verankert ist als die Neigung zu einer ihr fremden Form westlicher Demokratie.

Nach den kommunistischen Satellitenländern in Ost-Mitteleuropa sind am 7. Februar 1990 auch in Moskau durch die Abschaffung des Artikels VI der Verfassung die Würfel gefallen. Damit verlor die kommunistische Partei der Sowjetunion ihre bisherige Monopolstellung. Im Sinne eines »demokratischen Sozialismus« solle künftig auch das Nebeneinander mehrerer Plattformen in der Partei zulässig sein. Auch Minderheiten hätten das Recht, ihre Auffassung zu vertreten. Das bedeutete die Abkehr vom Prinzip des »demokratischen Zentralismus« und von der Diktatur des Proletariats, beide bisher eng verknüpfte Dogmen der Lehre des Marxismus-Leninismus. Abgesehen von der Möglichkeit des Entstehens neuer politischer Formationen, wäre anzunehmen, daß die kommunistische Partei der Sowjetunion zwar ihren Namen behält, aber in eine Anzahl von Fraktionen zerfällt, die verschiedene politische Tendenzen vertreten und sich im Endeffekt in eine pluralistische Struktur entwickeln.

Wie dem auch sei, jede Politik ist mit Risiken belastet, keine ist ohne. Die Gefahr, daß sich die Perestroika im Westen als Trojanisches Pferd entpuppt, ist nicht auszuschließen. Damit ist nicht Gorbatschow und seine Equipe gemeint, sondern die Möglichkeit eines Umsturzes durch konservativ-kommunistische Kräfte mit der Folge, daß der Westen von der »Gorbimania« psychologisch noch mehr destabilisiert wäre, als es heute bereits der Fall ist.

Die Regierung eines Riesenreiches, was immer auch seine Staatsform sein mag, hat zwangsläufig mit zahlreichen, schwer schlichtbaren inneren Konflikten zu ringen. Die Sowjetunion dehnt sich über ein rundes Sechstel der Erde aus und zählt 109 Nationalitäten mit 284 Millionen Einwohnern verschiedener Herkunft und konfessioneller Zugehörigkeit. Mit Abstand stellen die Ostslawen den größten Teil der Bevölkerung, die sich aber selbst untereinander nicht einig sind. Diese ostslawische Majorität besteht aus 139 Millionen Großrussen, 43 Millionen Ukrainern und 9,5 Millionen Weißrussen. Ungeachtet des gemeinsamen ethnischen Ursprungs haben sich im Laufe der Jahrhunderte auch unter ihnen sprachliche, kulturelle und konfessionelle Unterschiede entwickelt, die vornehmlich auf geographische und historische Umstände zurückzuführen sind.

In den baltischen Ländern wohnen unter sowjetischer Herrschaft 4,8 Millionen Litauer, Letten und Esten, deren Bedürfnis nach nationaler und kultureller Eigenständigkeit durch die hier intensiv betriebene Russifizierung seit der Perestroika besonders starke Impulse erhalten hat. Im Südosten des europäischen Rußlands bereiten die 4 Millionen Moldawier, die ethnisch, linguistisch und kulturell betrachtet, von den Rumänen nicht zu unterscheiden sind, Moskau manches Kopfzerbrechen. Das Streben all dieser nationalen Minderheiten nach Souveränität beweist, daß der vom Marxismus verkündete Satz »Proletarier aller Länder vereinigt euch«, selbst in den europäischen Teilen der Sowjetunion keine tiefen Wurzeln geschlagen hat. Es ist naheliegend, daß konservative Kreise in der Sowjetunion die Perestroikapolitik für die nationalen Unruhen verantwortlich machen.

Noch schwieriger zu lösende Probleme bilden die im Kaukasus und Mittelasien beheimateten Völkerschaften, von denen sich ein Großteil zum Islam bekennt. Im Unterschied zu den nationalen Bestrebungen in den baltischen Sowjetrepubliken oder der Moldawier, sind die Unruhen in den asiatischen Gebieten nicht nur als Auflehnung gegen die Vorherrschaft der Russen zu werten. Wie es die Streitigkeiten im Kaukasus zwischen den christlichen Armeniern und den muselmanischen Aserbeidschanern in der Bergregion Nagorny-Karabach erwiesen haben, handelte es sich hier – ebenso wie in Georgien – vordergründig um rassistische und konfessionelle Auseinandersetzungen.

Auch in den Sowjetrepubliken Zentralasiens zeigt der islamische Fundamentalismus seine Zähne. Die blutigen Auseinandersetzungen zwischen Usbeken und Mescheten im Juni 1989 hatten ihre Ursache im religiösen Gegensatz zwischen Sunniten und Schiiten, der durch Propaganda von Afghanistan und Iran aus angeheizt wurde. Angesichts der schiitischen Revolution in Teheran und des afghanischen Bürgerkrieges wird Moskau Konzessionen an die islamischen Völkerschaften Zentralasiens kaum vermeiden können. Damit entsteht jedoch die Gefahr eines Teufelskreises, da jede Nachgiebigkeit im Orient als Eingeständnis von Schwäche gedeutet wird und jede Forderung weitere Wünsche nach Privilegien nach sich zieht. Wie es die Erfahrungen weltweit beweisen, und so ist es auch in der UdSSR, wachsen beim Nachgeben die Hoffnungen der Bevölkerungen schneller als die Möglichkeiten der Regierung, selbst wenn sie besten Willens ist, diese zu erfüllen.

Bei all diesen Unruhen spielt der Widerstand gegen die Russifizierung natürlich ebenfalls eine Rolle. Der unter zaristischer Herrschaft begonnene klassische Kolonialismus setzt sich heute in der weniger auffälligen Form einer kulturellen und sprachlichen Russifizierung fort. Sie wird von einigen Aktivisten, die sich auf Glasnost und Perestroika berufen, bekämpft. Die Tendenz, die Sowjetunion sprachlich zu vereinheitlichen, ist aus Staatsraison verständlich. Ein Großreich mit 109 Nationalitäten benötigt allein schon aus Verwaltungsgründen eine gemeinsame Staatssprache und diese kann logischerweise nur die russische sein.

Die kasakischen, usbekischen, turkmenischen und zahlreichen anderen Turksprachen sind nur von örtlicher Bedeutung und entsprechen nicht den Bedürfnissen der heutigen technisch geprägten Welt. In den Vereinigten Staaten, wo nur 22 Prozent der Bevölkerung anglosächsischen Ursprungs sind, wird die englische Sprache von niemandem in Frage gestellt. Übrigens wurden im Kaukasusgebiet und in Mittelasien die Landessprachen als Zweitsprachen ebenso anerkannt, wie das Spanische in den Südstaaten der USA.

Es wäre verfehlt, die Leistungen der Sowjetunion in Asien zu übersehen, zumal sie, wenn auch nicht in jeder Beziehung perfekt, das Kultur- und Lebensniveau der Urbevölkerung im Vergleich zu früher steigerten. Die Erforschung und wirtschaftliche Nutzbarmachung der Gebiete östlich vom Ural sind jedenfalls auf das Konto der Russen zu buchen. Bereits 1888 ist das russische Mutterland durch den Bau der transkaspischen Eisenbahn mit dem südlichen Mittelasien verbunden worden. Die 9000 km lange transsibirische Strecke verbindet Moskau mit der pazifischen Küste. Zahlreiche Abzweigungen beider Bahnlinien führen in das Landesinnere.

Im Kaukasusgebiet wurden Tiflis, Eriwan, Baku, in Zentralasien Alma-Ata, Taschkent, Aschabad, Samarkand und manche andere Orte zu modernen Großstädten mit Flugplätzen, Krankenhäusern, zahlreichen Schulen und Universitäten ausgebaut. Die asiatischen Gebiete der Sowjetunion sind durch ein Straßennetz miteinander verbunden. Die Entdeckung von Bodenschätzen bewirkte das Entstehen von Bergwerken und Industriezentren. Auch die Landwirtschaft, besonders die Baumwollproduktion, hat merkliche Fortschritte zu verzeichnen. All das hätte die Urbevölkerung allein ohne russische Hilfe wohl nie schaffen können.

Inzwischen sind die asiatischen Gebiete Moskaus mit dem ursprünglichen Rußland zusammengewachsen. Ihr eventueller Verlust würde die Sowjetunion schwer erschüttern und wahrscheinlich auch den Zerfall des europäischen Rußlands in Nationalstaaten zur Folge haben. Nicht nur ein militärisch übermächtiges, aber auch ein von inneren Unruhen erschüttertes Rußland wäre für den Westen ein unbequemer Nachbar. Jedenfalls würde sich Europa sicherer fühlen, so lange die Russen und nicht die Chinesen am Ural stünden.

Diese Ausführungen erinnern unwillkürlich an Bismarcks Spruch nach der Schlacht von Königgrätz 1866, als er vor einer übermäßigen Schwächung des Habsburgreiches warnte. Er meinte: »Womit sollte man den Raum ausfüllen, den heute von Tirol bis zur Bukowina der Österreichische Staat einnimmt? Neue Formationen in diesen Gebieten trügen einen dauernd revolutionären Charakter...«, was sich seither leider bewahrheitet hat. Dasselbe auf die Sowjetunion übertragen hieße: Womit soll der Raum ausgefüllt werden, den heute von der Ostsee über den Kaukasus und Mittelasien bis zum Pazifischen Ozean Rußland einnimmt? Kleine Republiken wären angesichts ihrer ethnischen und religiösen Gegensätze gefährliche Herde ständiger Unruhen.

Gewiß ist eine Änderung der Gesellschaftsordnung innerhalb der Sowjetunion erforderlich. Um es aber nochmals zu betonen, mit revolutionären Unruhen, ob in den asiatischen Mitgliederrepubliken der Sowjetunion oder im europäischen Teil Rußlands selbst, wäre dem Westen kaum geholfen. Jedenfalls wird vor einer politischen, materiellen oder propagandistischer Unterstützung verschiedener umstürzlerischer »Befreiungskomitees« oder »Freiheitsfronten« seitens irgendwelcher westlicher Weltverbesserer, die die Völker der UdSSR als die Unterjochten des letzten bestehenden Kolonialreiches betrachten, gewarnt. Es muß den Russen selbst überlassen werden, mit ihren Problemen fertig zu werden. Wer sie kennt, weiß, daß eine Einmischung des Westens in die inneren Angelegenheiten der UdSSR selbst bei nichtkommunistischen Russen nationalistische Reaktionen provozieren würde. Militärische Aktionen der Sowjetunion gegen revolutionäre Minderheiten könnten mit einem Schlag alle die bemerkenswerten Erfolge zunichte machen, die Gorbatschow seit der Übernahme der Macht in Form von Vertrauen und gutem Willen seitens der übrigen Welt verbuchen konnte.

Angesichts der Weltlage braucht der Westen ein intaktes Rußland, ebenso wie Rußland auch ein gesundes Westeuropa braucht. Dies erfordert beiderseits Objektivität, die Befreiung von ideologischen Vorurteilen und Hintergedanken, was für beide Seiten – Ost und West – förderlich wäre. Entscheidend ist die Frage, ob es Moskau gelingt, in seinem Reiche eine Gesellschaftsordnung zu schaffen, die, ohne dabei Risiken einzugehen, mit den Interessen der westlichen Welt politisch und wirtschaftlich vereinbar ist. Ein neues Rußland könnte sich in den zweifellos bevorstehenden Auseinandersetzungen mit der Dritten Welt um die Umverteilung des Welteinkommens als ein durchaus willkommener Partner für den Westen erweisen.

Zusammenfassend hängt Europas Zukunft in großen Zügen betrachtet von folgenden Prämissen ab

1. Vordergründig ist die Entwicklung innerhalb der Sowjetunion. Zu hoffen wäre, daß nach dem Zerfall der Blöcke in Europa sich allmählich eine fruchtbare Zusammenarbeit zwischen den USA, der UdSSR und Westeuropa anbahnt. Der Umstand, daß im Falle der Aggression Iraks gegen Kuweit beide Supermächte sich solidarisch verhielten, ist eine der erfreulichsten Nachrichten der Nachkriegszeit gewesen. Erwünscht wäre, daß es zwischen beiden im asiatisch-pazifischen Raum ebenfalls zu einer sich ergänzenden Übereinstimmung käme. Der zukünftigen Weltlage entsprechend wird auch eine militärische Neuorientierung unerläßlich: anstatt Ost-West mit Schwerpunkt in Richtung Nord-Süd. Das neue, integrierte, aus der Asche des kalten Krieges entstandene strategische System Europas muß in der Lage sein, Konflikte mit der Dritten Welt meistern zu können und die vielen großen und kleinen Tyrannen dieser Erde im Griff zu behalten.
2. Eng mit der Neuordnung Europas ist der reibungslose Ablauf der deutschen Wiedervereinigung verbunden. Aus vorher unbekannten und erst im Laufe des Vereinigungsprozesses zutage tretenden Tatsachen und Wirkungen werden weitere, weder erwartete noch gewollte neue Probleme auftreten, deren Lösung sich noch jahrelang hinausziehen dürfte. Übrigens wäre es der historische Auftrag des vereinten Deutschlands, den Staaten des Donauraumes zu einer freiheitlichen Föderation, mit Zentrum Wien, zu verhelfen und somit auch zur Lösung der noch immer vorhandenen Minderheitsprobleme beizutragen.
3. Nicht zuletzt stellt sich die Frage des weiteren Ausbaus westeuropäischer Integration. Vorrangig sind dabei nicht nur völkerrechtliche, wirtschaftliche und strategische Probleme, sondern auch der drohende Identitätsverlust der europäischen Völker angesichts der Fremdenimmigration, die allmählich das Ausmaß einer Völkerwanderung erreicht hat und deren Auswirkungen nur gemeinsam gelöst werden können. Strenge Visumpflicht und Grenzkontrollen sind kaum wirksam, zumal die eigentlichen Wurzeln der Überfremdung in dem Geburtenüberschuß der schon eingebürgerten und dennoch nicht assimilierbaren Eingewanderten aus der Dritten Welt liegen.

Soweit ein kurz gefaßter Blick auf Europas Probleme heute und in einer gar nicht fern liegenden Zukunft.

Grenzen der Freiheit

In unserer Epoche der Technik und des Tempos nimmt man sich kaum noch die Zeit nachzusinnen, wie sich die Dinge in Zukunft ausnehmen könnten. Man überläßt das lieber – trotz aller Imponderabilien, die sich auf das Weltgeschehen auswirken –, elektronischen Gehirnen. Modern sein bedeutet, einen übertriebenen Hang zu technischen Lösungen zu hegen. In seiner wilden Jagd nach immer neuen Effekten und Rekorden versucht der *homo technicus* eine Welt zu schaffen, die der Natur der Dinge kaum noch entspricht.
Indessen leidet die Staatskunst des Westens unter dem Einfluß wohltönender Klischees, die kaum realistische Rezepte zur Lösung jener Probleme bieten, die die Welt beunruhigen. Leider gehört es zu den Merkmalen unserer Zeit, daß sie mit Begriffen spielt, ohne sich ihres eigentlichen Inhalts bewußt zu sein. Politische Schlagwörter werden in die Welt gesetzt, die nunmehr ihr Eigenleben führen. Nicht Vernunft regiert die Welt, sondern gefährliche Emotionen, die je nach Bedarf durch die Massenmedien erzeugt und manipuliert werden. Im hektischen Werben um die Quantität wird die Qualität in den Hintergrund gedrängt. Doch nach Schiller: »Was ist Mehrheit? Mehrheit ist Unsinn. Verstand ist stets bei wen'gen nur gewesen.«[1]
Tatsache ist, daß der technische Fortschritt den geistigen bereits weit überholt hat. Wir sind in den Sog einer Entwicklung geraten, die wir nicht mehr zu steuern vermögen. Die Menschheit scheint sich in einem Teufelskreis zu drehen. Nicht die Notwendigkeit des technischen Fortschritts wird hier bestritten, sondern das weit verbreitete Gefühl, daß die Technik Selbstzweck wäre, ohne zu berücksichtigen, daß ihr richtiger Platz in einer entsprechend angepaßten Gesellschaftsordnung liegt. Das Überbrücken der tiefen Kluft, die zwischen der rasenden technischen Entwicklung und der rückständigen Gesellschaftsordnung entstanden ist, des Grabens, der durch die Robotisierung der Produktion und die Automatisierung der Leistungen sowie

[1] Aus dem unvollendeten »Demetrius«.

infolge des weltweiten Rüstungswettlaufs immer breiter wird, ist zu einem der wichtigsten Probleme unserer Zeit geworden.
Eine Lösung hat bisher niemand gefunden. Sie kann weder im schrankenlosen demokratischen Pluralismus, noch in irgendeinem Marxismus liegen, deren Ideologien nur noch Denkmäler aus der Mitte des 19. Jahrhunderts sind und sich seither zu einer linken Anarchie entwickelt haben. Der Westen braucht eine neue Gesellschaftsordnung, die der technischen Entwicklung entspricht. Eine solche kann jedoch nicht künstlich geschaffen oder durch Gewalt erkämpft werden, sondern nur in einem langwierigen Prozeß heranwachsen, der oft von Krisen und Konflikten unterbrochen werden wird. Alles deutet darauf hin, daß es Jahrzehnte dauern wird, bevor sich das Ungleichgewicht zwischen Technik und Gesellschaftsordnung allmählich einpendelt – wenn überhaupt.
Große Kulturen sind stets in einen Auflösungsprozeß verfallen, wenn sie nicht mehr die Kraft aufzubringen vermochten, die Freiheit mit der zu ihrem Schutz notwendigen Staatsautorität im Gleichgewicht zu halten. Wo Staatskunst starken emotionellen Einwirkungen ausgesetzt wird, kann man ihr kaum viel Vernunft und Logik abverlangen. Mangel an Einheit, Vernunft und Logik führt aber zu einer zaghaften und unsicheren Politik. Trotz des Anscheins von Stärke, den sie erweckt, befindet sich die westliche Demokratie in einer permanenten tiefen Krise.
Technik, Wohlstand und Demokratie stehen in enger Wechselwirkung, denn Technik schafft Wohlstand und Wohlstand Demokratie, das heißt die Individualisierung der gesellschaftlichen Ordnung. Die Erhebung des nur schwer definierbaren Begriffs der Freiheit zum Kult, der selbst dort respektiert wird, wo man offensichtlich falschen Göttern huldigt, oder wo er in Narrenfreiheit ausartet, führt zwangsläufig in eine byzantinische Konfusion. Dennoch glauben viele, daß unsere Gesellschaftsordnung ähnlich einer Pflanze immer neue Blüten treiben muß, und übersehen die vom altgriechischen Philosophen Platon (428–348 v. Chr.) geprägten Weisheiten:
»Ist es nicht so, daß sich die Demokratie selbst auflöst durch eine gewisse Unersättlichkeit in der Freiheit? Wenn Väter sich daran gewöhnen, ihre Kinder einfach gewähren und laufen zu lassen, wie sie wollen, und sich vor ihren erwachsenen Kindern geradezu fürchten, ein Wort zu reden; oder wenn Söhne schon sein wollen wie der Vater, also ihre Eltern weder scheuen noch sich um ihre Worte

kümmern, sich nichts mehr sagen lassen wollen, um ja recht erwachsen und selbständig zu erscheinen! Und auch die Lehrer zittern vor ihren Schülern . . .
Überhaupt sind wir schon so weit, daß sich die Jüngeren den Älteren gleichstellen, ja gegen sie auftreten in Wort und Tat, die Alten aber setzen sich unter die Jungen und suchen sich ihnen gefällig zu machen, indem sie ihre Albernheiten und Ungehörigkeiten übersehen oder gar daran teilnehmen, damit sie ja nicht den Anschein erwecken, als seien sie Spielverderber oder auf Autorität versessen. Auf diese Weise werden die Seele und die Widerstandskraft aller Jungen allmählich mürbe. Sie werden aufsässig und können es schließlich nicht mehr ertragen, wenn man nur ein klein wenig Unterordnung von ihnen verlangt. Am Ende verachten sie auch die Gesetze, weil sie niemand und nichts mehr als Herr über sich anerkennen wollen. Und das ist der schöne jugendfrohe Anfang der Tyrannei.«
Dennoch lebt der westliche Mensch im Glauben, daß seine gegenwärtige Staatsform die vollkommenste und nicht das Ende einer zyklischen Entwicklung sein könnte. Er ignoriert, daß die Geschichte seit Anfang der Menschheit ein ständiger Wechsel zwischen freiheitlichen und autoritären Regime war. Eine Gesellschaftsordnung, wo das Gewähltsein zum Maßstab aller Dinge geworden ist, wo Zügellosigkeit fälschlicherweise als Freiheit verstanden wird, befindet sich in geistiger und moralischer Auflösung. Täuschung folgt Enttäuschung. Das ist jedoch nicht die alleinige Schuld der Regierenden. Die Massen denken schwarz-weiß, Schwierigkeiten gehen ihnen schnell auf die Nerven. Weil sie sich weiterhin an Illusionen wärmen wollen, fordern sie die Regierenden geradezu heraus, sie immer wieder zu betrügen. Die Völker des Westens leben von einem Tag zum anderen, von Provisorien, die wenig taugen. Wie lange kann dieses Spiel noch dauern?
Wie es scheint, sind wir in eine dekadente Spätform der Demokratie geraten. Das Erlahmen ihres offensiven Geistes, der Kraft, die sie einst ausstrahlte, wird nun durch die Identifizierung der Defensive mit der Moral legitimiert. Dagegen sind die Bewegungen, die in den letzten Jahren die islamische Welt, Afrika und Asien erfaßt haben, durchaus offensiv. Westliche Staatsmänner, die dies nicht wahrhaben wollen, spüren nicht mehr, daß ohne eine aktive Politik Interessen weder durchgesetzt noch verteidigt werden können. Man kann nicht

immer wieder nachgeben, ohne herauszufordern, daß die vielen kleinen ungelösten Konflikte eines Tages eine schwere Krise herbeiführen. Eine Politik, welche die Gegenwart und die sich daraus ergebende Zukunft nicht begreift und sich am momentanen Zeitgeist orientiert, kann unsere Probleme nicht lösen.

Westliche Staatsmänner, die dies nicht wahrhaben wollen, spüren nicht mehr, daß ohne eine Realpolitik Interessen weder durchgesetzt noch verteidigt werden können. Die Folge ist, daß man es nicht wagt, kleine Konflikte im Keim zu ersticken. Man läßt sie in pazifistischer Bequemlichkeit zu großen heranreifen, wie es das Beispiel Libanons und manche andere anschaulich beweisen. Um mit Shakespeare zu sprechen: »Leicht wird ein kleines Feuer ausgetreten, das, erst geduldet, Flüsse nicht mehr löschen.« Absurde Skrupel hemmen uns, gegen destruktive Friedensstörer präventiv vorzugehen, sie rechtzeitig unschädlich zu machen, bevor sie blutige Konflikte anzetteln, die auch ihre Völker ins Unheil stürzen. Mächte, die sich stets im Rückzug befinden, gelten als doppelt bedrohlich. Denn nicht Besonnenheit, sondern Neigung zu Kurzschlüssen bestimmt im Endeffekt ihre Handlungen.

Es ist natürlich, daß Reichtum und Freiheit wichtige Ziele menschlicher Sehnsucht sind. Je größer aber der Wohlstand ist, desto kleiner wird die Neigung zu verteidigen, was erworben wurde. Wohlstand an sich ist kein ungeteilter Segen, schon weil er eine bedenkliche Gleichgültigkeit der Völker herbeiführt. Der zur Friedensliebe aufgeputzte Defätismus wälzt sich über die einst mutigen Nationen des Westens, erzeugt den Wunsch nach Ruhe um jeden Preis und dadurch die psychologische Abrüstung in einer von Waffen strotzenden Welt. Demokratie hat den Westen reich gemacht, aber auch die Schatten geprägt, die zum Licht gehören.

Der Bestand einer gesunden Gesellschaftsordnung hängt vor allem vom Sieg der Vernunft ab. Wie soll aber überhaupt darüber entschieden werden, was als Vernunft gelten soll, wo die Grenzen zwischen Vernunft und Unvernunft in einer Welt liegen, die von unvernünftigen Leidenschaften beherrscht wird? Staaten, in welchen die notwendige Autorität zum möglichen Maß der Freiheit im Ungleichgewicht steht – wie es in den meisten Ländern des Westens der Fall ist –, geraten unvermeidlich auf den absteigenden Ast der Geschichte.

Doch derartige Ideen entsprechen kaum den Illusionen vieler Idealisten, die tausendjährige Erfahrungen in den Wind schlagen. Sie jonglieren mit Argumenten, die sich nicht beweisen lassen, und verschreien wie der Arzt in Molières »Le Malade Imaginaire« jeden als Häretiker, der es vorzieht, nach eigenem Rezept zu heilen, anstatt nach den hochwissenschaftlichen Methoden der medizinischen Fakultät der Sorbonne zu sterben.

Ohne eine redliche Aussprache über die eigentlichen Ursachen westlicher Dekadenz führt jede Analyse der Weltlage zwangsläufig zu Fehlschlüssen. Festzustellen ist vor allem, daß die innere Zersetzungsgefahr zweifellos größer ist, als es die Gefahren sind, die die freie Welt von außen her bedrohen, da letztere ohne eine innerlich disziplinierte Gesellschaftsordnung gar nicht abgewendet werden können. Solange der Westen keinen Selbsterhaltungswillen entwikkelt, droht sein Abgleiten in einen Zustand politischer Abhängigkeit von fremden Kulturen.

Gewiß ist es nicht leicht, das Geschick von Völkern in einem Zeitalter zu lenken, in dem der Drang des Massenmenschen – oder der Menschenmassen – nach mehr Rechten und weniger Pflichten hoch in Rechnung gestellt werden muß. Massen werden meist von irrationalen Erregungen getrieben, ohne den Kern eines Problems zu begreifen und den Ernst der Lage zu erkennen. Sie streben nach unmittelbaren Vorteilen. Die Folge ist, daß Politik, kurzfristig auf Scheinerfolge bedacht, in Richtung des kleinsten Widerstandes betrieben wird, was zu einer gefährlichen Anhäufung ungesunder Kompromisse und ungelöster Probleme führt.

Wer die Grundrechte der Demokratie nicht defätistisch verloren gibt, muß darauf bestehen, daß sich endlich, und nicht zu spät, doch noch die Erkenntnis des Ernstes ihrer Situation durchsetzt. Sie wird die bevorstehenden Krisen nur überleben, wenn ihre Regierungen nicht beschwichtigend, sondern der jeweiligen Lage entsprechend entschlossen handeln. Auch Demokratien brauchen Führerpersönlichkeiten, die in der Lage sind, anstatt sich von den Wählermassen treiben zu lassen, die Ziele einer weitblickenden Politik zum Volkswillen zu machen, um ihren Völkern die Freiheit und damit auch die Zukunft zu sichern.

Doch zu viele Staatsmänner des Westens sind lediglich kleine Wahltaktiker – eher schlau als intelligent –, die, ohne ein Gesamtkonzept zu haben, in tagespolitischen Kategorien denken und für die manche Anomalien zu Selbstverständlichkeiten geworden sind. Sie sagen dem Volk am liebsten, was »ankommt«, und nicht, worauf es ankommt. In ihren Händen verkümmert die Staatskunst zu einem Handeln in Wahletappen. Anstatt zu schöpfen, neigen sie oft dazu, sich in gewohnten Kombinationen zu erschöpfen. Parteiinteressen werden allmählich zu existenziell bedingten provinziellen Eigeninteressen, wobei der Blick für die weltpolitischen Zusammenhänge verlorengeht. Die Folge ist, daß die Regierungen des Westens eher nach kurzfristigen Wahlerfolgen als nach wirklichen Erfolgen von geschichtlicher Tragweite streben.

Die Zügellosigkeit unserer Gesellschaftsordnung geht schon so weit, daß wir das Blockieren von Straßen durch unzufriedene Bauern, Fernlastfahrer oder randalierende Jugendliche, die Besetzung von Fabriken durch ihre Belegschaften, politisch manipulierte Streiks, die in Frankreich, England und Italien seit Jahren zur Tagesordnung gehören, als natürliche Ausdrucksweisen der Menschenrechte hinnehmen, von »Freiheiten«, die sich meist gegen die Interessen einer schweigenden Mehrheit auswirken.

Man übersieht, daß in den wirtschaftlichen und sozialen Sphären geringfügige Störungen genügen, um die abgestimmte Maschinerie des freien Marktes durcheinanderzubringen. Mit großem Tamtam wurde 1989 in Paris das zweihundertste Jubiläum der Charta über die »Menschenrechte« gefeiert. Doch entsprechend den Verhältnissen, die im Lande herrschen, wäre wohl die Verkündung einer Charta über die »Menschenpflichten des Individuums« gegenüber dem Staate und der Gesellschaft angebrachter gewesen.

Die im Westen um sich greifende terroristische Gewalttätigkeit ist ebenfalls als ein Zeichen der innerlich ungesunden Ordnung zu werten. Sie entspringt dem Verfall des moralischen Gewissens vieler verwöhnter Jugendlicher, die ohne echte Erziehung keinen Halt gefunden haben und daher oft von einem krankhaften Haß gegenüber der Gesellschaft durchdrungen sind. Schlimm ist, daß es die Regierungen des Westens versäumt haben, der heranwachsenden Generation eine klare geistige Haltung gegenüber dem Staat und der Allgemeinheit beizubringen. Kennzeichnend ist hierfür ein weit verbreiteter Ekel am Bestehenden bei gleichzeitiger Überproduktion von weltbeglückenden Theorien. Desinformation, Aufweichung, innere Aushöhlung, Kampf gegen jede Autorität, Lächerlichmachung von Rechtsgrundsätzen und staatlichen Organen erschüttern die Grundlagen unserer Gesellschaftsordnung.

Es scheint, als wären weite Kreise der Jugend von einem Prozeß der

Selbstzerstörung erfaßt. Wohl paßt auf sie ein Zitat, das Goethe seinem Werk »Dichtung und Wahrheit« vorangesetzt hat: »Der Mensch, der nicht scharf herangenommen wird, kann nicht erzogen werden.« Entscheidend bleibt die Frage, wie sich die heutige Generation in den nächsten Jahrzehnten bewährt, wenn sie bereits manche verantwortliche Stellungen bekleiden wird. Die Auswirkungen des Schlagwortes über den »Marsch durch die Institutionen« könnten ernster sein, als man es glaubt.

Je schwächer die dem Staat legitim übertragene Machtausübung ist, desto größer ist der Spielraum derjenigen, die danach streben, die bestehende Ordnung von innen auszuhöhlen. Solange eine Minderheit antidemokratischer »Systemveränderer« und terroristischer Verschwörer unentwegt das geistige Klima vergiftet und sich beharrlich gegen die demokratische Mehrheit durchzusetzen versucht, und es oft auch schafft, kann es keinen Fortschritt geben. Es gehört zur Pflicht demokratischer Regierungen, Regeln, deren Wahrung zur Sicherheit und zum Wohl der Volksmehrheit unerläßlich sind, gegen umstürzlerische Minderheiten mit allen Mitteln der Staatshoheit zu verteidigen. Es ist und bleibt ihr ewiges Problem, zwischen den möglichen Freiheitsansprüchen und der unerläßlichen Autorität des Staates das Gleichgewicht zu wahren. Schafft es die westliche Demokratie nicht, dann ist auch ihr dasselbe Schicksal beschieden wie manchen früheren Demokratien der Geschichte, die nur Karnevale zwischen Diktaturen waren, nachdem sie entweder einheimischen oder fremden Selbstherrschaften zum Opfer gefallen waren. Die Demokratie muß aufhören, die Negation der Disziplin zu sein, sonst geht sie unter. Alles hat seine Grenzen, auch die Freiheit. Sie hört dort auf, wo die Rechte anderer anfangen.

Nachwort

Wirksame Bekämpfung von Gefahren erfordert das rechtzeitige Erkennen ihrer Art. In diesem Sinne sind die Ausführungen des Buches zu verstehen. Für einen aufmerksamen Beobachter des Weltgeschehens bleibt es kaum verborgen, daß oft in der Geschichte die Zukunft anders verläuft, als man es sich allgemein vorgestellt hatte. Nicht alles muß in Einzelheiten so geschehen, wie es geschildert wurde. Um was es aber geht, ist darzustellen, wie es irgendwie ähnlich kommen könnte, falls der Westen nicht rechtzeitig eine der Weltlage angepaßte Politik findet und zu ihrer Unterstützung eine entsprechende Strategie auf die Beine bringt. Weder kann der Frieden durch supermoderne Waffensysteme noch durch Abrüstung gesichert werden.

Die Lage, in der sich die westlichen Demokratien befinden, wird allmählich zu gefährlich, um den Ereignissen freien Lauf lassen zu können, zumal das Bedrohungsbild neue Krisenherde aufweist, die nicht durch unsere gegenwärtige Sicherheitspolitik abgedeckt werden. Doch trotz aller revolutionären Umstürze, die für das Weltbild unserer Tage kennzeichnend sind, zeigen sich die westlichen Völker nur wenig geneigt, sich entsprechend zu wappnen. Ohne es zu bemerken, werden die westlichen Industrieländer immer verwundbarer und bieten indirekten Angriffen eine ganze Reihe kaum zu verteidigender Flächen. Häufig handelt es sich um Aggressionen, die grundsätzlich gar nicht abwendbar sind, zumal sie nach dem internationalen Recht als solche nicht eingestuft werden können.

Angesichts der konfusen Weltlage ist Konfliktforschung Mode geworden. Das Spektrum der Bedrohungen, denen der Westen ausgesetzt ist, hat eine Armee geistiger Streiter an die Front des Friedens gelockt, die uns raten, Vorsichtsmaßnahmen klassischer Art aufzugeben, obwohl sie keine glaubwürdigen Rezepte für einen gesicherten Frieden vorzuweisen haben. Dies wirkt um so besorgniserregender, da die Orkane, die von den Wetterwinkeln der Weltpolitik aus drohen, Westeuropa kaum aussparen werden. Nun wird uns die

Abrüstung der herkömmlichen Streitkräfte als Sicherungsersatz angeboten, ohne wahrnehmen zu wollen, daß mit Schlagwörtern nichts gewonnen, aber unter Umständen manche Schranke der Vorsicht gefallen ist. Im übrigen ist der Aufstieg von Völkern immer schwerer und länger gewesen als ihr Abstieg von der Bühne des Weltgeschehens. Diese Sachlage veranlaßt, darüber nachzudenken, wie es zu der gegenwärtigen Situation überhaupt kam und wohin sie uns führen könnte.

Nichts ist von Bestand. Dies gilt besonders in unserer Zeit, deren hervorragendes Merkmal der stetige schnelle Wechsel des Lagebildes ist. Es ist naiv, an einen Stillstand zu glauben. Die Illusion, den *status quo* durch passive »atomare Abschreckung« verteidigen zu können, ist symptomatisch für ein Bündnis, das mit seiner Entwicklung am Ende ist. Die westlichen Industriestaaten können nicht ewig zuschauen, wie sich das Weltbild zu ihrem Nachteil verändert. Wenn die weiße Kulturwelt für ihre Völker die politische Freiheit und den Wohlstand bewahren will, deren Verteidiger sie zu sein behauptet, dann muß sie ihren Worten Taten folgen lassen. Die Regierungen müssen zeigen, daß sie nicht eine Versammlung lavierender Politiker, sondern weitsichtige entschlossene Architekten einer Politik sind, die den Europäern Sicherheit gewährt und ihnen ein neues integriertes Vaterland bietet, das sie wieder lieben können.

Wer den Versuch unternimmt, die Zukunft in großen historischen Zügen abzuschätzen, kann sich nicht der Erkenntnis entziehen, daß sich Europa in seiner heutigen Form kaum behaupten kann. Doch die Mehrzahl der Westeuropäer befaßt sich nur wenig damit, was in der klein gewordenen Welt anderswo geschieht. Man hat den Eindruck, als hätte der westliche Mensch den Willen verloren, sein Geschick zu bestimmen. Die Länder Europas haben sich im 20. Jahrhundert den Wohlstand errungen. Wer garantiert aber, daß sie diesen ohne ihre Vereinigung auch im 21. bewahren können? Die in einer passiven Verteidigung verharrenden Länder des Westens – einst Mittelpunkt der Erde – bedürfen der Entfaltung gewaltiger seelischer Kräfte, um die bevorstehenden Kraftproben meistern zu können. Sollte die Vereinigung Europas nicht bald stattfinden, dann scheint der »Untergang des Abendlandes«, sein Abgleiten in Abhängigkeiten von fremden Zivilisationen und Mächten und somit in Unfreiheit, unvermeidlich zu sein.

Tabellen

Streitkräfte der Maghrebstaaten

Land	Personalstärke		Kampf-panzer	Kampf-flug-zeuge	Seestreitkräfte		
	aktiv	Reserve			Kampf-schiffe[1]	U-Boote	Küsten-boote
Marokko	203 500	? [2]	223	109	1	–	15
Algerien	139 000	150 000	950	266	6	4	26
Tunesien	38 000	–	202	31	1	–	23
Libyen	55 000	40 000	1800[3]	509	10	6	55
Total	415 500	190 000	3175	915	18	10	119

Bemerkungen:
1) Kreuzer, Zerstörer, Fregatten
2) Nähere Angaben unbekannt
3) Davon 1200 eingelagert

Quelle: »The Military Balance« 1989 des Internationalen Strategischen Institutes, London.

Streitkräfte im Nahen Osten

Land	Personalstärke		Kampf-panzer	Kampf-flug-zeuge	Seestreitkräfte		
	aktiv	Reserve			Kampf-schiffe[1]	U-Boote	Küsten-boote
Ägypten	448 000	604 000	2 425	517	6	12	41
Syrien	404 000	272 000	4 050	500	3	3	18
Jordanien	82 250	35 000	979[2]	111	–	–	15
Libanon[3]	15 000	–	140	6	–	–	4
Israel	141 000	504 000	3 794	676	–	3	59
Total	1 090 250	1 415 500	11 388	1810	9	18	137

Bemerkungen:
1) Kreuzer, Zerstörer, Fregatten
2) Davon 152 eingelagert
3) Angesichts des Bürgerkriegs genaue Angaben unbekannt

Quelle: »Le Figaro«, 19. August 1990.

Streitkräfte im Mittleren Osten

Land	Personalstärke		Kampfpanzer	Kampfflugzeuge	Seestreitkräfte		
	aktiv	Reserve			Kampfschiffe	U-Boote	Küstenboote
Iran	604000	350000	500	70	8	–	24
Irak	1000000	650000	5500	512	9	–	38
Saudi-Arabien	65700	?	500	179	8	–	13
Nordjemen	36000	40000	764	73	–	–	8
Südjemen	27000	45000	470	117	–	–	10
Kuweit	20300	?	275	70	–	–	23
Emirate	43000	–	131	68	–	–	15
Total	1796000	1085000	8140	1089	25	–	231

Quelle: »Le Figaro«, 19. August 1990.

Streitkräfte in Pakistan und Indien

Land	Personalstärke		Kampfpanzer	Kampfflugzeuge
	aktiv	Reserve		
Pakistan	480000	513000	1600	338
Indien	1362000	200000	3250	714

Land	Seestreitkräfte		
	Kampfschiffe [1]	U-Boote	Küstenboote
Pakistan	8	6	29
Indien	31 [2]	14	32

Bemerkungen:
[1] Kreuzer, Zerstörer, Fregatten
[2] Davon 2 Flugzeugträger

Quelle: »The Military Balance« 1989 des Internationalen Strategischen Institutes, London.

US-Streitkräfte außerhalb der Vereinigten Staaten

Bundesrepublik Deutschland	345700	Griechenland	3170
Großbritannien	29200	Niederlande	2930
Italien	9750	Belgien	2660
Spanien	11700	Portugal (Azoren)	2200
Türkei	2400	VI. Flotte (Mittelmeer)	20100
Insgesamt in Europa: 429810			

Japan/Okinawa	68700	Guam	9100
Südkorea	40300	Australien	850
Philippinen	16400	VII. Flotte (Pazifik und Indischer Ozean	70000
Insgesamt im Fernen Osten: 205350			

Panamakanalzone	13500	Guantanamo (Kuba)	2000
Honduras	1000		
Insgesamt in Lateinamerika: 16500			

ZUSAMMEN: 651660

Streitkräfte des geteilten Koreas

Land	Personal-stärke	Kampf-panzer	Kampf-flugzeuge	Kampf-schiffe	U-Boote
Nord-korea:	842000	3000	800	6	21
Süd-korea:*	629000	1500	473	29	3

* In Südkorea sind 40300 amerikanische Soldaten stationiert.

Personenregister